高职高专示范专业课程改革规划教材

汽车文化

李景芝　郭荣春　编著

机械工业出版社

本书通过对汽车器物文化(包括汽车简史、汽车的外形与色彩、世界著名汽车公司及其商标)，汽车行为文化(包括左行右行通行规则、法规习俗对汽车文化的影响与促进、赛场风云、在发展中逐步改善的汽车)，汽车精神文化(汽车工业的发展、车界名人、世界名车、汽车新技术和未来汽车)三个篇章的论述，介绍了汽车文化的主要内容，借以培养在校学生对汽车的兴趣和爱好，提高对汽车的综合鉴赏能力。

本书是高职高专示范专业课程改革规划教材，也可作为汽车技术人员、汽车管理人员、汽车爱好者的普及性读物。

图书在版编目(CIP)数据

汽车文化/李景芝，郭荣春编著. —北京：机械工业出版社，2010.9(2015.9 重印)

高职高专示范专业课程改革规划教材

ISBN 978-7-111-31983-2

Ⅰ.①汽… Ⅱ.①李…②郭… Ⅲ.①汽车—文化—高等学校：技术学校—教材 Ⅳ.①U46-05

中国版本图书馆 CIP 数据核字(2010)第 186064 号

机械工业出版社(北京市百万庄大街 22 号 邮政编码 100037)

策划编辑：赵海青 责任编辑：管晓伟 责任校对：佟瑞鑫

封面设计：路恩中 责任印制：乔 宇

北京铭成印刷有限公司印刷

2015 年 9 月第 1 版第 5 次印刷

184mm×260mm · 16.5 印张 · 404 千字

8001—10000 册

标准书号：ISBN 978-7-111-31983-2

定价：39.00 元

凡购本书，如有缺页、倒页、脱页，由本社发行部调换

电话服务

社服务中心：(010)88361066

销售一部：(010)68326294

销售二部：(010)88379649

读者购书热线：(010)88379203

网络服务

门户网：http://www.cmpbook.com

教材网：http://www.cmpedu.com

前　言

交通工具对于人类的生存、发展有着极其重要的作用。

尽管人类生存、发展的四大基本需要的顺序是“衣”、“食”、“住”、“行”，但在这四大基本需要中，“衣”、“食”、“住”主要是作为人类生存条件而存在的，而“行”，它对于人类来说，属于发展价值远大于生存价值的元素。因此，“行”的问题占有最为突出的地位，对人类发展的影响也最大。远古时期的人类如果缺乏“行”，就无法躲避野兽侵害，无法将收获的作物、捕获的野兽运回住处，当然也就谈不上生存；今天的人类如果缺乏“行”，就无法运送生产资料，无法进行贸易往来，无法实现信息传递，无法安排社会交往，当然也就谈不上发展。

今天，交通工具五花八门，各式汽车在高速公路上穿梭，高速列车在千里平原上奔驰，万吨巨轮在碧海波涛中航行，大型客机在蔚蓝天空中翱翔……虽说汽车、火车、轮船、飞机……都属于人类“行”的工具，但火车需要铁轨，飞机需要机场，轮船需要大海……惟有汽车可以凭借其灵活机动的特点，开到人类活动的几乎每一个角落，极大地方便了人们的生产、生活和社会交往，为人类社会的进步做出了不可磨灭的贡献。

国外有人做过调查，结果表明如果一个人只用自己的双脚作为“行”的工具，那么他经常性的活动半径为5~10km；如果他以自行车作为“行”的工具，那么他经常性的活动半径为20~30km；如果他以摩托车作为“行”的工具，那么他经常性的活动半径为50~70km；如果他以汽车作为“行”的工具，那么他经常性的活动半径为100~150km；由此可见汽车对于人类活动具有多么重要的作用！

本书通过对汽车器物文化(包括汽车简史、汽车的外形与色彩、世界著名汽车公司及其商标)，汽车行为文化(包括左行右行通行规则、法规习俗对汽车文化的影响与促进、赛车场风云、在发展中逐步改善的汽车)，汽车精神文化(汽车工业的发展、车界名人、世界名车、汽车新技术和未来汽车)三个篇章的论述，简要介绍了汽车文化的主要内容。

本书由李景芝担任主编，其中，第1章、第6章、第7章、第8章、第11章由郭荣春编写，第2章、第4章由李易编写，第3章、第5章、第9章、第10章由李景芝编写。各篇章的开篇之言，均由文学博士张爱波主笔撰写，全书由李景芝统稿。

本书在编写过程中参考了许多相关的著作、论文及网站的资料，因篇幅所限，除所列出的主要参考文献外，恕不一一列举，在此一并表示感谢。

由于编者水平有限，对于汽车文化的认识不够全面，书中难免存在许多不足甚至谬误之处，恳请专家、读者批评指正。

编著者

2010年12月

目　　录

中篇 汽车行为文化篇

下篇　汽车精神文化篇

M=F·r.

绪论　认识汽车文化

【学习目标】

通过对绪论内容的学习，你应该：

了解文化的起源与定义；掌握汽车文化的定义与内涵；明确构建和谐汽车文化的必要性以及为什么要学习汽车文化。

【情境描述】

假设你是一名汽车文化课程的教师，你如何给学生讲解为什么要学习汽车文化？作为正在学习汽车文化课程的学生，你是否清楚自己为什么要学习汽车文化？

【想一想】

1. 什么是文化？
2. 汽车文化包括哪些方面？
3. 在汽车保有量急剧增加的中国，如何构建和谐的汽车文化？
4. 作为未来要从事汽车行业的你，学习汽车文化有什么用处？

0.1　关于文化

要研究汽车文化，首先得弄清文化的内涵。

什么是文化？

由于文化一词语意丰富，其定义多年来一直是文化学者、人类学家、哲学家、社会学家和考古学家说不清、道不明的一个问题。

美国学者克罗伯和克拉克洪在《文化，概念和定义的批判回顾》一书中列举了欧美世界对文化的160多种定义。

据英国文化史学者威廉斯（Raymond Williams）考证，从18世纪末开始，西方语言中的“culture”一词的词义与用法发生了重大变化。他认为：在这个时期以前，文化一词主要指“自然成长的倾向”以及据此类比人的培养过程。但是到了19世纪，后面这种“文化”作为培养某种东西的用法发生了变化，文化本身变成了某种东西。它首先用来指“心灵的某种状态或习惯”，与人类完善的思想具有密切的联系。其后又用来指“一个社会整体中知识发展的一般状态”。再后来是表示“各类艺术的总体”。到19世纪末，文化开始意指“一种物质上、知识上和精神上的整体生活方式”。

由上可见，文化的含义在不断地广义化，就西方而言，基本能够达成共识的，在最宽泛的意义上，文化指特定民族的生活方式。

目前，学术界关于文化定义的公认意见认为，著名人类学学者泰勒（Edward Burnett Tylor）所给出的文化定义是最为权威的：文化或者文明就是由作为社会成员的人所获得的，包括知识、信念、艺术、道德法则、法律、风俗以及其他能力和习惯的复杂整体。就对其可以作一般原理研究的意义而言，在不同社会中的文化条件是一个适于对人类思想和活动法则进行研究的主题。

泰勒将文化定义为特定的生活方式的整体，它包括观念形态和行为方式，提供道德的和理智的规范。它是学习而得的行为方式，并非源于生物学，而且为社会成员所共有。文化作为信息、知识和工具的载体，它是社会生活环境的映照。文化作为制度、器物与精神产品，它给予我们以历史感、自豪感，据此我们可以理解人的生命存在、意义和人在宇宙中的地位。文化作为人类认知世界和认知自身的符号系统，它是人类社会实践的一切成果。虽然泰勒的定义被公认为权威，但是后人对这个定义仍然褒贬不一，同时亦不断地提出新的观点。关于什么是文化，到目前为止竟然已经有200多种的定义。

在我国，文化一词出现较晚，据《辞源》、《辞海》释文化条所引："文化不改，然后加诛"（《说苑·指武》），"文化内辑，武功外悠"（束皙《补亡诗·由仪》），"敷文化以柔远"（南齐王融《曲水诗·序》）。这说明，我们认为的文化，多从文治教化着眼，从"观乎人文，以化成天下"引申而来，同现代的文化涵义有所不同。进入近代，文化的涵义随西学传入而扩展，于是便出现了各种各样的文化定义。如庞朴倾向于"把文化定义为人的本质的展现和成因。"周谷城认为"文化都是从解决衣食住问题开始的"，"人类解决衣食住行的过程，是科学发展的过程，也是文化发展的过程。"

目前，我国对文化的解释一般都采用《辞海》的说法："从广义来说，指人类社会实践过程所创造的物质财富和精神财富的总和。从狭义来说，指社会的意识形态，以及与之相适应的制度和组织机构。"这个定义，接近于前苏联学术界的解释："人类社会在生产中、社会生活和精神生活中所取得的成就的总和。"

总之，文化是一种历史发展所形成的特定现象，每一个社会都有与其相应的文化，并随着社会物质生产的发展而发展。作为意识形态的文化，则是一定社会的政治和经济的反应，给予巨大影响和作用于一定社会的政治和经济。因此，文化定义本身成为一个有趣的、争论不休的学术现象。而这种争论主要体现在不同学科对于文化的定义上，诸如政治学、经济学、历史学、哲学、语言文学等，都有许多有益的观点。总的来看，各个学科对文化的定义有共同点，也有不同点。尽管如此，由众多学科对文化的定义所产生的文化定义现象，是一个极好的现象，只有有了许多不同的观点，才会有文化研究的发展。而且，各种不同观点的存在，有助于观点之间的交融和互补，使人们在理解什么是文化的同时，具有一个更为开阔的视野。

除此以外，在文化的定义过程中，还有一种与此密切相关的现象，就是在对文化进行区别和划分的时候，存在着各种不同的观点。

关于文化的区分，最为常见的说法就是广义文化和狭义文化，也有人把它称为大文化和小文化。在这一点上，日本著名社会学家富永健一认为："正如我们将社会区分为广义社会和狭义社会那样，有必要将文化也分为广义文化和狭义文化。广义社会是与自然相对应的范畴；同样，广义文化也是作为与自然相对应的范畴来使用的。在这种情况下，技术、经济、政治、法律、宗教等都可以认为是属于文化的领域。也就是说，广义文化与广义社会的含意是相同的。但另一方面，狭义文化与狭义社会却有不同的内容。后者是通过持续的相互关系而形成的社会关系系统；而前者如我们上文中提出的定义那样，是产生于人类行动但又独立于人类行动的客观存在的符号系统。”

此外，还有一种关于显形文化和隐形文化的划分。这一划分的代表者是美国人类学家克莱德·克鲁克洪，他说：“对文化作分析必然既包括显露方面的分析也包括隐含方面的分析。显形文化寓于文字和事实所构成的规律之中，它可以经过耳濡目染的证实直接总结出来。人们只需在自己的观察中看到或揭示连贯一致的东西。人类学家不会去解释任意的行为。然而，隐形文化却是一种二级抽象。……只有在文化的最为精深微妙的自我意识之处，人类学家才在文化的承载者那里关注隐形文化。隐形文化由纯粹的形式构成，而显形文化既有内容又有结构。”

社会学对于文化的区分还有一种“亚文化”的概念，“当一个社会的某一群体形成一种既包括主文化的某些特征，又包括一些其他群体所不具备的文化要素的生活方式时，这种群体文化被称为亚文化。亚文化可以围绕着职业种类发展而成，如医学或军事部门的亚文化。亚文化还可能是基于种族或民族的差异，如美国黑人亚文化。亚文化还可能是源于地区的差异，如美国南部各州的亚文化。也可能基于原来的国籍，如美籍墨西哥人和美籍意大利人亚文化。”“每一个复杂社会都包括许多亚文化，社会成员常常是在一个以上的亚文化中发挥作用，反过来说，他们在一生中也会经历许多种亚文化。”

文化哲学把文化结构区分为物质文化、制度文化、精神文化三个层面。物质文化实际是指人在物质生产活动中所创造的全部物质产品，以及创造这些物品的手段、工艺、方法等。制度文化是人们为反映和确定一定的社会关系并对这些关系进行整合和调控而建立的一整套规范体系。精神文化也称为观念文化，以心理、观念、理论形态存在的文化。它包括两个部分，一是存在于人心中的文化心态、文化心理、文化观念、文化思想、文化信念等；二是已经理论化对象化的思想理论体系，即客观化了的思想。

文化定义现象所反映出来的文化对于人类及社会的密切关联度，不仅揭示了文化与人类社会进程的关系，还揭示了文化与人类社会整体的联系，这种联系涉及社会的各个层面和领域。同时，也揭示了文化对于人类每一个人的权利、利益、自由、生存状况的关注。

0.2　汽车文化的定义和内涵

追述了古今中外关于文化的定义与划分后，我们认为泰勒对于文化的这种理解与定义更具有客观普遍性，更接近于文化的实质。基于该文化理论，本书认为，文化是人类在社会实践过程中认识、掌握和改造世界的一切活动及其创造、保存的物质产品、精神产品和社会制度行为的总和。文化的内涵即可分为三个层次：器物文化、行为文化和精神文化。器物文化，是人类的物质生产活动及其产品的总和，构成整个社会文化的基础；行为文化，是指人类在社会实践过程中所缔造的社会关系，以及用于调整这些关系的规范体系和人类在相互交往过程中约定俗成的习惯性定势所构成的行为模式；精神文化，是指人类的精神生活方式和意识形态。文化这三个层面的内涵，凝聚成一个组织、一个行业、一个民族乃至一个国家的灵魂。

在此基础上，我们认为，汽车文化是人类社会在汽车发明、汽车设计、汽车生产制造和

使用过程中逐步形成并不断积累的物质财富和精神财富的总和，它包括汽车器物文化、汽车行为文化和汽车精神文化，体现了汽车及汽车行业的价值理念，是汽车事业发展的重要成果，是行业文明程度的重要标志。

汽车文化的内涵非常丰富。传统意义上，汽车文化主要涵盖以下几个方面：

第一部分是工业设计。工业设计有着鲜明的时代特征，它反映出不同时代、不同地域、不同民族的物质生产水平，以及人们的意识形态和生产方式。工业设计本身就是文化的产物，因为它通过特有的方式传达技术的物化美，也体现商品社会中文化的价值取向。

第二部分是品牌文化或叫商业文化。品牌是企业在市场竞争中形成的，它包括产品的定位、产品的价值取向、企业文化的积淀等，品牌实际代表企业的社会形象。

第三部分是边缘文化，就是汽车同其他文化种类的结合，比如，汽车摄影是摄影的一个分支，并不是单独的一种文化门类。此外，还包括汽车展、汽车运动、汽车报刊、汽车收藏、汽车模特、汽车俱乐部等。

汽车文化是汽车产品延伸出来的某种生活方式和生活态度的总和，它涉及作为文化载体的车和使用车的人，体现出来的是以人为中心，充满人文关怀的人与汽车之间的关系，因此，具有自然和社会双重属性。作为一种文化现象，它的主要特征如下：

第一，继承性。汽车文化是一个不断积累和丰富的过程，也是一个不断自我否定并呈螺旋式上升的过程，随着社会的进步和汽车工业的发展，先进的汽车文化必然代替陈旧、落后的汽车文化。在这一发展过程中，经过历史检验的、具有旺盛生命力的优秀汽车文化得以保留与继承。

第二，时代性。汽车文化形成于人类的生产、生活实践之中，并随着社会的发展而不断演进为不同时代的汽车文化。在审美判断、价值判断和表现形式上，汽车文化是与当时的社会主流价值相一致的同时，又随着不同时代的社会发展而在精神内核、价值理念和行为规则等各个方面不断演进。从我国国产汽车的命名："解放"、"跃进"、"东风"、"富康"、"福田"等，便可窥见一斑。

第三，民族性。汽车文化的民族性尤其鲜明，汽车之美，阴柔或阳刚，圆润或挺拔，内秀或奔放，时尚或保守，鲜艳或素雅，简约或绰约，彰显的都是企业、时代或民族的科技与文化，是技术美与艺术美的完美融合。美系车就像好莱坞一样，展现了美国人自由张扬的个性和豪迈情怀；"红色闪电"法拉利跑车，如同亚平宁半岛的绿茵场，折射出地中海的奔放和罗马假日式的风情万种；德国车庄重大方，做工精细，富有品质，浓缩了日耳曼人的冷静、严谨、持重和积极进取；法国车洋溢着法兰西式的浪漫，让人想象巴黎女郎的时尚和高雅；日系车良好的性价比，反映的是大和民族的吸收、创新能力和岛国忧患意识。这些无不打上了其民族文化的烙印，无不体现了各民族的气质。

第四，创新性。自汽车诞生以来，以汽车为载体的汽车文化就在不断发展创新。由于人类不断把最新科技成果应用于汽车的设计和制造，使汽车在性能、品质、造型等方面不断革新，同时在生产组织管理、运行规则、商业服务、价值取向及生活理念方面也在不断发生变化。汽车的发展史本身就是一部汽车文化的创新史。

第五，统一性与多样性。汽车文化是人类所创造的与汽车相关的物质财富和精神财富的总和，各个地域或民族的汽车文化既具有共同的、统一的特征，又具有各自的特色，相互之间不可替代。跨国公司跨国界、跨产品、跨文化的多品牌经营发展战略，使得汽车文化融入了鲜明的国家和民族特色。汽车文化在统一性的基础上表现形式日益多样化、多元化。

第六，互动性。各个地域或民族在汽车工业发展中都有自身长期积累的优秀文化，并使之成为本民族汽车文化的典型特征。随着文化交流的日趋频繁，各民族的汽车文化相互影响、相互促进，汽车文化的发展就是一个相互借鉴与融合的过程，外来优秀文化的导入，丰富了本土文化的内容，同时本土优秀文化也在交流交往中对外输出，影响他人的价值。互动性是汽车文化生命力的重要体现。

第七，生态性。汽车作为一种人类在改造自然、征服自然过程中的一种发明创造，其发展演变处处反映着人与自然的互动，并代代相传。发展绿色交通，是汽车文化永远的使命。

0.3　构建和谐的汽车文化

汽车是现代文明的一种标志，在汽车给人们带来诸多便利的同时，由汽车所引起的各种社会问题，例如环境污染、交通不畅、安全事故、能源危机等问题也越来越突出。探讨汽车文化，就是用文化研究的批判精神反思汽车产业，化解汽车社会的复杂矛盾，走汽车可持续发展道路，构建汽车现代文明。

第一，营造良好的汽车文化环境。媒体应增强责任感，把营造良好的汽车文化氛围作为义不容辞的职责。媒体人要牢记责任，拒绝低俗，崇尚文明，将营造健康有序、积极向上的汽车文化环境理念付之于行动。管理者应通过立法建制，约束、规范并引导参与者的行为，使之形成良好的习惯；制造者应坚持“以人为本”的理念，生产满足人们要求的具备文化品味的“绿色产品”。销售者应不仅是推销产品，而且要更多地传播汽车文化。使用者应文明驾驶，努力遵守汽车文明。

第二，塑造积极的人文精神，提升大众文化的审美情趣，使之符合社会公共道德规范。通过先进文化的价值导向来创造人、车、路和谐的社会氛围。人、车、路是构成道路交通的三个要素，既密切相连又相互制约。目前，突出的问题是人、车、路不协调引出的各方面问题。因此，妥善解决这些问题，必须进行综合治理，创建人、车、路的和谐氛围。一是要加强教育，尤其是加强汽车常识、交通规则及道德教育，提高人们的素质；二是要建立起高效、现代化的公路运行体系，以适应高速发展的汽车工业的需求；三是要建立文明高尚的汽车礼仪、和谐宽容的汽车文化，从而形成“人与人和谐相处，车与车平等和睦，人与车协调合一”的汽车文明。

第三，繁荣汽车文化产业。随着汽车产业的进一步发展，人民群众对汽车文化的产品数量、种类和质量的需求不断增长。通过市场化的运作，能够拓展汽车产业链，发展包含汽车会展、汽车运动、汽车旅游、汽车教育、汽车装饰、汽车美容、汽车饰品等在内的汽车文化产业。同时，汽车文化的繁荣对汽车产业的发展会产生推动作用，对汽车的设计、制造、消费也有引导作用。

总之，汽车文化以汽车及其产业为载体，是社会历史发展过程中，人类所创造的与汽车相关的物质财富和精神财富的总和，它包含着影响人类社会的一系列行为、习俗、法规、观念的文化形态。当代的汽车文化蕴含着以人为本、安全实用、舒适便捷、经济环保、诚信服务、时代创新、生态和谐等核心价值理念。我国近20年来，汽车产业得到高速发展，尤其是近几年，汽车逐步进入到普通百姓的家庭中，成为一种大众生活消费品。少数城市已进入

汽车社会，多数城市和地区正在进入汽车社会。在这样一个社会大背景下，汽车文化建设将显示出超强的力量，在提高民众素质，保障人民生命财产安全，建立合理、科学的社会秩序中发挥重要作用，有力地推动中国和谐社会的建设。

0.4　为什么要学习汽车文化

作为汽车专业的在校学生，为什么需要学习汽车文化呢？

这是因为，汽车专业的学生，将来主要从事的工作为汽车的装配、设计制造、销售以及售后服务工作等。这些工作的岗位群，无一不与汽车文化有着密切的关系。

1. 汽车的设计、改装与装配

汽车的设计、改装、装配都属于汽车设计制造的范畴。汽车文化对这些岗位的影响属于源头影响。

汽车设计阶段的文化属性属于工业设计的范畴。所谓工业设计是指从社会、经济、技术、艺术等多种角度，对批量生产的工业产品的功能、材料、构造、形态、色彩、表面处理、装饰等要素进行综合性设计，创造出能够满足人们不断增长的物质需求和精神需求的新产品。工业设计要充分协调处理“人—产品—环境—社会”的关系，从而对形成可持续发展的人类生活环境，融合全球文化和地方文化、技术文化和人文文化的生活方式产生积极的影响。

工业设计具有鲜明的时代特征，它可以充分反映不同时代、不同地域、不同民族的物质生产水平，也可以反映出人们的意识形态和生产方式。工业设计本身就是文化的产物，因为它通过特有的方式传达技术的物化美，也体现商品社会中文化的价值取向。

一部汽车摆在人们的面前，它是一种固态的艺术品，也是人文元素的集大成者，往往反映了产地特有的文化特征。例如，一部劳斯莱斯(图 0-1)，其稳重尊贵的造型，隐隐透出的威严，让人感受到大英帝国曾经的辉煌与气势；一辆凯迪拉克，其豪华、前卫的车身，所表现出的富有者的张扬，体现出“新大陆”美国人那种开拓不羁的精神底蕴；一辆中国产的老红旗轿车(图 0-3)，使用了“宫灯”这个中国传统的灯饰造型，至今还在被人称道；而作为新款的红旗轿车，为了追求所谓的新潮，采用了人们所熟知的劳斯莱斯某些设计元素，让人们感觉它其实就是一部外国车(图 0-2)。假如设计者能够充分考虑到该车不仅出产于中国，而且主要销售地也是在中国，从而充分注入中国元素的话，可能所获得的赞誉会更多。

汽车的设计不仅包括外形设计，还包括内饰设计部分。例如，有的设计师在设计国产汽车内饰时，为了突出中国文化元素，一直尝试在面料上取得突破，为此，选择了最能代表中国特点的丝绸。但是，由于丝绸太薄，就得设法加厚，并进行异常困难的适应性处理；在内饰的颜色选择上也是煞费苦心，将代表中国皇家和贵族气质的赭红和明黄运用到设计中去，甚至想到采用碧玉的颜色，用“珠圆玉润”的那种美妙感觉来体现我们民族对色彩感受的愉悦。另外，假如将琉璃这个有着千年历史的制品运用到汽车内饰的设计中去，无论是造型、质感、色泽，均可充分反映中国文化。

在汽车的装配阶段，也包含着文化的因素。当年老福特的流水线生产方式，二战之后兴起的柔性装配系统，以及后来日本丰田的及时生产方式，都是汽车生产过程的创新，充分包含了文化的元素。

图 0-1　劳斯莱斯轿车

图 0-2　新款红旗轿车

图 0-3　老款红旗轿车

2. 汽车的销售

在进行汽车销售时，客户所关注的要素不尽相同，销售人员应该根据客户的需求，充分发挥自己的营销技巧，针对产品的特点，寻找出与客户需求的结合点，有针对性地说服客户

购买。

在汽车的发展历史上，丰田公司的大野耐一是一名伟大的销售大师，他的成功事迹可以给所有的销售人员以启迪。

为了促销汽车而在世界各地举办的汽车展览会，是汽车品牌的集中亮相机会，无论是打算进行市场销售的新车闪亮登场，还是那些展示企业研发实力的概念汽车，以及所雇用的靓丽车模(图0-4)，都给人以视觉的冲击，这本身就是文化与商业相结合的盛会。

图0-4　法国巴黎车展上的丰田车模

销售人员向客户介绍汽车的品牌时，应该充分考虑到品牌文化的影响。汽车品牌是汽车生产企业在市场竞争中逐渐形成的，它包括产品的定位、产品的价值取向、企业文化的积淀等，品牌实际上代表企业的社会形象。

销售人员向客户介绍汽车的商标名称时，应该尽量尊重购买者的文化习俗，给商标名称以灵气。如：凯迪拉克原本属于法国贵族，来到美国底特律后受到了人们的尊敬，给一部豪华汽车起这样一个名字，很容易让人联想到法国的贵族和那些新大陆的开拓者；雪铁龙是法国著名汽车企业家，他的产品在中国被译成这个名字，也算是神来之笔——“雪中的铁龙”，把该车的通行能力、坚固和矫健的姿态表现了出来；捷豹译名本来属于灵动有余、尊贵不足，但介绍时可以将动物豹子的迅猛与车的强劲动力性结合起来；桑塔纳充分体现了国外命名汽车的特点，本来桑塔纳是加利福尼亚季节风的名字，每当这股季节风到来时，就是加州柑橘收获的季节，提到桑塔纳，人们就会联想到风的轻盈快捷，自然也就把车的基本元素含而不露地体现了出来，介绍给国人时，应该重点强调车的轻盈快捷；日本丰田的凌志、花冠本来属于上佳的汉译，却被莫名其妙地改成了雷克萨斯、卡罗拉，简直就是一个败笔，凌志有凌云之志的意思，而且暗合苏东坡在《前赤壁赋》里表现的凭虚御风、飘飘乎不知其所止的那种意境，适合中国人的理解和欣赏习惯，花冠自然让人联想到美好的事物，但既然日方作出了这样的改名决定，销售人员也只能无奈地接受，但在促销时可以一直沿袭过去的译名；宝马、奔驰不仅车型高档，汉译名也属于超一流，宝马是将在汉语中毫无意义的三个字母BMW与“宝马良驹”紧密联系在了一起，而奔驰则是将一个外国的人名本茨演化为了高速向前的交通工具，在销售过程中可以进行充分的演绎，来满足客户的心理诉求。

销售人员向客户介绍产品的特征与客户需求的结合点时，应该尽量拉近相互之间的关系，从而去打动客户，促成购买。

3. 汽车的日常使用

目前，中国正在步入汽车社会。但是，由于汽车的增速较快，汽车给社会进步带来促进的同时，也带来了一些负面影响，于是，舆论对汽车就形成了两种声音。一种积极的声音认为汽车延伸了私人生活的半径，是必须大力发展的。另外一种消极的声音则认为私人汽车的拥有会给这个社会带来很多烦恼。甚至列举出了“油费开销、新手遍布、路况生疏、飞来横祸、四处堵车、无处停车、车险变脸”等“七宗罪”，以此来否定汽车保有量的增加。

其实，国外那些汽车工业发达的国家，也曾经经历过我们今天的困境，但他们经过政府治理以及普及汽车文化之后，情况得到了很大的改善。例如：法国的公路很多没有北京的宽，车流密度也不比北京的小，但是那里的车流看上去却是井然有序，堵车现象并没有北京严重。为什么呢？

对此，法国人解释说，在法国，驾驶员的驾驶习惯很好，非常遵守道路上的礼仪和规则，尊重路权。他们不会“频繁地变换车道”，不会长期占据“超车道”，更不会“见缝插针”地进行驾驶操作。在法国，要驶上主路，无论是左转还是右转，驾驶员都会在主路入口处先把车停下来，细心查看主路上行驶的车辆状况，在确信不会影响主路车辆的情况下，才会驶入主路行驶。这样的做法大大提高了驾驶的安全性，而且有序地行车也使得堵车现象大大减少。相比较而言，目前中国的交通环境的确很糟，抢道、频繁变线、变线不打转向灯等不良现象比比皆是。表面上看这是驾驶员的个人素质问题，实质上就是汽车文化普及不够，因为文明用车是汽车文化的核心内容之一。很多人将车当作是“你强我更强”的争强好胜工具(无论是买车还是开车)，还没有把汽车看作是一种文明发展的产物，没有把它看作是一种生活的态度。

造成这种现象的根本原因是多年来对车本位的大肆宣扬，忽视了对汽车文化的传播。当驾驶员还是一种职业的时候，专业的汽车杂志就出现了，中国开始有了属于自己的汽车文明传播载体。但遗憾的是，直到今天，汽车类的杂志还热衷于对各款汽车性能的评价，而对消费者更加关注的如何购买便宜、安全、省油、故障率低的汽车，以及消费者为什么要买车、如何才能用好车、汽车可以给他的生活带来多大影响等利益方面的内容介绍不多。这在很大程度上影响了汽车文化的普及。

4. 汽车的检测与维修

汽车在使用过程中需要进行频繁的日常维护、性能检测及故障排除(图0-5)，这是为了保持汽车正常的使用性能，避免发生交通安全事故而建立的一项正常维修制度，属于汽车文化的制度文化范畴。

图 0-5　汽车维修作业车间

维修人员在向车主提供汽车检测、维修服务时，首先应该向客户说明相关服务项目的重要性，争取取得客户的理

解与支持，进而承接到检测维修项目；其次应该按照相关标准的要求，努力找出潜在的故障隐患并尽快排除，使汽车发挥出其应有的最大效能，确保客户的用车安全；再次应该按照相关的标准，合理收取维修费用，做到童叟无欺。

5. 汽车保险

汽车保险是伴随着汽车的出现而产生的，在财产保险领域中属于一个相对年轻的险种。汽车保险的发展过程是先出现汽车责任保险，后出现车辆损失保险。汽车责任保险是先实行自愿方式，后实行强制方式。车辆损失保险一般是先负责保障碰撞危险，后扩大到非碰撞危险，如盗窃、火灾等。

我国于2004年5月1日实施的《中华人民共和国道路交通安全法》，在法律上明确了汽车责任保险的强制性。该法第17条规定，国家实行机动车第三者责任强制保险制度，设立道路交通事故社会救助基金。法规的第75条规定，医疗机构对交通事故中的受伤人员应当及时抢救，不得因抢救费用未及时支付而拖延救治。肇事车辆参加机动车第三者责任强制保险的，由保险公司在责任限额范围内支付抢救费用；抢救费用超过责任限额的，未参加机动车第三者责任强制保险或者肇事后逃逸的，由道路交通事故社会救助基金先行垫付部分或者全部抢救费用，道路交通事故社会救助基金管理机构有权向交通事故责任人追偿。但《中华人民共和国道路交通安全法》只是对强制责任保险做了一个原则性的规定。2006年7月1日，我国的《机动车交通事故责任强制保险条例》开始生效，全面施行机动车交通事故责任强制保险。这是对《中华人民共和国道路交通安全法》相关规定的具体落实。交强险的实施，利于道路交通事故受害人获得及时有效的经济保障和医疗救治，利于减轻交通事故肇事方的经济负担，利于促进驾驶人员增强安全意识，利于充分发挥保险的社会保障功能，维护社会稳定，这是我国在交通管理方面的一大进步，标志着我国汽车保险业的发展进入了一个崭新的阶段，是我国汽车保险制度发展方面迈出的一大步，也从制度层面丰富了汽车文化的内涵。图0-6所示的是贴于汽车前风窗玻璃内侧的交强险标志。

a)

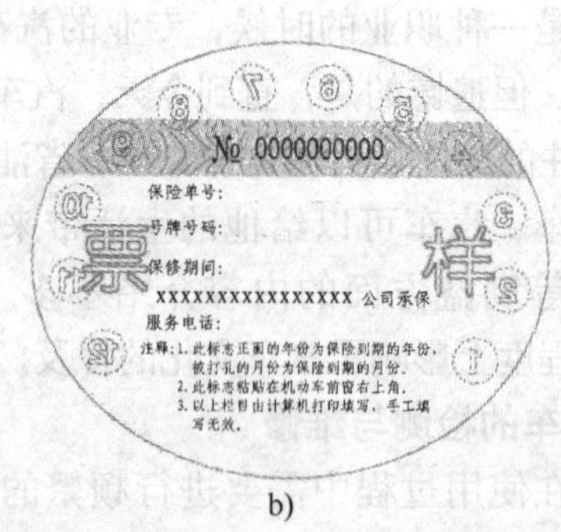

b)

图0-6　内置型交强险标志

a）正面　b）背面

作为汽车专业的在校学生，了解汽车文化的起源与发展，对于从事汽车保险工作也具有积极的作用。作为汽车保险的从业人员在开展业务拓展时，应该从文化的层面介绍汽车保险对自身以及他人的巨大保障作用，消除车主“如果不出险，岂不是白白给保险公司送钱”的消极认识。而作为理赔人员在事故车辆进行理赔时，也要严格遵守条款的约定，既不“滥赔”，也不“惜赔”，让投保人真正体会到汽车保险在一旦不幸出险时的巨大保障作用。

6. 汽车边缘文化

所谓汽车边缘文化，是指汽车在与其他文化种类的结合之后而催生的一种新型文化，如汽车运动、汽车会展、汽车模特、汽车摄影、汽车传媒、汽车收藏、汽车俱乐部等。

汽车边缘文化对于汽车文化的普及具有举足轻重的影响，许多非汽车专业的人士、社会大众，正是通过汽车边缘文化认识汽车、了解汽车，又通过自己的行为去监督汽车使用者的行为，为汽车文化的进一步普及做出了积极的贡献。

在校学生学习汽车文化，可以更加积极有效地宣传汽车文化，可以更加迅速地在全社会普及汽车文化，形成规则秩序的良好用车环境。

上篇　汽车器物文化

作为物质形态的汽车文化，汽车器物文化是整个汽车文化的“塔基”，它属于汽车文化的物质躯壳，是形成汽车文化的基本实体。汽车器物文化主要包括汽车简史、汽车的外形与色彩、世界著名汽车公司及其商标等，这些有形载体构成了汽车文化的基础层。

在中国古代神话中，风火轮神话成为中国古典一系列“神行”传说中最精彩的内容之一，而所谓的“风火轮”，就是出自对飞驰的车轮的幻想，这种幻想通过“见飞蓬转而知为车”的技术启迪而逐渐得以实现。轮子被视为人类最古老、最重要的发明成果之一，它改变了人类的陆地运动方式，实现了移动由滑动向滚动的飞跃，而“汽车简史”也是在“车轮的出现”中拉开了序幕。古人发明出车轮并制造了车辆，这是人类交通方式的第一次伟大革命。而随着马车、自行车、蒸汽汽车、现代汽车的诞生，人类生活进入了高速时代，人类终于可以在更自由的空间放飞快捷交通的梦想了。

人们在看到各种汽车时，首先映入眼帘的就是汽车的外形与色彩。在外形与色彩的演绎下，汽车呈现出千姿百态、迥然不同的文化韵味。汽车造型是汽车机能提升和艺术创造的有机结合。从汽车诞生的那一天起，世界各国的汽车工程师们就一直尝试着设计从汽车性能方面来讲最为理想的造型，以便使汽车奔跑更加迅速、乘坐更加舒适、驾驶更加安全。而设计师们更是从艺术的角度，用艺术造型的眼光来审视汽车的造型，运用多种手段，如结构、形体等来表达汽车本身所特定的功能、理念与情趣，通过其外观形象来反映一定的思想艺术和社会文化。现代汽车造型体现了科学技术、社会生活、文化观念、消费心理、审美情趣等因素的有机融合与统一。第 2 章“汽车的外形”部分就是从机械工程学和艺术美学等角度介绍了马车形、箱形、甲壳虫形、船形、鱼形、楔形、子弹头形等七种汽车类型，并阐明了每种类型所代表的特定的时代特色与文化理念。汽车色彩是汽车外表包装和品牌识别的标志，它包含着设计者、使用者和社会大众的文化心态，更包含着安全方面的重要因素。“汽车的颜色”部分通过介绍用车环境、车型、个性和心理需求、交通安全和保养维修等多方面来指导人们购买车辆和选择内饰，并从心理学和色彩学等角度突出了汽车文化的民族性、人本性特征。

汽车商标，或浪漫、理智，或奔放、温馨，或执着、灵动，都代表着一种特定的文化和利益。小小的商标看似简单，其内涵却非常丰富，它们在帮助消费者识别汽车的同时，也在无声地传达着汽车企业的文化信息——企业的信念、追求、目标宗旨、精神风貌，甚至企业员工的素质。汽车商标是汽车企业的文化缩影和理念提升。第 3 章通过对通用、福特、戴姆勒、大众、宝马、雷诺、标致-雪铁龙、丰田、本田等十一家世界著名汽车公司及其汽车商标的生动介绍，把读者带入一个融合深厚文化底蕴和创意品牌文化的汽车世界！

第1章 汽车简史

【学习目标】

通过对本章内容的学习，你应该：

了解非机动车、蒸汽汽车、内燃机汽车等的基本发展历程；熟悉各国汽车进入家庭的过程及主要车型；掌握汽车发展史上十项重大技术革新成果的内容及其对汽车技术发展所作出的巨大贡献。

【情境描述】

假设你是一名未来的汽车设计师，你将在现有汽车的基础上进行哪些具体的设计改进？

【想一想】

1. 学习汽车发展史有什么作用？

2. 从马车由盛行到基本退出历史舞台，你可以得到什么启迪？

3. 在汽车发展的漫漫长河中，有不计其数的发明创造，为什么单单是本书中的十大发明为世人所称道？

4. 从汽车的发展历史中，我们可以得到哪些经验和教训？

1.1 古代陆地交通工具的发展

1.1.1 车轮的出现

车轮是人类在搬运物体的劳动实践中逐渐被发明出来的。车轮建立了第一个陆地运输系统。

人们发明车轮的目的只有一个，那就是将物体或人从一个地方运送到另外一个地方，而且希望运送过程平稳，运送速度快捷。如今，运送物体的重量越来越大，而且要求运送的速度也越来越快。这种巨大的变化，主要就是基于车轮的发展。

在原始社会，人类的祖先以采集和打猎为生。为了运送猎物或粮食，人们想出了各种办法。

开始时，他们所能弄到的食物非常有限，能轻而易举地把它带回住处。

当捕获到体积较大的猎物时，运送回住处就显得较为吃力了。于是，有人就想出了主意，从地上拣几根折断的粗树枝，用藤蔓将这些树枝连接在一起，然后把猎物放在上面，双手抓住两根长树枝拖着走，这比用肩扛背驮轻快多了。

有的人想到用一根木棒，一端扛在肩上，另一端触到地上，把重物吊在木棍中间拉着走，这也比用手搬运要省力得多。

有的人把两根木棍并排起来，中间系上多条藤蔓，形成类似于今天担架的结构，双手持两棍端，另一端在地上拖着走。

上述这些，就是人们最初发明的一种“轻橇”，它的特点是借助滑杆在地上滑动，来减轻人们的运送负担。不过，在几乎没有道路的荒山野地上拖拽这种原始的橇仍然是非常困难的。

也许在某一天，正当人们在吃力地运送重物时，突然变了天，身边狂风大作。细心的人们发现：在风的吹动下，圆滑的石头或圆木滚动得比别的东西要快得多。这个自然现象给人们以很大的启示，人们用石斧把圆木截短，并把砍下的两段圆木在中间凿一个圆洞，再在洞里穿上一根细一点的木棍将其连接起来。这样，一种滚子橇就被制造成功了。用它来拖运东西比过去那种轻橇又轻快得多了。这就是从滚子开始的车的发展学说，并且留下了“见飞蓬转而知为车”的历史记载。

关于古代车轮(图1-1)，今天世界各地的人们已经无法找到十分可靠的证据来证明是谁的祖先最早发明的。中国人说是黄帝最先发明的车轮，因为《文史考》给我们留下了黄帝于4600多年前发明车的记载；德国Flintbek巨石墓下的车辙是公元前4800—4700年间留下的；在波兰Bronocice发现的带车形图案的罐子被定位在公元前4725年以前，但是对该地层的七次“碳-14”测年倾向于公元前4610—4440年的结论；近年来所发现的轮式运输工具的最早证据是美国考古学家Baldia在位于叙利亚的晚期URUK遗址发现的，那里出土了一个带有轮子的模型和“货车”的壁画，推测证实：这些东西是先民在距今6400—6500年前留下的。

图1-1　古代车轮

1.1.2　马车的出现及兴盛

古代的车最初由人推拉，人力车的载重能力比人本身的搬运能力大得多，后来利用畜力牵引车辆，使得车的载运能力更大，速度更快，行驶里程也更远。

马车的历史极为久远，它几乎与人类文明史一样漫长。

自从人类发明了车轮并制造出车辆之后，就开始用驯化的马、牛拉车。马车是运输、代步和打仗最主要的工具。

1. 中国古代的车

我国古代，制车业是一个集大成于一体的手工业部门，我国古车以其优异的性能在世界上长期处于领先地位。在这方面，我国对人类文明的发展作出了巨大的贡献，也成为中华古老文化中不可或缺的一部分。

相传，4600年前，黄帝创造了车。后人出于对黄帝这一丰功伟绩纪念，称他为“轩辕黄帝”。据《路史》记载：黄帝在空桑山北创造车子，“横木为轩，直木为辕，故号曰轩辕氏”(图1-2)。

传说黄帝与另一个部落九黎族的首领蚩尤在“逐鹿之战”中就用到了牲畜拉的“车”。此役，虽然蚩尤以金作兵器，并能“呼风唤雨”，但在拥有“车”的黄帝面前，还是被打得大败，丢了性命。从此，黄帝统一了华夏各民族，形成了中华民族大家庭的前身。黄帝战蚩尤也因此而成为了影响中国历史的第一件大事。

图 1-2　轩辕黄帝与车

如此说来，中国有车始于距今4600多年之前，年代虽已久远，传说亦无从考证，但这依然在一定程度上反映出我们祖先对车最早的认识。

公元前，中国就有了掌管道路的“长官”，开始了有组织地修筑道路、发展交通。

《说文解字》记载：“车，舆轮之总名，夏后时奚仲所造。”

《左传》提到，在公元前2250年，夏朝初，大禹时代，车正(专司车旅交通,车辆制造的官)奚仲制造出了第一辆车(图1-3)，设有车架、车轴、车厢，为保持平衡，采用左、右两个轮子。由于车有两轮，且两轮相对，故称“车两”。随着时间推移，“车两”就变成“车辆”了。

图 1-3　奚仲造车

《墨子》在“非儒”篇中提到：“左者羿作弓，仔作甲，奚仲作车，巧垂作舟”。关于“奚仲造车”的史实，史书记载较多，《左传》、《荀子》、《说文解字》、《通志 · 氏族》及《纲鉴易知录》等均有记载。

据《滕县志》记载：“当夏禹之时封为薛，为禹掌车服大夫。奚仲生吉光，吉光是始以木为车。以木为车盖仍缵车正旧职，故后人亦称奚仲造车。”

目前出土的最早的车是由殷代制造的。1953年，我国考古学家在河南省安阳县大司空村发掘出殷代马车遗迹(图1-4)。这是一种造型

图 1-4　河南省安阳出土的殷代马车

非常精致的二轮单辕马车，有栅栏车身和辐式车轮。可见，在3000多年前，我国造车的技术水平已经相当高了。这时的车都是独辕，约有18根辐条，长方形车厢，一般可坐2~3人，大多由2匹马驾辕。

安阳殷墟的考古发掘表明，我国在商代晚期已使用双轮马车。

商代的甲骨文是我国汉字的雏形，其中就有许多“车”字。这种象形文字由轮、舆、辕、轭等形状的图形组成(图1-5)。

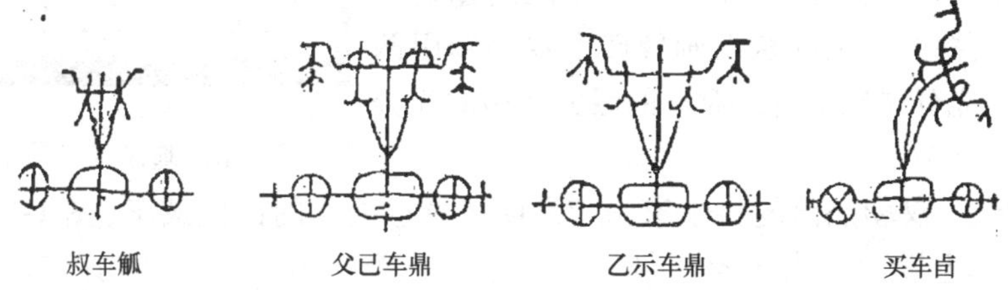

图1-5　甲骨文中的车

周朝古礼中有“六艺”之说。所谓的“六艺”，据《周礼·保氏》记载：“养国子以道，乃教之六艺：一曰五礼，二曰六乐，三曰五射，四曰五驭，五曰六书，六曰九数。”也就是指礼节、音乐、射箭、驾车、书写、计算。可见，“会驾车”在周朝已经成为了一个人学识和身份的象征。在马车的制作方面，周朝的人们已能制造出相当精美的两轮车。

周朝的车与商代的车基本相同，但在结构上有所改进，车马的配件也更为完备，增加了许多新的零部件，而且在许多关键部位使用了青铜材料的构件，驾车的马由商代的两匹增加到了3~4匹，甚至6匹，但以驾4匹马的车为主，因而，多以“驷”为单位计数车辆。《论语·季氏》：“齐景公有马千驷”，就是说齐景公有1000辆车和4000匹马，4马加1车称为“一乘”，所以又有了“千乘之国”的说法。

中国伟大的思想家孔子，其本人就是一位非常优秀的“驾驶员”兼“教练员”。因为他不仅“精通六艺”，而且还向学生传授“六艺”。他用自己的实际行动诠释着对车的无限爱恋(图1-6)。

图1-6　孔子与驭

公元前 221 年，秦始皇完成了对古中国的统一大业并建立了中国历史上第一个多民族的统一的中央集权国家。统一之后，为便于统治，秦朝出台了一系列的改革措施，其中包括“车同轨、书同文、统一度量衡”，这对推动中国古车的发展起到了重要的作用。由于统一了道路和车轨宽度，便利了交通往来，车的作用得以更好地发挥。

图 1-7 东汉画像砖“马车过桥”邮票图

汉朝，不但制车技术进一步发展，车的用途也得到了进一步的发挥。出土的东汉画像砖上双马牵引两轮车(图 1-7)，充分展现了古人对车的巨大作用的充分理解。

公元 3 世纪，汉朝杰出的科学家张衡发明了举世闻名的记里鼓车(图 1-8)，该车外形为一辆车子，车上设两个木人及一鼓一钟，木人一个司击鼓，一个司敲钟。车上装有一组减速齿轮，与轮轴相连。利用车轮在地面的转动带动齿轮转动，变换为凸轮杠杆作用使木人抬手击鼓，车行一里时，控制击鼓木人的中平轮正好转动一周，木人便击鼓一次；车行 10 里时，控制敲钟木人的上平轮正好转动一周，木人便敲钟一次。坐在车上的人只要聆听这钟鼓声，就可以知道车行驶了多少路程。从记里鼓车的内部构造来说，它所应用的减速齿轮系统已相当复杂，可以说是现代车辆里程表的始祖，充分体现了我国古代机械技术的高超水平。

a)

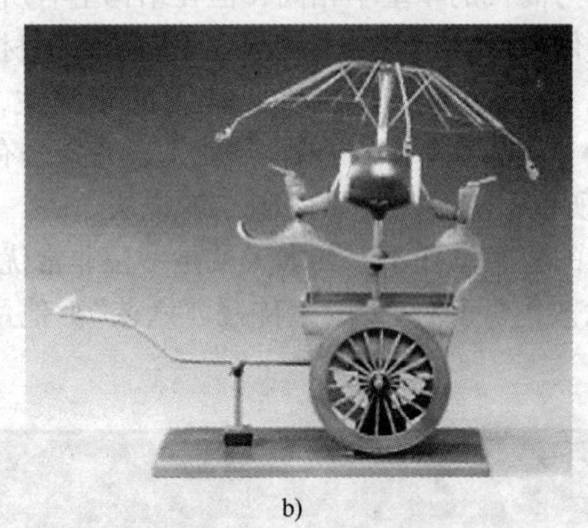

b)

图 1-8 张衡及其发明的记里鼓车

a）张衡像邮票 b）记里鼓车(复原)

三国时期，由马钧所造的指南车(图 1-9)除用齿轮传动外，还设置了自动离合装置，它用齿轮传动系统和离合装置来指示方向。木人的一只手臂平伸向前，只要开始行车的时候木人的手臂指南，此后无论车子怎样改变方向，木人的手臂始终指向南方。指南车的原理是车上装有一套差动齿轮装置，当车辆左、右转弯时，车上可以自动离合的齿轮传动装置就带动木人向车辆转弯相反的方向转动，使木人的手臂始终保持指南。

指南车上这种利用差动齿轮装置来指示方向的机械，在今日仍有现实意义。如现代军事装备的坦克、装甲车是钢铁外壳，行驶时振动又很大，磁性罗盘在车内难以正常工作，这就需要借助这种机械指向工具。

三国蜀相诸葛亮所创造的“木牛流马”，其实就是今天在某些地区得以保留的独轮车的前身。这种独轮车，由于与大车相比身形较小，北方汉族称其为“小车”；又由于它行驶时“叽咯叽咯”响个不停，我国西南人们称其为“鸡公车”；因为它前头尖，后头两个推把如同羊角，江南人们称其为“羊角车”。独轮车无论在山地或者平原，宽路还是小道都可使用，是一种经济实用的运输工具。它成为相当长一段时间内使用最广也最经济的交通工具，难怪英国著名的研究中国古代机械科技史的大师李约瑟说：“中国人独特地贡献给世界其他国家的技术中，独轮车(图1-10)就包括在内。”

图1-9　复原的指南车

图1-10　独轮车

2. 外国的马车

约公元前2000年，黑海附近大草原上的几个部落带着马来到底格里斯——幼发拉底河流域，开始用马来拉有轮子的车，这种车轮已经有轮辐，而不像早期的车轮那样是整个木头块做成的(图1-11)。这种车轮比较轻便，易于操纵。

相传公元前1675年，古埃及人发明了有制动装置的马车，使马车能够在很短时间内停下来。公元前1世纪，罗马制车匠将塞尔特人最早发明的四轮车加以改革，装上了旋转式前轴以转动方向，采用整片的轮辋与轮箍以增加强度，同时用镶有金属边的轮毂以减少摩擦。这种结构使得马车的性能大为提高。到公元200年时，坚固的罗马四轮运输车已经能够在宽敞的大道上隆隆驶过，马拉的邮车和客车可以一天行驶约160km，中途停车更换马匹之后便可以继续前进。

在此后的1000多年时间里，这种用作长途运输的马拉车成为世界各国主要的运输车辆。当然，这些马车不仅可以拉货运物，而且也可以用作载人远行。四轮马车将人从一个地方快速地运到另一个地方，让人真切地感受到了马车所带来的便利。

图1-11　整木制成的车轮

四轮车的优点是载运量大，运行平稳；缺点是四轮马车需要较为平坦的路面行驶。鼎盛时期的罗马帝国具备很好的平坦大道，使得这种四轮马车大

显身手，备受青睐。

罗马帝国灭亡之后，道路失修，日渐崩坏。此时最实用的不再是笨重的四轮马车，而是轻便的两轮马车，因为它可以在崎岖的地形条件下较为平稳地行驶。

四轮马车的车厢最初只不过是一只具有窗户的箱子。它的结构就是以皮带悬吊在无弹簧板的车架上，相对而坐的旅客需要忍受不断的摇动与跳跃。到了中世纪后，欧洲改用弹簧悬置车厢，这大大地提高了四轮车的舒适性，使得马车开始向豪华型发展。较为典型的代表是英国皇室于1763年为英皇乔治所制造的马车，被称为“史上最华丽的马车”（图1-12）。

1662年，法国南特人埃米尔·卢巴首次将马车轨道嵌入路面，这样一来，在巴黎街头就首次出现了轨道马车。人们发现，车轮在轨道上的滚动阻力远比在普通路面上的滚动阻力要小得多，所以载客量也就随之增加了。在18世纪，轨道马车被广泛用于英国的煤矿，用牲口拉动轨道车，可以装运更多的矿石，使得运输效率提高了7~8倍。

最早的运输轨道，其实就是在地面上铺两根木条。以后才逐渐改用钢轨并在下面垫以枕木，这也是火车轨道的雏形。

1832年，美国纽约在曼哈顿街道铺设了供马车运行的轨道，开始运行有轨公共马车（图1-13），仅用两匹马就可以拉动载有40多名乘员的车厢，这比普通马车的载客量多出了两倍。

图1-12　具有巴洛克装饰风格的镀金马车

图1-13　轨道马车

1847年，英国伦敦出现了最早的双层公共马车，敞开的顶层可以让乘员悠闲地浏览市容。

1851年，马车的顶层有了遮阳防雨的顶篷。

1861年，伦敦街道上也有了有轨马车。

18世纪后，德国出现了一种叫做“柏林式”的马车，这在马车制造技术上是一次重大革新。这种车的主要特点是车厢采用两根坚固的皮带悬吊并固定在前后车轮之间，皮带与车轮间通过一个机械装置来转动，后轮上还装有一个有齿轮啮合的制动器。这种车的结构轻便，车厢与车轮间采用弹簧片装置，减振性能较好，行驶起来更为灵活、舒适，受到了人们的普遍欢迎，逐渐风靡全欧。

当时，马车在最好的公路上行程375km，最快也要一天一夜。由于马车的速度不能令人满意，人们进行了种种旨在提高车速的尝试，这就使得马车具备了早期汽车的基本结构：车轮和轮胎、车厢、悬架和制动。因此，马车的发展与完善为汽车的诞生创造了有利的条件。

随着机械化大规模生产和殖民地贸易的迅速发展，马车的速度和装载质量都受到了极大的限制，越来越无法适应日益繁重的运输任务。于是，人们希望发明一种比马更有耐力和更强壮的动力机器，以使车轮转得更快，同时，也需要有更平滑、更可靠的路面以供四轮车行走。不久以后，在英国和美国，有一些想象力丰富的人开始试验用蒸汽做动力，以钢铁做车身、路轨的新型车辆及道路结构。

1904年，四轮马车在与蒸汽汽车的竞争中失败，蒸汽汽车开始登上了历史舞台。不久之后，美国内华达州富庶市镇士诺巴与高非尔之间最后的著名驿车停驶了。马车的黄金时代宣告结束。

1.1.3　自走车辆的探索

基于马车车速的限制，人们渴望能制造出多拉快跑的自动车辆。公元1250年，英国著名哲学家培根预言："我们大概能造出比用一群水手使船航行得更快，而且操纵这艘船只要一名舵手的机器；我们似乎也可以制造出不借用任何畜力就能以惊人速度奔跑的车辆；进而，我们大概也可以制造出带有翅膀、能够像鸟一样飞翔的机器。"

世界上设想汽车的第一人，是我国唐朝的天文学家僧一行(原名张遂，公元683—727年)，他发明了"激铜轮自转之法，加以火蒸汽运，名曰汽车"(图1-14)，这比西方人所推崇的达·芬奇设想发明汽车的说法早了大约800年。

图1-14　僧一行与他设想的汽车

1478年，达·芬奇在他的书稿中提出了对汽车的设想(图1-15)。达·芬奇设想的车型四四方方，类似一辆四轮马车，带有三个车轮，模型的长宽尺寸为5ft6in×5ft。达·芬奇设想在汽车中部安装两根弹簧以解决车辆的动力问题，凭借人力转动车的后轮使得各个齿轮相互啮合，弹簧绷紧就产生了可以前进的动力，再通过杠杆作用将力传递到轮子上。达·芬奇设想在车身上安装一个圆盘装置，圆盘表面设置很多方形木块，连接每个轮子的铁杆的另一端与圆盘相接，这就是用于控制车速的装置。圆盘上放置的木块数量越多，与铁杆之间的摩擦就会越大，阻力也就

图1-15　根据达·芬奇设想复原的汽车

会越大，轮子的运转速度就越慢，行驶的距离就越长。达·芬奇也设想到了制动装置，位于齿轮之间有一个木块，拉动绳索将木块卡在齿轮之间，车就可以停止。不过，这辆汽车不能载人，因为仅靠弹簧的动力根本无法行驶很长距离。

1420年，英国一位工程师发明了一辆滑轮车(图1-16)，在滑轮上绕有非常结实的绳子，人坐在车上用手不停地拽动绳子使滑轮转动，车子就会走动。不过这种车子的运行速度比步行还要慢，而且非常费力，并不实用。

1600年，荷兰科学家西蒙·斯蒂芬(Simon Stevin)借鉴帆船制造原理，制造了双桅风力帆车(图1-17)。据说，这种车能沿荷兰海岸奔驰，时速达到24km。可是，风力帆车只能作为玩具，无法作为实用的车辆使用。因为风力的稳定性很差，方向性也难以把握。

图1-16 滑轮车

图1-17 双桅风力帆车

1630年，德国钟表匠汉斯·郝丘，制造了一台发条式的汽车(图1-18)。但是这台发条车的速度还不到1.6km/h，而且每前进230m，就必须把钢制发条卷紧一次。由于这种工作的强度太大，所以发条车也没有能够得到发展。不过，在当时，这却是一个稀世珍宝，以至于瑞典王子卡尔·古斯塔夫花重金购买了它。

1668年，比利时耶稣会传教士南怀仁在中国京都(今北京)制成了一辆布兰卡(Branc)冲动式蒸汽机汽车(图1-19)。该车车长60cm，有4个行走轮和1个导向轮，车身中央安装着一个煤炉，上置盛水的金属曲颈瓶。水被加热到沸腾至汽化，产生一定的压力，蒸汽由弯曲的瓶口高速射出，叶轮在蒸汽的冲击下转动，产生的动力再通过齿轮传递给车轮，驱动车辆前进。这辆车在他的《欧洲天文学》一书中有所描述，可称得上是一辆成功的蒸汽车，不过这只是一辆汽车的模型而无任何实用价值。他构想的这种车，受启发于我国周朝一种用火作动力的“火战车”。

图1-18 发条车

图 1-19　南怀仁与布兰卡汽车

此车被认为是汽车的始祖。南怀仁的这辆车也是记录在案最早的汽车。

1.2　现代汽车的诞生

1.2.1　蒸汽汽车

1766 年，英国发明家瓦特(James. Watt,1736—1819 年)在对前人发明的蒸汽机作了重大改进后，使其变得更加实用。这一发明轰动了整个欧洲，掀起了轰轰烈烈的第一次工业革命，各行各业纷纷将这一最新的科技成果引用到自己的领域。这一成果的产生为实用汽车的问世创造了必要的条件，人们开始设想把蒸汽机装到车上。

1769 年，法国陆军工程师、炮兵大尉尼古拉·斯·古诺(N. J. Cugnot,1725—1804 年)经过六年的苦心研究，将一台蒸汽机装在了一辆木制三轮车上，这是世界上第一辆完全凭借自己的动力实现行走的蒸汽汽车(“汽车”由此而得名)。这辆汽车被命名为“卡布奥雷”，车长 7.32m，车高 2.2m，车架上放置着一个像梨一样的大锅炉(直径 1.34m)，前轮直径 1.28m，后轮直径 1.50m，前进时靠前轮控制方向，每前进 12 ~ 15min 的路程，需停车加热 15min 的水，运行速度为 3.5 ~ 3.9km/h。后来，由于控制方向比较费力，试车途中下坡时撞到了般圣奴兵工厂的石头墙上，破损的七零八落。虽然世界上第一辆蒸汽汽车落得如此悲惨的结局，但它作为汽车发展史上第一座里程碑的地位是不容怀疑的。1771 年，古诺又制成了一辆性能更好的蒸汽汽车——时速 9.5km，可以牵引 4 ~ 5t 货物。该车现被设在巴黎的法国国家艺术及机械品陈列馆收藏(图1-20)。

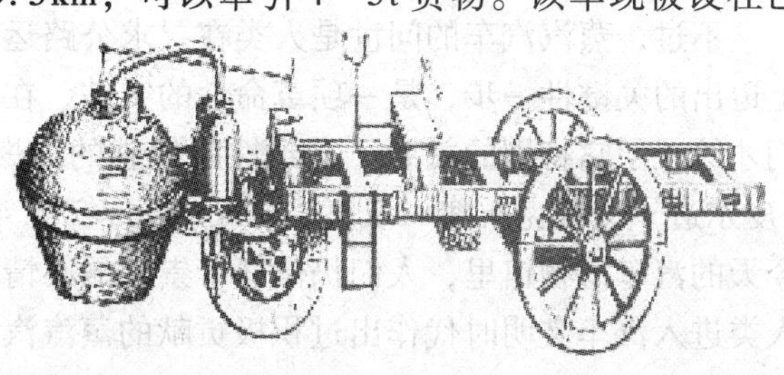

图 1-20　古诺的蒸汽机车

1801 年，理查德·特雷威蒂克制造出了英国最早的蒸汽汽车。两年后，又制成了形状类似公共马车的蒸汽汽车。这辆公共汽车能坐 8 人，创造了在平路上 9.6km/h 的高速世界纪录。

1805 年，美国人艾文思首次制造了装蒸汽机的水陆两用汽车。这种水陆两用汽车是费城港当局为了疏通港口，委托艾文思设计制造的，原来打算制造疏浚船，不料船制成后，因作业场地不在海岸边，不得不将这艘蒸汽船运送到有港口的地方。艾文思在船底装上了四个车轮，用船上的蒸汽发动机驱动，便把船运到了港口。因此，疏浚船成了水陆两用车。它也成为现代水陆两用汽车的鼻祖(图 1-21)。

1825 年，英国公爵嘉内制成了世界上的第一辆蒸汽公共汽车。这辆车的发动机装在后部，后轴驱动，前轴转向。它采用了巧妙的专用转向轴设计，最前面两个轮不承担车重，可由驾驶员利用转向盘轻便地转动，然后通过一个车辕，引导前轴转动，使转向变得轻松自如。1831 年，嘉内利用这辆车开始了世界上最早的公共汽车运营业务，所以这辆车也被认为是世界最早的公共汽车(图 1-22)。

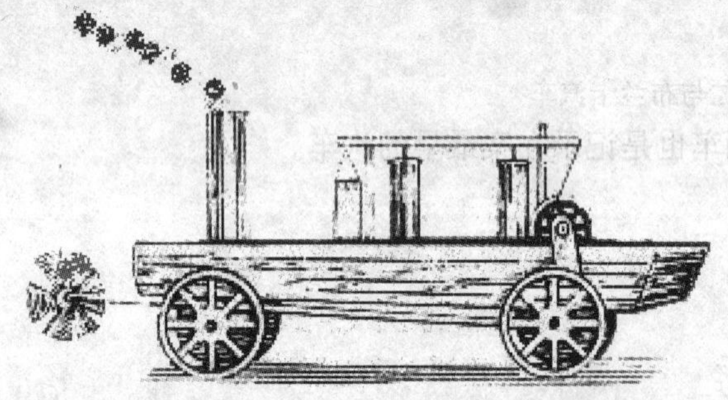

图 1-21　艾文思制造的蒸汽机水陆两用汽车

图 1-22　世界最早公共汽车

1828 年，哈恩格克制成了一辆比嘉内的汽车性能更好的蒸汽公共汽车，并开始了企业化的公共运输事业。他的车可以乘载 22 名乘员，时速 32km，营运后很受民众的欢迎。1834 年，世界上最早的公共汽车运输公司——“苏格兰蒸汽汽车公司”成立了。

1928 年，法国人佩夸尔制造了一辆蒸汽牵引汽车。这辆汽车首次将发动机置于车的前端，而由后轴驱动的总体布置方案。在发动机和后轴之间，依靠链条传动。为了使转向灵活，后轴系由两根半轴构成，当中由差速齿轮连接，这就是最早发明的差速器。此外，两个小小的前轮各自与车架弹性相连，这称作独立悬架。这种独立悬架的设计，有着划时代的意义。佩夸尔的链条传动、差速器、独立悬架等设计方案，对汽车的发展贡献极大，至今仍在汽车上被广泛应用。

然而，蒸汽汽车还不能算是现代汽车，因为它工作时不仅要发出巨大的噪声，而且排出的废气也严重地污染了空气，再加之体积庞大、笨重，使用起来很不方便，根本无法作为穿行于人口居住集中的大街小巷的交通工具。因此，它最终被淘汰也就不足为怪了。

不过，蒸汽汽车的问世是人类在寻求公路运输摆脱落后的畜力牵引、实现机械化的道路上迈出的关键性一步，是一项革命性的突破，在汽车发展史上起到过重大的作用。因此，人们才给予了它特别的关照：直到性能优越的内燃机汽车问世后 20 年的 1916 年，最后一批“皮尔逊——考克斯牌”双座、15hp(1hp = 735.499W)的蒸汽汽车才在英国停止了生产；在今天的汽车博物馆里，人们仍然怀着崇敬的心情观赏那些已经成为历史的蒸汽汽车，缅怀为人类进入汽车文明时代作出过积极贡献的蒸汽汽车设计师们。

1.2.2 现代汽车

1885 年 9 月 5 日，德国人卡尔·本茨(Karl Benz,1844—1929 年)制成了一辆利用内燃机做动力的三轮车(图 1-23)，并于 1886 年 1 月29 日向德国曼海姆帝国专利局提出了发明专利的申请。于是，这一天就成为了现代汽车的诞生日。本茨也被世人誉为“汽车之父”。同年 7 月 3 日，卡尔·本茨在曼海姆的街上进行了第一次公开试验。这辆汽车在道路上首次试验以 15km/h 的速度行驶了 1km 的消息，刊登在第二天《新巴蒂希·兰登其顿》的“其他新闻”栏目中；《新德意志报》也同时在“杂讯”中做了简单报道。

图 1-23 本茨取得专利的第一辆汽车—奔驰一号

本茨的专利于 1886 年 11 月 2 日由德国曼海姆帝国专利局正式批准发布，专利证书号为 37435(图 1-24)，专利名称是“气态发动机汽车”。

奔驰一号车重 254kg，装有三个实心橡胶轮胎的车轮——后边两个大轮，前边一个小轮；单缸四冲程汽油发动机(排量 0.9L,功率 0.85hp,转速 400r/min)放在两后轮之间；发动机输出的功率靠齿轮-齿条机构传给装有差速装置的后轴，有蓄电池与点火线圈，并装有散热器；汽车前进速度为 13 ~ 18km/h，但无法倒行，前进方向的控制完全依靠一根操纵杆来实现。另外，该车没有设置制动装置，也没有减振机构，更没有车篷，包括驾驶员在内的两名乘员就坐在两个后轮之间的硬座上。

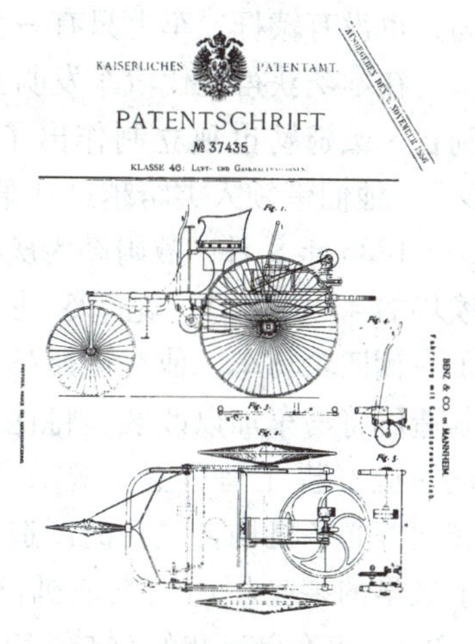

图 1-24 卡尔·本茨的汽车专利证书

仔细观察世界上第一辆汽车的结构，你会发现它的外形和当时的马车差不多，分析比较它的速度及载重量，也不比马车有任何优势。但是，它的巨大贡献不在于其本身所达到的性能，而是一个观念的变化，那就是内燃机的采用和自动化的实现。本茨不仅敢于向当时占有垄断地位的马车制造商挑战，而且敢于抛弃在技术上已相当成熟的蒸汽机不用而去选用新生的内燃机作动力，足可见其充分的自信及观念上的巨大转变。

正因这种车可以自己行走，后人才用希腊语中的“Auto(自己)”和拉丁语中的“Mobile(会动的)”构成复合词来解释这种类型的车，这就是“Automobile(汽车)”一词的来历。

第一辆三轮汽车的问世，虽然为本茨带来了荣誉，但是这个不断“散发臭气的怪物”经常抛锚，因而遭到不少人的嘲讽，本茨虽然进行了多次改进，但仍然毛病不断。为了不再大庭广众之下出洋相，本茨再也不愿在公共场所驾驶它，便把它丢在一个冷落的试验室。但本茨的夫人贝尔塔对丈夫的发明深信不疑，她不怕旁人的白眼，带着两个孩子，勇敢地开始

了汽车史上的第一次长途旅行(图 1-25)。

1888 年 8 月的一天清晨，本茨还在梦乡中，贝尔塔便唤醒了两个孩子，把汽车推出试验室，起动后开走了。她要把它从曼海姆城开到 140km 之外的她的娘家普福尔茨海姆。一路上，贝尔塔带着两个孩子驾驶着这世界上第一辆汽车走走停停，她用发卡疏通了堵塞的油管，用长袜解决了电路的短路。经过一天艰辛的跋涉，终于在天黑时到达了目的地——140km 外的普福尔茨海姆。她的娘家人以及众多邻居对贝尔塔的勇敢行动惊叹不已。兴奋的贝尔塔立即给丈夫拍了一个电报：“汽车经受了考验，请速申请参加慕尼黑博览会。”本茨几乎不敢相信这是真的。5 天后他们又驾车回到了曼海姆。贝尔塔也因为这次历史性的试验而被称为世界上第一位汽车驾驶员。

图 1-25　卡尔 · 本茨夫人与孩子驾驶汽车回家

1888 年 9 月 12 日，本茨的汽车在慕尼黑的机械展览会上震惊了所有人。当时的报纸上写道：“星期六下午，人们怀着惊奇的目光看到一辆三轮马车在街上行走，但是前面没有马，也没有辕杆，车上只有一个男人，马车在自己行走，大街上所有的行人都惊奇万分。”

在本茨获得现代汽车发明专利的同时，德国的另外一个伟大的现代汽车创始人——哥德利普 · 戴姆勒也独立制作出了一辆现代汽车，从而与本茨一道被公认为是“现代汽车之父”，他们带领人类跨越过马车时代，驶入现代汽车的新纪元。

1886 年 8 月，戴姆勒为庆祝其妻埃玛的 43 岁生日，花 795 马克订购了一辆四轮马车，他在埃斯林加机械制造厂将马车加以改装，将他的立式汽油机安装在马车上，增添了传动、转向等必备机构，成功的制造出世界上最早的乘坐用四轮汽油机汽车(图 1-26)。该车装有单缸(缸径 122mm)、排量 0.47L、水冷、输出功率 0.845kW、转速 655r/min 的汽油机；发动机后置，装有摩擦式离合器，后轮驱动，采用转向杆转向；车架涂着深蓝色的油漆，座位上套着黑色皮套；车前挂着一盏灯笼用以夜晚照明；汽车车速可达 17.5km/h，可变四个前进速度。1887 年 3 月，该车进行了第一次行驶试验，获得成功。

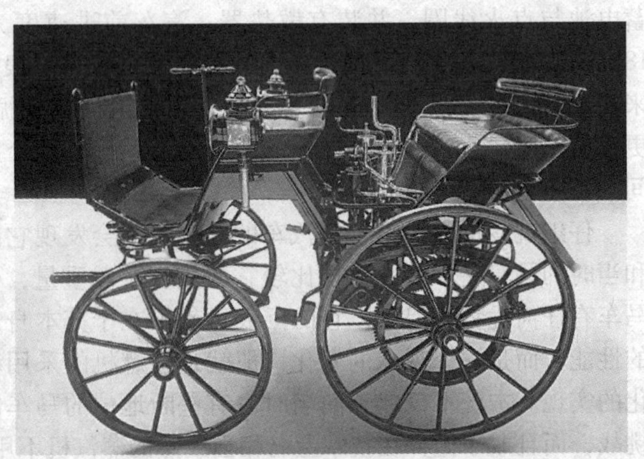

图 1-26　戴姆勒的第一辆四轮汽油机车

1890 年 11 月 28 日，戴姆勒在斯图加特附近的勘斯塔特城，组建了戴姆勒机动车有限公司，批量生产汽车。

在戴姆勒生产汽车的过程中，奥地利驻法国使馆的领事、大商人埃米尔 · 耶利内克起到了很大的推动作用。此人是一个高速度的狂热追求者，对汽车竞赛这项新的运动非常热心。他订购了一辆戴姆勒车用以参赛，但却非常失望。因为这辆车的最高速度只有25km/h，离他要求的高速度相差太远。然而，这件事并没有让他对戴姆勒公司失去信心，他渴望汽车技术的进步，希望自己能够获得比赛的胜利，同时也看到了经营汽车是一项有利可图的买卖。

1898 年，他的愿望在戴姆勒公司的大力帮助下得到了充分的满足：一辆功率17.625kW、前置四缸发动机的戴姆勒凤凰牌汽车交到了他的手中。次年 3 月，他驾驶这辆车在法国尼斯举行的世界汽车大赛中取得了好成绩，引得许多人前来询问汽车制造厂家。于是他便投入大笔资金，并建议改进凤凰牌汽车的结构，以增加轴距、降低重心、提高功率，同时向戴姆勒公司定购了 36 辆凤凰牌汽车，将其喷成 36 种不同的颜色分别代表 36 个国家，取得了奥匈帝国、法国、比利时和美国等地独家经销的权利，并以他 9 岁女儿的名字“Mercedes(梅赛德斯)”为汽车命名，取得了巨大的商业成功。1900 年 4 月 2 日，埃米尔·耶利内被选举为戴姆勒公司董事会成员。从 1902 年开始，在汽车散热器上就一直写着“Mercedes”的汽车商标名称，完全取代了“戴姆勒”的称谓。1909 年，“Mercedes”被戴姆勒公司正式申请为轿车品名。

在几乎同一时期，还有许多国家的工程师在进行着汽车方面开发，例如：

英国的巴特勒也发明了装有汽油机的汽车。

法国的戴波梯维尔在 1884 年就发明了汽车并申请了专利，遗憾的是，他以后并没有去研究汽车，而是把发动机用到了工业生产中，最终成为工业发动机制造商。

意大利帕达大学水利和农用机械教授贝尔纳，在 1884 年将驱动缝纫机的汽油机装在他 5 岁儿子的三轮车上，这辆车在佛罗那大街跑得相当成功。

俄国的普奇洛夫和伏罗波夫二人也发明了装有内燃机的汽车。

自此，各式各样的汽车，开始进入了人类的生活领域。

1.3 汽车史上的十项技术革新成果

在百余年的汽车发展史上，出现过不胜枚举的发明创造。这些由汽车工程师、汽车发明家、汽车技术工人等汽车行业的技术精英们先后发明、创造的技术成果，有的已经被淘汰，有的还在继续使用，而更多的则是在继承的基础上被优化而使用至今。但无论如何，正是这些技术成果的不断问世、不断被采用，才使得汽车结构日益完善、汽车技术水平不断提高，汽车产品逐渐被人们所接受。

在浩如烟海的众多技术成果中，有十项技术革新成果得到了人们的普遍认可，它们对汽车技术的进步起到了巨大的推动作用。这十项技术革新成果分别是：充气轮胎、自动起动装置、四冲程发动机、自动变速器、鼓式制动器、全钢车身、安全玻璃、催化式排气净化器、晶体管、汽车安全设施。

1.3.1 充气轮胎

今天的汽车，无一例外地都使用充气的橡胶轮胎，而且轮胎的外观颜色呈黑色。这是为什么呢?

其实，早期的马车、自行车都曾经长时间地采用过实心的橡胶轮胎，1893 年，奔驰公司生产的“维克托得亚”牌汽车采用的也是实心车轮。(图 1-27)。

1888 年，英国兽医邓禄普(J. B. Dunlop,1840—1921 年)取得了充气式“自行车和三轮车新式轮胎”的专利权(图 1-28)。不过，当时的充气轮胎十分原始，它像软管那样，用胶布粘牢在轮圈上，使用中轮胎极易磨损，刺破漏气更是常见之事。因此，在承载量较大的汽车上，这种简陋的充气轮胎并未得到推广采用。

图 1-27　采用实心车轮的“维克托得亚”汽车

图 1-28　充气式自行车轮胎

早期的汽车使用木质、铁质或硬橡胶的车轮，不仅影响了车速的提高，而且其剧烈的颠簸也使乘员感到难以忍受。人们为寻求减振效果良好且寿命较长的车轮材料，经历了一番波折，当时比较流行的方法是在厚厚的橡胶内胎里填充上五花八门的东西(如软木、锯末、生牛皮、沙子、碎布等)作为减振材料，但其效果无法令人满意。

为提高轮胎性能，人们想出了种种办法：

1903 年，美国古德伊尔公司获得无内胎轮胎的专利。

1908 年，美国人希伯灵发明了在轮胎上刻花纹的机器。刻出花纹的汽车轮胎可以增大与地面的附着力，提高了行车效率。

1911 年，美国人菲利普斯将其父施特劳斯的一项发明公之于众：用橡胶和织物制成外胎，里面装入可以充气的橡胶内胎。自此，真正的充气轮胎才得以广泛应用。

1912 年，美国人古德里奇将炭黑加入橡胶之中，发现能大大提高其耐磨性能。这一发现使橡胶的应用范围被扩大，也使汽车轮胎的使用寿命大大提高。当然，这样做的结果也使得目前所有的轮胎几乎都是黑色的。

在上百年的汽车发展过程中，各种轮胎(如多气室轮胎、带花纹轮胎、低气压轮胎、子午线轮胎、无内胎轮胎等)相继问世，人们给汽车穿上了合脚的“鞋子”(图 1-29)。

轮胎技术与汽车技术的齐头并进，在很大程度上改善了现代汽车的行驶舒适性和操纵稳定性，也使得汽车可以实现越来越多的功能(图 1-30)。

图 1-29　形态各异的轮胎

图 1-30　装用巨型轮胎的工程车

1.3.2　自动起动装置

在汽车正式诞生以前的 1874 年，德国人马尔卡斯曾经试制过一辆汽车，这辆车既无离合器也无变速器，起动时需靠两个壮汉将车的后轮抬起，驾车者手摇起动后迅速抽出摇杆跳上汽车，待一切准备妥当后，抬车的两人一同放下，汽车前冲起步——试验时只跑了 180m。

1886—1912 年间，世界上所有的汽车“理所当然”地使用着手摇起动法，虽然有过脚踏起动和采用压缩空气起动的创举，但并没有从根本上改变起动费力的事实。

1912 年，美国通用汽车公司的工程师查尔斯·凯特林(C. Kettering)应公司老板的要求，利用一年多的时间，在解决了设计过程中的关键问题(利用“甩轮”实现正向传递起动机动

力以起动发动机，反向自动打滑以避免轴式“电枢”被发动机高速驱动导致“飞散”）之后，成功地设计出了世界上第一个自动起动装置，并将其安装于当年生产的凯迪拉克轿车上（图 1-31）。

自动起动装置的动力来源于一个小型电动机，电动机以蓄电池作为工作时的电源，它在运转时所产生的转矩经传动机构的传递，作用于发动机的飞轮上，以拖动发动机的转动。起动以后，小型电动机停止运转，传动机构的小齿轮与发动机的飞轮脱离啮合。这种结构方式有效地保证了起动过程中的安全，受到了广大新消费群体尤其是女性消费者的普遍青睐，被公认为 20 世纪最重要的汽车创新。直到今天，它仍在被广泛采用。

a)

b)

图 1-31　查尔斯 · 凯特林及 1912 款凯迪拉克

a）查尔斯 · 凯特林在试验起动机　b）首次装用电起动装置的凯迪拉克轿车

1.3.3　四冲程发动机

在“奥托发动机”问世之前，所有发动机只有非压缩式(模仿每一冲程都产生动力的蒸汽机工作原理设计)和气压式两类，它们的工作效率都非常低。

1842 年，法国工程师罗沙发表了等容燃烧的四冲程发动机理论，并强调压缩混合气是提高热效率的重要措施。这是一次对内燃机燃烧理论认识上的飞跃，只可惜他的研究成果由于发表在当时法国的一家地方性的出版刊物上，没有引起人们的重视。

1866 年，德国人奥托在总结前人成果的基础上，成功地制造出了一台在发动机历史上具有划时代意义的往复活塞式四冲程煤气发动机。它靠进气、压缩、做功、排气的四冲程循环(图 1-32)，大大提高了工作效率，运转也变得更加平稳。转速为 80 ~ 100r/min。1867 年 5 月，该发动机获巴黎万国博览会金质奖章。1876 年，奥托又制成了另一台四冲程煤气发动机，并于 1877 年 8 月 4 日获得专利。该机转速达 250r/min，热效率高达 12% ~ 14%。不久以后，这种以发明人名字命名的“奥托机”就闻名于世了。

1886 年，奥托向世人作出了一项惊人的宣布：取消自己获得的四冲程发动机的专利，任何人都可根据需要制作它。他的这一举措，无疑为寻找最佳汽车动力的工程师们带来了福音，也加快了汽车研制的步伐。

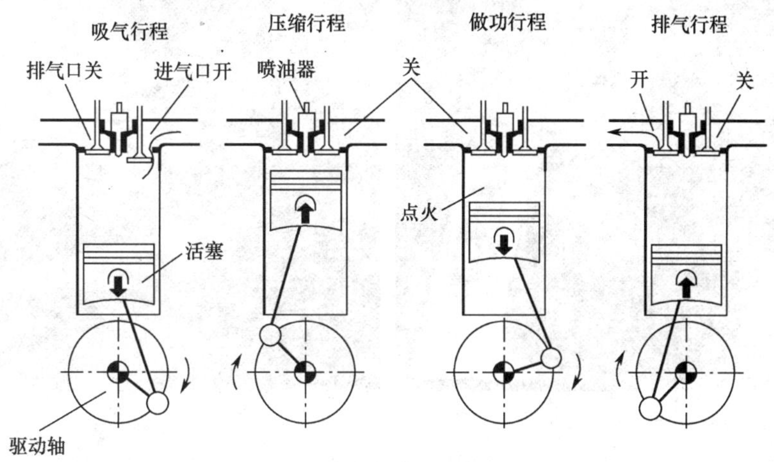

图 1-32　四冲程发动机工作原理

1.3.4　自动变速器

早期的汽车变速器都采用标准齿轮的手动换档式，这种变速器需要熟练的技巧去操作。尽管后来发明的同步器减轻了驾驶员操作的难度，但其带来的跃变式车速变化使驾驶人有些不太适应。

1904 年，美国人斯特蒂文特在他所制造的汽车上第一次应用了简单的自动变速器——具有高、低两速的简单离心式离合器。

1907 年，斯特尔森利用行星齿轮的传动原理制造了第一个液压变速器。

1912 年，哥伦比亚电磁厂制造了第一个电磁控制的自动变速器。

1934 年，奥兹莫比尔汽车公司推出了一种半自动式的变速器，它采用行星齿轮变速，配合离合器使汽车开动。不久，通用汽车公司推出了液力耦合式的变矩器，它可以使起动过程中的转矩增强，这种结构形式至今仍在使用。

在自动变速器的完善过程中，美国人霍华德·辛普森(Howard. W. Simpson，1892—1963 年)作出了杰出的贡献，他首先获得了由太阳齿轮、齿圈和行星齿轮巧妙构成的自动变速器专利，独自完成了自 20 世纪 20 年代以来底特律数百名工程师一直在探索的项目。

图 1-33 所示是位于驾驶室内的手动变速器变速杆及自动变速器变速杆。

1.3.5　鼓式制动器

早期的汽车采用与马车相同的轮胎制动器：在两个马车轮子的后面放置一根长的木杠，在与轮胎接触的地方装有摩擦衬垫，木杠通过牵引机构与设置在前面的制动扳手相连；需要制动时，拉动扳手，将长的木头杠杆压紧轮胎，实现制动(图 1-34)。

后来，随着汽车速度的日益提高，对制动性能的要求也越来越高，于是，各种各样的制动装置相继问世。比较具有代表性的是前轮盘式制动器、抱闸式制动器、凸轮式制动器、盘式制动器等。其中，抱闸式制动器以其效果相对优良而得到了比较普遍的采用。

a)

b)

图 1-33　变速器

a）手动变速器变速杆　b）自动变速器变速杆

1902 年，雷诺汽车公司采用了内胀式的鼓式制动器（图 1-35），使制动力得以大幅度地提高。但是，与之配套的钢索式或杆系式操纵机构却效率较低，影响了制动力的发挥。后来，拉克赫德飞机制造厂创制了液压操纵的鼓式制动器。

鼓式制动器以其结构简单，性能良好而在全球范围得到了广泛的应用，直到 1987 年，它在世界制动器市场仍然占有统治地位，约占全部销量的 56%（干盘式占 33%，湿盘式占 23%）。

图 1-34　马车的制动

a)

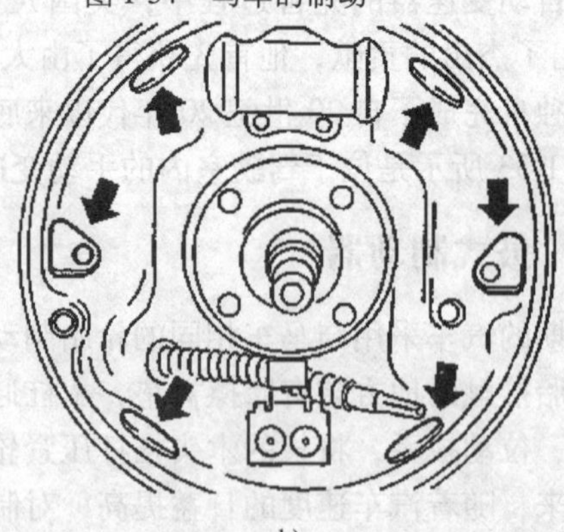

b)

图 1-35　鼓式制动器

a）鼓式制动器组成图　b）鼓式制动器工作原理图

1.3.6　全钢车身

早期的汽车车身是在木质梯形框架上装个车篷，由于当时的汽油机功率太小，为了减轻重量，只能装用很轻而且简单的车篷。

1900 年，全金属车身的第一个专利由美国人获得，但由于当时金属冶炼技术和加工工艺无法满足车身的制造要求，故车身结构仍然采用木板、木骨架和连接它们的加强钢架的组合。很显然，木板车身经受不住扭曲，且在风吹日晒下会开裂。于是，又出现了在木板外面加覆薄钢板的结构形式，不过这种结构的坚固程度仍然十分有限。

图 1-36　1924 年生产的道奇汽车

后来，随着轿车车身封闭结构的流行以及金属冶炼、加工技术的进步，封闭式全钢车身终于问世了。1924 年，道奇汽车采用了成型钢板闭合结构的安全型车身，将乘员安置在全钢车身之内（图 1-36）。这种结构不仅提高了乘员的安全性，而且其外形由于可以设计成流线形也更趋合理。

全钢车身是一项重大的技术进步，由于生产全钢车身需要厂家投入巨额资金以购置生产设备，这在客观上导致了很多小规模汽车制造厂家的倒闭。

1.3.7　安全玻璃

早期的汽车大多采用马车式结构，没有向用户提供风窗玻璃。因此，为了抵挡风沙对驾乘人员的侵袭，防尘眼镜便成为了敞篷车座室内的标准装备。

1909 年，福特为其 T 型车的买主提供了可选择风窗玻璃的机会（图 1-37）。当人们发现这块小小的玻璃能够避免风吹雨打及飞虫干扰后，纷纷选购这种汽车。到二十年代末，所有的汽车制造商均将风窗玻璃纳入了自己产品的标准装备。

早期的风窗玻璃是平的，并与车身成 90°夹角，既不美观，也不安全，而且，一旦发生车祸，它就会碎成危险的碎片。因此，寻求安全的玻璃成为了汽车制造商的当务之急。

其实，早在 1900 年，法国的一位化学家就发现了一只用赛璐珞加衬的玻璃烧杯被打碎后并不碎开的现象。于是，他便创制出了一种称之为 Triple 的赛璐珞玻璃产品。可惜的是，这种玻璃日子久了会泛黄，以致未能被广泛应用。

美国人曾采用过以下两种“防振”型的玻璃：一种是将金属丝以几英寸宽的行距，水平地穿过风窗玻璃，借以提高抗冲击能力，并将撞碎后的松散玻璃片牵连起来。另一种是将风窗玻璃做成两块夹层玻璃型的，玻璃中间夹有透明胶片，这种形式的风窗玻璃曾被许多厂家仿效过。

图 1-37 带风窗玻璃的 FORD-T 型车

今天汽车上广泛采用的风窗玻璃使用了化学处理内层板，撞车后该内层板将破碎成若干小块，并能伸长起缓冲作用(图 1-38)。这项技术是由英国人沃德(J. C. Wood)发明的。

图 1-38 被人为砸坏的风窗玻璃

1.3.8 催化式排气净化器

1970 年，美国《排气净化条例》的实施，加快了汽车排气净化装置研制的进程，加速了催化转换器的发展，严格了汽车发动机的排气标准。

催化转换器(图 1-39)内装有贵金属或陶瓷衬垫，与废气相互作用，转换器将废气加以处理后，大大减少了以下有害污染物的排出量：未燃烧的碳氢化合物、氧化氮和一氧化碳。催化转换器的采用，使汽车能够以较低的费用达到节省燃油、提高性能和净化排气的目的。

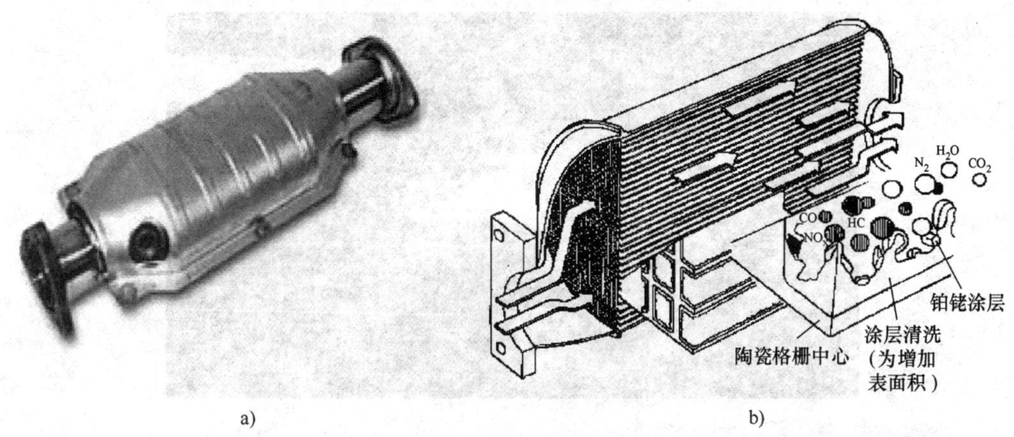

a)　　b)

图 1-39　三元催化转换器
a）三元催化转换器外形　b）三元催化转换器原理

1.3.9　晶体管

晶体管的发展，最初是为了取代电子管，在汽车上的应用则是为了取代容易烧损的机械触点，后来才演变成为了今天的微型计算机。这种装置从根本上改变了汽车的特性和人类的生活。

1953 年，美国霍利化油器公司首先取得了在点火系中使用晶体管，从而减少断电器触点磨损、氧化和机械损伤的电子点火专利。后来，晶体管在交流发电机、电喇叭、电刮水器、继电器等装置中得到了广泛的应用。

目前汽车上广泛运用的“计算机”是一个大量使用晶体管的实物，它由数千个半导体管和类似的组件在单晶硅上结合而成，它神通广大，几乎能够控制汽车的每一样功能。燃油喷射、点火时机、车厢温度、制动防抱死、照明灯光、安全气囊、自动换档乃至轮胎气压等均可由“计算机”控制。

1.3.10　汽车安全设施

1952 年 5 月 20 日，美国人贝克驾车参加了一次大规模的汽车竞赛。半路上，赛车因撞到半截露出路面的钢轨而腾空闯入人群。结果，两名观众当场丧生，数十人受伤，令人惊奇的是，贝克只受了点轻伤。原来，赛前他用皮带将自己“绑”在了座椅上，撞车时绷紧的皮带限制了他的前移，自然也就避免了更大悲剧的发生。然而，令人遗憾的是，虽然他在接受采访时一再提及自己幸免于难的主要原因是皮带的保护，却未能引起人们的足够重视。

后来，随着车速的提高及汽车保有量的增加，交通事故越来越多(图 1-40)。面对血的教训，人们认识到了安全带的作用：撞车时，它可以使驾驶员和前排乘员缓慢前移，从而减轻了猛烈撞击对人体造成的伤害；翻车时，可以避免乘员被甩出车外造成的伤亡。于是，许多国家相继采取强硬措施，规定小客车必须装备安全带。

如果说 20 世纪 50 年代初人们还对采用安全带普遍持有抵制态度，甚至还引发了一场关于安全问题的大辩论的话，那么后来的事实则让人们充分认识到了安全带及其他安全措施的巨大作用。正是基于这一认识，欧美国家的政府部门才相继制订出了汽车的防撞标准，例

图 1-40 未系安全带，追尾碰撞冲出驾驶室的乘员

如，车顶的防压，车门锁的强度、安全带、安全气囊(图 1-41)、座椅和头枕的强度与移位、风窗玻璃与车身两侧的防撞以及照明、车外视野、轮胎质量和制动性能等。尽管汽车制造厂家最初对这些强制性措施表示异议，认为费用昂贵且没有必要，但在各自政府部门的坚持下，最终还是得以贯彻，从而使车祸发生后的伤亡率大为减小。另外，汽车安全措施的实施也缓解了人们对它的负面影响的极端认识，增加了汽车销量，促进了汽车工业自身的发展。

图 1-41 安全带与安全配合发挥作用

1.4 轿车进家之旅

汽车工业的核心是轿车工业，没有轿车工业的汽车工业不可能对整个国家的国民经济起到巨大的带动效应。目前在全世界的汽车保有量中，75% 以上为轿车。而在这些轿车中，除少量的公用、经营用(如出租车)之外，80% 以上为家用。由此可见，世界汽车工业的发展，主要是轿车工业的发展，而轿车工业的发展，起决定性作用的因素就是轿车进入家庭。美国、日本、韩国和西欧主要国家，都是在轿车进入家庭之后，轿车产量获得高速增长，积累了大量的研发资金，从而使汽车工业成为了国民经济的支柱产业，在国民经济中占据了重要的地位。

在世界汽车工业史上，轿车进入家庭的第一个车型是美国福特公司生产的T型车。1908年，福特推出了廉价的T型车，当时其他轿车平均售价为2000多美元，而T型车只卖850美元，相当于一个普通中学教员一年的工资。它是进入美国家庭的第一个车型，它把美国带进了汽车社会，改变了美国，也改变了整个世界。由于采用了流水生产线，T型汽车可以大批量生产，1914年，该车售价降到了295美元，相当于福特工厂工人两个月的工资，到1925年降到265美元，成为美国普通工人和农民都能买得起的汽车。由于人人都能买得起，人人都想购买它，市场被大幅度扩大。就这样，汽车进入了美国的普通家庭。

欧洲各国汽车进入普通家庭，都有一个共同的特点，就是微型汽车首先进入家庭。希特勒在发动第二次世界大战前，曾向德国人宣称，他要使每个德国人都拥有"国民汽车"。他指示波尔舍设计这种车。他对这种汽车的要求是：省油；能承载四、五口之家；最高时速不低于100km；便于维修；售价不超过1000马克(当时相当于250美元)，使多数人买得起。为了生产这种汽车，在沃尔夫斯堡专门建造了一个巨大的汽车厂(现在的德国大众汽车公司)，年产量可达100万辆。1938年，波尔舍设计出了"甲壳虫"汽车，售价990马克，比其他轿车便宜一半。遗憾的是，二战之前"甲壳虫"只生产了630量，还来不及进入德国家庭。二战之后，"甲壳虫"大量投产。虽然被一些人瞧不起，但它却以廉价和实用迅速打开了包括美国在内的广大市场。1965年累计生产1000万辆，不仅进入了德国家庭，而且进入了许多国外的家庭。

法国雪铁龙公司开发的2CV型轿车(图1-42)，是最早进入法国家庭的汽车。设计时，公司总经理要求这种车能拉上一对农村夫妇，带50kg的土豆和一筐鸡蛋，走农村小路，时速60km，油耗每百公里3L……很明确，他的设计对象就是普通百姓。2CV型轿车于1948年开始生产，价格低廉，简易朴实。在钢管上蒙上一层粗帆布，就是座椅，车顶仅是一块布篷而已。人们称它为"四个轮子一把伞"，也有人把它叫做"轮子上的小帐篷"。这种车受到法国和其他国家的普遍欢迎，被誉为"机械奇迹、商业奇迹、社会奇迹"。到1988年停产时为止，累计生产700万辆。1963年，法国的汽车保有率已达到每千人157辆，实现了轿车进入家庭的规划。

图1-42　雪铁龙2CV型轿车

1959年秋，Mini车在英国面世了。人们看到：在只有3.9m长的车身里，容纳了四个座椅，横置的发动机以及其他机械都集中到了人不需要使用的地方，如两个前轮之间以及后座地板下面。平民百姓感觉这是为自己设计的一款廉价新车，社会名流则把它当作玩具在市区开来开去。到1960年，英国微型轿车所占比率达到46%，轿车保有率为每千人105辆，基本实现了轿车进入家庭。

1955年，日本政府对计划进入家庭的“国民车”进行了规划：最高时速100km，乘坐四人或二人，另加100kg载物，油耗每百公里3.3L，车重400kg以下，价格低于5万日元(相当于日本大学毕业生30个月的工资)。日本富士重工公司首先开发了“斯巴鲁360型”微型轿车(图1-43)，后来这种车被誉为日本轻型“四轮车”的杰出样板。东洋工业公司又开发了新的“马自达·颂歌”牌微型轿车，三菱开发了“迷你卡”微型轿车。就这样，日本政府的一系列政策大大促进了微型轿车的发展。到1971年，日本每千人轿车的保有率达到101辆，基本实现了轿车进入家庭。

图1-43　斯巴鲁360型微型轿车

在我国，汽车工业起步较晚，轿车进入家庭也比发达国家慢很多。这一方面和家庭收入有关，另一方面也和国家政策有关。

在政策方面，中国走过了从限购到鼓励的转变。早在1984年2月，国务院就发布了《关于农民个人或联户购置机动车船和拖拉机经营运输业的若干规定》，从政策上第一次明确了私人购置汽车的合法性。不过，当时部分主管部门仍对私人购车存有异议，对轿车进入家庭持怀疑和否定态度。20世纪80年代以前，轿车在我国被看成是奢侈品，甚至属于“资产阶级生活方式”。20世纪80年代以后，国内轿车生产受到重视，但着眼于提高汽车制造技术水平，减少进口，目标仍是机构公用。当轿车进入家庭的呼声渐高时，反对者认为，“中国人多地少，不适合汽车进入家庭”，“中国人收入太低，买不起轿车”，“中国钢铁、能源短缺，支撑不了汽车的大规模消费”，“中国资源、环境压力太大，应当走一条与西方国家不同的道路，主要发展公共交通，不应鼓励汽车进入家庭”等。

1982年5月，中国汽车工业公司成立，提出了汽车产品结构改革方针，填补了家用轿车工业几乎空白的历史。为了缩小与发达国家汽车特别是家用轿车工业的差距，我国汽车工业逐步走上了一条“依靠合资、开放市场、技术引进”的道路，而发生这种转向的决定性力量来自于发展家用轿车工业的战略选择。随着中国市场对轿车，尤其是对家用轿车需求量的迅速增长，国内轿车生产量在满足不了现状的前提下，导致轿车进口量在20世纪80年代前半期连年以几何级数的速度增长。为了顺应市场需求，我国于1986年正式把汽车工业列为支柱产业，并确定了发展轿车工业要“高起点、大批量、专业化”的原则。

1993年2月，财政部决定取消购买轿车的控购审批。旅行车、越野车和工具车也不再办理控购审批手续。1994年7月4日，国务院公布的第一个《汽车工业产业政策》阐明：“国家鼓励个人购买汽车……任何地方和部门不得用行政和经济手段干预个人购买和使用正当来源的汽车。”1996 年 8 月 30 日，国务院办公厅发出通知，取消地方对经济轿车的限制。

20 世纪 90 年代，由于居民收入有限，轿车对于普通百姓来说仍然是个梦。但这时“老三样”——桑塔纳、富康、夏利以出租车身份出现，百姓以“打的”的形式部分满足了私车消费的愿望。

2001 年，售价 10 万元的“赛欧”问世，上汽通用打出了“家轿”的价格概念。沿海发达地区的人们奔走相告，感觉幸福来得如此突然，自己可以买得起家庭轿车了。从 2002 年，汽车市场突然井喷，积蓄了几十年的需求被瞬间释放。截止到 2002 年 10 月，北京私人轿车达到 118 万辆，每百户家庭 11 辆轿车，在全国率先迈过轿车普及的门槛。中国汽车工业协会统计表明，2006 年乘用车全年销量首次超过 500 万辆，达到 518 万辆。其中基本乘用车（轿车）销量达到 383 万辆，占乘用车销售总量的 74%。2009 年，我国汽车产销分别完成 1379. 10 万辆和 1364. 48 万辆，同比分别增长 48% 和 46%，其中乘用车产销分别完成 1038. 38 万辆和 1033. 13 万辆，同比分别增长 54% 和 53%。在所有政策中，1. 6L 及以下乘用车购置税减半政策对汽车产销增长影响的力度最大，2009 年该类车型销售为 719. 55 万辆，同比增长 71%，销售增长幅度 70%。

汽车进入家庭，能够引起人们生活方式发生变化。由于汽车可以提供既方便又舒适的服务，使人们业余时间增多了，生活变得多姿多彩。有了汽车，人们已经不满足于以家庭和工作为半径的生活范围，和家人一起到更远的地方享受更惬意的生活成为大多数人的共同愿望。在这样的趋势下，一车多用也成为新的消费需求，尤其是能够放置更多随行物品、满足家庭进行较远距离度假的宽敞、舒适的车型正在日益受到欢迎。

【复习思考题】

1. 古人为何要发明车轮？
2. 周朝古礼“六艺”是指哪六艺？
3. 秦朝的“车同轨、书同文、统一度量衡”政策，对于车辆的发展起到了什么样的促进作用？
4. 为什么中国的四轮马车远少于西方？
5. 有轨马车的主要优点是什么？
6. 为了发明可以自动行走的车，人们主要进行了哪些形式的尝试？
7. 古诺蒸汽汽车的主要意义是什么？
8. 为什么说奔驰一号车可以称作为现代汽车的鼻祖？
9. 为什么汽车的轮胎都是黑色的？
10. 为什么福特 T 型车能成为汽车进家的第一款车型？

【实践训练】

1. 请分析盛行一时的蒸汽汽车最终被淘汰的主要原因。
2. 什么样的车型适合于家庭使用？
3. 分析汽车发展史上十项重要技术革新成果的特点。

技术革新项目	发明者	主要特征	对汽车工业发展的主要贡献	相关启迪
充气轮胎				
自动起动装置				
四冲程发动机				
自动变速器				
鼓式制动器				
全钢车身				
安全玻璃				
催化式排气净化器				
晶体管				
汽车安全设施				

第2章　汽车的外形与色彩

【学习目标】

通过对本章内容的学习，你应该：

了解设计汽车外形所需要考虑的三个主要因素；掌握七种汽车外形的产生及演变；重点掌握选择汽车颜色需要考虑的五个原则以及内饰颜色的选择原则等。

【情境描述】

假设一个小学生向你发问：叔叔，为什么现在的汽车外形与老爷车的外形不一样啊？你将如何回答？假设你接待了一位前来买车的女客户，她向你询问应该买辆红色的车还是白色的车，你将如何回答？

【想一想】

1. 为什么人们在购买汽车、欣赏汽车时，首先关注的是外部的造型？
2. 为什么汽车诞生初期，选择了那样笨拙的造型？
3. 为什么车身的颜色五彩缤纷？
4. 汽车内饰的颜色是不是无关紧要？

当人们注目马路上南来北往的汽车时，看到的是它的造型与色彩。

当我们欣赏展览会上风格各异的轿车时，注意到的是它的造型与色彩。

当我们走进4S店打算选购汽车时，首先注意到的还是汽车的造型与色彩。

……

汽车(尤其是轿车，图2-1)，以张扬的造型与色彩向人们炫耀着自己的身份与地位，暗示着自己的性能与价格，定位着自己的客户群体……当然，最主要的还是向世人展示自己的美学修养。

评价一辆汽车造型合理与否，应该排除个人的主观认识，代之以机能上的理想外形(即能够高度发挥汽车机能的完全合理的造型)作为评价的主要依据，附之以驾乘人员乘坐的舒适、外观视觉美观的评价要素。

图2-1　劳斯莱斯轿车

确定汽车的外形需要重点考虑三个因素，即：机械工程学、人体工程学和流体力学。

首先，从机械工程学的角度来说，由于对汽车最主要的要求是能够行驶和坚固耐用，所以，必须考虑能够在车架上安装发动机、散热器、离

合器、变速器、车轮、制动器等，这些装置安装在汽车的哪个部位，需要设计人员认真研究；而各装置所在的位置大体上就决定了汽车的基本骨架。为了大批量生产时降低成本的需要，车身钣金件的冲压加工工艺必须简化。考虑到万一碰撞致损后易于修复，也需要考虑车身结构应该易于修复……所有这一切都属于机械工程学研究的范畴。

其次，汽车是由人来驾驶的，作为轿车和客车，除驾驶员以外，还要乘坐旅客，必须给他们留出足够的乘坐空间并且保证驾驶容易、上下车方便、乘坐舒适、减少振动、视野足够等。这从另一个方面决定了汽车的基本骨架。这些属于人体工程学研究的范畴。

最后，既然汽车需要在公路上高速行驶，那么空气阻力的问题就不得不考虑。我们知道，当骑自行车前行时，人会感到迎面吹来的风比步行时要大，而且骑行速度越快，风的速度和阻力也就越大。同理，汽车高速行驶时也会受到空气的阻力，空气阻力的大小取决于汽车横截面面积、车身外形以及车速三个方面。除空气阻力之外，汽车还面临着升力以及横风不稳的问题，这都是空气动力学需要解决的问题。

汽车设计师在决定采用何种汽车造型时，必须将机械工程学、人体工程学和空气动力学三个方面的因素加以综合考虑，只有这样，才能使造出的汽车既可正常运行，又能方便驾驶和乘坐。当然，除了以上三方面因素外，各汽车制造厂在设计自己的汽车外形时，表现手法上还会有所不同，这是为了考虑该款汽车主要销售地的风俗民情、审美观念等，假如再配以得体的汽车车身颜色，就可以很好地突出自己的个性，以刺激顾客的购买欲望。

2.1 汽车的外形

从汽车诞生的那一天起，世界各国的汽车工程师们就在反复地尝试着设计从汽车机能方面来讲最为理想的造型，以便使汽车跑得更快、乘坐更加舒适，也更加安全。

纵观百余年来的发展历程，从机械工程学的角度来看，汽车外形大体上可划分为马车形、箱形、甲壳虫形、船形、鱼形、楔形、子弹头形等七种类型。

2.1.1 马车形汽车

1886 年诞生的世界第一辆汽车，其外形类似于一辆马车。在那以后的近三十年时间里，虽然世界上相继出现了许多家汽车制造公司，但几乎所有的公司在设计汽车时都把主要精力放在了汽车的机械工程学方面，即只要能让汽车开动就行。至于汽车车身，基本上沿用了马车的造型，甚至英国生产过一种汽车，在车前右侧专门设计了一个相当于马车上挂马鞭用的钩子。难怪当时的人们将汽车称作“无马的马车”。

当然，原始的汽车没有车篷也是有其原因的：首先，当时的人们看惯了没有车篷的马车，谁会无中生有地想出给汽车加上个篷子呢？大家感到能有一辆不用马拉的“马车”已经是很不错了。其次，早期的汽车发动机功率非常有限(只有 3 ~ 5hp)，一般只能坐 2 ~ 3 人，如果再给它装上一个笨重的车篷和车门的话，恐怕连自身也无法拉动。再次，早期的汽车车速有限(世界第一辆汽车的速度为 15km/h)，迎面风对驾乘人员的吹袭作用不是太明显，因而车篷的作用不是太大。

基于以上原因，汽车的无车篷阶段持续了相当长的时间。

不过，作为一种交通工具，人们总希望它能跑得更快，所以，车速往往是评价一辆汽车性能的重要指标。人们的这种普遍愿望激励着汽车工程师们想出种种办法来提高车速。

车速提高以后，所带来的直接问题就是迎面吹来的风使驾乘人员难以忍受(例如,当汽车以50km/h的速度前进时,坐在车上的人所承受到的风速是14m/s,相当于7级大风)，甚至无法睁开眼睛。这直接影响到行车的安全。

1903年出产的“FORD-A型”车将车头部分做成倾斜的面，虽然这块倾斜的挡风板面积很小，但却可以使迎面吹来的风流向上方，大大减少了直接吹在乘员身上的风力。1905年生产的“FORD-C型”车开始采用风窗玻璃(类似于今天一些年轻父母冬季在自行车前装一块有机玻璃)，以便减轻寒风对孩子的吹袭一样。

图2-2　福特T型车

1908年，福特汽车公司生产了著名的“FORD-T型”车(图2-2)，这是一种带布篷的可乘坐4人的小客车。尽管车篷的前端需要驾驶员用皮带扎在身上才能避免被风吹走，但它还是以其质量好、价格低、易驾驶等优点而备受用户欢迎。“FORD-T型”车开创了人类的汽车时代，其自身也成为马车形汽车的典型代表。类似于马车形汽车的造型今天仍可看到，这就是吉普车。

马车形的汽车造型，作为汽车技术尚未成熟时代的产物，被持续采用了相当长的一段时间。在这个时期，汽车设计师们还没有引进空气动力学的原理。

2.1.2　箱形汽车

由于带有敞篷或活动布篷的马车形汽车很难抵挡风雨的侵袭，因此，福特汽车公司于1915年又生产出了一种新型的T型车。这种车的车室很像一只倒扣着的大箱子，并且装有车门和车窗，所以人们将这辆汽车以及后来生产的类似汽车称作为“箱”形汽车(图2-3)。从那以后，汽车的基本造型就算基本确定了。

毫无疑问，人们坐在带有车篷的汽车里外出兜风，要比坐敞篷车舒服多了。因此，这种汽车一问世，就受到了公众的喜爱，人们纷纷掏钱购买。消费的刺激使得汽车产量迅速增加，马路上跑着的汽车越来越多，加快了人类的生活节奏，促进了社会的发展。

但是，箱形汽车也存在着一个问题，那就是它的速度达不到人们希望的那么快。工程师们想尽种种办法来提高车速，如改进轮胎结构，以便减小车轮与地面之间的滚动阻力；加大发动机功率使汽车更加有劲；降低

图2-3　1915年出产的福特箱形汽车

车身高度以减小迎风面积……虽然这些措施都取得了一定的效果，但却仍然不能令人满意。

原因何在呢？

研究证实，当汽车以不变的速度在平坦路面上前进时，所受到的阻力有轮胎与地面的滚动阻力和空气阻力两项。其中滚动阻力数值不是很大，而且随着车速的变化其变化值也不大。但空气阻力就不一样了，它随着车速的提高明显加大。当车速超过 100km/h 时，发动机所输出的功率大部分都消耗在空气阻力上了。由于早期的箱形汽车有较大的迎风面积和形状阻力，所以箱形结构不太适合于时速超过 100km 的汽车。

当然，箱形汽车也有它的优点，由于这种汽车的内部空间比较大，因而有活动房屋的美称，非常适合于家庭用车。即使在今天，它仍然具有很大的实用价值，只是今天的箱形汽车与以前相比棱角部分过渡得比较圆滑了，风窗玻璃略微有些倾斜了，车身高度也有所降低了(图 2-4)。之所以这种形式的汽车还有用武之地，原因就在于作为家庭用车主要用于市区之内短距离的客货运输，对车速的要求不是太高。

图 2-4　大发厢式车

2.1.3　甲壳虫形汽车

1934 年，克莱斯勒汽车公司生产的气流牌小轿车(图 2-5)首先采用了流线形的结构，这种具有划时代意义的卓越造型，为汽车工业的发展做出了不可磨灭的贡献。但是，在销售方面它却遭到了惨败，究其原因，是这一造型超越了当时人们的欣赏能力。

图 2-5　克莱斯勒气流牌小轿车

1937 年，德国大众公司的波尔舍博士设计的一种轿车较好地解决了减小汽车前进时空气阻力的问题。人们根据这种汽车的形体，将其称之为“甲壳虫”形汽车(图 2-6)。

为什么甲壳虫形汽车能较大地减小空气阻力呢？这要从空气涡流说起。

生活中我们注意到：当一辆汽车从身边经过时，地上的尘土、纸片、树叶等较轻的东西会紧跟在车后旋转、飞扬，这就是汽车前进所造成的空气涡流引起的现象，龙卷风就是空气涡流的一个典型实例。由于涡流具有一定的能量，而汽车前进所造成的空气涡流能量只能是来源于汽车能量的消耗，所以说，空气涡流因其能量消耗会阻碍汽车的前进。

德国科学家保尔・亚莱在 1920 年的实验研究结果证明：一件物体所受到的空气阻力大小与物体的形状、迎风面积和前进速度有关，物体的迎风面积越大，前进速度越快，空气阻力就越大；前端呈方形的物体比前圆后尖的物体前进时所遇到的空气阻力大。自然界里，鸟、鱼和雨滴的形状，阻力是最小的。

由于汽车在使用过程中不能为减小空气阻力而牺牲前进速度，因此，要想减小空气阻力只能从减小迎风面积和形状阻力两个方面入手。

图 2-6　甲壳虫形汽车

轿车的平均高度在 1900 年时为 2.7m 左右，以后逐渐降低，今天的小轿车只剩下大约 1.3 ~ 1.4m 高了，这种变化的目的就在于减小迎风面积。

为了减小空气阻力，许多汽车厂家都在探索、试制新的汽车外形。德国大众汽车公司的波尔舍博士设计出了一种类似于甲壳虫外形的汽车。这种造型仿照了自然界经过无数代淘汰而生存下来，既可以在地上爬行，也能在空中飞行的甲壳虫的外形，所以形状阻力很小。该车投产以后马上受到人们的喜爱，成为同类车中的佼佼者。

但是，甲壳虫形汽车也有其致命的缺点，这就是当车速超过 100km/h 时，如果遇上较强的侧向风作用，汽车会被风吹着偏离原来的行驶路线，从而发生撞车甚至翻车事故。因此，几乎所有的驾驶员在驾驶这种汽车高速行驶时都会感到特别费力。除此以外，甲壳虫形汽车的造型决定了它的内部空间较小，特别是后排座位的乘员，头顶上面几乎没有空间，使人产生较重的压抑感。

2.1.4　船形汽车

福特汽车公司于 1949 年生产出了具有历史意义的新车型“FORD-V8”型汽车(图 2-7)。它将前翼子板和发动机罩制成了一体，后翼子板和行李箱罩制成了一体，前照灯和散热器罩也制成了一体，车身两侧形成一个平滑的面，车室位于车的中间。从外形看，整个汽车就像一只小船，所以人们将其称作“船”形汽车。

图 2-7　福特船形车

这种汽车设计时充分利用了在“第二次世界大战”期间发展起来的人体工程学理论，虽没像以前设计汽车那样奉行性能优先的原则，但却考虑到了驾驶员的操作简单性和乘员乘坐舒适性问题，从而使驾驶员感到汽车非常容易操纵，乘员也感到特别舒服，极大地提高了行车安全性，很受消费者的欢迎。

在以往的汽车设计中，设计者往往脱离发动机、悬架装置等机械部分的工作原理，单凭艺术上的美感来设计汽车的外形。而福特汽车公司在设计“FORD-V8”型汽车时，则强调以人为主体的设计思想，也就是让设计师置身于驾驶员和乘员的角度去设计一辆便于操作、乘坐舒适的汽车。另外，设计过程中还首次从理论上解释了两轮之间的乘坐位置的颠簸程度最小，以及车室的前后空间过大不利于驾驶员向后观察等。最后设计定型的汽车取消了乘车踏板等附属物，使得该车在宽度、长度不变的前提下，扩大了车身内部的空间。它的两个侧面从前到后都制成了平滑的面，减小了形状阻力，提高了车速。由于后边的行李箱加大了，侧面风吹过来时就不再是单纯地作用在车的前部，增加了抗侧向风吹袭的能力。因此，即使高速行驶时遇到较强的侧向风，也不会发生摇头摆尾的现象。

图 2-8　红旗轿车

这种形式的汽车造型被普遍应用于大型车、中型车和小型车，从它问世的五十年代开始一直都在生产，从而使船形造型成为世界上数量最多的一种车型。我国自行研制的红旗牌高级轿车就采用了船形造型(图 2-8)。

船形汽车存在的问题是由于后尾过分地向后伸出，形成了阶梯状，高速行驶时会产生比较强的涡流，影响了车速的大幅度提高。

2.1.5　鱼形汽车

为了克服船形汽车因采用阶梯式后尾而造成的涡流现象，人们又将船形汽车的后窗玻璃制作成倾斜式，由于倾斜式的后窗玻璃类似于鱼的脊背，所以这类汽车被称为“鱼形汽车”（图 2-9）。最早的鱼形汽车是美国 1952 年生产的别克牌小轿车。1964 年美国的克莱斯勒·顺风牌和 1965 年的福特·野马牌都采用了鱼形造型。自顺风牌以后，世界各国逐渐生产鱼形汽车。

图 2-9　别克鱼形汽车

如果单从汽车的背部来看，鱼形汽车和甲壳虫形汽车非常相似，但若仔细比较，就可看出两者之间所存在的具体差别：首先，甲壳虫形汽车是由箱形汽车进化而来的，车身较高。迎风面积大，前后翼子板和两侧脚踏板都暴露在车身之外，空气涡流较大。而鱼形汽车则是由船形汽车进化而来的，它吸收了船形汽车的优点，车身较低，宽度不大，所以迎风面积小，前后翼子板、脚踏板、前照灯罩等都隐蔽在车身之内，再加上车尾较长，围绕车身的气流平顺，不会产生太强的涡流。因而，鱼形汽车比甲壳虫形汽车的空气阻力小得多。其次，鱼形汽车后排座比较靠前，行车时后排座乘员的摇摆感较轻，加之车身较低，即使急转弯，乘员也不会摔倒。再次，如果鱼形汽车和甲壳虫形汽车宽度相等的话，那么鱼形汽车的车室要宽敞得多，这是因为后者的前后翼子板、两侧脚踏板都占据了一定的空间，而前者由于车身两侧平滑，车身宽度几乎等于车室宽度。另外，鱼形汽车的后行李箱容积也比甲壳虫形汽车大得多，为车主随车带货提供了更大的方便。

由此可见，鱼形汽车在许多方面都优于甲壳虫形汽车。但是，它也并非完美无缺，在解决了旧的不足之后，又带来了新的矛盾。

由于鱼形汽车后窗玻璃过于倾斜，如果其尺寸与船形汽车一样大小的话，那么驾驶员倒车时将无法看清后面的路况。为了倒车安全，只好加大玻璃尺寸。但玻璃尺寸加大以后，一是容易破碎，二是太阳光大面积射入车内，导致夏天车内闷热不堪。

另外，鱼形汽车还存在着遇横风而不稳的问题。不过，鱼形车的遇横风而不稳不同于甲壳虫形汽车的遇横风而不稳，甲壳虫形汽车重心偏后，横风风压中心靠前，高速时只要遇上横风车轮就会发飘。而鱼形车的重心和风压中心基本位于同一位置。为什么还会产生遇横风不稳的问题呢？这主要是因为其造型的关系。这种车身横截面近似于飞机机翼断面的造型，使它在高速行驶时会产生一种升力，从而减小了车轮与地面之间的附着力，无法抵挡横风的吹袭。如果前轮的附着力减小，转向盘会不可思议地变轻，即使转动转向盘，也不会如实地按要求方向前进，使驾驶员感到发飘。

2.1.6　楔形汽车

为了从根本上解决汽车因采用鱼形结构而带来的升力问题，人们进行了反复地探索，最后终于找到了楔形造型。也就是让车身前部呈尖形且向前下方倾斜，车身后部像刀切一样平直，这种造型可以有效地克服升力问题。

当然，作为实用的轿车，不能像赛车那样以牺牲乘员的乘坐舒适性为代价来换取升力问题的解决，必须统筹考虑两者的关系。最早按楔形设计的小轿车是1963年出产的斯蒂庞克·阿本提(图2-10)，尽管它的造型获得了专家们的高度评价，但在市场销售中却一败涂地，公司不得不宣布破产。原因是它生不逢时，在船形车盛行的年代，人们无法接受与之形成尖锐对比的楔形车。

图2-10　斯蒂庞克·阿本提

不过，真正优秀的东西不会总被埋没的，斯蒂庞克·阿本提的楔形于1966年和1968年分别被奥兹莫比尔和卡迪拉克所采纳、继承、发展。从那以后，楔形成为了轿车的首选造型。今天的新型轿车大多采用了这种结构，一般将散热器罩做成竖窄横宽，发动机罩呈前倾式，行李箱高度加高。个别车型的尾部甚至采用了“鸭尾式”造型(图2-11)，以使沿车顶流动的空气在鸭尾部产生向下的作用力，增大后轮的附着力。

研究楔形的结构可以发现，车身前部呈尖形且向下倾斜，高速行驶时的空气流可在前轮产生向下的压力，防止前轮发飘。车身尾部如同刀切一样平直，可减小车顶以后部分的负压，防止后轮飘起。这种造型最大限度地解决了升力问题。

轿车尾翼的作用原理为：

根据空气动力学原理分析，我们知道汽车在行驶过程中会遇到空气阻力，这种阻力可分为纵向、侧向和垂直三个方面的作用力，并且车速与空气阻力的平方成正比，所以车速越快，空气阻力就越大。

一般情况，当车速超过60km/h，空气阻力对汽车的影响表现得就非常明显了。为有效减少并克服汽车高速行驶时空气阻力的影响，人们设计了汽车尾翼，其作用就是使空气对汽车产生第四种作用力，即对地面的附着力。它能抵消一部分升力，控制汽车上浮，减小风阻

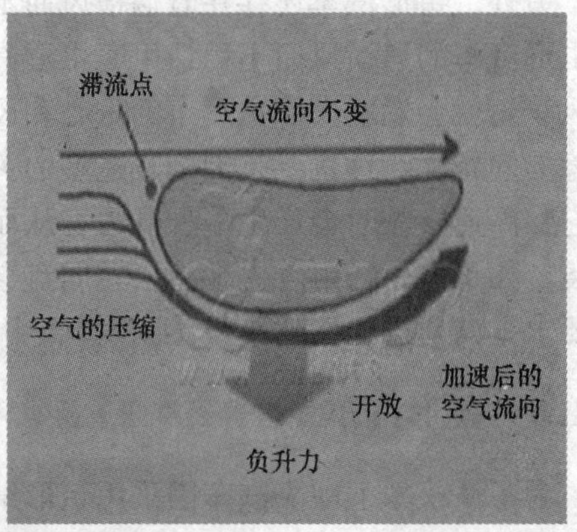

图 2-11　轿车尾翼及其作用原理

影响，使汽车能紧贴着道路行驶，从而提高行驶的稳定性。

目前大多数汽车尾翼都是用玻璃纤维或碳素纤维制成的，既轻巧又坚韧，并且它的形状尺寸是经过设计师精确计算而确定的。

除减少高速行驶中的阻力，尾翼对节省燃油也有一定帮助。以排气量为 1.6L 的轿车为例，如果装上尾翼，空气阻力系数大概可以降低 20%。如果在高速公路上行驶，能节省燃油 10% 左右。

2.1.7　子弹头形汽车

汽车外形发展到楔形以后，升力问题基本上得到了圆满地解决。但人类追求至善至美的心态是永不满足的，当轿车的升力问题基本解决以后，人们又从改变轿车的基本概念上做起了文章，于是，一种新型的多用途轿车(Multi Purpose Vehicle,即 MPV;或 All Purpose Vehicle,即 APV)问世了(图 2-12)。

图 2-12　子弹头形

进入 20 世纪 80 年代以后，克莱斯勒汽车公司道奇分部和顺风分部先后推出了“商队”(Caravan)和“航海家”(Voyager)两种新型汽车。尽管这两种汽车仍以轿车外形为原型，但其车身造型却一改轿车传统的二厢或三厢式结构概念，在小型客车（面包车）车型概念的基础上进一步延伸发展，使之成为既有轿车的造型风格、操纵性能和乘坐感觉等特性，又具小客车的多乘员和大空间的优点，成为集商务、家用和旅游休闲等功能为一体的多用途车。这种车一问世，马上引起了消费者的极大兴趣，销售形势非常乐观。后来，为了商业竞争的需要，通用、福特、丰田、雷诺、戴姆勒—奔驰等汽车公司先后推出了自己的 MPV，使这种车型的汽车形成了一股强大的势力，占据了一定的市场份额。由于这种车的造型酷似子弹头，因此，在我国，人们将其俗称为“子弹头形”汽车，而在国外，消费者则将其称为“蛋形造型”（Radical Egg Shayed Styling）。

MPV 不仅在外形设计上集流线形与楔形的优点于一身，而且在制造加工上引进了当今航空航天的先进技术。两种不同风格的交叉结合，表现出了流线形从以往的短曲线发展成为了长弧曲线。这种造型表现出了未来主义的艺术倾向，线条流畅、色调柔和、动感性强，具有鲜明的时代气息和时尚风格。

由于 MPV 的前风窗玻璃倾斜度很大（国外有人因此而称其为“性感”造型），外形圆滑，因此风阻系数很小（小于 0.3），非常有利于车速的提高。

纵观汽车外形的发展，可以看出它一直是在围绕着“高速、安全、舒适”这一主题进行发展的。一部汽车外形的发展史，就是人类追求汽车性能不断提高的奋斗史。

无论是 1915 年 FORD-T 以后的箱形、1934 年克莱斯勒·气流以后的甲壳虫形、1949 年 FORD-V8 以后的船形，还是 1952 年别克以后的鱼形、1963 年斯蒂庞克·阿本提以后的楔形、80 年代克莱斯勒以后的子弹头形，每个时期，设计师都在不断地开拓着汽车造型的新纪元，都在尽力满足机械工程学和人体工程学的前提下，最大限度地减小空气阻力和升力的影响，从而使汽车的性能得以提高。与此同时，作为判断汽车美学价值的基准性能美的观念，也在人类的美学意识中扎下了根基。

2.2　汽车的颜色

漫步街头，人们可以发现，越来越多的色彩开始出现在滚滚的车流之中，点缀着现代城市那纵横交错的道路。

可是，你知道吗，这看似简单的汽车颜色，不仅仅是汽车外表包装和品牌识别的标志，也不单是车主的个人喜好，更包含着安全方面的重要因素。

就世界范围而言，白色、黑色、蓝色是目前三种最常用的颜色，其中黑色为首选色，白色是过去 20 年中最流行的颜色（表 2-1）。

表 2-1　不同类型汽车车身颜色所占比例（%）

颜色	微型/轻型轿车	中级轿车	高级/豪华轿车	小型客车/货车
银色	30.3	35.5	31.5	18.6
蓝色	20.9	19.7	16.9	13.5
黑色	14.2	15.5	22.3	6.7
灰色	10.6	11.5	14.2	3.5
红色	8.9	5.8	3.5	7.2

（续）

颜色	微型/轻型轿车	中级轿车	高级/豪华轿车	小型客车/货车
绿色	5.5	5.5	4.8	5.8
白色	7.0	3.6	3.7	39.0
米色	0.3	1.2	1.3	1.8
黄色	1.2	10 名之外	10 名之外	1.7
金色	0.5	0.4	1.1	10 名之外
橙色	10 名之外	0.6	10 名之外	1.0

资料来源：2003 年，美国杜邦公司面向全球进行的调查结果。

2.2.1 车身颜色的选择原则

当你买车时，首先考虑的肯定应该是车的品牌、类型、性能、质量等，但一旦决定了这些之后，所面临的就是如何选择车身颜色的问题。

一般情况下，人们对汽车颜色的选择多是从个人喜好的角度来考虑。据调查，私家车主有大约 85% 的人是凭个人喜好来选择汽车颜色的，仅有 3% 左右的人考虑到安全因素。当被问及汽车颜色与安全行车之间的关系时，约有 50% 的人表示不知道。

选择颜色时，不仅仅要考虑"我喜欢什么颜色"。还需考虑的问题有：什么颜色的汽车发生交通事故最少？什么颜色能使汽车显得大一些？什么颜色能使汽车显得结实而厚重？什么颜色是流行色？什么颜色的汽车在卖二手车时能保值？……

当然，颜色是车主个性的体现，能反映车主的情感和身份。但是，如果仅仅从喜好的角度来考虑对汽车颜色的选取是不够的。

一般说来，选择汽车的车身颜色时应考虑以下五个方面的协调问题：

1. 与用车环境协调

由于不同地区的阳光照射强弱有别，导致人们对不同色彩的偏爱。例如，北方的冬季气候寒冷，人们一般多选暖色基调，而且色彩也应相对重些，如红色、黄色等；而南方的夏季气候炎热，人们一般多选冷色基调来降低感觉气温，而且色彩也相对浅些，如白色等。在沙漠或长期积雪的地区，宜选绿色，以便给人以清新、愉快的感觉；在广阔的大草原上，宜选用醒目的红色、白色、黄色等。

选购汽车颜色时，考虑不同经纬的日照量和地区的光强和湿度是很有必要的。在低纬地区（如海南），日照时间长，光强相对较强，因此车身日照面与背面颜色反差很大，如采用柔和的中间色调就可消除这种反差。而在高纬度地区（如黑龙江），日照时间短，光强相对较弱，反差小，可采用强烈的纯色以加强车身造型效果。

另外，由于习俗、信仰的差异，不同民族对色彩的偏爱也有所差别。中国人喜红色，日本人爱白色，北欧流行蓝、绿色，意大利人好黄色，而荷兰人则对橙黄色情有独钟。

2. 与车型相协调

颜色的重要还在于能在人的心理上产生一种造型功能。颜色的造型效果取决于其面积、明度、纯度、匹配等因素。对于三维物体的轿车车身，其形体、质量及色差所造成的这种影响就更为明显，因此要根据车型来选择轿车颜色。

微、轻型轿车由于本身不引人注目，而明度和纯度高的颜色能使车体显得大一些，因此应选用亮度较高、比较活跃的色彩。

大型轿车最好选择低明度和低纯度颜色，因为这类颜色所产生的压缩应使车体看起来较为紧凑和坚实。

中、高档轿车宜选用亮度相对较低、色彩较沉稳的色调，以显示其豪华气派的英雄本色。

旅行车多采用国际流行色，以给人华贵、舒适、洒脱、大方的美感。

有时，在车体丰满的豪华车身上喷涂一两种颜色饰条，可变得“俏丽苗条”起来。

3. 与车主的气质、个性和心理需求协调

车身颜色是车主个性的显示。它不仅是汽车的包装和品牌识别的标志，还反映着车主的情感和身份。黑色可以说是一种矛盾的颜色，既代表保守和自尊，又代表新潮和富有；红色代表火热的生命力，给人勃勃向上的心跳感觉，能激发欢乐情绪；白色清新靓丽、卓尔不群，给人安然洁净之感；绿色具有田园诗画般的风情，给人健康、生机勃勃的感觉；黄色崇尚大自然本色，具有轻盈、高注目性的特点，给人柔和、希望之感；蓝色显示着汽车的博大、尊贵和风度，是名贵汽车的常用颜色；鲜紫和桃红色具有积极的动感，最能体现车主活跃的个性，风光无限而又不落俗套。

中老年成功人士由于开展业务的需要，车体颜色应体现其华贵、庄重的气质，一般选择黑色或白色。青年人充满青春活力，既要求汽车能够体现自身的华贵、快捷，又要求体现驾车人活跃、鲜明的个性特点，所以车身颜色以轻色调为主。时尚女性爱美求新，可以选购颜色独特(如色彩斑斓开)的汽车。

4. 与交通安全的协调

理论研究与实践调查均已表明，车身颜色与交通安全密切相关。正确选择车身颜色对于减少甚至避免交通事故具有非常重要的作用。

科学研究表明：撞车等交通事故的发生与汽车颜色的显眼度有着密切联系，深色以及容易与道路环境相混淆的黑、绿、蓝等颜色的汽车发生交通事故的概率远高于明亮的嫩黄、米色、奶色和白色汽车。心理学家认为，视认性好的颜色能见度佳。

首先，颜色是有进退性的，即所谓的前进色和后退色。例如，有红色、黄色、蓝色、黑色共 4 部轿车与你保持相同距离，你就会觉得红色车和黄色车要离自己近一些，是前进色；而蓝色和黑色的车看上去较远，是后退色。前进色的视觉效果要比后退色好，感觉好像离自己更近，车主就会早一点察觉到危险，从而采取避让措施。

其次，颜色分立体色和收缩色。例如，将相同车身涂上不同颜色，会产生体积大小不同的感觉。如黄色看起来感觉大一些，是立体色；而同样体积的黑色、蓝色感觉小一些，是收缩色。收缩色看起来比实际要小，尤其是在黄昏、黎明、雨天，常不为对方车辆和行人注意而诱发事故；而黄色等为立体色，看起来比实际要大，不论远近都很容易引起注意。

再次，颜色有明暗性。颜色在人们视觉中的亮度是不同的，可分为明色和暗色。红、黄为明色，而黑、绿为暗色。明色车的视觉效果较好，暗色车看起来觉得小一些、远一些、模糊一些。

从安全角度考虑，选择轿车车身颜色时，以视认性好的颜色为佳。有些视认性不太好的颜色，如果进行合理搭配，也可提高其视认性，如蓝色和白色相配，效果就会大为改善；荧光

和夜光漆能增强能见度和娱乐气氛，因而被广泛应用于各种赛车、摩托车等，但对于轿车来说，目前选用这类颜色的仅限于概念车。

表 2-2 列出了各种不同色彩基调的可辨性。

表 2-2　颜色的辨认安全度

车身颜色	白	象牙	淡黄	黄	红	灰	浅绿
辨认率(%)	88	77	68	50	38	26	19
车身颜色	淡蓝	红色	浅褐	深蓝	黑	深绿	
辨认率(%)	12	9	7	6	5	4	

5. 与保养维修的协调

汽车在大自然中通行、停放，自然免不了脏污甚至损伤，因此，选择车身颜色时应考虑到日后保养维修的方便性。虽然白色车身的辨认安全度最高，但使用中容易沾污，为保持其明亮和高的辨认度，必须经常擦拭，因而平时保养汽车的劳动强度明显加大，容易令人生厌。黑色或深蓝色的油漆则因漆面较柔软，使用中容易受损伤，增加了维修工作量及开支。色彩斑斓的“变色龙”形车身一旦被刮伤，修补费用可是一笔相当大的开支。

在轿车外形日趋类同化的今天，颜色已成为区别轿车造型最关键的要素之一。

作为生产厂家，必须充分认识到车身颜色最能影响轿车用户的购买行为，这是轿车厂商最重要的营销元素。

作为汽车用户，假如经过以上各方面的综合比较，就可以将车型的选择范围缩小到三种型号，然后再听从专家建议或从有车朋友处打听使用感觉，最后选定一种型号的汽车准备购买，并将其余两种型号的汽车作为选购替补。相信你如此细心拟定的购车方案会对选购起到十分积极的作用。

无论造车人还是买车人，都应懂得这个道理：颜色就是效益。

2.2.2　内饰颜色的选择

汽车内饰的颜色也是汽车结构中非常重要的一个元素。由于内饰颜色对驾驶员、乘员的情绪具有一定的影响，会在很大程度上影响行车安全以及乘坐人员的心理感受。

内饰的色彩明度与纯度也会引起对色彩物理印象的错觉。一般来说，颜色的重量感主要取决于色彩的明度，暗色给人以重的感觉，明色给人以轻的感觉；淡的亮色使人觉得柔软，暗的纯色则具有较为强硬的感觉。假如内饰采用明快的配色，能给驾乘人员以宽敞、舒适的感觉。可以减轻旅途的疲劳感觉，减少交通事故的发生。

车内内壁色彩应比顶棚色彩适当重些，以减轻对驾乘者的压抑感。

车内色彩不宜五花八门，最好选用比较柔和的乳白、米黄或浅蓝等色。

内饰颜色最好根据季节变化适度调整：夏天最好采用冷色，冬天最好采用暖色，这样可以调节驾乘人员的心理方面的冷暖感觉。由于其他部位的内饰颜色不宜改变，因而，大多是通过座套、坐垫、地板的更换来改变部分内饰的颜色。

【复习思考题】

1. 设计汽车外形时，需要考虑哪三个主要因素？为什么？

2. 选择汽车车身颜色时，应该考虑哪几个方面的因素？

3. 请举出三种最安全的汽车车身颜色？

4. 为什么平时感觉非常醒目的红色车身，却并不是安全的汽车色彩呢？

5. 选择汽车内饰的颜色时，主要应该考虑什么因素？

【实践训练】

1. 请列举不同类型的汽车尾翼，并说明其作用原理。

2. 假设你同学家打算购买私家车，在基本确定车型、价位的前提下，请帮助选择车身及内饰的颜色。

3. 通过学习课本内容，结合上网查找，完成下表的填写。

汽车外形类型	产 生 背 景	主 要 优 点	存在的缺点	相关启迪
马车形				
箱形				
甲壳虫形				
船形				
鱼形				
楔形				
子弹头形				

第 3 章 世界著名汽车公司及其商标

【学习目标】

通过对本章内容的学习，你应该：

了解各主要汽车生产厂家的发展简史及主要汽车产品的构成，并从他们的成长历史及成功经验中获得创业的启迪；熟悉各不同品牌汽车之间的相互关联性；掌握各种汽车商标图案的含义。

【情境描述】

假设有朋友向你咨询：世界上这么多的汽车公司，哪家的产品最适合我，我该买辆什么品牌的汽车？你如何回答？

【想一想】

1. 为什么世界各国的汽车生产公司，经常会上演“合并——解体”的频繁组合？

2. 为什么具有百年历史的美国通用汽车公司会倒闭？

3. 既然都是生产汽车的工业公司，为什么有的公司的产品市场认可度高，产品售价也高？而有的公司生产的汽车产品则只能属于低档车？

汽车工业是一个技术密集、人才密集、资金密集的行业，涉足汽车生产并获得成功并非易事。

汽车的生产涉及石油、冶金、橡胶、纺织、化工、电子、玻璃、机械加工等许多行业。汽车(尤其是轿车)的生产水平能够比较全面地反映一个国家的工业基础。在一个工业基础较弱的国家开展汽车生产，其难度是可想而知的。

在国际汽车业，各家生产公司历经数十、上百年残酷的市场竞争，有的发展成为了雄居一方的汽车巨头，而有的则被无情地淘汰或兼并。目前世界汽车市场基本上是被少数几家大公司垄断经营(表 3-1)。这些公司的发展、生产、经营和管理对我们从事汽车行业的人来说会有很大的启迪；对已被列为国家支柱产业的我国汽车工业的发展来说不啻是他山之石；对普通的汽车爱好者来说，则可增长见识、增加了解。

表 3-1 2008 年、2007 年世界汽车公司产量排名 (单位:万辆)

名 次	汽车公司名称	总部所在地	2008 年产量	2007 年产量
1	丰田	日本	923.8	949.8
2	通用	美国	828.3	935
3	大众	德国	643.7	626.8
4	福特	美国	540.7	624.8

（续）

名　次	汽车公司名称	总部所在地	2008 年产量	2007 年产量
5	本田	日本	391.3	391.2
6	日产	日本	339.5	343.1
7	标致-雪铁龙	法国	332.5	345.7
8	现代	韩国	277.7	261.8
9	铃木	日本	262.4	259.6
10	菲亚特	意大利	252.4	267.9
11	雷诺	法国	241.7	266.9
12	戴姆勒	德国	217.4	209.7
13	克莱斯勒	美国	189.3	253.9
14	宝马	德国	144	154.2
15	起亚	韩国	139.5	136.9
16	马自达	日本	134.9	128.7

汽车的车牌，论其重量，不过几十克、几百克；按其价值，只有几十元、几百元。不过，它所蕴含的价值和内容，却令人感慨万千：它是标志，无言地证明着自己的身份；它是饰品，点缀美化着现代汽车；它是图腾，凝聚着汽车人的追求和向往；它是旗帜，在世界性的汽车商战中，召唤着政治家、企业家的勃勃雄心和大智大勇。

作为表征汽车出处的商标，作为汽车产品的标识，它是艺术性和象征性的高度统一，它是一家汽车制造厂将自己的产品质量、公司信誉、处世原则和企业精神昭示于世的图腾。因此，它也是汽车生产企业生存与信誉的缩影。

每一块世界著名汽车公司的商标，都是由该公司的汽车企业家、汽车科技专家和汽车技术工人历经数十年、上百年的拼搏，付出无数心血、汗水，甚至泪水和生命换来的。每一个世人熟知的汽车商标，都有一段不同寻常的来历，非常耐人寻味。

3.1　戴姆勒-克莱斯勒汽车公司

3.1.1　公司简介

戴姆勒-奔驰(Daimler Benz AG)是世界上最早成立的汽车公司。总部设在德国的斯图加特市，所产汽车以设计精巧、做工精细、质量优良而著称，其性能指标、可靠性和使用寿命均达到世界先进水平，以至于世界各地的消费者们往往都以拥有一辆奔驰牌轿车而感到自豪。克莱斯勒长期作为美国的第三大汽车公司，在国际汽车界占有举足轻重的地位。1998 年 5 月 7 日，戴姆勒-奔驰总裁和克莱斯勒首席执行官在伦敦宣布两家汽车生产商合并，组建了戴姆勒-克莱斯勒集团公司(图 3-1)，戴姆勒花费 360 亿美元，娶回了个美国“新娘”，扩大了实力。其中，戴姆勒公司在 2009 年度《财富》全球最大 500 家公司排名中名列第 23 位，实现营业收入 1403 亿美元。

1886 年，现代汽车诞生于德国，发明人卡尔·本茨和哥德利普·戴姆勒相继成立了奔

a) b)

图 3-1 戴姆勒-克莱斯勒汽车公司

a）戴姆勒-克莱斯勒公司商标 b）戴姆勒-克莱斯勒公司总部大楼

驰汽车公司和戴姆勒汽车公司。两家公司成立以后，都获得了很快的发展。尤其是 1901 年戴姆勒公司以驻法国总进口商耶里内克女儿的名字命名的梅赛德斯牌小客车投产以后，更是大大地提高了其商业地位。第一次世界大战以后，两家公司为避免在相互竞争中两败俱伤，也为了共同应对外国汽车企业的有力竞争，于 1926 年 6 月 21 日合并成立了戴姆勒-奔驰汽车公司。该公司 20 世纪 30 年代生产的梅赛德斯-奔驰牌轿车因经常参加汽车竞赛并连续获胜而进一步提高了公司的商业声誉。

“二战”期间，奔驰的几家发动机工厂因生产航空发动机而被盟军作为军事目标全部摧毁，但战后在美国垄断资本的扶持下，工厂很快就恢复了生产。值得称道的是：面对两次石油危机的沉重打击和日本汽车业的激烈竞争，公司的生产不仅没有受到影响，反而获得了一定程度的发展。

戴姆勒-奔驰汽车公司能在激烈的市场竞争中始终立于不败之地，靠的是什么呢？是优质的产品、不断地创新和周到的服务。公司旗下包括梅赛德斯-奔驰汽车、梅赛德斯-奔驰轻型商用车、戴姆勒货车和戴姆勒金融服务等四大业务单元。

戴姆勒-奔驰汽车公司进行多型号、全系统的开发，具有高、中、低档，大、中、小型轿车，轻、中、重型货车(载重量最大达 255t)，各式拖拉机、专用车，共计 160 多个品种。其中，总重为 16t 以上的商用车产量为世界首位，而中高档轿车的生产则是其拿手好戏。

根据质量第一的原则，公司建立了一整套推销、维修服务网。在推销处，用户除能全面了解汽车的性能特点以外，还可就汽车的色彩、内饰、空调、音响、门锁等提出特殊要求，经计算机网络向生产线发出指令后进行专门生产。另外，公司雇佣 56000 多人在德国设置了 1700 多个维修站，主要公路上 25km 之内必能找到一个维修站。一旦车辆发生故障，只需向维修站打个电话，就会有人前来相助。

正是因为有了优质的产品，有了顾客要求第一、广为顾客服务的商品意识，百余年来，头顶三角星的奔驰汽车才能得意地奔驰在世界各地的公路上。20 世纪 80 年代，戴姆勒公司和中国北方工业公司合作，向中国转让奔驰重型汽车的生产技术。2005 年 8 月，戴姆勒与北京成立了合资企业——北京奔驰-戴姆勒-克莱斯勒汽车有限公司，生产梅赛德斯-奔驰 E 级和 C 级轿车；2007 年 6 月，戴姆勒与福建以双方各占 50% 的股份共同合资组建福建戴姆勒汽车工业有限公司，生产轻型商用车。

克莱斯勒(Chrysler)汽车公司创建于 1925 年 6 月 6 日。创建人瓦尔特·克莱斯勒生于 1875 年 4 月 2 日，是一位铁路技师的儿子。他早年曾受聘担任芝加哥西部铁路的动力总负责人，1910 年开始步入汽车界从事技术工作，1920 年他离开通用汽车公司后受聘于行将倒闭的马克斯威尔汽车公司。到任后他励精图治，于 1924 年推出“克莱斯勒 6 号”汽车，打开了局面，并借机改组了马克斯威尔汽车公司。1925 年，他又以此为基础正式成立了克莱斯勒汽车公司。

克莱斯勒公司成立时，按销售额其排名在国内只占第 27 位，但公司相继推出的“克莱斯勒 4 号”和“系列 58”两种新车为其发展做出了很大贡献。至 1926 年末，公司排名跃至第 5 位，1927 年则又上升至第 4 位。1928 年克莱斯勒买下了当时在美国排名第三的道奇汽车公司及小汽车公司普利茅斯，利用道奇良好的产品性能及可靠的销售网，加之自身的努力，1929 年汽车产量跃升为美国的三大汽车公司之一。多年以来，克莱斯勒令人称道的一直是其汽车产品结构和外形的新颖。1930—1934 年间克莱斯勒汽车公司相继成立了安普莱部和爱尔坦普部，从事轴承和散热器的生产。

“二战”期间，为适应战争需要，克莱斯勒公司相继成立了底特律坦克制造厂和芝加哥飞机制造厂，为军方生产坦克 25000 辆，军用载货车 43.8 万辆，飞机发动机 18000 台及其他军事装备。自此以后，克莱斯勒一直未中止军工生产，大量接受军事订货，这是它长期稳居美国三大汽车公司之列的重要原因之一。

从 20 世纪 20 年代开始，克莱斯勒开始发展海外经营，1951 年建立澳大利亚克莱斯勒汽车公司；1963 年则购买了法国西姆卡公司 38% 的股份；1967 年获得英国鲁茨公司、巴西雷诺斯公司的控股权；20 世纪 90 年代初又兼并了国内的美国汽车公司。

克莱斯勒非常重视产品的开发工作，在濒临破产的八十年代初，虽然公司进行多方缩减，以求节省开支，但却从未削减过用于新产品开发的预算。因此，一旦时机成熟，它就可以迅速推出具有相当竞争能力的系列产品，为公司的起死回生贡献力量。克莱斯勒主要生产轿车、货车及其附件，产品有“顺风”、“道奇”、“克莱斯勒”、“帝国”等 10 多个系列近 40 种车型。除从事汽车生产以外，还设有金融公司、塑料公司以及钢铁公司等。

戴姆勒与克莱斯勒于 1998 年合并之后，产品涵盖小排量汽车、跑车、豪华轿车、轻型商用车、重型货车以及舒适型长途客车。戴姆勒-克莱斯勒的轿车品牌包括迈巴赫、梅赛德斯-奔驰、克莱斯勒、Jeep、道奇和 smart；商用车品牌包括梅赛德斯-奔驰、福莱纳、Sterling、西星和 Setar(图 3-2)。戴姆勒-克莱斯勒的战略基于四大支柱：全球布局、强势品牌、丰富产品、领先技术。戴姆勒-克莱斯勒拥有全球化人力资源，以及遍及世界各地的股东。不过，由于地域文化的巨大差异，两家的联姻在 9 年之后出现了裂痕。2007 年 7 月 3 日，欧盟正式批准戴姆勒-克莱斯勒公司将所持有的克莱斯勒公司 80.1% 股份以 74 亿美元的价格，出售给美国瑟伯勒斯(Cerberus)资本管理公司，后者向经营困难的克莱斯勒公司及其金融服务业务注资 60.5 亿美元，并将余下的 13.5 亿美元支付给戴-克公司。2007 年 10 月 4 日，戴

姆勒-克莱斯勒正式完成分拆程序，在通过股东大会投票表决通过后，正式更名为戴姆勒股份公司，并继续拥有克莱斯勒公司余下的19.9%股份。

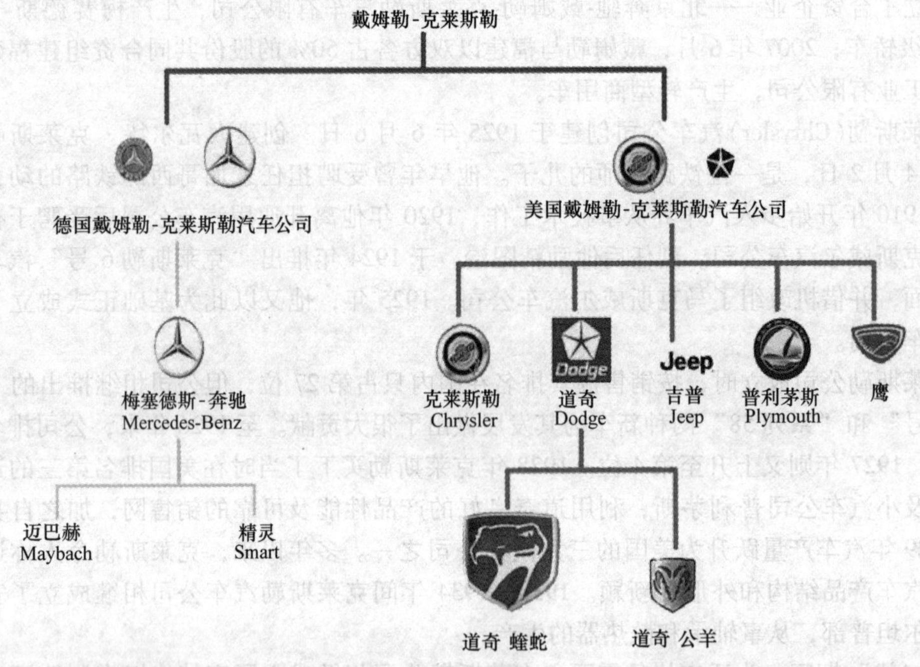

图3-2　戴姆勒-克莱斯勒公司汽车品牌谱系

戴姆勒股份公司地址：德国斯图加特市梅赛德斯街136号(Mercedes-Strasse 136,7 Stuttgart,The F. R. G)。

3.1.2　主要汽车品牌商标介绍

德国人卡尔·本茨与哥德利普·戴姆勒因各自独立地于1886年研制成功了现代汽车而均被誉为“汽车之父”，两位大师各自成立了属于自己的汽车公司。1926年，奔驰汽车公司与戴姆勒汽车公司携手合作，合并成立了戴姆勒-奔驰汽车公司。在新公司的标识上，这种合并也被体现得淋漓尽致：戴姆勒的原商标为三叉星，下边排着“MERCEDES”字样；而奔驰的原商标则是二重圆中有“BENZ”字样，二重圆之间饰以月桂树叶的图案。融合后的商标图案是二重圆中一颗“三叉星”，“MERCEDES”和“BENZ”的字母分别排列在上下两侧。现在公司标志及汽车散热器上方的立体图案是简化了的形似转向盘的一个圆形环围着三叉星。根据该公司的解释，三叉星象征着陆上、水面和空中三个领域的机械化，戴姆勒公司的标志演变如图3-3所示。

迈巴赫(Maybach)是一个有着悠久历史的汽车名牌。由于种种原因，它沉寂了整整60年后，才于2002年3月在第72届日内瓦国际车展登场。Maybach品牌的展示使人们重新想起了据有传奇色彩的汽车及它的年代，它连同奔驰，成为当时德国汽车制造商中绝对的经典。精湛的技术，至高的品质，独特的风格，使得他们成为全世界瞩目的焦点。每辆迈巴赫都按照用户定制规格进行独立制作，发动机及底盘周围全为手工打造。旗舰型号为Maybach Zeppelin，采用惊人的V12发动机，全长大约5.5m，在当时，绝对是德国最大的轿车。具有

a)　b)　c)　d)　e)

图 3-3　戴姆勒公司标志演变

a）原奔驰标志　b）原戴姆勒车顶标志　c）原戴姆勒车盖标志　d）合并后的车盖标志　e）合并后的车顶标志

传奇色彩的品牌标志由 2 个交叉的 M 以及围绕在周围的一个球面三角形组成，双 M 既代表“迈巴赫汽车”，又意味着“迈巴赫制造”(图 3-4a)。

精灵(smart)是梅塞德斯-奔驰汽车公司和世界手表业巨头斯沃琪(Swatch)公司创意合作的产物，成立于 1994 年，管理中心设在德国斯图加特市，生产工厂则在相距不远的法国海姆巴赫市。该品牌似乎从一开始就决定了其与众不同的特性，字母 s 代表斯沃琪公司，m 代表梅塞德斯公司，而 art 是艺术的意思，在英语中 smart 有灵敏、聪慧的意义。合起来可以理解为，这部车代表了斯沃奇和戴姆勒合作的艺术，而 smart 车名本身在英文中也有聪明伶俐的意思，这也契合了 smart 公司的设计理念(图 3-4b)。

日本三菱汽车公司因被戴姆勒公司持股而归于其旗下。商标上的三个菱形具有一定的历史渊源，最初它是创建三菱公司的 Lwasaki 家族的徽号。它从几个世纪前的三片树叶演变成为了今天的三个菱形。该商标从 1873 年三菱集团的创始人岩崎弥太郎将“九十九商会”改称为“三菱商会”时开始使用，1917 年登记注册。红色的三菱商标体现了三菱公司的三个原则：承担对社会的共同责任、诚实与公平、通过贸易促进国际谅解与合作(图 3-4c)。

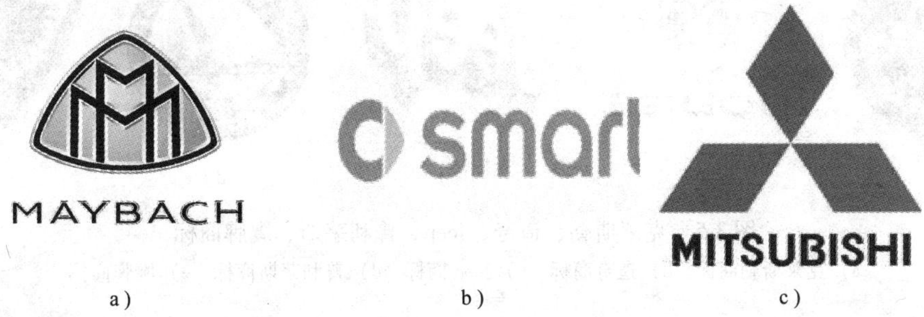

a)　b)　c)

图 3-4　迈巴赫、精灵、三菱商标

a）迈巴赫商标　b）精灵商标　c）三菱商标

克莱斯勒的商标图案像是一枚授勋的奖章，体现了克莱斯勒人远大的抱负，又像是蓝色五边形被白色五星分割成的五个部分，喻义着亚、非、欧、美、澳五大洲一定会成为克莱斯勒公司的市场(图 3-5a)。近年来，克莱斯勒 300C 是其知名度颇高的一款车型。

约翰·道奇和霍勒斯·道奇兄弟曾是亨利·福特的股东和董事，他们的工厂起初为福特汽车生产零件。由于福特的成功，道奇兄弟亦因此获益，并开始发展自己的公司，成为福特的对手。道奇兄弟 1919 年脱离福特公司。后来，道奇成为克莱斯勒汽车公司的骨干企业。

道奇牌轿车素以价廉和大众化称著，颇受消费者欢迎。轿车型号有：蝰蛇(Viper)、无畏(Interpid)、隐形(Stealth)、小精灵(Spirit)、影子(Shadow)、霓虹(Neon)等。"道奇"文字商标采用道奇兄弟的姓氏"Dodge"，图形商标是在一个五边形中有一羊头形象，在汽车上使用小公羊、大公羊两个商标。该商标象征"道奇"车强壮剽悍，善于决斗，表示道奇的产品朴实无华、美观大方(图 3-5b)。

吉普(Jeep)，由于其传奇的历史和响亮易记的发音，很多人都知道它，甚至不少人将吉普视为越野车的代名词，以为所有的越野车都可称为吉普，这是对吉普这个名字的误解。其实吉普仅是一个越野车的品牌，属于克莱斯勒的吉普公司。它的产品有牧马人(Wrangler)和切诺基(Cherokee)。Jeep 车标的含义就是英文吉普的意思，也是戴姆勒-克莱斯勒公司旗下生产越野车的公司 Jeep 的名称。关于"Jeep"名称的由来，有人说是把"P · Peye"连环画中的一种既不是鸟也不是四脚兽，但知道所有答案，能做很多事的寓言性动物称为"吉普"。切诺基 · 吉普(Cherokee Jeep)是克莱斯勒公司生产的一款越野车，名字取自印第安部族切诺基土人，他们世代居住在山区，擅长在山地攀行，以此命名表示"切诺基"汽车能攀过岩石、涉过泥沙、征服任何艰难险阻，到达胜利的彼岸(图 3-5c)。

普利茅斯(Plymouth)也称顺风，是克莱斯勒汽车制造公司在康采恩的分部，主要生产价格低于克莱斯勒和道奇的车型。1927 年克莱斯勒公司创造普利茅斯商标。图形车标是僧侣曾乘坐过的帆船"珠夫拉瓦"号的船形图案(图 3-5d)，体现了普利茅斯的创造精神。

鹰 · 吉普(Eagle Jeep)部是克莱斯勒公司专门生产轻型吉普车的部门，是克莱斯勒接收美国汽车公司之后，于 1980 年成立的子公司。鹰在美国被喻为神鸟，鹰也是美国人对著名战斗机驾驶员的俚称。所以，克莱斯勒汽车公司取鹰作为吉普部的名称，表示该部具有雄鹰的优秀品质，能迎风斗险，勇攀高峰。图形车标就是一个艺术化的鹰头(图 3-5e)。

a)　　b)　　c)　　d)　　e)

图 3-5　克莱斯勒、道奇、Jeep、普利茅斯、鹰牌商标

a) 克莱斯勒商标　b) 道奇商标　c) Jeep 商标　d) 普利茅斯商标　e) 鹰牌商标

3.2　大众汽车公司

3.2.1　公司简介

大众汽车股份公司(Volkswagenwerk AG)是德国国内最大也是最年轻的汽车制造厂，创建人是费迪南德 · 波尔舍博士。

该公司总部设在沃尔夫斯堡(图 3-6)。它以生产大众型小客车和轻型货运车而著称于世。在 2009 年度《财富》全球 500 强公司排名中名列第 14 位，实现营业收入 1666 亿美元。

大众公司于 1937 年 5 月 28 日在德国柏林成立，当时取名为"大众开发公司"，同年 9

月16日改名为“大众股份有限公司”，厂址选在沃尔夫斯堡。1939年8月15日，大众公司生产出第一批甲壳虫牌汽车，但是，由于“二战”的爆发，此种在后来风靡全球的汽车被迫中断生产（战前只生产了630辆）。“二战”期间，大众为德国法西斯政府生产了大量的越野汽车、水陆两用车、坦克、飞机以及成千上万的炸弹、地雷、火箭炮等战争用品。正因如此，“二战”后期它才被盟军作为重要军事目标而遭到重点轰炸，其中2/3的厂房被摧毁，机器设备遭到严重破坏，直接损失达1.56亿马克，战后，大众财产被英国接管，专门从事修理盟军军用车及生产越野车的工作。1946年，大众恢复民用小汽车的生产。1949年，大众开始大批量生产甲壳虫牌轿车。随后，甲壳虫风靡全球，累计生产达2100多万辆，创单一车型最高产量的世界纪录。1964年和1969年，大众分别购买了汽车联盟公司和内卡苏尔姆汽车厂，专门从事奥迪轿车的生产。1974年，用新技术装备起来的新车型高尔夫诞生了。截至1988年6月，累计生产1000万辆，成为取代甲壳虫的畅销车型。另外，高尔夫生产线的高度自动化和高效率也是世所罕见的：它曾创下了在1983.8.1—1983.12.22不足五个月的时间里生产十万辆轿车的世界纪录。1992年3月，第三代高尔夫轿车开始在前民主德国的厂房里投入生产。

图3-6　大众汽车公司总部

大众除生产汽车以外，同时兼营汽车销售、汽车运输、汽车租赁、汽车出租、汽车发电厂、汽车信贷银行以及住宅等。作为汽车产品，主要有马球、甲壳虫、高尔夫、奥迪、海风、博萨特、桑塔纳、捷达等（图3-7）。

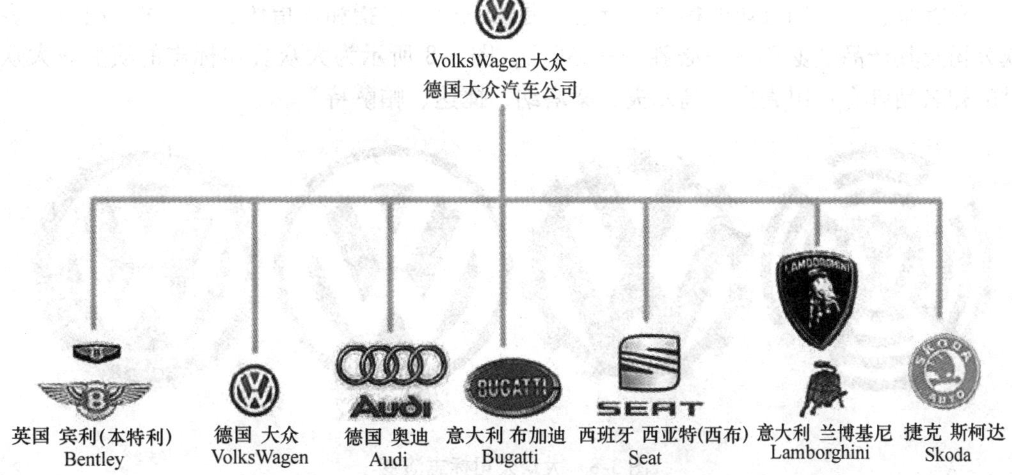

图3-7　大众公司汽车品牌谱系

大众非常重视海外市场的开发，从五十年代初就开始对外扩张，1951 年在巴西建立装配车间。大众还在南、北美洲，东、西欧洲，亚太地区和非洲等地设有许多子公司。2010 年初，借金融危机之机，大众从通用手中收购了其原来持有的日本铃木公司 19.9% 的股权，使其变成了自己的一个子公司。

大众目前在欧洲的 11 个国家和美洲、亚洲及非洲的 7 个国家，共经营着 45 家制造工厂，全球雇员总数超过 33 万人，每个工作日可生产超过 21500 辆汽车，同时提供各类汽车相关服务。大众汽车的产品在全球超过 150 个国家均有销售。集团的目标是为消费者提供安全、环保、有吸引力、有竞争力的汽车产品，代表同类产品的全球最高水平。

1984 年 10 月 10 日，大众与中国上汽集团签订了一项合资生产合同，成立“上海大众”汽车有限公司，合资生产桑塔纳牌小轿车。目前该公司的年产量已达二十多万辆。随后，一汽集团又引进奥迪、高尔夫、捷达牌轿车生产线，为发展我国的轿车工业打下了坚实的基础。

如果说戴姆勒-奔驰汽车公司主要是以生产高档、豪华型轿车为主，从而满足高层次人士的高消费需求的话，那么大众汽车公司则以生产普及型轿车为主，在争夺普通消费者的市场，同样得到了长足的发展，真是条条大道通罗马。

大众公司地址：德国沃尔夫斯堡 P. O. Box 3180(P. O. Box 3180 Wolf sburg 1,The Federal Republic of Germany)。

3.2.2 主要汽车品牌商标介绍

大众公司商标中的 VW 取自于公司的德文名称“大众”(Volks Wagen)的两个字母，寓意为大众使用的汽车。大众集团的客车业务分为两大品牌，在集团之下，奥迪和大众各自独立管理其品牌群，并负责从中创造利润。大众品牌群包括大众客车、斯柯达(Skoda)、宾利(Bentley)和布加迪(Bugatti)4 个品牌。奥迪品牌群包括奥迪(Audi)、西亚特(SEAT)和兰博基尼(Lamborghini)3 个品牌。各个品牌均有其自己的标识，自主经营，产品从超经济的紧凑车型(耗油率仅为 3L/100km)到豪华型小轿车应有尽有。商用车品牌负责生产集团的商用车产品。

大众客车直接使用公司的标志，标志像是由三个用中指和食指作出的“V”组成，表示大众公司及其产品“必胜——必胜——必胜”，图 3-8 所示为大众公司标志的演变。大众出产过的知名品牌有：甲壳虫、高尔夫、桑塔纳、捷达、帕萨特等。

图 3-8　大众公司标志演变

捷克国营汽车制造厂创建于 1894 年，原称劳林与克莱门特有限公司，1925 年改名为斯柯达，1945 年被捷克政府收归国有。该厂与奔驰、标致、雷诺等厂是世界上最老的汽车制造厂家。1991 年 4 月 16 日，大众集团购买了斯柯达公司 70% 的股份，斯柯达成为了德国大众集团公司的一个子公司。斯柯达飞箭商标的含义为：最外边的大圆圈表示为完美的、可走遍全球的通用产品；圆中的翅膀象征着技术进步，翅膀下方的箭头表明生产方式的进步；翅膀上的小孔眼则代表生产的精确度、技术的灵敏性以及产品放眼世界。自 1993 年起，斯柯达商标的颜色改为绿色，外围的圆环加宽了，上部增加了“Skoda”，下面增加了“Auto”。原因一是因为其他竞争厂家没有使用过这种颜色；二是绿色使得这个商标更显古典；三是绿色象征着环境保护和材料的回收再利用，也象征着企业的无限生命力，喻示这家百年老厂将焕发青春。这一标志象征着该公司无限的创造性，表达了要实现最高目标的强烈愿望，体现出对工作认真负责和一丝不苟(图 3-9a)。

图 3-9　斯柯达、宾利、布加迪、莲花商标
a）斯柯达商标　b）宾利商标　c）布加迪商标　d）莲花商标

工程师宾利(Bentley)于 1920 年创建了自己的汽车公司，开始设计制造他多年来梦寐以求的运动车。后因公司遇到财务危机，于 1931 年被罗尔斯-罗伊斯公司买下。兼并后的宾利公司也生产豪华轿车，长期作为劳斯莱斯汽车公司的一种车型名称。“劳斯莱斯”和“宾利”两个车名实际上似乎是同一种车，只不过根据不同的用户将两种车做得各有特色，魅力不同而已。宾利轿车是为了满足富有的年轻人，追求高速驾驶、寻求刺激的需要。宾利轿车标志是以公司名的第一个字母“B”为主体，生出一对翅膀，似凌空翱翔的雄鹰(图 3-9b)，此标志一直沿用至今，过去曾用过一个展翅飞翔的“B”标志。

布加迪轿车是意大利的一款名车，也是世界车坛一个不朽的名字。创始人埃托尔·布加迪生于一个艺术世家，他除了在艺术上有很深的造诣外，还对各种机械设计技术也有着深刻的了解，所以他把技术和艺术自然地糅合到了一起，以致人们对他的作品区分不清哪些是艺术品，哪些是技术作品，这就是布加迪汽车所具有的独特艺术风格。布加迪商标中的英文字母即为布加迪，上部的 EB 即为埃托尔·布加迪英文拼音的缩写，周围一圈小圆点象征着滚珠轴承，底色为红色(图 3-9c)。

英国莲花汽车公司始创于 1955 年，该公司以擅长制造跑车而著称于世。它的标志除包含了公司名称“莲花”的英文字样 LOTUS 外，还有公司创始人安东尼·考林·布鲁斯·柴普罗姓名的字头四个字母(ACBC)组成的花瓣形图案(图 3-9d)。1986 年，通用以 3400 万美元的价格控制了莲花汽车 58% 的股权，次年再将控股增加至 97%，完全拥有了这朵绽放的莲花，但是给予其充分的自主研发空间。经过长达 18 个月的谈判，通用终于同意以 3000 万英镑的价格将莲花“割爱”给了布加迪，这两家以技术见长的跑车厂于 1993 年 11 月正

式合并。

由于大众公司与中国一汽合作生产的奥迪轿车长期作为政府官员的用车，所以，中国老百姓对前部带有四连环标志的轿车并不陌生。奥迪(Audi)公司最早是由德国人霍奇(Horch)于1898年创建，并以自己的名字来命名的。后来，由于他失去了对公司的独自经营权，遂将自己姓氏"Horch"（德文原意为"听"）改用拉丁文"Audi"（听）来书写，既使公司的商标带上古典语音的优雅韵味，又间接地表明了公司的起源，还摆平了与合作者之间的关系。1932年，由于公司发生财政困难，Audi与另外三家公司(漫游者、霍克和DKW,他们曾经是自行车、摩托车及小客车的生产厂家)合并而成一家公司，当初取名为联合汽车公司，并以四个连接在一起的圆环作为汽车的商标，每一环都是其中一个公司的象征，半径相等的四个紧扣圆环，象征公司成员平等、互利、协作的亲密关系和奋发向上的敬业精神。后来，为了商业发展的需要，公司又恢复Audi称谓。四联环的商标，虽然一直使用至今，但在不同时期，还是发生了一些变化(图3-10)。

Four car companies: Audiwerke GmbH,Dampf Kraft Wagen,August Horch & Cie,Wanderer

Auto Union(1932) Current Audi logo

图3-10 奥迪汽车商标的演变

西亚特(Seat)是西班牙最大的汽车公司，1950年成立于巴塞罗那，全称为图雷斯莫汽车有限公司(Sociedad Espanola de Automoviles de Turismo S. A)，西亚特(SEAT)为其简称。公司现在是德国大众汽车公司的子公司。西亚特汽车公司成立之初，以生产意大利菲亚特汽车公司的车型为主，在西班牙汽车市场占有率曾达到60%，到20世纪70年代，其市场占有率下降到33%，亏损严重。1983年，德国大众汽车公司买下了西亚特公司的大部分股份，使得西亚特属于大众汽车公司的子公司，大众公司与另一合资者西班牙政府共同经营西亚特汽车公司。西亚特归属大众麾下后，得到大众资金与技术的支持，它采用大众的零部件，有些车型的底盘、转向及悬架系统由大众设计。图形标识就是公司名称SEAT首字母S的艺术变形体(图3-11a)。

兰博基尼公司创建于1962年，以创建人兰博基尼自己的名字命名，因公司生产强劲的V12发动机而一举成名。20世纪70年代，由著名的博通设计公司设计了造型独特的运动车，车身只有1m高，车门是鸥翼式的，发动机罩与前风窗玻璃形成一个整体平滑的大斜面，给人以强烈的动态感，其车速可达315km/h～330km/h。兰博基尼公司标志是一头浑身充满力气、正准备向对手发动猛烈攻击的斗牛。据说兰博基尼本人就有这种不甘示弱的牛脾气，标志也体现了兰博基尼公司产品的特点，即公司生产的汽车都是大功率、高速的运动型轿车。兰博基尼车的车头和车尾商标都省去了公司名，只剩下了一头无畏的斗牛(图3-11b)。

铃木汽车工业公司的商标图案是由“铃木”英文名称(SUZUKI)中的第一个字母“S”变形而来的。据称，这种设计给人以力量的感觉，象征着发展中的“铃木”(图3-11c)。

保时捷因长期持有大众公司较高比例的股份而与其有着密切的关系。公司位于德国斯图加特市，该地自16世纪起就作为名马的产地而举世闻名。保时捷公司的标志就是斯图加特市的纹章，只是在其上部增加了“保时捷(Porsche)”字样而已，它蕴含着极其丰富的内容：纹章的上方为“PORSCHE”字样，纹章中央的骏马向世人昭示着该市作为名马产地的荣耀；纹章的左上、右下方是鹿角的图案，表明该地也曾经作为过狩猎的场所；纹章右上、左下方的黄色、黑色条纹中的黄色条纹代表着成熟的麦子，而黑色条纹则代表着土地，双色条纹意味着该地区土地肥沃；整个标志的红色底色象征着人的智慧。用句中国的成语来说，这一图案所表达的含义就是人杰地灵(图3-11d)。

a)

b)

c)

d)

图3-11　西亚特、兰博基尼、铃木、保时捷商标
a）西亚特商标　b）兰博基尼商标　c）铃木商标　d）保时捷商标

德国曼(MAN)商用车股份公司隶属于成立于1758年的德国曼集团，是世界著名的重型载货汽车制造商之一。因为该公司被大众长期持有20%的股份，而与大众关系密切。商标图案是一头威猛的狮子的侧面像，上部则书写着“MAN”字样，给人以力量的感觉(图3-12a)。

斯太尔戴姆勒普赫公司是目前奥地利最大的汽车公司，其主要产品有载货汽车、牵引

a)

b)

c)

图3-12　MAN、斯太尔、斯堪尼亚商标
a）MAN商标　b）斯太尔商标　c）斯堪尼亚商标

车、越野车、大客车等。1928 年普赫与戴姆勒合并，1934 年又并于斯太尔公司，并更现名。公司标志为一环形靶，这是因为它原来是一家军火厂，所以公司把名字“Steyr”写在靶心，象征着公司的经营会得以成功(图 3-12b)。公司于 1991 年被 MAN 公司收购。

斯堪尼亚公司(Scania AB)是瑞典领先的载货汽车和巴士制造公司。MAN 集团于 2006 年 9 月以 103 亿欧元购买了其 15.6% 的具有表决权的股份。大众汽车集团——斯堪尼亚的最大股东，原先拥有 MAN 的 20% 股份，多数时间拥有其超过 51% 的股份。由于公司原来与坤宝属于一家，因此，图形商标上也明显体现了这一点(图 3-12c)。

3.3 宝马汽车公司

3.3.1 公司简介

宝马(BMW)，全称为巴伐利亚机械制造厂股份公司(Bayerische Motoren Werke AG)，是德国一家世界知名的高档汽车和摩托车制造商，总部位于慕尼黑(图 3-13)。在 2009 年度《财富》全球最大 500 公司排名中名列第 78 位，实现营业收入 778.6 亿美元。

图 3-13 位于慕尼黑的宝马公司总部大楼

宝马由吉斯坦·奥托(Gustan Otto)于 1916 年 3 月 7 日创立，最初以制造流线形的双翼侦察机而闻名于世，起初公司名字叫 BFW(Bayerische FlugZeug-Worke,巴伐尼亚飞机制造厂)。1918 年更名巴伐利亚发动机制造股份公司并上市。在初创阶段，公司主要致力于飞机发动机的研发和生产。1918 年 11 月，第一次世界大战结束，德国成为战败国，他们的飞机被《凡尔赛条约》列为“战争武器”而禁止生产，而宝马车制造厂要直到 1923 年方可生产汽车。五年之痒，反而给了 BMW 准备的机会：他们先卖出旧的厂房，然后购入 BFW 的工厂、存货，把 BFW 的商标注册(那个原身是 BFW 的商标沿用至今)，最后购入希利奥士(Helios)摩托车厂的制造权，利用在飞机工程方面的卓越成就，于 1923 年将第一部 BMW 摩托车问世。1928 年，BMW 收购了埃森那赫汽车厂，开始生产汽车。之后，BMW 将许多汽车制造史上的杰作推向市场，这些产品不断激发出人们强烈的情感和渴望，铸就了 BMW 公司作为一家汽车制造商的杰出声誉。

第二次世界大战对宝马公司来说可谓是元气大伤，除了盟军轰炸造成的损失外，在战争结束后，还有 12000 台机器设备被拆走，用来赔偿战争受害国的物质损失。1945 年，二战结束，德国接受无条件投降，加之战败国的身份，德国分裂成东德、西德两国，宝马的厂区也被分割开来。而在慕尼黑的研究中心，由于所有设施都遭受盟军的轰炸，经历了 7 年之久方能再次投入生产。战后，联邦德国因发动战争受到惩罚，全国上下努力地挣扎着求生存，当时联邦德国的汽油严重短缺，制造摩托车和三轮车是汽车厂的当务之急，因为它们符合当时德国国民的低购买力水平。宝马于 1955 年推出了可爱又可笑的“Isetta(伊赛塔)”——鸡蛋车，成为充斥着高档轿车、跑车的宝马车系内一个风格独特的成员(图3-14)。

图3-14　宝马“伊赛塔”车

长期以来，BMW以高档品牌为主，是全世界最成功和效益最好的汽车及摩托车生产商。2000年，原来隶属于英国罗孚的MINI公司，其经营权被交给了宝马汽车公司；2003年，劳斯莱斯汽车公司又归入宝马集团，使得宝马的产品序列更加完善。目前，BMW集团拥有BMW、MINI和Rolls-Royce(劳斯莱斯)三个品牌。这些品牌占据了从小型车到顶级豪华轿车各个细分市场的高端，使BMW集团成为世界上惟一一家专注于高档汽车和摩托车的制造商，而高档就意味着高附加值。

20世纪50年代初期，由于经济形势突然变化，宝马公司经历了一次严重的危机，直到1961年，引起轰动的BMW1500上市后，宝马公司才摆脱困境，走上顺利发展的坦途。20世纪70年代初，宝马的年产量还只有20多万辆，远低于奔驰公司；到20世纪90年代，宝马产量多次超过奔驰，成为全球增长最快的高档汽车生产厂家。

目前，宝马在美国、中国、法国、比利时、意大利、瑞典、奥地利和南非等13个国家设有子公司或生产厂，国内有10家子公司。主要车系有：3系列(中档轿车)、5系列(高档轿车)、6系列(中档跑车)、7系列(高档轿车)以及深受欢迎的Z系列跑车，宝马850i是最为豪华的小轿车。2008年，BMW集团销售大约140万辆汽车。

宝马于2003年在中国沈阳与中方合资兴建“华晨宝马汽车有限公司”，主要生产宝马3系和5系轿车。

BMW公司地址：公司总部设在慕尼黑，P. O. B. 400240，8 Munich 40，The Federal Republic of Germany。

3.3.2　主要汽车品牌商标介绍

宝马采用了内外双圆圈的图形，并在双圈圆环的上方，标有BMW字样的商标。关于宝马标志的含义，有两种象征，一种是：宝马标志中间的蓝白相间图案，代表蓝天、白云和旋转不停的螺旋桨，喻示宝马公司渊源悠久的历史，象征该公司过去在航空发动机技术方面的领先地位，又象征公司一贯宗旨和目标：在广阔的时空中，以先进的精湛技术、最新的理念，满足顾客的最大愿望，反映了公司蓬勃向上的气势和日新月异的新面貌；另外一种是：宝马总部位于慕尼黑，隶属巴伐利亚州，而巴伐利亚州的州旗是蓝白相间的，宝马的名字又是巴伐利亚发动机公司，宝马标志中的蓝色为天空，白色为螺旋桨，同时也代表了巴伐利亚，代表了德国最精湛的发动机技术。不过，在不同的时期，宝马的标识也曾经发生轻微的变化(图3-15)。

英国人亨利·罗依斯(H·Royce)是一位磨坊工人的儿子，自幼爱好机械，21岁时与人合办电机厂赚了不少钱，这使他有足够的财力研制汽车。理查德·罗尔斯(L·Rolls)是一位

风流倜傥的贵族子弟，更是一位超级汽车迷。罗尔斯在看到罗依斯制作的汽车照片后，马上决定与其合作，代为销售。1904年5月4日，在曼彻斯特大陆酒店的咖啡馆中，两人会面了。正是这次会晤，埋下了汽车史上一段传奇的种子——两年后，第一辆劳斯莱斯轿车诞生了。凭借罗依斯杰出技术制作的汽车，在罗尔斯以自己崇高声望为担保的推销活动中逐渐进入了上层社会，使劳斯莱斯汽车成为了“车中之王”。该公司的商标就是两个人的名字首位字母的重叠。起初，商标中的字母为喜庆的红色，1910年，罗尔斯因飞机失事而丧生，悲痛欲绝的罗依斯遂将其改为黑色以示悼念。而在今天，黑色的双“R”成为了劳斯莱斯公司全体职员对两位开创者永久的纪念(图3-16a)。

图3-15 宝马标志演变图

劳斯莱斯的标志除了双“R”之外，还有著名的飞人标志。这个标志的创意取自巴黎卢浮宫艺术品走廊的一尊有着两千年历史的胜利女神雕像，她庄重高贵的身姿是艺术家们产生激情的源泉。当汽车艺术品大师查尔斯·塞克斯应邀为劳斯莱斯汽车公司设计标志时，深深印在他脑海中的女神像立刻使他产生了创作灵感。于是一个两臂后伸，身着轻纱的女神像油然而生(图3-16b)。

1956年，石油危机笼罩英国，英国汽车公司(BMC)聘请了著名汽车设计师伊西戈尼斯(Issigonis)设计一种经济型的汽车。1959年秋，MINI面世了，受到了空前欢迎。迷你的图形商标是在一个展开的翅膀里写着车名MINI，预示着该车的小巧、高性能(图3-16c)。

英国路虎汽车公司(Austin Rover)的商标选用了北欧海盗维金人的头像。这些维金人乘船到处流浪，而“Rover”一词的意思也是流浪者。从1930年起，商标图案换成了一艘帆船，张开红帆象征着公司乘风破浪、所向披靡的大无畏精神(图3-16d)。1994年，该公司被德国宝马汽车公司兼并。路虎公司的汽车产品分为三类：越野车、轿车和MG跑车。

a)

b)

c)

d)

图3-16 劳斯莱斯商标、劳斯莱斯车徽、迷你商标、路虎商标

a) 劳斯莱斯商标 b) 劳斯莱斯车徽 c) 迷你商标 d) 路虎商标

3.4　通用汽车公司

3.4.1　公司简介

通用汽车公司(General Motors Corporation)简称“通用”(GM)，长期占据全球范围最大汽车生产厂家的宝座，公司总部设在美国密歇根州的底特律市，主要汽车分部有：奥兹莫比尔、庞蒂亚克、雪佛兰、别克、凯迪拉克、萨伯、欧宝、伏克斯豪尔等(图3-17)。通用还通过控股的方式，将日本的五十铃、富士重工纳入麾下。2009年度，GM在《财富》全球500强公司排名中名列第18位，实现营业收入1489.8亿美元。

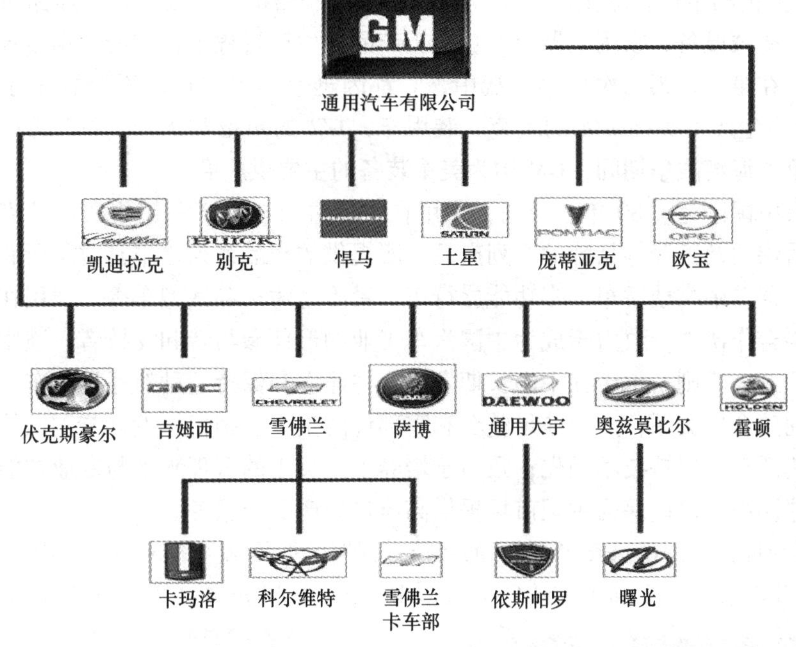

图3-17　通用汽车公司汽车品牌谱系

GM诞生于1908年的秋季。马车制造商出身的威廉·杜兰特看到了汽车的发展前景，在首先接管别克汽车厂以后，又陆续合并了当时的四个大汽车制造厂、五个小汽车制造厂、三个载货汽车制造厂、十个汽车零部件制造厂及一个汽车推销公司，成立了通用汽车公司。

但在此后的近二十年时间里，GM的汽车产量和总销售额始终屈居于福特汽车公司之下。20世纪20年代初期，按照副总裁斯隆的建议，公司采取“集中政策、分散经营、财务独立”的管理体制，充分调动了下属各分公司的经营积极性，汽车产量逐年上升，自1928年超过福特之后，一直稳居世界首位，直到2007年，才被丰田公司超过。

鼎盛时期，GM在美国25个州的88个城市设有100多家工厂(仅从事最后总组装生产的就占47家)，雇员人数达62万人，而且国内尚有三万多家中小公司为其提供原料、零部件和各种工艺流程，他们均在GM的直接控制下进行生产。由于GM需消耗大量的原材料，因此，它与钢铁、石油、橡胶等生产部门关系密切，可谓一荣俱荣、一损俱损。20世纪70

年代初，GM 的 37 万工人举行为期 68 天的大罢工，使公司的销售量下降了 32%，美国经济也受到了较大打击。2009 年，老通用申请破产，美国经济也遭到了沉重打击。

GM 属于典型的跨国公司，它非常重视海外市场的开拓，除直接出口汽车外，还在海外设立生产整车的分厂。目前，它在世界 50 多个国家设有分公司，从事生产、组装汽车和零部件的业务，海外子公司的销售额约占公司总销售额的 30%。1997 年 6 月 12 日，由上海汽车集团股份有限公司和通用汽车公司共同出资组建的上海通用汽车有限公司成立，该公司目前拥有浦东金桥、烟台东岳、沈阳北盛 3 大生产基地，共 4 个整车生产厂、2 个动力总成厂。公司生产别克、凯迪拉克、雪佛兰等品牌，共二十五大系列的产品阵列，覆盖了从顶级豪华车到经济型轿车，以及高性能豪华轿车、MPV、SUV 等宽泛的领域。

GM 的业务范围很广，除生产汽车以外，还生产铁路机车、推土机、压路机、飞机发动机、柴油机、冷藏设备、家用电器及大量军工产品。生产过程中，它能根据市场需求及时调整产品结构。在第一、第二次世界大战中，它都因迅速实现“民转军”而发了大财。二战期间，GM 负责生产了美国 1/4 的坦克、装甲车，1/2 的步枪和子弹，2/3 的军车。朝鲜战争、越南战争、海湾战争期间，GM 均为美军装备的主要供应商。

通用进入中国已超过 80 年。目前，通用在中国进口、生产和销售凯迪拉克、萨博、欧宝、别克、雪佛兰及五菱等品牌的系列产品，所提供的产品系列之丰富位居所有在华跨国汽车企业之首，涵盖中高档轿车、多功能旅行车、紧凑型轿车和微型车等。通用在中国的愿景是：携手战略合作伙伴，致力于成为中国汽车工业的最佳参与者和支持者。通用在中国开展业务遵循如下五大原则：承诺在中国长期发展，并建立和保持一种对通用汽车、中国和中国人民均为有利的合作关系；广泛涉足整车和零部件的生产、销售、设计与测试等领域；积极参与技术交流活动，保持技术领先；致力于培养中国员工的管理水平与专业技能；将中国业务融入其全球网络，以确保为中国市场提供高质量的产品与服务。

GM 公司地址：美国密执安 48202，底特律，保罗沃德西格兰大 3044，通用汽车大厦（General Motors Building，3044 West Grand Boulevard，Detroit，Michigan 48202，U. S. A）（图 3-18b）。

a）

b）

图 3-18　美国通用汽车公司

a）通用公司商标　b）通用汽车大厦

3.4.2　主要汽车品牌商标介绍

通用汽车公司走的是一条大规模兼并之路，目前拥有30多家分部。其中一些分部的名称仍然保留了原公司创始人的姓氏，如雪佛兰、奥兹莫比尔、别克等。作为公司的总标识，直取“通用汽车公司(General Motors Corporation)”前两个单词的第一个字母“GM”(图3-18a)。

凯迪拉克本是一位法国贵族，他于1701年来到后来被称为底特律的地方。回国后，在给国王的奏章中称，如果法国能够占领五大湖地区，就可以在整个北美同英国相抗衡。法国总统接受了他的建议，下令海军出兵五大湖地区。于是，法国海军大臣就命令凯迪拉克率领军队占领了这一地区，开创了底特律。后来，美国人亨利·利兰德创建汽车公司时，为了向这位探险家、底特律的创建者表示敬意，就以“凯迪拉克”为名命名了自己的汽车公司。而凯迪拉克汽车的商标就是凯迪拉克家族的族徽：整个商标为一盾形，象征着凯迪拉克军队的英勇。以盾形为坐标点，用纵横线分为四个等份，第一、第四部分是凯迪拉克家族的族徽纹章，深褐色的棒穿过金色的底，把三只没有嘴和腿的黑鸟分为两上一下，黑鸟象征着基督教武士的智慧、富有和完美的品德，鸟为三只，代表智慧、富有、品德“三位一体”；第二、第三部分为红色和银色，也以对角排列，代表凯迪拉克家族拥有的广阔土地，红色象征着勇猛和大胆，银色象征着纯洁、博爱、美德和富有。另外，纹章上还镶嵌着7颗珍珠，象征着凯迪拉克家族高贵的血统，图3-19反映了不同时期凯迪拉克商标的演变。

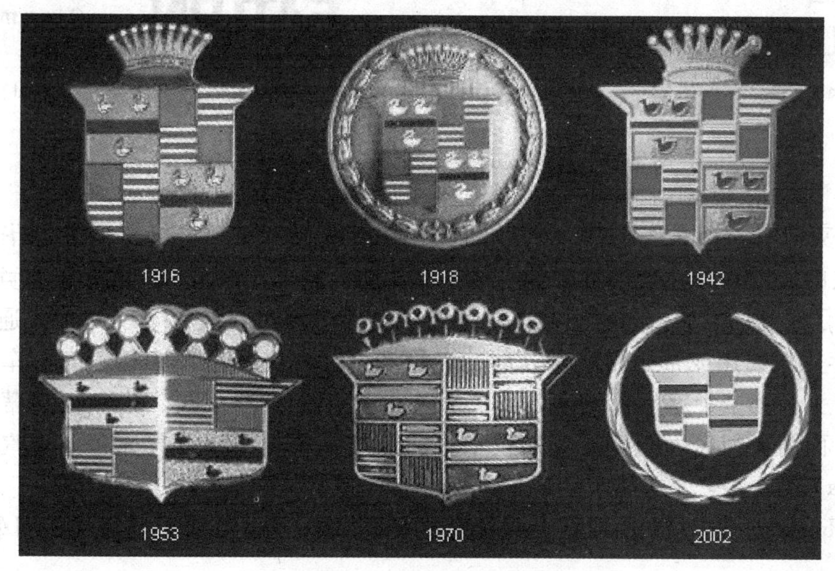

图3-19　凯迪拉克商标的演变

大卫·别克是一位发明家和机械工程师，曾经研制成功过顶置气门式发动机。他于1903年创建了别克汽车公司。1908年，通用汽车公司创始人杜兰特就是以别克公司为核心组建了这家后来名震全球的汽车公司。商标图案是由三把刀排列而成的，给人一种起点高，并且不断向上的感觉(图3-20a)。

路易斯·雪佛兰是一位机械工程师，同时也是一位优秀的赛车驾驶员。1911年，他与杜兰特一起创建了雪佛兰汽车公司。1918年雪佛兰与通用合并，成为通用公司“最大的分

部”。雪佛兰的商标是图案化了的蝴蝶领结(图 3-20b)。

土星汽车是通用汽车公司为推行“土星计划”于 1985 年成立的，旨在降低成本，缩小与日本汽车企业的差距，是通用汽车公司最年轻的品牌，也是通用公司惟一从内部建立起来的公司，不存在历史包袱，不存在有损传统的顾忌，它以市场需求为准绳，创新立异轻装上阵，在外观和性能上有所创新，在价格上又有优势。商标由图形和文字组成。SATURN 是土星的英文名。商标中的图案表现土星的运动轨迹，给人一种高科技、新观念、超时空的感觉，寓意土星汽车技术先进，设计超前且最具时代魅力。在红色背景前，显出了两条星球运行的轨迹，也像高分子运行的轨迹。其含义是：土星汽车是高科技材料，高科技产品和新成果的结晶(图 3-20c)。

兰塞姆·奥兹原本从事汽油机的研制与生产工作，而他的朋友克拉克则从事马车的生产，1895 年两人开始合作生产汽车，1897 年成立了奥兹汽车公司，1908 年奥兹并入通用。今天的奥兹莫比尔汽车公司是通用麾下的一家重要的分部。商标图案由箭头和文字组成，箭头象征着积极向上、勇往直前的创新精神，而文字中的“莫比尔(Mobile)”则是机动车之意(图 3-20d)。

a)

b)

c)

d)

图 3-20　别克、雪佛兰、土星、奥兹莫比尔商标

a) 别克商标　b) 雪佛兰商标　c) 土星商标　d) 奥兹莫比尔商标

庞蒂亚克(Pontiac)是底特律市附近奥克兰县庞蒂亚克市一名马车商爱德华·墨菲于 1907 年建立的。1908 年，公司生产了一种 4 缸发动机轿车，该车功率大，很有竞争力，公司因而得到了迅速的发展，同时引起了杜兰特的注意。通过会谈，1909 年加入通用汽车公司，1932 年正式使用庞蒂亚克汽车分部的名称和商标，主要生产中档汽车。车标是带十字标记的箭头，其中十字形标记表示庞蒂亚克是通用的重要成员，也象征庞蒂亚克汽车安全可靠；而箭头则代表庞蒂亚克的技术超前和攻关精神，预示着庞蒂亚克汽车跑遍全球(图 3-21a)。

悍马(Hummer)汽车最初由成立于 1971 年的美国 AMG 公司生产，前身是军用车 Hmmwv。

a)

b)

c)

图 3-21　庞蒂亚克、悍马、吉姆西商标

a) 庞蒂亚克商标　b) 悍马商标　c) 吉姆西商标

1992 年 AMG 转入 Renco 集团后，推出了民用版 Hmmwv，取名 Hummer，立即赢得了消费者的青睐，被业内称为“越野车王”。通用汽车从 AMG 公司得到了 Hummer 商标的使用权和生产权(图 3-21b)。主要车型有：H1、H2、H3。

吉姆西(GMC)前身是 1901 年成立的疾速汽车公司(Rapid Motor Vehicle Company)，被通用于 1909 年收购，同年又收购诚信公司(Reliance Motor Car Company)，共同组建为通用载货汽车公司(General Motor Truck Company,即 GMC Truck 公司)。GMC 是通用旗下惟一一个与其同名的商用车品牌(图 3-21c)。主要产品有 Envoy、Canyou、Yukon、Safari 等。

创建于 1862 的德国欧宝(OPEL)公司，最早从事的是缝纫机和自行车的生产。公司于 1897 年开始生产路茨曼(LUTZMAN)牌轿车。20 世纪 20 年代，公司得到了迅猛的发展。但由于发展太快，公司遇到了严重的财政困难，被美国通用汽车公司于 1929 年乘机收购，成为了它在德国的一家子公司。欧宝的商标非常简洁：圆形代表着车轮，两条对接重叠的横杠代表车架，整个图案置于淡黄色的底图上，愈显醒目(图 3-22a)。

图 3-22 欧宝、伏克斯豪尔、萨博、霍顿商标
a) 欧宝商标 b) 伏克斯豪尔商标 c) 萨博 d) 霍顿商标

英国伏克斯豪尔公司原为一家船用发动机厂，1903 年试制成功了第一辆汽车，从此开始涉足汽车生产，1925 年被美国通用汽车公司收购。它的商标可谓标新立异，大概是为了吸引人们的注意才选用了一只鹰头狮身的怪兽，怪兽的手中高举着公司标识的第一个字母。在早期的商标图案中，怪兽形象极为凶恶，从八十年代以来才设计得和善起来(图 3-22b)。

瑞典萨博(SAAB)公司地处北欧，是世界著名汽车生产厂家之一，SAAB 是瑞典文 Svenska Aeroplan Artie Bolaget 的缩写，意为瑞典飞机制造公司。现在它由三个部分组成，即斯湛尼亚部(SCANIA Division)、萨博小客车部(SAAB Car Division)和飞机部，其中前两个部生产汽车，1918 年被通用收购。因此，公司的商标十分巧妙地表达了这三个分部的职能：SAAB 与 SCANIA 两个单词所在的两个圆环象征着两个车轮，说明这两个分部以生产汽车为己任；中部昂起的鹰头代表着飞机制造部。三个部分环环相扣，你中有我、我中有你，象征着整个公司通力合作，共同发展。而代表三个分部的图案共同置于代表地球的深色圆上，似乎也说明了公司志在参与全球市场竞争的明显意图。不过，1995 年 5 月 16 日，与萨博合并 26 年以后，斯湛尼亚又与萨博正式分开而成为各自独立的公司(图 3-22c)。

霍顿(Holden)具有百年历史，它是澳洲汽车工业的骄傲，成立于 1856 年，主要从事运输业与冶金制造业，从 1914 年开始涉足车身制造，1931 年与通用公司澳洲分公司共同组建通用-霍顿汽车公司(1994 年更名霍顿汽车公司)，成为澳洲汽车工业的领头羊。霍顿的标志是一只狮子滚球的红色圆形浮雕，其设计灵感来自一则古老传说：埃及狮子滚石头的情景启

迪人类发明了车轮。今天的霍顿不但称霸澳洲车坛，还以创造强劲发动机而闻名于世，那只红色雄狮也就更具象征意义(图 3-22d)。

大宇公司于 1967 年由韩国人金宇中创建，起初叫新韩公司，1983 年改为大宇汽车公司，是韩国第二大汽车公司。2000 年因经营不善宣布破产，随后被通用公司收购。其商标表现了大宇家族的未来导向发展意志：椭圆代表着全世界、全宇宙，向上展开的形态表现了大宇家族的创造和挑战意志，中部五个蓝色的实体部分和其间的六条白色部分代表着欧、亚、美、非、澳五大洲，两边较厚的蓝色实体部分代表南北两极。蓝色代表年轻、活泼，白色表示牺牲，整体构图表现了大宇家族的创造、挑战、牺牲的企业精神(图 3-23a)。

五十铃(ISUZU)来源于日本五十铃汽车公司所在地的五十铃河，从 1974 年开始使用的以两根柱子为主图的商标。商标具有深刻的含义：一根柱子象征着和用户并肩前进的五十铃；另一根柱子象征着与世界各国协作发展的五十铃。这一誓言式的商标充分说明了五十铃公司的全球战略意图(图 3-23b)。

富士重工公司(SUBARU)的商标是六连星，象征着 1955 年 4 月原富士重工业公司兼并了另外 5 家企业(富士工业、富士汽车工业、大宫富士工业、宇都宫车辆、东京富士商业)后，由六家企业组成的新企业。商标上六连星的排列取自于牧牛星座昴宿星团中可以由人类在地球上用肉眼看到的六颗星。用椭圆形环围住六连星寓意着合并后的六家企业齐心协力、共同发展。另外，在日语中“昴宿星团”的发音是“斯巴鲁”，所以商标中也出现了“斯巴鲁(SUBARU)”的字样。同时，“斯巴鲁”也是富士重工业公司所产各种车型的前置车名，如“斯巴鲁·雄狮”、“斯巴鲁·麋鹿”、“斯巴鲁 700 等”(图 3-23c)。

a)　　b)　　c)

图 3-23　大宇、五十铃商标、富士重工商标

a) 大宇商标　b) 五十铃商标　c) 富士重工商标

3.5　福特汽车公司

3.5.1　公司简介

福特汽车公司(Ford motor company)长期以来是美国也是世界第二大汽车制造商，汽车产量及总销售额仅次于通用汽车公司，在 2009 年度《财富》全球最大 500 家公司排名中名列第 19 位，实现营业收入 1463 亿美元。公司总部位于密歇根州迪尔本(图 3-24)。

Ford 是亨利·福特于 1903 年创办的，公司最初是股份制，雇员为 10 人。1919 年，亨利·福特买下了其他所有合伙人的股本，从而使其成为了福特家族的独占企业。从那以后，该公司在很长时间内具有浓厚的家族色彩。

图 3-24 美国福特汽车公司总部

亨利·福特非常善于经营管理，他认为：只有将产品的价格定得较低，才能激发公众的购买欲望，从而打开产品销路，使经营者获得巨额利润。为此，他将“薄利多销，一车多用”作为经营方针。1908 年，他主持生产“Ford-T”型汽车时，首次采用大规模流水线生产方式，提高了生产效率，降低了成本和售价，使一般人都能购买得起。另外，该车还可以和附加设备连接，带动带轮传动式的农业机械工作，被称为“多用车”。后来的事实证明，这一创举所取得的成就是十分令人满意的：“Ford-T”型汽车风靡全国，成为头号盈利产品；公司一跃成为世界上最大的汽车公司；亨利·福特本人则获得了“汽车大王”的美誉。

后来，由于福特的专横统治、任人唯亲，公司内部的管理人员只顾争权夺利，导致新车开发、技术管理、产品推销等工作无人过问，终于在 1927 年被通用超过，1936 年，再度让位于克莱斯勒而位居美国第三。1945 年，老福特被迫让位于孙子亨利·福特二世以后，公司方重振雄风，重超克莱斯勒而位居美国第二。不过，随着日子的好转，福特二世又重蹈爷爷的覆辙，嫉贤妒能、排挤人才，就连总经理艾柯卡这样优秀的人才都被解雇了。这就导致了 1981 年公司统治权最终旁落福特家族之外的必然结果。

福特产品除汽车外，还包括电子、玻璃、塑料、汽车零部件、空间技术、卫星通信、国防工程、地基开发、设备租赁和汽车出租等，分属三个战略经营单位——汽车集团、多样化产品集团和金融服务(财务公司)运营。而在汽车方面，则包括了轻、中、重型货车，低、中、高档轿车，如福特、野马、林肯大陆、美洲虎、城市、格林那达等都是他的产品(图3-25)，就连美

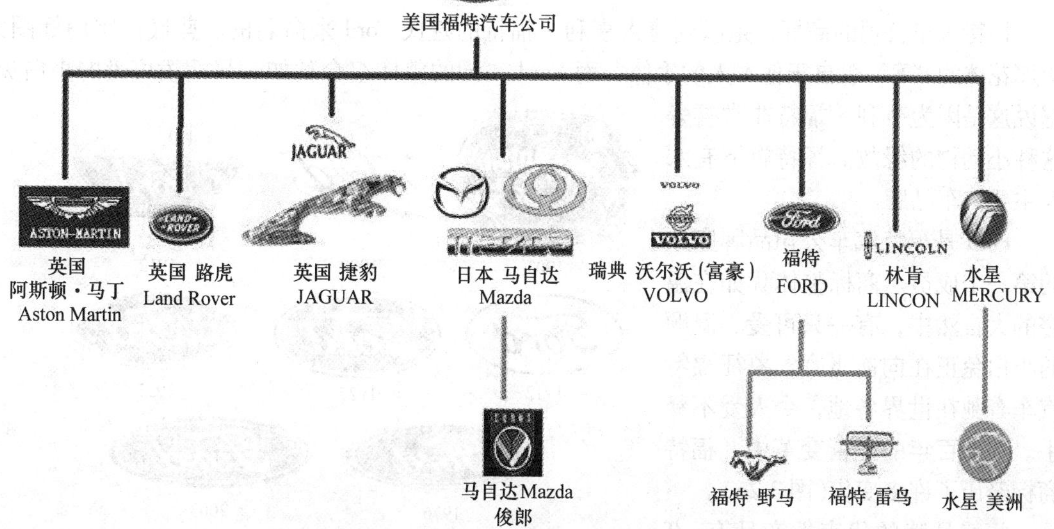

图 3-25 福特汽车公司汽车品牌谱系

国总统的专车也是由白宫专门向福特订制的。在近百年的经营历史上，福特销售了一些在汽车工业史上最为畅销的汽车，名列前十的品牌依次为：F 系列小吨位货车(2520 万辆)；雅士(1800 万辆)；T 型车(1500 万辆)；星系(1200 万辆)；节日(920 万辆)；野马(710 万辆)；美景街(620 万辆)；雅客(590 万辆)；A 型车(430 万辆)；雷鸟(420 万辆)。

作为资本主义社会的一家大公司，在战争年代，福特同样因从事军火生产而获得了巨额利润。例如，二战期间，它向美军提供五万多辆军车，8600 多架四引擎 B24 轰炸机，57000 多件飞机发动机和大量的坦克、反坦克炮及其他战争用品。即使在战后许多年的 1971 年，福特仍在军火企业中位居全美第 19 位。

福特汽车在中国的历史可追溯到 1913 年，当时第一批 T 型车销售到了中国。1924 年孙中山先生致信亨利·福特，请他帮助建立中国的汽车工业。作为首家在新中国开拓业务的外国汽车公司，福特汽车公司当时的董事长亨利·福特二世于 1978 年得到了邓小平会见，表达了福特汽车公司与中国汽车工业合作的愿望。1978 年 11 月，福特公司设立“中国事务办公室”，以探求在中国成立一家生产重型货车合资企业的可能性。1979 年中，福特向中国出售了 750 辆 F 系列载货汽车。1993 年 6 月，福特在中国建立零售业务，初期委托了首批 5 家经销商在中国销售福特汽车。1995 年 10 月 25 日，福特汽车(中国)有限公司成立。目前，福特汽车拥有位于南昌的江铃汽车(股份)有限公司 30% 的股份。2001 年，福特和长安汽车集团共同各以 50% 的股份组建了长安福特汽车有限公司，专业生产满足中国消费者需求的轿车。2001 年 9 月，福特汽车国际贸易(天津)有限公司成立，从事进口汽车贸易。

福特是一家不知让人如何评说的汽车公司：亨利·福特独到的流水线生产方式将人类带入了一个辉煌的汽车时代，为人类社会的进步作出了不可磨灭的突出贡献；但公司的几度浮沉又给人们留下了许多思索。

Ford 公司地址：美国密歇根州迪尔本美国路 P. O. Box1899 (The American Road P. O. Box1899, Dearborn, Michigan 48121, U. S. A)。

3.5.2 主要汽车品牌商标介绍

福特汽车公司的商标，是以创建人亨利·福特的姓氏 Ford 来命名的。蓝底白字商标图案中那花体的“F”取自于他本人的手体，而 Ford 一词的整体组合犹如一只活泼可爱的小白兔，据说这是因为亨利·福特非常喜爱这种小动物的缘故。福特旗下有八大主要汽车品牌。

Ford 是福特汽车公司品牌家族的第一个成员。商标整体犹如在温馨的大自然中，有一只可爱、温顺的小白兔正在向前飞奔，象征福特汽车奔驰在世界各地，令人爱不释手。在上百年的经营变革中，福特商标经历了许多变化(图 3-26)。

图 3-26 福特商标演变图

福特品牌的代表性产品有：T 型车(ModelT)、A 型车(ModelA)、

Thunderbird、Mustang、F系列、Taurus、Windstar、CrownVictoria、Maverick、Explorer、Transit、Fiesta和Focus。其中，以加利福尼亚州出产的一种善跑的野马(Mustang)作为车型商标，自然是喻意着福特汽车的高速度(图3-27a)。

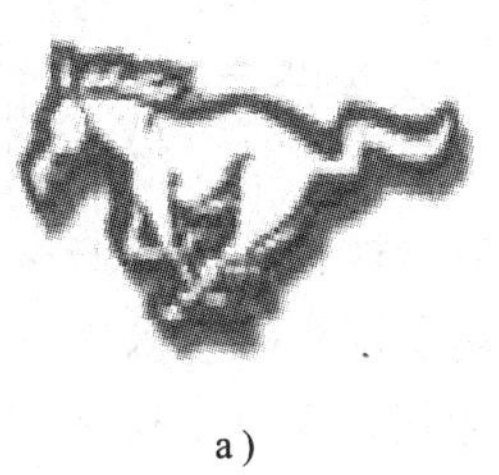
a)

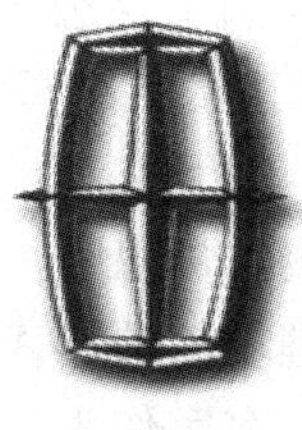
b)

c)

d)

图3-27　野马、林肯、水星、马自达商标
a) 野马商标　b) 林肯商标　c) 水星商标　d) 马自达商标

林肯(Lincoln)是福特汽车公司拥有的第二个品牌(图3-27b)，它于1907年由亨利·利兰(HenryLeland)创立，1922年福特汽车公司以800万美金收购了林肯品牌，并由此进入豪华车市场。由于林肯车杰出的性能，高雅的造型和无与伦比的舒适，它一直是美国车舒适和豪华的象征。林肯车也是第一个以美国总统的名字命名，为总统生产的汽车。自1939年美国的富兰克林罗斯福总统以来，长期被选为总统用车。林肯品牌的著名产品有：城市(TownCar)、Navigator、Aviator和LS。那镶嵌在车头正中长形围绕的十字星，象征着尊严和庄重。公司的气派和用意也毫不掩饰：轿车的质量以总统的名义担保!

水星(Mercury)品牌的独特之处在于，它是福特汽车公司惟一自创的品牌。20世纪30年代中期，福特汽车的管理层意识到在经济型的福特车和豪华的林肯车之间仍存在市场商机，于是在1935年开发出了水星品牌，进军中档车市场，1938年10月正式推出水星产品。长期以来，水星一直是创新和富于个性的美国车的代表。水星商标是用太阳系中的水星作为汽车的图形商标，其商标是在一个圆中有三个行星运行轨迹，很容易让人联想到福特汽车具有太空科技和超时空的创造力(图3-27c)。

马自达(Mazda)成立于1920年，创立之初称为东洋软木工业株式会社。1931年，开始生产轻便小型三轮货车。1963年从生产Familia轿车开始转型汽车生产。20世纪60年代曾经是日本产量最大的汽车公司，生产汽车都以马自达命名。1984年，公司正式更名为马自达公司。1979年福特购买了该公司25%的股份，1996年继续将拥有的股份扩大到33.4%，是马自达最大的股东。在日语中，“MAZDA”的意思为“松田”，但在中国，将汽车品牌译成“马自达”比译成“松田”似乎更贴切(图3-27d)。

英国捷豹(JAGUAR)公司由威廉·里昂斯(WilliamLyons)在1922年由制造摩托车起家的，1931年转型生产汽车。到1945年，已经生产了一系列高性能、造型优雅的汽车。经过半个多世纪的努力，捷豹在全球车迷心目中树立了典雅高贵、英国绅士般的形象。它的三种最具影响的车型是高级轿车，如XJ系列，跑车系列和轿跑车系列。其商标图案为一只跃起的美洲虎及美洲虎的英文拼写JAGUAR。该公司于1989年被美国福特汽车公司以16亿英镑的高价收购(图3-28a)。

阿斯顿·马丁由莱昂内尔·马丁(Lionel Martin)和罗伯特·巴姆福特(Robert Bamford)于1914年共同组建。其品牌一直是造型别致、精工细作、性能卓越的运动跑车代名词。它的多款

汽车都曾是007系列影片中邦德的坐骑，为邦德的出奇制胜立下了赫赫战功。在近百年的品牌经营过程中，公司几经易手，总产量只有区区2万辆，然而时至今日，仍有将近其总量四分之三的车仍在使用中。1987年，福特购买了阿斯顿·马丁75%的股份，使其成为福特公司的一个品牌。1994年7月，福特公司又收购了该公司的其余股份。阿斯顿·马丁车的徽标是一对全部展开的飞鸟翅膀，中间标有其英文字母全称。其含义为公司鹏程万里、前景光明(图3-28b)。

沃尔沃(Volvo)创立于1927年，总部设在瑞典哥德堡。最初是瑞典滚柱轴承厂的一家子公司的名称，在该公司工作的工程师A·切布理埃尔松和A·拉松创建了富豪汽车公司并采用了这一商标，不过，在许多人热衷于将自己的名字作为公司商标的年代，来自于拉丁文的几个字母“VOLVO”的意思却是滚滚向前(图3-28c)。自创立以来，沃尔沃始终非常注重质量、安全和对环境的影响，这三个因素也一直贯穿于公司设计、开发和制造的整个环节。尤其在安全方面，沃尔沃发明的安全底盘、三点式紧缩安全带和侧撞防护系列等，现在已经成为当今一流汽车产品的标准配置，沃尔沃也因此成为世人心目中最安全的汽车。1999年，福特汽车正式收购了沃尔沃的轿车业务，将其纳入了自己的旗下。

路虎(Land Rover)是世界上最好的四轮驱动车制造商，为世界各地提供全方位不同用途的路虎。第一款车出产于第二次世界大战后的1947年。1970年，经典的Range Rover车型首次亮相，很快便受到车迷的肯定，并进一步登上四轮驱动车之王的宝座，开辟了豪华越野车全新的市场空间。在此后的30多年时间里，它卓越的越野能力和不乏舒适性的道路表现仍然值得称道。2000年，福特从宝马公司购得路虎品牌。路虎商标就是在椭圆里写入了车型名称而已，简洁而大方(图3-28d)。

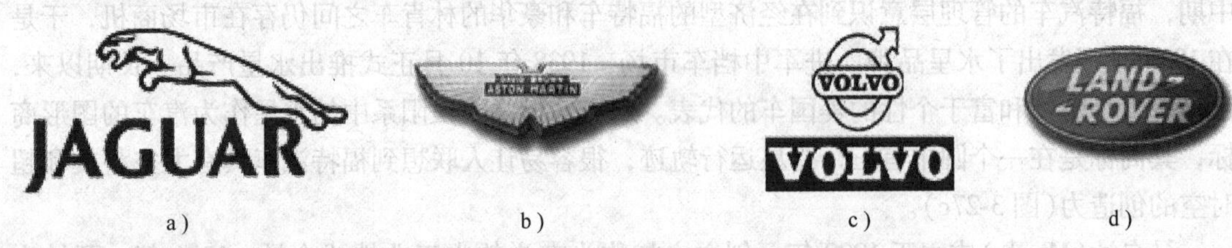

图3-28　捷豹，阿斯顿·马丁、沃尔沃、路虎商标

a）捷豹商标　b）阿斯顿·马丁商标　c）沃尔沃商标　d）路虎商标

3.6　雷诺汽车公司

3.6.1　公司简介

雷诺原是一家私营企业。路易·雷诺于1898年10月1日在法国比扬古创建了它。1899年，雷诺赛车击败所有对手一举成名。到1939年，雷诺公司成为法国最大的工业企业之一。

“二战”期间，雷诺80%的工业潜力被摧毁。但战后在国家的直接控制和支持下，很快得以恢复和发展。它不仅建立新工厂、增加新设备，而且吞并和参股其他公司，扩充其在国内外的势力。1982年，雷诺成为欧洲第一、世界第六的大汽车公司，在为国家解决就业和出口创汇方面作出了积极的贡献，被政府视为宠儿。然而，自1983年起，雷诺因机构臃肿、经营不佳而连年亏损，拱手让出了欧洲第一的宝座，分别被奔驰、大众、菲亚特等汽车公司超过。后来，雷诺励精图治，加强内部管理，经营渐见起色。从1970年起，允许雇员购买公司股票，但最高不能超过25%。从1992年起，雷诺重新成为私营企业。

雷诺主要从事工商业活动，公司十分注重创新，汽车产品十分齐全，同时兼营部分金融业务（约占销售额的10%）。在其工业产品中，主要有轿车、面包车、大客车、货车、专用车、发动机、变速器、机床、自动化设备、拖拉机和农业机械、标准工业产品（如轴承等）、工业橡胶、塑料、汽车电子产品等。主要汽车品牌有：梅甘娜（Megane）、克丽欧（Clio）、拉古娜（Laguna）、丽人行（Twingo）、太空车（Espace）等。其中，梅甘娜是紧凑车中款式最多的品牌车，所有竞争对手均无法与其匹敌。雷诺车款很多，但底盘类别较少，许多车款都是在同一底盘的基础上分化出来，再配置不同规格的发动机，以适应不同人士的需求。

雷诺的销售活动十分活跃，遍及全国的商业网点为其产品的推销和售后服务提供了有力的保障。它的销售网点之多也许是世界各大汽车公司所无法比拟的（在国内拥有近万个销售点）。雷诺在把公司办成国际化方面做出了积极的努力，也取得了很大的成就。从产品的生产角度来说，它在国外拥有百余家子公司和装配厂，分布于欧洲、非洲和美洲；从产品的销售角度来说，它在世界五大洲的近百个国家拥有子公司建立的一万多个销售和服务网点，把产品销往世界150多个国家和地区（在国外实现的销售额约占公司总销售额的50%）；从职员和投资的分配方面来说，它有约1/4的雇员和1/3以上的投资额是在国外。

号称日本第二的日产汽车公司（Nissan Motor Co.，Ltd.），总部设在东京。NISSAN是1933年12月26日由日本产业有限股份公司和户烟铸物汽车部共同建立的，原名日产汽车股份有限公司，1934年改为日产汽车公司。根据1936年的《日本汽车制造工业法》，NISSAN自1937年从美国引进汽车生产技术生产普通型小汽车。“二战”爆发以后，为适应日本军国主义政府的战时经济体制，NISSAN改产货车、教练机、滑翔机、飞机发动机和其他军需品。战后，从修理盟军的军用货车起步，逐步恢复到战前的生产水平。朝鲜战争为NISSAN带来了迅猛发展的良机：美军向其订购了3125辆汽车和大量的维修零件以及凝固汽油弹等军需品。天赐良机使NISSAN摆脱了资金危机，淘汰了过期设备，建立了新的生产体制。六十年代后期，随着市场对轿车需求的增加，NISSAN陆续建立了许多专业化工厂来生产特定牌号的轿车，规模不断扩大，至1969年，年产量达到100多万辆。后来，由于领导集团内部的权力之争，导致了公司在竞争中逐渐落伍于丰田的不利局面。1977年6月，新上任的领导班子将“追赶丰田”列为公司的近期奋斗目标并取得了明显的成效。20世纪80年代中期，随着日美汽车贸易摩擦的日趋激化，NISSAN为在日后的市场竞争中永远立于不败之地，制定并组织实施了“三角计划”：即1/3产品内销，1/3产品出口，1/3产品移向海外生产。

为适应能源、环保对汽车越来越苛刻的要求，NISSAN在加强研制低油耗、少污染的传统型汽车的同时，又开发了电子汽车、涡轮充电汽车等新产品，企图以“技术NISSAN”的优势来实现“追赶TOYOTA”的口号。

NISSAN在国内拥有九家工厂，数十家公司。国外投资则从20世纪60年代初在美国设立销售公司开始，以后陆续在加拿大、墨西哥、澳大利亚以及亚洲、非洲等许多国家和地区设立销售中心并投资建厂。尤其是20世纪70年代的石油危机以来，为了打破贸易壁垒和摆脱与丰田竞争中所处的不利地位，NISSAN更是加快了向海外投资的步伐。目前，该公司在海外的投资已达数千亿日元，位居日本各大工业公司之首，在21个国家建有24个组装厂。

NISSAN除生产各类汽车以外，还生产纺织机械、宇航用品、通用机械、标准零件以及汽艇等。其中，汽车整车的销售额约占80%，汽车零部件的销售额约占15%，其他项目约占5%。公爵、蓝鸟、日产、达特桑等牌号的轿车是其成功的代表作品，“古有千里马，今有日产车”是其骄傲的广告用词。

众所周知，日本汽车具有很强的国际竞争力，其原因就在于产品质量的优异和大批量的生产体系。从这一点来说，NISSAN更彻底地反映出了自动化的优势，它不像丰田那样以“思想主导型”作为生产管理的主要特征，而是以“技术主导型”作为主要特征。公司将工作重点放在以机器取代人的操作上，最终实现建立无人工厂的目标。NISSAN拥有机器人的数量是通用汽车公司的三倍，是丰田汽车公司的两倍。

面对极具潜力的亚洲市场，雷诺为了顺利进入，物色了陷于债务困境中的日产汽车公司作为合作伙伴，于1999年3月27日与日产签署协议，以54亿美元的投资取得日产公司36.8%和日产柴油车公司22.5%的股份，5年后增持到日产44.4%的股份，雷诺公司派出副总裁级人物担任日产最高经营官。另外，雷诺于1999年收购了同样陷入财务危机中的韩国三星汽车(韩国三星集团旗下公司)。这样，雷诺的汽车品牌谱系就逐渐形成了(图3-29)。

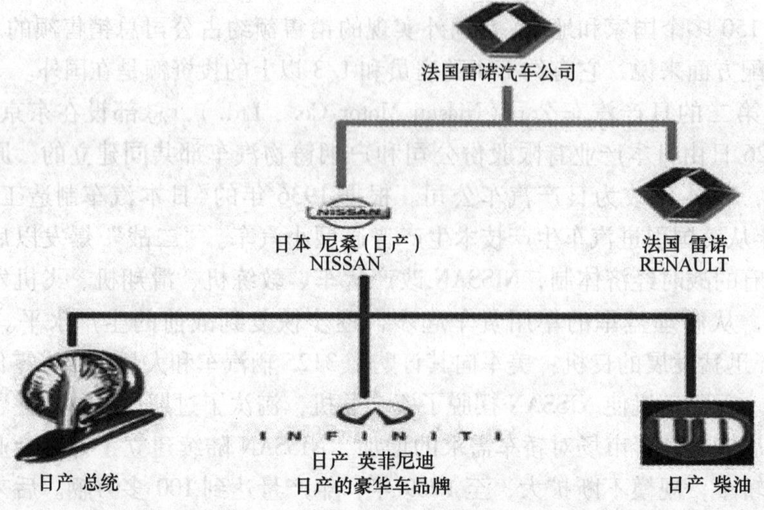

图3-29 雷诺公司汽车品牌谱系

对中国的消费者来讲，也许雷诺是世界汽车“6+3”格局中“最不熟悉”的汽车企业。雷诺轿车在亚洲比较少见，尤其在中国。1994年，匆匆进入中国的雷诺与三江航天集团共同出资9800万美元在湖北孝感匆匆上马了其在中国内地的第一个项目——三江雷诺汽车公司，三江集团持股55%，雷诺持股45%，合作期限30年，专门生产塔菲克(Trafic)7座单厢车。面对快速增长的中国汽车市场，从1999年至今，雷诺先后在北京、上海、广州、深圳、昆明和兰州任命了七家地区代理商和近40家二级分销商，销售区域覆盖全国绝大多数地区。1999年之前，雷诺在中国市场仅销售了极少量的整车，主要面向外交官和外籍人员。1999年，预料到中国即将加入WTO，雷诺着手在中国市场建立专门销售进口整车的网络。从2000年起，雷诺向中国市场先后引进了风景、梅甘娜经典、梅甘娜敞篷车、梅甘娜古贝和风景RX4，其中在中国享有良好声誉的风景一直为主销车型。在整车生产方面，由于与三江航天集团的合作不尽如人意，挡住了雷诺在中国发展的步伐。后来，雷诺终于发现，要想在中国组建合资公司，就必须找上一家像一汽、东风、上汽这样有实力的企业作为合作伙伴。这时，正好其控股的日产汽车公司正在与东风汽车公司进行全面合作的谈判，这才了却了雷诺的心愿。2002 年 9 月 19 日，东风汽车公司与日产汽车有限公司签署全面合作伙伴关系协议。根据协议，双方将联合组建东风汽车有限公司，各持 50% 股份，生产包括日产全系列乘用车和东风的重、中、轻型货车及客车。通过合资，新东风汽车成为了中国国内首家拥有全系列货车、轻型商用车和乘用车产品的中外合资汽车公司。新东风汽车将最大限度地利用三方各自的优势，包括东风的品牌、网络优势；日产的技术、管理优势；雷诺在商用车方面的优势。

在 2009 年度《财富》全球最大 500 家公司排名中，雷诺名列第 130 位，实现营业收入 553 亿美元；日产名列第 67 位，实现营业收入 840 亿美元。

雷诺公司地址：34 guai du Point du jourBP 10392109BoulogneBillancourt，France。

3.6.2 主要汽车品牌商标介绍

雷诺公司以创始人路易斯·雷诺(Louis Renault)的姓氏命名，公司所产汽车均以“雷诺”为商标，图形标志为四个相叠在一起的菱形，象征雷诺三兄弟与汽车工业融为一体，表示“雷诺”能在无限的空间中竞争、生存、发展，近年来已将商标简化成了一个菱形(图 3-30)。

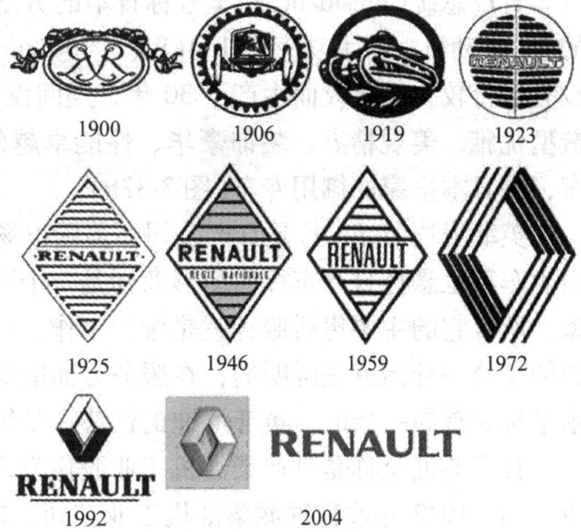

图 3-30 雷诺商标的演变

达契亚公司是罗马尼亚最大的汽车制造企业，1999 年被法国雷诺收购。图形标志为一只正要展翅翱翔的鹰(图 3-31a)。

美国马克(Mack)货车有限公司成立于 1900 年，是北美颇具实力的重型货车制造商。在 1980 年到 1989 年间，法国雷诺货车公司就与马克公司展开广泛合作；1990 年雷诺货车公司正式收购美国马克货车公司，由此马克公司成为雷诺公司的全资货车分部；2000 年，沃尔沃集团斥资近 16 亿美元购进雷诺 V·I 货车部门连同其子公司马克公司。第一次世界大战中，有超过 5000 辆的马克 AC 型货车在英国和美国部队中服役。当其他货车陷入泥沼时，

a)

b)

c)

图 3-31 达契亚、马克、三星商标

a) 达契亚商标 b) 马克商标 c) 三星商标

英美士兵总是调来马克 AC 型把它们拉出来。由于这种货车所具有的超强动力和扁平的鼻形发动机罩让人很容易联想起牛头犬，所以英国士兵就把它们称作“牛头犬”。1932 年，4 英寸高、采用铬合金制作的牛头犬成为马克货车公司的标识(图 3-31b)。

韩国三星集团于 1993 年成立了汽车公司，开始涉足汽车生产。但是，后来三星集团感觉从事汽车生产不像当初想象的那样简单，加之 1997 年亚洲金融危机的爆发，便于 1999 年将三星汽车公司出售给了雷诺公司。公司的图形标志起初为一个变形的“S”，后来在变形“S”的基础上设计为现在的样子，使其看起来更有动感(图 3-31c)。

“NISSAN”是日语“日产”两字的拼音形式，是日本产业的简称，其含义是“以人和汽车的明天为目标”。其图形商标是将蓝色的长方形及其上部白色的字“NISSAN”放在红色的太阳上，整个图案表明了日产汽车公司位于“日出之国”的日本，突出了所在国家的形象，这在汽车商标文化中独树一帜(图 3-32a)。公司的代表车型蓝鸟的商标是根据车名的英文名称(Blue bird)中的第一个字母，采用古典花体设计而成的。日产的另一个车型是达特桑(DATSUN)，该车在日本被称为公子牌汽车，也是出口中国较多的一种汽车。达特桑牌汽车在日本很有名气，当时有“明治时期的人力车，大正时期的自行车，昭和时期的达特桑”之说。

日产总统(President)轿车号称日本的劳斯莱斯，第一代车型始产于 1965 年，搭载 4.0L 的 V8 发动机，最大功率为 144kW(5000r/min)。由于该车当初设计得非常成功，使得以后没有进行较大的更改而生产了 30 年，期间仅仅只是增大了发动机的排量与功率。迄今为止，造型优雅、美观精湛、装饰豪华、性能卓越的日产总统车，也是日本生产的最高档次的房车，是日本皇家的御用专车(图 3-32b)。

英菲尼迪(Infiniti)是日产公司在美国市场使用的品牌，在欧洲和日本，英菲尼迪系列的衍生车型也悬挂日产车标，图形商标是一个开口的圆(图 3-32c)。英菲尼迪拥有可信赖的车型，所以它的主要售后服务就是维护工作。J·D·Power 调查公司的有关人士表示：英菲尼迪的定位一开始就是鲜明的，在服务方面能够向客户兑现承诺。即使把维修算在内，其服务水平也是首屈一指的。英菲尼迪的优势在于维修时间短。

日产柴油全称是日产柴油机工业股份有限公司，其前身是 1935 年成立的日本柴油机工业公司，1942 年改称钟渊柴油机工业公司，1960 年加入日产后成为集团公司内的一个柴油机部门，改名为日产柴油机工业股份有限公司，简称日产柴油。公司主要生产车用、船用、工程用柴油发动机，也生产载重汽车，但其最大的特长是生产各种类型的专用车(图3-32d)。

a)

日产·总统

b)

INFINITI

c)

日产·柴油

d)

图 3-32　日产、总统、英菲尼迪、日产柴油商标

a) 日产商标　b) 总统商标　c) 英菲尼迪商标　d) 日产柴油商标

3.7　标致-雪铁龙汽车公司

3.7.1　公司简介

作为法国最大的工商业公司之一、汽车制造业第二大垄断公司，标致股份公司集团(Peugeot S. A)在2009年度《财富》全球最大500家公司排名中名列第75位，实现营业收入795.6亿美元。

1848年，阿尔芒·标致家族在法国巴黎创建了一家工厂，主要生产拉锯、弹簧和齿轮等。1896年，阿尔芒·标致在蒙贝利亚尔创立了标致汽车公司。由于经营得法，公司发展很快。1903年，标致推出了摩托车并使用标致的品牌直到今天。1929年，标致201推出，这是标致第一次使用数字(中间为"0"的三个数字)对产品进行命名，这也成为以后标致汽车命名的方法。"二战"期间，标致工厂被德国人接管，用来生产货车。1948年，标致公司重新开始汽车生产，并推出了标致203。随后又推出了多种汽车型号，1965年，公司改组成持股公司，称标致公司。

1915年，阿德烈·雪铁龙创建了雪铁龙汽车公司(此前,雪铁龙工厂生产包括人字齿轮在内的各种齿轮)，这是法国第一家采用流水线生产汽车的厂家。1919年5月，雪铁龙公司的A型车在法国魁德扎瓦投产，拉开了雪铁龙汽车的生产序幕。1923年，阿德烈·雪铁龙在美国会见了亨利·福特，带回来了福特汽车的流水线生产方法和机床，使公司得以迅速发展。另外，它还通过不断吞并小公司的方法得以发展壮大。1968年，该公司改成持股公司，称雪铁龙公司。

在20世纪70年代中期，当雪铁龙公司遇到财务困难、意大利菲亚特汽车公司想趁机将其吞并时，标致公司凭借自己雄厚的财力，先是于1974年收购了雪铁龙30%的股份，外加一笔政府贷款，接管了危难之中的雪铁龙公司。1976年10月，两家公司完成合并工作，标致集团购买了雪铁龙公司89.5%的股份，组成了新的持股公司，称"标致雪铁龙公司(PSA Peugeot Citroen)"。1978年，当它买下克莱斯勒在英国、法国、西班牙、芬兰、意大利等西欧各国的全部子公司(简称Talbot公司)后，于1979年改称标致股份公司集团，简称标致(图3-33)。合并后，两个品牌仍然独立存在，但是共享工程和技术资源。

在标致集团的经营活动中，汽车制造业务一直占有绝对优势。两家公司合并以前，在标致公司的业务范围内，汽车占86%，自行车占6%，钢铁、工具、塑料等占5%，金融和服务业占3%；雪铁龙公司的经营收入则几乎全部依靠汽车。合并以后，集团制造汽车的能力大大提高(约占全部营业额的90%)。

标致控制的公司和子公司约有200家，其中，分布于欧洲、非洲、东南亚和拉丁美洲的国外子公司约占一半，实现销售额占60%左右。在标致所办的国外公司中，早期主要是以商业公司为主，工业公司不多。但是，近年来由于国际汽车制造厂家之间的商业竞争日趋激烈，迫使标致也在国外设置了一些工业公司。1985年，标致与我国广州兴办了合资工厂，生产标致504、标致505轿车；1991年雪铁龙和中国二汽合资兴建神龙汽车公司，开始在中国生产轿车。这标志着标致集团对中国轿车市场的高度重视。目前，标致集团在中国生产的车型主要有：富康、赛纳、爱丽舍、世嘉、凯旋、毕加索、C2、标致206、标致307等。

a）

b）

图 3-33　标致-雪铁龙公司

a）公司商标（上为标致，下为雪铁龙）　b）雪铁龙总部大楼

标致和雷诺汽车公司同属法兰西共和国，一方面他们因为相互竞争而促进了各自的发展，另一方面他们又共同支撑起了国家的汽车工业。就汽车产量而言，两家公司的产量之和约占全国汽车总产量的98%~99%，使法国在世界汽车生产大国中占有了一席之地；就解决就业而言，两家公司仅直接雇佣的职员即达30多万人，间接雇佣的则无可计数；就出口创汇而言，两家公司每年为国家创汇数百亿美元，与航空工业并驾齐驱而远远领先于久负盛名的巴黎服装和法国香水。

标致公司地址：75 Avenue dela GrandeArmee，75116 paris。

3.7.2　主要汽车品牌商标介绍

标致汽车的徽标是一头站立的狮子，它出现在标致产品上已有160多年的历史。为什么标致公司当时要选择雄狮作为自己产品的商标呢？1847年的一个清晨，标致两兄弟于勒和埃米尔委托蒙贝利亚尔首饰匠设计一个标识，作为自己制造钢锯等工具产品的品牌。他们想要设计成狮子形状，因为这是蒙贝利亚地区纹章的图案，还因为雄狮可以最完整地体现标致拉锯的三大优点：锯齿像雄狮的牙齿那样经久耐磨；锯身像雄狮的脊梁骨般富有弹性，不易折断；切割的速度像腾跃的狮子一样迅捷无比。一句话，雄狮象征着高质量。在众多设计方案中，两兄弟选择了行于箭上的狮子侧影。1858年11月20日，狮子标识在法国皇家工艺博物馆注册。1890年，当第一辆标致车问世时，标致公司的继承人决定依旧沿用“雄狮”商标。他们认为，没有任何商标能比“雄狮”更准确地代表标致汽车的所有特点和性能。同时，雄狮也完整地表达出了他们对公司的汽车事业所寄托的厚望：使标致汽车永远像雄狮那样威武、敏捷，永远保持旺盛的生命力。值得说明的是，在标致160多年的经营史上，商标上的雄狮造型并非一成不变：早期只为一只近乎自然状态的昂奋雄狮，以后逐渐演变为抽象化的艺术造型。从20世纪70年代起，标致公司的发展进入了一个新的时代，标致雄狮也换以简洁、明快、刚劲的线条，象征着更为完美、更为成熟的标致汽车。这一造型独特的雄狮，既突出了力量，又强调了节奏，更富有当今时代的气息(图 3-34)。

图 3-34　标致商标发展历史

在标致出产的汽车上，一律采用这样统一的雄狮商标。

关于标致车型的命名规则，主要采用了“X+0+Y”的格式。其中，X 表明汽车的大小(即级别)，Y 表明型号(数字越大，说明型号越新)。因此，一部标致 407 肯定比一部标致 306 更大更新。不过，这一通用规则也有例外，例如标致 309 就比 306 更老些。另外一些例外则是因为车型改款，如 206sw 就基本与 4 系列的车差不多大小。标致车型的这一命名传统从 1929 年标致 201 下线就开始了，他们从 101 到 909 的各个组合数字都已进行了商标注册。因此，1963 年款的保时捷就不得不把其新出产的 901 两门版改名为 911，但某些型号的法拉利车被允许使用与标致相同的车号。据传说，起初这样命名，是为了使车型号中间的“0”能够恰当地遮挡住早期车型前端发动车辆的摇把孔，现在出产的 307 和 607，打开后备箱的按钮就是型号上的那个“0”。随着时代的发展，标致计划在将来采用中间为两个“0”的四位数字来命名新产品。这个方法已在概念车 4002 上尝试采用了，2005 年推出的标致 1007 则正式采用了这个体系。标致出产过的主要车型见表 3-2。

表 3-2　标致主要车型一览表

级别	出产过的具体型号	级别	出产过的具体型号
1 系列	104、106、107	8 系列	806、807
2 系列	201、202、203、204、205、206、207	9 系列	905、907、908
3 系列	301、302、304、305、306、307、308、309	其他系列	标致 D3A、标致 D4A、标致 J7、标致 J9、标致 J5、Boxer、20Cup、Expert、Partner、Quark、P4、VLV、RC、H2O、Sesame、1007、4002、4007
4 系列	401、402、403、404、405、406、407		
5 系列	504、505		
6 系列	601、604、605、607		

雪铁龙公司的前身是雪铁龙齿轮公司。人字形齿轮的加工在过去必须借助于先进的加工设备及加工工艺才能实现，1900 年，年仅 22 岁的雪铁龙在波兰旅行时偶然发现了一种人字形齿轮的切割方法，并立即购买了这项专利，以此为标志意味着雪铁龙齿轮公司在这一领域的技术领先地位。后来，公司涉足汽车生产，仍然以此作为公司及车型的标志，因为，他们认为：人字形商标图案同样可以说明雪铁龙汽车公司的技术领先地位。多年以来，雪铁龙基本没有改变其商标样式(图 3-35a)，但在 2009 年 2 月 5 日，雪铁龙在巴黎举行盛大仪式，正式发布其全新品牌标识(图 3-35b)。新的品牌标识仍以双人字标为基础，同时整体采用富有金属感的色泽，轮廓显得更加立体圆润。

a)

b)

图 3-35　雪铁龙商标

a) 旧商标　b) 新商标

3.8　菲亚特汽车公司

3.8.1　公司简介

在文艺复兴运动的发源地意大利，有一家本国规模最大的汽车公司，该企业在 2009 年度《财富》全球最大 500 家公司排名中名列第 64 位，实现营业收入 869 亿美元，它就是世界上第一个生产微型车的菲亚特汽车公司(FIAT)。FIAT 全称是意大利都灵汽车制造厂(Fabbrica Italiana Automobili Torino)，FIAT 既是该公司的字母缩写，也是公司的产品商标，公司总部设在都灵(图 3-36)。

图 3-36　位于意大利都灵的菲亚特总部

FIAT 是乔瓦尼·阿涅利于 1899 年 7 月创办的，第一家工厂于 1900 年在但丁街(corso dante)落成，当时拥有 150 名工人，12000 平方米厂房。当年，菲亚特生产了 30 辆汽车，正式涉足汽车生产。以后，菲亚特陆续开发了车用和船用柴油机、飞机发动机、筑路机械、农用拖拉机和飞机等。第一次世界大战期间，大量的军事订货使其获得了巨额的利润，为企业的扩大再生产提供了丰裕的资本。第二次世界大战前夕，FIAT已成为产销一体化的垄断集团。第二次世界大战后期，作为“轴心国”的重要工业企业，FIAT理所当然地遭受了盟军的沉重打击，损失达200多亿里拉。战后，依靠“马歇尔计划”的援助得以迅速恢复生产。此后，它陆续吞并了玛莎拉蒂、蓝旗亚、法拉利等多家汽车公司而发展到今天的规模。今天，菲亚特旗下的著名品牌包括：菲亚特、蓝旗亚、阿尔法·罗密欧、玛莎拉蒂，法拉利也是菲亚特的下属公司，但它是独立运作的(图3-37)。

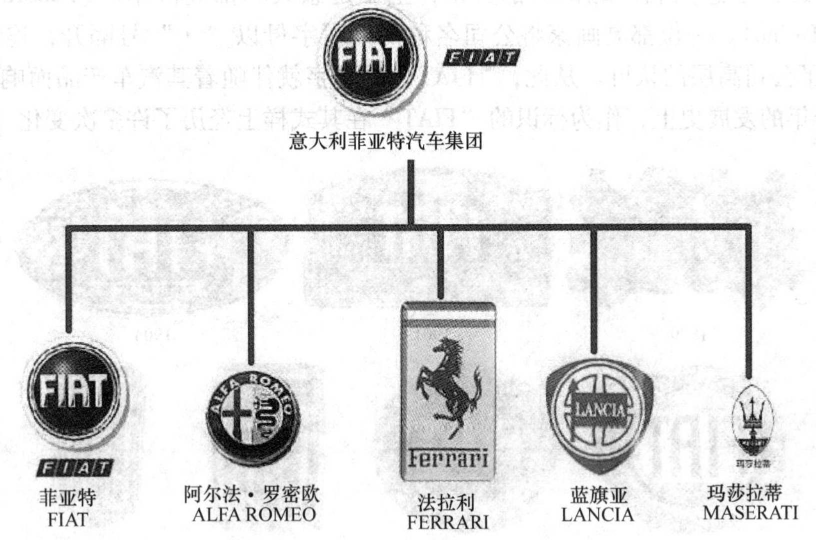

图3-37　菲亚特公司汽车品牌谱系

FIAT是一个综合性的庞大企业集团，它包括11个生产经营部门：小客车部、商用和工业车辆部、林业和拖拉机部、建筑机械部、钢铁部、零部件部、机床和加工机械部、土木工程和土地利用部、能源部、铁道车辆部以及旅游和运输部，另外还设有财政部、其他用品公司以及一个研究中心，属于FIAT集团控制下的国内公司有600多家。虽说FIAT集团控制下的国内公司有600多家，FIAT的产品范围极其广泛，但汽车拖拉机的销售额却占总销售额的75%左右。作为汽车产品，FIAT国外市场的重点为欧洲，在拉美、非洲、南澳洲和亚洲地区也有许多分厂。1999年4月，由菲亚特和跃进汽车集团各持股50%组建的南京菲亚特合资公司，总资产30亿元，经过10多年的发展，公司在产品质量、渠道物流、营销市场、售后服务等方面都取得了骄人的成就。

FIAT的产品销售通过三种形式实现：自有的销售机构和商店；雇佣的批发机构和零售商店；在世界各国的代理商和经纪人。

FIAT在世界汽车市场长期立于不败之地的原因在于：一是在经营方针上坚持以“生产各种车辆和产品，满足各种需求”为宗旨，但始终不放弃制造小汽车的特长，保持小汽车与众不同的特色，即小而精(体积小、重量轻、质量好)。二是实行合理分工合作(将各生产厂分为生产单种或多种汽车零部件的专业厂，从而实现加工、装配自动化)、计划配套(以销定产、以产定购，从而避免生产滞销品，同时使成品和原料的库存保持在最低、最佳水平)，同时

不惜工本采用新技术、新工艺以求提高生产效率。三是实行严格的质量管理，从原料的采购、进货、入库、存放、取料、加工、检验、试验、防护、包装，一直到发货，都有一套科学、周密的制度和程序。正是这种无所不包的制度，为 FIAT 生产一流的汽车产品提供了保证。

FIAT 公司地址：意大利都灵 10，10125 柯索墨柯尼（Corso Marconi，10，10125 Turin，Italy）。

3.8.2 主要汽车品牌商标介绍

菲亚特因位于意大利西北部的都灵市，全称是意大利都灵汽车厂（Fabbrica Italiana di Automobili Torino）。一位都灵画家将公司名称的缩写字母以“·”号隔开，连读为“菲亚特”，得到了公司高层的认可。从此，“FIAT”的名字就伴随着其汽车产品而响彻全球。不过，在百余年的发展史上，作为标识的“FIAT”在其式样上经历了许多次变化（图 3-38）。

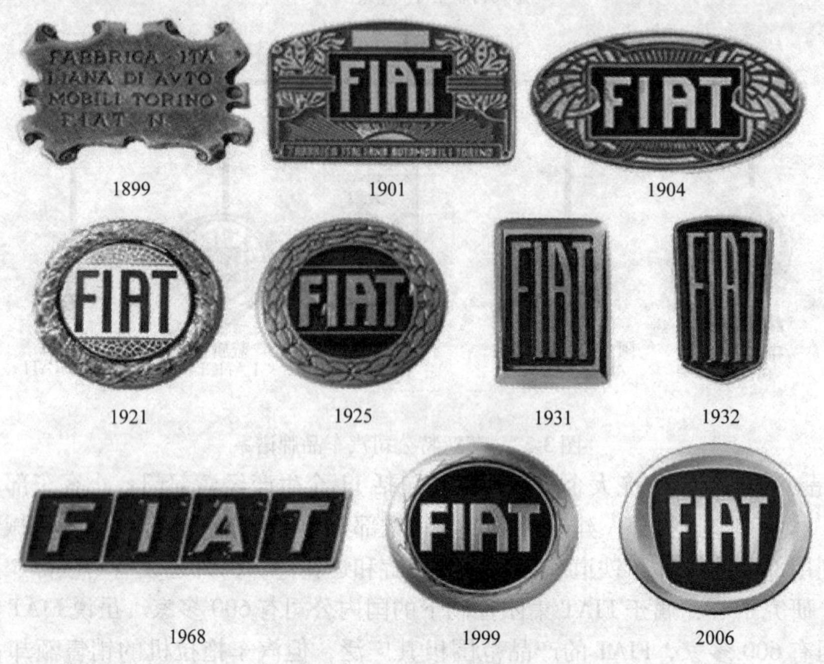

图 3-38 菲亚特标识的演变

阿尔法·罗密欧汽车公司的标志直接采用了公司所在地米兰市的市徽，而米兰市的市徽又是中世纪米兰领主维斯康泰公爵的家徽：其圆形标志的左面是白底红十字，代表十字远征军从米兰出发开始远征；右面部分蓝底之上的蛇正在吞食一个人，其象征意义说法不一，一种说法是蛇正在吞食撒拉逊人，另一种说法是这象征着维斯康泰家族的祖先曾经杀死了一条正在吞食婴儿的“龙”。这一标志从 1911 年开始作为阿尔法·罗密欧公司及其所产车型的商标而被广泛使用，只是在不同的时期，根据时代的要求，商标被修改过不同的形式（图 3-39）。1984 年，阿尔法·罗密欧汽车公司并入菲亚特汽车公司。

法拉利汽车公司的商标是一匹“跳马”。说起这幅“跳马”图的来历，还有一段动人的故事：意大利巴拉克伯爵的儿子费朗西斯科是第一次世界大战中最优秀的意大利飞行员之

1910-1915　1915-1925

1925-1946　1946-1972　1972-至今

图 3-39　阿尔法·罗密欧标识的演变

一，曾经多次击落敌人的战机，他把这一切归功于印在自己飞机上的那个“跳马”图案，自认为是它给自己带来了好运。1923 年，法拉利公司创始人安素·法拉利欲亲驾自制赛车参加比赛，赛前，作为朋友的巴拉克伯爵及其夫人保欧丽娜提议将印在他们儿子飞机上的“跳马”图案印在法拉利赛车上，并称这一定会给他带来好运。法拉利愉快地接受了这一建议，果然在比赛中取得了胜利。就这样，“跳马”图成为了法拉利牌汽车的商标图案。后来，费朗西斯科·巴拉克战死，为了向他致哀，法拉利将跳马的颜色改成黑色。至于商标上那黄色的底色则代表着莫丹那市，“跳马”下方为“法拉利(Ferrari)”字样(图 3-40a)。1969 年，菲亚特因购买了法拉利 50% 的股份而将世界跑车业的第一品牌归到了自己的旗下。

a)　b)　c)　d)

图 3-40　法拉利、蓝旗、玛莎拉蒂、依维柯商标

a）法拉利商标　b）蓝旗商标　c）玛莎拉蒂商标　d）依维柯商标

蓝旗(LANCIA)在意大利语中是“长矛”的意思。长矛是中世纪骑士手中的武器，有的部落或军队为了装饰或号召部下，在长矛的尖刀之下加上一面旗帜。蓝旗汽车公司最初的标志是在矛和旗的周围加上车轮状的圆环，50 年后又把这一图案置于盾形框架之中，整个图案寓意着蓝旗公司的发展锐不可当(图 3-40b)。1969 年，蓝旗并入菲亚特。

玛莎拉蒂商标是一支三叉戟，该标志是公司所在地波伦比亚市的市徽。这种兵器是罗马神话中的海神纳普秋(希腊神话中的海神波塞顿)手中的武器。三叉戟象征着波伦比亚市，也象征着玛莎拉蒂三兄弟。当初，他们兄弟三人齐心协力在波伦比亚市开办了汽车修造厂，经过不懈地努力，才有了今天的成就(图3-40c)。1993年，玛莎拉蒂并入菲亚特。

依维柯公司的全称为工业车辆公司(Industrial Vehicles Corp. B. V)，简称为“IVECO”，始建于1975年，是一家以意大利菲亚特公司为主体的三国四公司(意大利:菲亚特公司、奥姆股份有限公司;法国:尤尼克股份有限公司;德国:马基路斯道依茨公司)组成的欧洲跨国公司，主要生产货车和大客车(图3-40d)。

3.9 丰田汽车公司

3.9.1 公司简介

丰田汽车公司(Toyota Motor Corporation)，原名丰田汽车工业公司，简称丰田(TOYOTA)，成立于1937年8月，创始人为丰田喜一郎，总部位于日本爱知县(图3-41)。借助于2009年全球金融危机的机遇，丰田成功取代美国通用汽车公司，登上了全球最大汽车公司的宝座，控股相关公司共56家(日本国内37家、国外19家)，雇佣员工近30万人，全年生产汽车720万辆，在2009年度《财富》全球最大500家公司排名中名列第10位，实现营业收入2044亿美元。

图3-41 丰田汽车公司总部大楼

丰田公司成立之时，适逢席卷资本主义世界的经济危机强烈地冲击着日本经济，尽管总厂的兴建、设备的引进急需大量资金，但市面上银根奇缺，借贷无门，公司岌岌可危。侵华战争爆发以后，丰田被纳入了战时军需工业品的生产，这才使其摆脱了第一次危机。战后，由于“道奇方案”(美国专为日本经济而制订)的实施使丰田又一次陷入了危机，幸亏凭借三井银行等贷给的2亿日元，丰田才算勉强渡过了难关。1950年4月，丰田汽车销售公司成立。这样，汽车的制造与销售在丰田就各自独立了。1950年6月，朝鲜战争的爆发给丰田带来了发展的良机，美军的巨额订货为其带来了丰厚的利润。石油危机以后，丰田为加强国际竞争能力，于1974年10月与日野、大发等16家公司联合组成了丰田集团，同时与280多家中小型企业组成协作网。1982年7月，丰田汽车工业公司与丰田汽车销售公司重新合并，正式更名为丰田汽车公司。

丰田的产品范围涉及汽车、钢铁、机床、电子、纺织机械、纤维织品、家庭日用品、化工、建筑机械及建筑业等。不过，丰田汽车大多采用统一商标策略，只是因为兼并了大发而保留了其品牌；为了拓展高档车市场而形成了雷克萨斯品牌(图3-42)。

丰田公司的“丰田生产方式”已超越了汽车行业而成为世界许多国家争相学习的先进生产方式。在这种方式中，总装车间及前边的各道工序均按照“三及时”(使需要的部件、按需要的数量、在需要的时刻到达指定工序)的原则组织生产，从而消除了因仓储而造成的积压浪费现象。

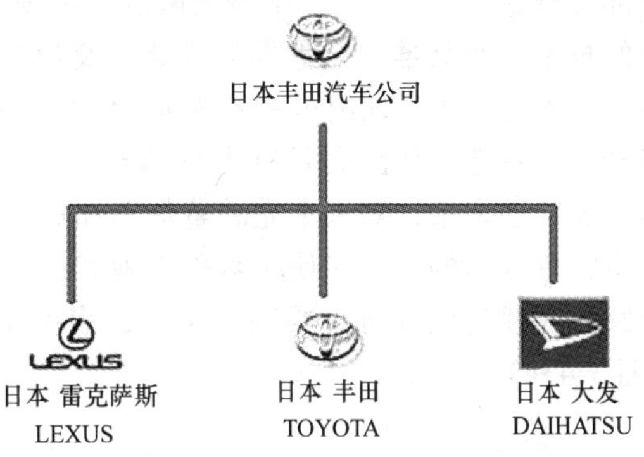

图3-42　丰田公司主要汽车品牌谱系

丰田公司的基本经营理念是：遵守国内外的法律及法规精神，通过公开、公正的企业活动争做得到国际社会信赖的企业市民；遵守各国、各地区的文化和风俗习惯，通过扎根于当地社会的企业活动为当地经济建设和社会发展作出贡献；以提供有利于环保的安全型产品为使命，通过所有的企业活动为创造更美好、更舒适的生存环境和更富裕的社会而不懈努力；在各个领域不断开发和研究最尖端的科学技术，为满足全球顾客的需求提供充满魅力的产品和服务；以劳资相互信赖、共同承担责任为基础，造就出能够最大限度发挥个人创造力和团队力量的企业文化；通过全球化的创造性经营，努力实现与社会的协调发展；以开放性的业务往来关系为基础，致力于相互切磋与创新，实现共生共存、长期稳定发展的良好关系。

丰田非常擅长控制成本，注意勤俭持家，在各个方面“能省则省”。虽然公司的钱多得“数不过来”，但它却仍然表现得十分“小气”：劳保手套破了，只能一只只地更换；办公铅笔只有用得“捏不住了”方能“以旧换新”；在公司内不允许打私人电话……

“车到山前必有路”是中国的一句古语，而“有路必有丰田车”也正在被丰田人在世界范围变成事实。

丰田与中国的合作，最早是通过其控股的大发与天津合作生产夏利汽车，加之生产考斯特的四川基地等，后来经整体规划形成了目前的天津一汽、一汽丰田、广汽丰田等主要基地。天津一汽生产的主要车型有夏利、威志等；一汽丰田生产的主要车型有威驰、锐志、花冠、卡罗拉、皇冠、普锐斯、陆地巡洋舰、特锐、普拉多等；广汽丰田生产的主要车型有：凯美瑞、汉兰达、雅力士等。

不过，登上世界汽车生产第一宝座的丰田，似乎过得并不顺心。自2010年1月起，由于加速踏板、脚垫、制动踏板的原因，丰田在全球累计国召回了约800万辆汽车，需要支出的总维修费用超过20亿美元，极大地影响了其市场形象，使得其在股票市场的市值在短短2周之内由1600亿美元降到了1200亿美元，蒸发掉了25%。以至于公司总裁丰田章男在记者会上鞠躬，就丰田汽车全球召回事件道歉。

丰田公司地址：日本国爱知县丰田市丰田町1番地471号。

3.9.2　主要汽车品牌商标介绍

丰田(TOYOTA)公司的商标从1990年初开始使用，它由三个椭圆形的环组成。中间的两个椭圆环一横一竖，垂直重合，构成了一个“T”字，作为“TOYOTA”的第一个字母代

表着丰田汽车公司，外边的一个椭圆表示地球，中间的“T”字与外边的椭圆上部重叠，下部接触重合，使“T”字最大限度地占据了椭圆空间，充分反映出丰田汽车公司要把自己的技术、产品推向全世界的愿望，突出体现了丰田汽车公司“有路必有丰田车”、“为生产世界各地人民所喜爱的汽车而努力奋斗”的宗旨。三个外形近似的椭圆形环巧妙地组合在了一起，使图案具有丰满的空间感，其内涵正如该公司所解释的那样：它象征着丰田立足于未来，对未来充满着信心和雄心；它象征着丰田立足于顾客，对顾客的保证；它意味着丰田的产品能使顾客称心满意；它意味着丰田的技术之高和革新的无穷可能性。椭圆让人感觉到温雅、柔和、亲切，表示了丰田汽车的质量圆满、经营圆满、服务圆满(图3-43a)。

图3-43　丰田、雷克萨斯、皇冠、赛恩商标
a）丰田商标　b）雷克萨斯商标　c）皇冠商标　d）赛恩商标

1983年8月，丰田会长丰田英二秘密主持召开了一次重要的董事会。会上，丰田英二提出了一个震撼的问题：“在积累了半个世纪的汽车研发和制造经验之后，日本究竟能不能创造出足以傲视当世车坛的顶级轿车？换句话说，这部新车的直接对手将是长久以来盛名不坠的欧洲著名汽车厂牌。”大家都体会到：他提出的不只是个问题，简直就是对日本汽车工业的全面性挑战。然而，在场的所有人都以非常坚定的“是的，我们能！”作为回答，大家都了解这并不是一时激励下的冲动响应，而是一群经验丰富、技术超卓的专业人士对未来使命所作出的坚定承诺。雷克萨斯的故事从此开始了，日本从此拉开了高档轿车生产的序幕。经过6年的时间，花费了5亿美元的投入，雷克萨斯诞生了！1989年，雷克萨斯闪亮登场。

由于雷克萨斯(Lexus)是丰田公司的第一代豪华轿车，竞争对手又是传统的豪华车生产商欧美厂家，因此，丰田便花费了3.5万美元请美国的一家取名研究所专门为其命名。之所以以此为名，原因在于该车的主要目的在于出口欧美、参加世界上最大豪华轿车市场的角逐，与通用、福特、宝马、戴姆勒-奔驰等老牌豪华轿车生产厂家一决雌雄，借以改变丰田只能生产中低档车的公众印象。因此，当美国的取名研究所将五个备选名称提供给丰田以后，决策者们一下子就选中了读音与英文“豪华”(Luxe)一词相近的“雷克萨斯”(Lexus)。雷克萨斯商标由图形商标和文字商标两部分组成，它的图形商标不是采用常见的三个椭圆相互嵌套形式，而是在一个代表着地球的椭圆内镶嵌英文Lexus第一个大写字母L，并被镶在散热器正中间；车尾标有文字商标Lexus，喻示该车驰骋在世界各地的道路上(图3-43b)。

皇冠轿车商标图案设计成一顶象征着王位的皇冠(图3-43c)。

2002年，丰田公司为迎合北美年轻人需求，特意在北美组建一支团队专门生产时尚青年人喜爱的车型，随后为这支团队取名为Scion。随着时间的推移，Scion也逐渐演变成丰田旗下的一个新品牌。赛恩运作从三个基本点出发：时尚、多功能、惊奇，这三个元素不仅仅体现在产品上，而且在销售及服务上亦被遵循。Scion的含义从英文意思上就可理解出来：意为子孙后代。它将以一个独立的、极具特色的产品阵容以及新的销售理念来迎合未来新车用户的胃口。这个名字还有一层含义，即作为丰田品牌的后代来继承丰田汽车的造车理念。目前，所有的Scion车都是前轮驱动的掀背式，主要车型有xA、xB、tC以及xD越野车。图形商标是在一个椭圆形的车轮内书写着“Scion”字样(图3-43d)。

大发商标是根据“大发(DAIHATSU)”第一个字母D变化而来的。据该公司解释，这个设计表现出了“永葆青春”的大发精神。该公司于1967年加入丰田集团(图3-44a)。

日野的历史可追溯到1910年建立的东京煤气工业公司。公司生产的第一辆汽车是1913年的TGE“A-Type”货车。1937年，公司的汽车制造部门与汽车工业有限公司合并成立了东京汽车工业有限公司。1941后，公司改名为柴油汽车工业有限公司。1942年，新的实体日野重工有限公司从柴油汽车工业有限公司中分离出来，日野名称就此诞生。第二次世界大战以后，公司停止生产船用大型柴油发动机，并根据条约去掉了公司名称中的“重型”两字。从此公司以日野工业有限公司的名称专心制造重型拖挂货车和柴油发动机。为了进一步细分市场，1948年，公司又改名为日野柴油工业有限公司(Hino Diesel Industry Co.，Ltd.)。1967年，日野加入丰田集团；2001年4月25日，丰田公司对日野公司的投资资本金比例从36.6%提高到了50.1%，使日野完全成为了丰田的一个子公司，图形标志是在一个象征太阳的椭圆中嵌入了一根类似保险杆的横杆，暗寓汽车的产地以及安全性高(图3-44b)。

a)　b)

图3-44　大发、日野商标

a）大发商标　b）日野商标

3.10　本田汽车公司

3.10.1　公司简介

在世界工业企业中，有一家在摩托车和汽车的生产方面都获得了巨大成功的厂家，这就是本田技研工业株式会社(Honda Modor Co.,Lta.)，简称本田(Honda)。公司总部设在日本东京(图3-45)。在2009年度《财富》全球最大500家公司排名中名列第51位，实现营业收入997亿美元。

1946年1月，本田宗一郎在静冈县滨松市设立了本田技术研究所，初时称本田技术研究所，专门生产摩托车。1947年开始生产本田A型摩托车，1948年9月，公司以一百万日元注册成立了本田技研工业株式会社。1952年，公司总部迁往东京，也是主要生产摩托车。1958年推出著名的Super Cub踏板式摩托车，这一品种投放市场就十分畅销，持续30多年而不衰，成为世界车坛的奇迹，同时也为本田积累了发展的资本。1960年，Honda战胜全

国50多家摩托车生产厂家而位居全国第一。1961年，Honda摩托车在英国举行的比赛中击败长期居于垄断地位的英国摩托(从那以后,在历次比赛中Honda几乎总是赢家)，从而确定了它在国际摩托车市场的地位。1962年，Honda正式开始生产汽车。但在此后的五、六年时间里，日本汽车市场极不景气。为在汽车市场上争得一席之地，Honda不得不将最优秀的人员和生产摩托车所获得的大部分利润以及一切可以运用的良好设备全部投入到汽车生产上。功夫不负有心人，到1975年，它在汽车方面所创的销售收入已超过摩托车，而且在此后的近20年时间里不断扩大自己的汽车市场，终于使自己跻身于世界一流汽车生产厂家之列。1982年，本田在美国生产雅阁，1989年，本田雅阁轿车的销售量已位居全美进口车的第一位。

图3-45　位于日本东京的本田公司总部大楼

虽然Honda在汽车市场争得了一席之地，但它却决不放弃已得的摩托车市场。因此，面对日本雅马哈摩托车公司对其发起的争夺摩托车行业世界第一的挑战，Honda以经营汽车的所有利润为资本，以研制汽车的雄厚技术力量为基础，采取大幅度降价(降幅超过1/3)和迅速使产品多样化的措施(1982.1—1983.7之间共推出81种新车型)，借助雅马哈公司正在新建年产100万辆摩托车生产线、周转资金不足之机，全力反击。这一近代日本工业领域最残酷的决斗持续了18个月，最后以雅马哈公司公开道歉、总经理被解职、大批固定资产被出卖、积压200万辆摩托车、相对地位退居第三而告终。

本田产品十分注重质量和款式，注重技术开发。它最典型的技术专利是可变气门正时行程系统(VTEC)的发动机，以省油、高效、低排放的特点而著称于世。

Honda拥有琦玉、滨松、铃鹿、熊本等四个制造所及东京、大阪、名古屋、九州、仙台、北海道等六个支店，外加许多子公司。另外，Honda还在世界34个国家设置了65个工厂从事汽车、摩托车及零部件的生产。

本田经营哲学所倡导的本田精神中最核心的是“尊重个性”与“三个喜悦”。它所表达的信念是：希望根据“尊重个性”同所有和本田的企业活动发生关系的人们建立一种能够共同分享喜悦的相互信赖关系。立足于通过企业活动，应该使“购买商品的人获得购买的喜悦；从事商品的销售、服务的人获得销售的喜悦；从事创造商品的一系列企业活动的人获得创造的喜悦。并且，彼此能够互相分享喜悦。”正是基于这样的富于人性化的、顾客导向的企业哲学，指引着本田一步步发展壮大。

本田轿车是中国人很熟悉的机动车品牌。从摩托车到汽车，本田以优质的质量赢得了信赖。本田轿车在1992年开始进入中国市场，现在市场上销售的本田轿车主要有ACCORD(雅阁)、CIVIC(思域)、LEGEND(里程)等车型。

小轿车、摩托车和通用机械是Honda的三大支柱产品，汽车品牌主要就是本田和阿库拉

(图3-46)。

Honda 公司地址：日本国东京都港区南青山 211。

3.10.2　主要汽车品牌商标介绍

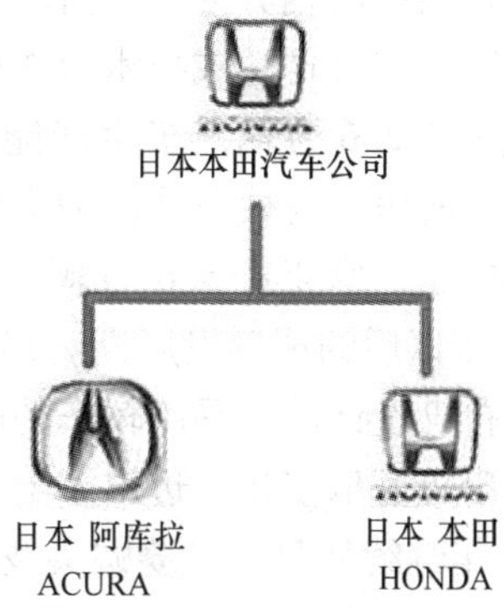

图 3-46　丰田公司汽车品牌谱系

本田公司的商标取自于“本田(HONDA)”的第一个字母。说起这一看似简单的商标的诞生，还有一段不太寻常的来历：本田公司对待车标的态度是极其虔诚的。他们认为：如果把企业形象作为一个统一的整体诉诸视觉向世人展示企业的存在的话，那么，企业以及企业产品的标识具有极其重要的意义。正因如此，本田公司才于 1980 年在全世界范围内的本田职员中开展了一次声势浩大的商标征集活动。要求达到的设计条件是：①标识必须在稍远的距离内(10m 左右)一眼就能识别出是本田汽车。②要体现本田汽车公司形象的“年轻性”、“技术先进性”、“新颖性”等特点。③所设计的标识在未来能够永久地使用下去并且具有深刻的含义。④世界各国的本田公司均可通用。根据这一设计要求，分布在世界各地的本田职员踊跃参加，在 1980 年 7—8 月之间的一个多月时间内，总部共征集到了 2588 件作品，经专家组评选，产生了“5 件优秀作品和 7 件佳作”。在此基础上，“新标识确定课题小组”进行了专业设计，最终形成了现在的三弦音箱式商标，也就是带框的“H”。该商标把技术创新、团结向上、经营有力、紧张感和轻松感体现得淋漓尽致。1981 年 5 月，新的本田标识被写进了 HES(本田工程标准)，并从当年改进型的“雅阁(ACCODE)”轿车上开始使用。起初，在轿车的尾部曾将新的 H 标识与 HONDA 连语配件安装在一起，后来 HONDA 连语从车尾消失，H 标识遂成为证明汽车存在的惟一象征(图 4-47a)。

a)　　b)

图 3-47　本田、阿库拉商标
a）本田商标　b）阿库拉商标

阿库拉是本田公司的一款豪华车品牌，诞生于 1986 年 3 月，采用了类似但又相对独立的标志(图 3-47b)。目前，阿库拉有六种车型，其中 RL3.2L 是高级轿跑车。

3.11　现代汽车公司

3.11.1　公司简介

现代汽车公司(Hyundai Motor Company)是韩国最大的一家汽车公司。1995 年生产汽车 122 万辆，位居世界第 13 位，公司总部位于汉城，雇佣职员 3 万多人。在 2009 年度《财富》全球最大 500 家公司排名中名列第 87 位，实现营业收入 725 亿美元。

1967 年 12 月，韩国现代企业集团出资成立了现代汽车公司，创建人为郑周永。现代公

司的发展可以划分为三个阶段。第一阶段为1967—1970年间的创业期。在这一时期它与美国福特汽车公司达成技术合作协议，以CKD方式组装“柯蒂拉”牌小轿车，并于1970年建成了年产2.6万辆汽车生产能力的蔚山工厂。第二阶段为1970—1975年间的消化吸收期。在这一阶段，现代花费巨额资金进行了消化吸收福特技术的工作，并于1974年投资1亿美元建成了一座年产5.6万辆汽车的新厂房，使产品的国产化率达到了100%。第三阶段是1975年以后的成熟发展期。1976年，现代利用日本三菱公司所提供的1.2L发动机生产技术，自己设计的小马牌轿车的问世标志着它的成熟。1976年6月，现代首次将6辆小马牌汽车出口厄瓜多尔，迈出了走向世界的坚实的第一步。1977年涉足载货车和大客车的生产，1978年继续从日本三菱购买技术，开始生产大型载货车和大型客车，同年4月取得美国福特Granada牌轿车的生产许可证，进入高档轿车的生产和销售领域。根据韩国政府的“汽车工业合理化措施”，现代于1981年被政府指定为重点扶植对象。

尽管现代汽车公司的历史并不太长，但在建厂规模及参与世界汽车市场竞争方面，它都表现出了一家现代化大企业的大手笔。始建于1970年的蔚山工厂，经过后来的扩建，现已成为世界范围内规模最大的汽车生产厂，分布于韩国各地的商用车厂、牙山工厂及8个研究中心和一座韩国惟一的世界水准的综合试验场等，足以表明现代立足国内、进行大规模生产的气魄；而在美国和日本等地建立研究中心，在北美、亚洲、非洲、欧洲、中东等地建立汽车生产基地以及在全球190多个国家建立3660多家销售代理机构，则表明了现代准备全面参与世界汽车市场竞争的决心。

现代的生产能力现已达到145万辆，轿车主要产品有：雅绅特(Accent)、索纳塔(Sonata)、小马(Pony)等。排量从1.3L到3.5L不等。商用车产品主要有：H100微型客车、卡罗斯(Chorus)轻型客车、爱罗(Aero)大中型客车系列等。

2002年10月18日，现代汽车公司与北京合资建立的北京现代汽车公司成立，主要生产伊兰特、索纳塔、雅坤特、领翔、途胜等轿车。

今天，现代公司确定的经营理念是：以创意的挑战精神为基础，创造丰富多彩的汽车生活，尽力协调股东、客户、职员以及跟汽车产业之间的利害关系。

现代公司地址：首尔市钟路区桂洞1402(1402,Kedong,Jongrogu,Seoul)。

3.11.2 主要汽车品牌商标介绍

现代汽车公司的标志采用现代公司的英文拼音Hyundai的第一个字母“H”表示。它与本田汽车公司可谓“英雄所见略同”，其商标区别于本田的地方在于“H”为斜花体。不过，根据现代公司的解释，这个商标中的椭圆既代表汽车转向盘，又可看作地球，两者结合寓意了现代汽车遍布世界；既体现了“在世界上腾飞的现代汽车公司”这一概念，还象征现代汽车公司在和谐与在稳定中发展(图3-48a)。

起亚的商标是该公司英文名称KIA的艺术化造型，K字上笔如腾空飞翔，寓意该公司的起飞(图3-48b)。

a) b)

图3-48 现代、起亚商标
a) 现代商标 b) 起亚商标

【复习思考题】

1. 宝马、奔驰同属于高档汽车生产厂家，又都位于地域狭小的德国，为什么没有在竞争中相互残杀，反而都获得了长足的发展？

2. 韩国汽车工业的起步，远远落后于我国，为什么在很长一段时间内，韩国的汽车工业发展得比我国要快？

3. 英国属于老牌的工业帝国，所产的汽车至今也是高档车的代名词，但为什么英国的汽车生产厂家却几乎都被外国的生产厂家所兼并？

4. 本田原本只是一个摩托车生产厂家，从事汽车生产的历史很短，但今天却是在“6+3”汽车生产厂家的布局（通用、福特、戴姆勒、大众、雷诺、丰田；宝马、标致-雪铁龙、本田）中获得了一席之地，你能否从其成功经验中获得一些启迪？

5. 自1928年以来，通用一直都是全球范围内最大的汽车生产厂家，因遭遇2008年金融危机，导致破产。为什么同样遭遇金融危机，有的厂家，获得了发展，而通用却走向了破产呢？

【实践训练】

1. 找出10个你最喜欢的汽车商标，具体分析其图形商标的含义。

序　号	商　标	对应车型	图形商标含义	我喜欢它的理由
1				
2				
3				
4				
5				
6				
7				
8				
9				
10				

2. 根据本章内容的学习，结合你对汽车品牌的了解，举例说明各类型汽车的三大主要生产厂家。

汽车类型	分别列举下列汽车三家主要生产厂家			
	生产厂家	总部所在国	所产汽车品牌	所产汽车主要特点
微型轿车	1.			
	2.			
	3.			
中级轿车	1.			
	2.			
	3.			
高档轿车	1.			
	2.			
	3.			
跑车	1.			
	2.			
	3.			
大货车	1.			
	2.			
	3.			

中篇　汽车行为文化篇

汽车行为文化，一般说来包括汽车的社会规范和行为方式两个方面。

作为社会规范的汽车文化，它是汽车文化的“塔腰”，是汽车文化一个良好的生态机制。它以追求效率为目标，以协调汽车诸多要素之间的相互关系为核心。

作为行为方式的汽车文化，它是汽车文化的“塔颈”，是汽车文明程度的具体体现，标志着人在汽车运用过程中的文化作用。汽车行为指的是与汽车活动各个环节相关的人类心理与活动，不同阶段的汽车技术和手段，在不同程度地改变着人们的行为方式，不同历史阶段的人类汽车运输行为也呈现出了不同的行为特征。汽车行为方式文化主要包括由汽车文化的影响而形成的人的汽车需求、汽车观念、汽车运用能力、汽车驾驶心理和活动等汽车选择、接受、利用等行为方式的总称。

“没有规矩不成方圆”，汽车的通行制度是世界各国道路交通规则中最为基本的一项原则，也是汽车行为文化中最为重要的一个环节。本书“左行右行通行规则”一章图文并茂地向读者生动、系统地展示了世界各国道路通行规则中“左行、右行”的两大阵营，并从文化的角度对左行右行的起源、演变进行了历史溯源。其中，英国骑士的荣誉观对于左行规则的促成意义，法国拿破仑对于右行规则基础的奠定作用，世界各国交通规则变更过程中的旧闻轶事、左行右行的优点比较等，都从典故入手，引述历史，解析现象，使每个知识点都得到了充分的剖析、展示。

汽车，虽然也是一种商品，但这种商品与其他商品相比却有其极大的特殊性。因而，汽车属于“产权归属个人，使用维系社会；选购取决个人，法规控制严格”的特殊商品。正是因为汽车具有这一特性，自其发明以来的百余年间，汽车从来就是在受到社会习俗和法律法规双重约束的条件下发展的。如果说习俗对汽车的发展以及汽车文化的影响属于民间性质的话，那么法律法规的影响就是来自于官方的一种明显管理意图的具体体现了。“法规习俗对汽车文化的影响与促进”一章介绍了英国当年保守的“红旗法规”，不仅仅是限制了当时英国蒸汽汽车的行驶，同时也限制了英国整个国家在汽车工业方面的创新，断送了英国汽车工业发展的先机，使得英国的汽车工业直到今天依然无法在世界汽车工业之林占据一席之地。而美国、日本、韩国等汽车工业发达国家，由于能够根据自身的实际以及形势发展的需要，制定切实可行的汽车工业发展政策，使得他们的汽车工业获得了空前的发展。而汽车的命名、汽车的译名、汽车的车牌、汽车的分类、汽车的乘坐、驾车的出行等，这些看似小节的汽车使用方面的问题，其实深刻地反映了汽车行为方面的文化，例如，“要出走，三六九，要回家，二五八”的习俗，其实寄托了人们在出行方面的一种对于平安的深切企盼。

赛车是当今世界一项影响力极大的运动项目，在这项挑战人类速度和毅力极限的高科技运动中，人性的勇悍、高科技的争霸，令人们甘心情愿地沉迷于这种介乎死亡与殊荣之间的刺激运动之中，尽情地在死亡与荣耀之间奔驰。为什么赛车运动会具有如此之大的魅力呢？“赛场风云”一章开始就从多个不同方面分析赛车运动经久不衰的魅力所在，特别是在对

“赛车运动是人车一体的综合较量”的分析中指出赛车体现了“人类对大自然的征服能力”，更是从人车和谐的角度给予赛车运动一种全新的文化阐释。“赛车运动的发展史”和“世界著名赛事”从历时性和共时性的角度向读者展示了赛车运动的总体风貌，从这段内容中，读者可以看出赛场既是赛车特技的舞台，也是自驾车车技教学的课堂，同时更是各种各样体现赛车文化的纪念品的展示舞台。而“赛场风云人物”介绍著名的赛车手范吉奥、普罗斯特、塞纳、舒马赫等这些赛车英雄的传奇人生，更向我们展示了赛车文化所体现出的促使人类超越自我极限的精神动力。

交通安全、交通堵塞和节能减排的“绿色交通”是汽车行为文化的三个重要内容。“高高兴兴出门，平平安安回家”是人们对于交通安全的最为普遍的愿望，交通安全一方面取决于严格完善的交通规范，另一方面也取决于汽车必须具有良好的技术性能状况，“交通事故与汽车安全性”一节向读者详细地介绍了当代汽车设计的各种安全技术和防护设施，并提出了必须注重安全领域的技术进步，不断推荐安全产品使用的技术革新理念。交通堵塞和节能减排的“绿色交通”两者之间关系密切，在许多大城市，交通拥挤、堵塞，由此又导致了交通事故增加、环境污染加剧，这已经成为汽车文化发展中亟待解决的问题，本章“交通堵塞与智能导航”和“能源消耗与汽车节能减排”两节分别从分析问题成因入手，提出了一系列建立汽车导航系统和汽车小型化等切实可行的解决措施，从技术革新的角度展望了汽车文化的发展方向。

第4章　左行右行通行规则

【学习目标】

通过对本章内容的学习，你应该：

了解通行规则中左行、右行的起源；熟悉世界主要国家的通行规则以及历史变更；掌握通行规则对汽车设计与生产、交通安全、汽车使用等方面的影响。

【情境描述】

1997年，中国香港回归祖国，国家坚持实行了“一国两制”的基本国策。在交通通行规则方面，也沿袭了“中国大陆右行，我国香港左行”的习俗。作为道路通行的基本规定，为什么在我国香港左行，而在中国大陆要右行呢？

【想一想】

1. 你能说出世界哪几个主要国家是左行的，哪几个主要国家是右行的吗？
2. 左行好还是右行好？
3. 左行、右行规则的制定，对汽车的设计是否有额外的要求？

关于我国大陆的道路通行规则，《中华人民共和国道路交通安全法》第35条明确规定：“机动车、非机动车实行右侧通行”。老百姓耳熟能详的说法则是“车马行人，靠右行驶”。

那么，我国的道路交通通行规则，是否一直都是这样坚持靠右行驶的呢？是否曾经有过反复？世界其他国家的道路通行规则是否与我国一样，都是靠右行驶的呢？

其实，通行制是道路交通规则中最基本的原则。不然的话，人、车在道路上随意走动，必然使得交通毫无秩序可言，也必然会造成交通事故的大量发生。

4.1　左行右行的起源与变革

左行右行，看似简单，其实也是有一定来历，甚至经过了一番变革的。了解这一规则的起源、发展与变革，对于全面了解汽车文化，有着积极的促进作用。

靠右行还是靠左行，并非是一开始就固定的，而是长期演变的结果。在古代，无论中外，道路行走的规范都是相当地方化的，而更多的地方甚至是没有规则的。但后来，随着道路的延长，人们的交往范围在扩大。于是，地方性的习惯区域化了，而区域化的习惯又演变成为了全国性的规范。

4.1.1　左行制的形成

关于左行制的形成，现在有两种主要说法。

（1）起源于海上航行。在15世纪，英国属于海上霸主。英国海军为减少进出泰晤士河

的船只事故，规定进入泰晤士河的船只将太阳运行的方向让给驶出的船只。因为泰晤士河的流向是由北向南再转向东流，经伦敦而入海的，所以，驶出泰晤士河的船只自西向东靠左行驶。而人们观看地图的习惯是：上北、下南、左西、右东，于是行成了左行体制。

（2）起源于骑士习惯。在中世纪的欧洲，到底靠左还是靠右行走，最先根据的是作为社会强势群体的骑士们的习惯。

从方便出行来说，由于大多数人为右撇子，因此骑士上下马时是用左脚踩马镫。靠道路左侧行走便于上下马。这样一来，自然需在路左上马(参考骑自行车)。如果实行右行规则，上马时人就得站在马路中间，既不安全也不方便；而左行的话则在马路边即可上马。

从方便格斗来说，人一般是右手便利，左行的话右手在外侧，动作灵活。在中古时期的英国，以名誉为“第一生命”的骑士，经常会遇到“生命诚可贵，爱情价更高；若为名誉故，两者皆可抛”的生死决斗。上马决生死时，因系右手持拿武器，左手挽盾持缰(图 4-1)，所以马匹必须靠近左侧行走，才能准确地刺杀对手。而平时不作战的时候，佩剑挂在左侧，在马匹交会时也不容易碰到对方。由于不断地练习和对决，骑士靠左行就成为了习惯，上行下效，久而久之，朝野蔚然成风。当骏马换成跑车后，人们仍然沿袭右驾左行传统。

图 4-1　骑士图

1756 年，英国颁布了伦敦桥法，规定马车过桥要靠左侧行驶，进而在 1772 年规定车辆在一切道路上都需靠左行驶。随着 19 世纪英国殖民势力向全世界的大规模扩张，左行规则也相继传入了亚洲和其他地区。如印度、巴基斯坦、新加坡、澳大利亚、南非、中国香港等，都坚定不移地走着“左倾”道路。

无论左行起源于什么原因，从历史上看，左行都可算是欧洲的古制。强制左行可以追溯到 700 多年前。1300 年，罗马教皇朴尼法斯八世在举行首次基督大庆纪念时声明：条条大路通罗马，赴罗马的朝圣者必须靠左行走。这个布告带有法律上的强迫性，影响了西欧大部分地区和英属殖民地，历时 500 多年。1835 年，英国通过立法规定靠左行驶的原则，此时本茨还没有发明出现代汽车。

日本在明治维新时期基本上照搬了英国的一套体制，所以也是左行制的国家。1859 年，维多利亚女王派遣全权大臣罗斯福·阿尔考克爵士赴日，劝说日本下令左行。当时的日本非常仰慕英国，就接受了这一建议，实行左行，并将这一规则于 1924 年以法律形式确立下来，一直延续到今天。美国道格拉斯·麦克阿瑟将军在二战之后的占领期间，本想把日本的左行制改为右行制，但未成功。

在中国，铁路是靠左行驶的，原因也是受到了英国的影响。中国的第一条铁路就是 1876 年英国擅自在上海修建的淞沪铁路，中国人自己修建的第一条铁路唐胥铁路也是英国工程师按英国的设计图样修建的，因此都是“英制”。由于铁路是一个庞大的系统工程，不能你靠左他靠右，更不能在铁路网络已经形成后再来个左变右，因此沿袭到现在。

4.1.2　右行制的形成

既然左行有其一定的道理，那为什么还有这么多的国家选择右行呢？右行又是如何起源的？据分析，右行起初是为了方便马车(尤其是多匹马拉的车)活动。

今天普遍意义上的右行规则起源于18世纪的法国。当时法国是邮车最发达的国家，很多马车为两马驾车。车夫赶着这样的马车，为让持鞭右手落在两马中间以便赶马，车夫座位自然就要靠在马车左侧。如果坚持左行，车夫就很难观察到马车右侧的情况，也很难做到在会车时观察两辆马车车轮中间间隙的轴不会相互碰到，而改为右行则较为方便。但是，当时法国的贵族、骑士单独骑马时还是习惯靠左行驶，作为特权，会勒令作为穷苦大众的行人以及所驾的车为他们让路。1789年，法国大革命成功，在受尽压迫的底层人民看来，“靠左行”意味着贵族与特权，而“靠右行”则带有“革命”的意义，革命成功了，车辆应该靠右行了。于是，作为废除贵族权利的一项运动，左行制度被禁止。罗伯斯庇尔发布命令，所有巴黎的马车和行人一律靠右行驶。拿破仑(图4-2)上台后，发动了征服欧洲的战争。法军占领了哪里，就把右行规则带到哪里，如德国、俄国、意大利、西班牙、比利时等。自拿破仑之后，欧洲不再集体搞“左倾”，而没有被法军征服的英国、葡萄牙、奥地利、瑞典等国则得以保留左行。但是法国直到1952年才以国家法令的形式制定了统一的右行制。目前，除了一些跟英国有关系的岛国外，整个欧洲大陆都是右行的，当然，虽然荷兰本土在被拿破仑征服后采纳了右行规则，但其海外殖民地——荷属东印度(今印度尼西亚)和荷属圭亚那(今苏里南)仍然保持了左行规则。

图4-2　奠定欧洲右行基础的拿破仑

美国虽然也曾是英国殖民地，但在通行规则方面，却是一个例外。由于经过与英国长期的战争才获得了独立，而在争取独立的战争中，法国给予了美国一定的帮助。为与英国彻底划清界限，美国在建国伊始便由道路交通的“左派”转为了“右派”。另外，美国也顺便“左右”了近邻加拿大，使其于1920—1924年间彻底改为了右行。当美国加入到“右倾”阵营后，世界“左右”力量对比发生了明显改变。众所周知，出于汽车驾驶观察路况的需要，靠右行驶和靠左行驶决定了“左驾车”和“右驾车”的设计差别。20世纪初，美国生产的“左驾右行”车销售给了全世界，这在相当程度上决定了很多国家靠左走还是靠右走。

由于战争原因改变“左右阵营”的不仅仅是美国，匈牙利、奥地利、捷克等都是在二战期间被德国占领才改为右行的。这三个国家沿用了奥匈帝国的交通规则，在被纳粹德国吞并或占领之前都是左行国家。奥地利于1938年被德国吞并后，曾被命令于一夜之间改变行驶方向。但此举在一些城市引发了交通混乱，纳粹当局不得不同意在维也纳等城市暂缓数周推行，以便更改道路交通指示标志的位置；捷克斯洛伐克被德国吞并后，以及匈牙利在1944年因向盟国试探讲和未遂、被德国出兵占领后，也都由左行改为右行。

中国也属于因战争改变通行规则的典型国家。中国《古礼》曰：道路男子由右，妇人由左，车从中央。说明在古代中国，交通也有一定规则。车辆靠右行驶的规定在唐代得到了法律上的明确。据《隋唐嘉话》记载：“中书令马周，所陈世事，莫不施行。旧诸街晨昏传叫，以警行者，代之。以鼓城门入由左，出由右，皆周法也。”1841年鸦片战争后，外国势力侵

入中国，在华夏大地不同地域间，列强影响程度也不相同，导致各省通行方向也不相同，南方省份，如上海、浙江、广东等，受英国影响较大，基本上都是左行；而北方省份则受俄国、德国、美国等影响较大，右行的多。抗日战争爆发后，采用左行制的日本在其占领区，进一步强化了左行规则。抗战胜利后，美国汽车开始大量进入中国，其转向盘及灯光安置，均适用于靠右行驶的习惯，“左驾右行车”一举占了数量优势。因而，当时的国民党政府军事委员会战时运输管理局做出决定：从1946年1月1日开始，全国(包括中国台湾)统一为靠右侧行驶。新中国成立以后，沿袭了右行规则。

4.1.3 通行规则的变更

对于许多国家来说，都经历过“左右路线”的改变，有的轻而易举，有的却步履维艰。

1. 由左变右的国家和地区

(1) 中国。中国经历了“由左到右”的变革，一来是机动车以及相关的道路设施比较少，二来是抗战刚刚胜利，所以民众比较容易接受这一变革。文革期间，一些城市的红卫兵认为右行是“右倾”，“左倾”就需强制要求车辆左行，并且规定红灯行绿灯停，结果造成了很多交通事故，不久便被废止。

(2) 加拿大。20世纪20年代初，加拿大的汽车数量很少，加之他们在政治、经济、军事、外交等各方面均要依赖美国。所以，美国的变革，顺便也将其一并变了过来。

(3) 欧洲。多数国家的“左变右”，大多是基于战争。拿破仑时期改变了德国、俄国、意大利、西班牙、比利时等众多国家。二战中，德国又改变了匈牙利、奥地利、捷克等。

(4) 葡萄牙及其海外殖民地。在20世纪20年代由左行改为右行。但与左行国家接壤的海外殖民地除外，这些殖民地包括果阿(与印度接壤)和葡属东非(今莫桑比克,周围均为英国殖民地)。不过作为例外，尽管东帝汶同左行的荷属东印度接壤，但是却改成了靠右行驶。

(5) 意大利。在国家统一之前分为许多国家，如教皇国、撒丁王国、两西西里王国等。一些国家在被拿破仑征服后采取右行规则，但在拿破仑失败后恢复左行习惯，例如教皇国。意大利统一后，虽然大多数地区采用了右行规则，但北方一些城市仍然靠左通行驶，这些城市需要在其边界安放提醒标志。1923年，墨索里尼上台后，虽然强制推行右行规则，但罗马、都灵、米兰、热那亚这几座城市仍然靠左通行。直到1925—1926年，这些城市才改为右行。

(6) 前英属殖民地国家。虽然大多数英属殖民地独立后仍沿用了左行规则，但也有一些国家出于便于与邻国往来的目的、或者政治方面的原因，在独立后改为右行。除加拿大外，还包括冈比亚、塞拉里昂、加纳和尼日利亚。缅甸在1970年之前一直左行，但吴奈温的军人政府下令改为右行。谣传这次更改的原因是占卜者对他说右行有利，但实际上更可能是出自经济方面的原因。英属直布罗陀在1929年6月16日改为右行，以方便同西班牙往来。

(7) 芬兰。芬兰在1809年前是瑞典的一部分，因此采取左行规则。1809年瑞典将芬兰割让给俄国，此后仍保持左行规则，直到1858年才改为右行。

(8) 瑞典。瑞典是欧洲大陆最后未被拿破仑征服的左行国家。除了卡尔12世纪统治的16年是右行外，都遵循着罗马教皇朴尼法斯八世的法令，遵从左行。作为二战后惟一仍然左行的欧洲大陆国家，20世纪50年代、60年代多次讨论更改行驶方向问题，但均遭公众反对。1955年，就改为右行问题举行全民公决，结果82.9%的人反对，15.5%的人支持。尽管如此，瑞典国会还是在1963年通过了将交通规则改为右行的法律。国会之所以坚持更改，原因在于邻国全部都是右行国家，这给地域狭小的瑞典跨国交通带来了诸多不便；而且，作为瑞典主要出口商品之一的汽车，所有萨博、沃尔沃汽车的大型出口市场都要求将转向盘放在左侧。1967 年 9 月 3 日，瑞典全国改为右行，这一天被称为 Dagen H(H 日)，“H” 意为“靠右行驶”。当日，首都斯德哥尔摩街头一片混乱(图 4-3)，为了维持交通秩序，政府甚至动用了军队。这次更改历时一个月，让瑞典政府付出了 12 亿瑞典克朗的代价！其显著成果是此后瑞典的交通事故锐减。

(9) 冰岛。在瑞典成功地改为右行之后，冰岛也于 1968 年 5 月 26 日改为靠右行驶，其间惟一发生的交通事故是一个骑自行车的男孩被汽车撞到。

图 4-3　1967 年 9 月 3 日，斯德哥尔摩街头因改道而造成的混乱景象

(10) 巴基斯坦。20 世纪 60 年代，巴基斯坦政府下决心要改革其“左行”政策。但政府的想法遭到了很多人反对，其中最大的反对声音居然是因为骆驼。在巴基斯坦，有很多骆驼车，而骆驼都有走老路的习惯，指望这些倔强的家伙改变行路习惯几乎是不可能的。于是，巴基斯坦政府只好向骆驼投降，依然坚持其“左行”路线。

2. 由右变左的国家和地区

在“左右阵营”开始确立后，发生过“左右立场”动摇的，基本都是由“左倾”变成了“右倾”，但也有个别例外。

(1) 冲绳。二战结束后，日本和美国签订了《旧金山和约》，将冲绳交由美国托管。因美国实行右行，所以冲绳也执行右行。1971 年，美国将冲绳归还给日本。由于日本属于“左派”阵营，冲绳的“右倾”问题一直是政府亟待解决的大事。但由于习俗的强大阻力，直到 1978 年 7 月，才彻底解决了冲绳交通的“右倾”问题。从 7 月 29 日晚上 10 点起，全岛禁止通行 8 小时，以给工人时间改变交通标志、信号灯和停车站。日本特派 2500 名警察加强戒备，在各战略地点共停驻了上百辆救护车。到次日上午 6 点，一声警报后开动了所有交通信号，所有的车辆都靠左行驶了。这次变动共花费 8000 万美元，日本政府终于将分裂了 20 年之久的“左右阵营”重新统一，再次做到了“车同轨”。

(2) 东帝汶岛。以前该岛属于靠右行驶的葡萄牙殖民地，1928—1976 年间实行右行规则。它在 1976 年被迫变为靠左行驶的印度尼西亚的一个省后，改为左行。2002 年 5 月 20 日，东帝汶民主共和国正式成立，但通行规则仍然保持左行。

(3) 南太平洋萨摩亚群岛。以前属于右行国家，但自 2009 年 9 月 7 日起，正式进入“左行时代”。为此，9 月 7 日、8 日两天还被列为国家公共假日，以便让开车人有个适应期。萨摩亚群岛之所以进行这次变革，原因在于他们长期从美国进口左置转向盘汽车，不过价格比从新西兰和澳大利亚等国购买的右置转向盘汽车要贵。如果行驶方向改变，旅居新澳

两国的萨摩亚人就能帮老家的亲朋好友购买到便宜的右置转向盘车。变更通行规则的计划自2007年提出后就遭到了许多人的反对，一再被推迟实施。其中争议最大的问题是公交车和出租车，包括接孩子们上下学的校车。因为右行车辆的门也在右侧，如果这些车辆继续服务，那乘员只能在马路中央上下车了。另外，开车的居民也担心安全问题，毕竟开车习惯不能一朝一夕内改变。不过，最终这个国家还是实现了“由右变左”，它也是最近30年来第一个变更通行方向的国家。

3. 一国两制通行规则的国家和地区

（1）“四野”的尴尬。1948年11月，东北野战军主力纵队和特种兵(炮兵、坦克兵)、铁道纵队，陆续向关内挺进。在古老漫长的长城线上，数不清的山炮、野炮、榴炮和汽车、牵引车、骡马车、坦克、装甲车，烟尘滚滚，遮天蔽日。强大的“四野”，以摧枯拉朽般的攻势，很快就解放了天津。可是，尽管是虎师雄威，却在打下天津后，遭遇了尴尬。原来，部队进入天津后，经常发生汽车撞人甚至压死人的现象。市民认为这是“‘林彪大军’不懂规矩，不遵守交通规则，自认为打了胜仗，老子天下第一，横冲直撞，什么都不在乎。”这使林彪蒙羞和震怒，严辞责令纠正。其实，所谓“汽车横冲直撞”是一个误会。原来，抗战结束后，尽管当时的国民政府军事委员会战时运输管理局做出决定，自1946年1月1日零时起，全国一律实行车辆靠右行驶，但在东北，由于战争原因，这个规定没有得到执行。直到1948年，东北还是左侧行车，而位于山海关之内的天津却是实行了右侧通行。这样一来，刚出关的“四野”驾驶员习惯了左侧行驶，猛然间见有汽车迎面驶来，慌了，虽急转方向避让，还是容易出事。这在一些不了解个中缘由的天津人眼里，就是“林彪大军”不懂规矩，横冲直撞了。图4-4为中国人民解放军于1949年1月31日，在北平和平解放后，接替国民党军队北平防务的照片，照片显示解放军指挥员乘坐汽车来到城门前，是按左行规则停放的。

图4-4 解放军于1949年1月31日接替国民党军队北平防务

（2）中国香港与中国澳门。1997年，香港回归祖国后，在通行方式上也与内地采取了“一国两制”的方法。这样一来，内地车辆进香港，则遵循香港的“左行”规则；香港车辆进内地，同样也得入乡随俗。于是，就产生了诸多不便。虽然在香港与内地的交界处立有明显的标志，但由于交通繁忙，相对而来的两列车队很难在入境的同时改变行车路线。于是，人们想出了这么一个解决的办法，即在深圳与香港的交界处修建了一座特殊的桥梁，进入深圳的汽车只需要按照原有的路规行驶，经过桥梁的巧妙转接后，“右倾”汽车到了香港自然就“左倾”了，而“左倾”的则变为了“右倾”(图4-5)。即便如此，驾驶员置身异地后依然会觉得不适应，因此，车辆都开得比较缓慢，除非长时间的异地驾驶将这种习惯完全改变。

图 4-5　深圳湾跨海大桥中间的深港交界处

中国澳门的情况比较特殊，以前沿袭葡萄牙的右行制，但长期以来中国澳门主要跟中国香港发生联系，于是一直奉行左行政策。1999 年回归祖国之后，依然与中国香港一道保持左行。

（3）英属直布罗陀和伯利兹。1981 年，只有两个英国控制下的地方改为了右侧行驶，一个是直布罗陀，因为它接近靠右行驶的西班牙；一个是伯利兹，因为它靠近靠右行驶的危地马拉和墨西哥。

4.1.4　莫斯科的中央车道

前苏联时期，在莫斯科的主要城市干道中央开辟了供前苏联中央政治局委员和其他国家高级领导人使用的专用车道。

从路面划分上来看，这样的中央车道不属于道路的任何一侧，同时也没有固定的通行方向，也就是说，它属于不确定方向的单向单车道公路。

这种专用车道平时封闭，禁止其他车辆使用，在有国家领导人车队经过时才开放，并且不受交通信号灯的管制。中央车道通过交通警察部门的管制和协调来避免出现两支车队在同一条车道迎头行驶的现象。前苏联解体后，俄罗斯的高级官员在一定时期仍使用这些专用车道。此外，俄罗斯的“新贵”也可购买中央车道的使用权。也有一部分中央车道被改成了机动车左转弯等候区。

4.2　左行右行对比分析

4.2.1　左行右行相关影响

1. 对汽车设计的影响

1886 年，现代汽车在德国被发明出来，当时奔驰一号车的驾驶座位于车身中央，无论

左行还是右行，都不受影响。第一辆进口到中国的汽车，转向盘也是居中，无论左行还是右行，它都适合使用(图4-6)。

图4-6 中国第一辆进口汽车

后来，一些汽车制造商将驾驶座安置在靠道路中心线的一侧，以便于观察对面道路的来车，另一些制造商则将驾驶座安置在靠路边的一侧，以避免撞上道路旁边的围墙、树篱、水沟等障碍物。实践证明，前一种办法更有利于保持通行安全，因此成为汽车制造商的通则。由此形成了左置转向盘车(驾驶座在车辆左前方)和右置转向盘车(驾驶座在车辆右前方)的区别。而车辆究竟靠近道路的哪一侧行驶，则取决于该国长久以来形成的交通规则，并由此形成了更加细致和严格的道路交通法规，许多国家以法律形式确定了车辆的行驶方向。

19世纪末，法国属于世界上最为发达的汽车生产国家之一，他们的通行规则在很大程度上影响了汽车的整体设计布局。依据人体工程学的原理，90%以上的人习惯于使用右手，为了准确安全地使用汽车的排挡和制动，设计师自然考虑将驾驶座设定在汽车的左边，这样驾驶人就可以随手操控换档或制动。而在早期的马车时代，包括法国在内的欧洲，人与车也都有右行习惯，道理也是一样的。当法国开始大规模生产汽车时，汽车的主人绝大部分都是有钱人，他们雇用专门的驾驶员驾车。为方便驾驶员下车为主人开关车门，早期的汽车自然而然地被设计成为了“左驾右行”的格局。

汽车这种设计格局形成后，就使一些不适合别国行驶规则的汽车无法异地销售，在很大程度上影响了生产商的经营。不过，对于国际型的汽车生产巨头来说，这点困难难不住他们，几乎每一家汽车生产厂家都可以将相同型号的一款车设计成为“左置转向盘和右置转向盘”两种类型。

美国在汲取欧产车的优点后，孕育出了讲求舒适与安全的美式车，引起了一场汽车产业的革命。使汽车普及化的福特T型车，则在“左驾右行”的流行架构中，扮演了及其重要的角色。1908年，福特推出了既便宜又耐用的T型车，很快使福特品牌占有了全美50%以上的汽车市场份额。而T型车的生产者亨利·福特一直认为“左驾右行”是最理想的驾车方式，因此T型车都是适合右行的。于是，北美大陆的公路通行规则也就这样受到了影响。

目前，世界多数国家规定不准驾驶席靠近路边的车辆行驶，但是也有例外。

因为经济原因，很多第三世界国家（如朝鲜、缅甸等）会大量购置邻近国家适合反向行驶的廉价二手车，这就需要这些国家允许非主流的车型挂牌行驶。广东等地以前也经常从中国香港引进二手车，国家也允许这种右置转向盘车挂牌上路，直到 1990 年，才停止为右置转向盘车发放牌照。

在加勒比海的一些岛国和英国殖民地，如巴哈马、开曼群岛、特克斯和凯科斯群岛、英属维尔京群岛，虽然采取英式的左行方式，但大多数车辆是从美国进口的左置转向盘车。

众所周知，绝大多数车辆不是右置转向盘就是左置转向盘，但有一款另类的迈凯轮超级跑车属于例外，它的驾驶室位于正中，后面两个位置呈品字形排列，并且右边的位置朝左前方，左边的位置朝右前方。这是因为美国联邦法律规定不能为非左置转向盘车（特种车辆除外）挂牌，迈凯轮为了进军美国市场而要了一个高招，它把车后排左侧的座椅拆掉！这样，居中的驾驶室相对右侧后方的座椅就成了左置转向盘了。

日本属于右置转向盘左行国家，但允许为左置转向盘车挂牌，因此日本很多左置转向盘车在车头右侧安装了一个小柱子或者一个小后视镜，提醒注意这辆车的驾驶室在左边。由于日本属于汽车大国，所进口的车通常都是本土不生产的高端车，这就往往给日本人造成一个印象，左置转向盘车（进口车）要比右置转向盘车（国产居多）高档！尽管一些国际高端品牌的汽车生产商曾经专门为日本市场生产出右置转向盘车以供日本进口，但日本的消费者还是喜欢购买左置转向盘高档车。因为他们感觉如果购买的车是右置转向盘的话，就显得不那么高档了。

2. 对交通安全的影响

20 世纪 20 年代，欧美国家的汽车数量激增，车速也在逐渐提高，导致车祸频发。随着车祸的频繁发生，人们研究发现，若右驾右行，遇到超车时，就会影响驾驶员的视线。于是，大家不约而同地生产出了左驾右行的新款车。到了 1927 年，欧洲大陆普遍达成“左驾右行”的制式行车规则。

不过，自诩为车界“老大”的英国，在“遵守交通安全”的共识下，基于保守的传统，仍坚持“右驾”的设计原则。但是，他们也不得不面对安全问题，便首创了道路中央分道标线，并严禁越线行驶，得以兼顾行车安全与自己的“面子”。对此，世界各国如法炮制，在道路中央画上了分道标线（图 4-7）。

图 4-7　道路中央的分道标线

按照科学道理来说，在地球北半球行驶的汽车应该靠左行驶，而在地球南半球行驶的汽车应该靠右行驶，这样才更合理。这是因为地球在不停地自转时，

在北半球的气流会沿逆时针方向旋转，南半球会沿顺时针方向旋转。这样，在北半球靠右行驶或在南半球靠左行驶的车辆高速相会时，如果会车距离过近，所带动的气流会加剧自转气流的速度，在两车间形成负压，造成两车相撞。

4.2.2 左行右行优点比较

1. 左行的优点

左行的最大优点来自于人类的避害本能。

人类在快速运动的情况下，如发现前方有危险，会本能地向左倾斜或转向，以保护心脏的位置。

航空母舰的舰岛，都要设在甲板的右侧。因为飞行员在遇到危险时，其本能动作是向左急转。舰岛设在甲板的右侧，可以避免飞行员在降落过程中遇险时撞上去。

在汽车驾驶过程中，如驾驶员突然发现前面有危险，向左转向的动作比向右转向快捷得多，可以有效避免与对面来车直接碰撞。

此外，人类视觉通常是以右眼为主眼，因此，驾驶座安置在车辆的右侧，更便于观察对面来车的情况。

2. 右行的优点

首先，采取右行通行规则的最大好处是这一规则被世界上大多数国家所采用，惯于靠右行驶的驾驶员在这些国家不必花费时间去熟悉新的交通规则。

其次，右行的优点是驾驶员可以利用左手保持对转向盘的掌控，同时使用右手完成换档、操作仪表板等复杂动作，这对占绝大多数的右撇子驾驶员有利。这也是为什么即使在左行国家里，方程式赛车的换档装置也安置在右侧的原因。

再次，右行便于骑自行车或摩托车的人用左手打出转弯手势。

最后，左置转向盘车产量较大，在同一型号的汽车中，要比右置转向盘车的价格要相对便宜一些。

4.2.3 影响左行右行的因素

在通行规则忽左忽右的摇摆中，起决定性作用因素主要有两个：一是处于强势国家的生活习惯；二是科学技术发达国家的“权力话语”。这些因素自然成为了全球通行规则制定的领头羊。

其实，不同的通行体制只是关键人物在某种机缘之下做出的一种决策。左行右行并无优劣之分，问题的关键是所有人都遵守。

通行方式是一个群体认同与选择出行规则的过程，而不是少数精英发现真理的过程。左行右行选择的背后，原本没有什么规律，只不过是人们在实践中发现某种通行方式还可以为大众所接受，也就习惯成为了自然，从而形成了规律。

对于已经形成了规律的习惯去强行改变，阻力往往是无法预料的。在许多国家进行“左右路线”改变的过程中，有的看起来很顺利；有的则是动用了政府的力量，强行扭转；有的则因为习俗的阻力过于强大，使得变革的计划“胎死腹中”（如巴基斯坦）。

【复习思考题】

1. 在通行规则方面，选择左行还是右行的多？为什么会出现这种情况？
2. 左行规则是如何形成的？
3. 右行规则是如何形成的？
4. 举例说明为什么有的国家要进行通行规则的变更？
5. 在通行规则的变更过程中，为什么有的国家(或地区)很容易，而有的则很艰难？
6. 为什么说汽车的设计与生产会影响到某些国家的通行规则？
7. 汽车左行有何优点？
8. 汽车右行有何优点？

【实践训练】

通过本章学习，结合上网查找资料，试举例(不少于3例)说明通行规则变更问题。

国家(或地区)	通行规则变更结果	通行规则变更原因	通行规则变更成功或失败的启迪

第 5 章 法规习俗对汽车文化的影响与促进

【学习目标】

通过对本章内容的学习，你应该：

简要了解世界主要汽车生产国的汽车产业政策；了解不同的汽车产业政策对汽车生产以及汽车文化的不同影响；了解汽车的命名与译名、社会习俗等对汽车文化的不同影响。

【情境描述】

在中国，曾经有相当长的一段时间，轿车是作为奢侈品被严格控制购买的，我国轿车工业的发展自然也受到了较为严重的影响，而现在，国家为什么大力鼓励轿车进家？

有人想买一辆汽车，从车的结构、价格、配置、色泽等方面，均看中了某个品牌的一款车，结果却因为老婆不喜欢这辆车商标品牌的发音而告吹，你听说过这样的事情吗？这是为什么？

【想一想】

1. 为什么美国、德国、法国、日本的汽车工业获得了长足的发展？

2. 为什么作为新兴工业国家的韩国，汽车工业的发展速度较快？

3. 为什么中国的汽车工业在加入“WTO”之后发展迅猛？

4. 假如在你们当地，车辆管理部门允许你随便选择一个符合车牌管理规则要求的汽车牌照，你会给自己的未来汽车选择一个什么号牌？为什么要选择这样的一个号牌？

汽车，虽然也是一种商品，但这种商品与其他商品相比却有其极大的特殊性。因为，汽车属于“产权归属自己，使用维系社会；选购取决个人，法规严格控制”的特殊商品。

正是因为汽车的这一特性，自其发明以来的百余年间，汽车从来就是在受到社会习俗和法律法规双重约束的条件下发展的。任何一个方面的制约，都会使其发展方向受到极大的影响。如果法律法规限制甚至禁止某种类型的汽车，那么这种车型的发展必定就会受到极大的约束；如果某地的自然、经济、文化条件不适合某种类型、某种品牌的汽车，那么这种类型的汽车也必然不会在当地得到快速发展。

5.1 法律法规对汽车文化的影响与促进

在汽车发展的过程中，各国、各地区来自于官方的明显带有管理意图的相关法律法规，无疑对汽车工业的发展起到了很大的促进或者约束作用。凡是汽车工业水平较高的国家或地区，几乎都曾经得到了本国、本地区法律法规的极大支持。

5.1.1　英国臭名昭著的“红旗法规”

英国，作为世界老牌的资本主义国家，虽然国土面积不大(英国国土面积243610km^2，南北最长不到1000km，东西最宽不超过500km。只相当于中国广西一个省的土地面积)，但他们对人类的科技进步以及世界文明所作出的贡献，却是非常巨大的。牛顿(发现万有引力)、瓦特(发明蒸汽机)、贝尔(发明电话)、邓禄普(发明充气轮胎)、斯塔利(发明自行车)、法拉第(发现电磁感应现象)等，都是出生于英国的伟大的科学家、发明家。目前，全世界的火车几乎都是靠左行驶的，原因其实都是源自英国输出的技术。然而，这样一个对世界科技进步作出了巨大贡献的国家，却在汽车文明方面固步自封，时至今日，英国的汽车工业也没有形成像样的规模。

为什么会出现这种现象呢?

其实，英国的汽车比今天人们想象的历史要更加久远，早在1803年，英国的街头就有了汽车，只不过那是一种蒸汽公共汽车。到了1834年，伦敦街头就有很多蒸汽公共汽车在运营了。19世纪60年代，英国的蒸汽机已经被广泛应用到了交通运输方面，不过，那时的蒸汽机汽车，技术水平还不够成熟，行驶时一边冒着滚滚的黑烟，一边吐着浓浓的白气，加上伴随在人们耳边的隆隆机声，令人感觉很不舒服。这与装饰华丽、镶金嵌银、铃声清脆、轮蹄倥偬的宝马香车相比，无论是上流人士还是乡村百姓，都会感觉它是既新奇又憎恶，就连农家的看门狗，见到如此怪物也要狂吠不止。

可是，蒸汽汽车虽然丑陋，但它每次的载客量却都在8人以上；载货量能够达到4~5t，这可抢了马车商人的生意，惹恼了他们。那时，英国的马车公司势力很大，他们纷纷向政府施压，说汽车抢了马车的饭碗，造成马车工人的大量失业。另外，农民说汽车吓坏了他们的牲畜；医生说汽车毒化了空气；乡村妇女协会(女权组织)向玛丽女王提交请愿书：“我们的孩子总是遇到危险，我们家里的物品一再被污染，我们住所的窗户无法打开，我们的睡眠受到了噪声的不断骚扰……”于是，英国议会于1865年制定了一项《机动车法案》，其中规定：汽车在乡村行驶的时速不得超过6.4km(4mile)；在城市行驶不得超过3.2km(2mile)；每辆汽车配备3名驾驶员，手执红旗的车务员必须走在车前55m(180ft)外，以便警告行人注意安全，并负责本车的规定时速；严禁驾驶员鸣笛放气，以免惊吓拉车的马匹；狭路相逢时，蒸汽汽车要主动给马匹让路……这就是受到人们讽称的“红旗法规”(图5-1)。谁也未曾想到，世界上第一部由议会正式立法形成的交通法规，不仅没有发挥其应有的积极引导汽车工业健康发展的作用，却使得行驶在英国城乡的汽车销声匿迹了，而传统的马车业则重新兴旺起来。

图5-1　讽刺“红旗法规”的漫画

其实，保守的“红旗法规”，不仅仅是限制了当时英国蒸汽汽车的行驶，同时也限制了英国整个国家在汽车工业方面的创新，由于贵族们的资本都流向了铁路和火车股票，便极大地促进了铁路和火车技术的发展。此时，法国的电气工程师已经研制成功了二冲程内燃机；“红旗法规”在英国实施的第三年，德国工程师奥托研制出了世界上第一台四冲程煤气发动机；德国人卡尔·本茨则在1886年研制成功了现代汽车。可是，了解英国工业革命的人都知道，正是英国人斯考特1794年首先提出内燃机的构想，也是英国发明家亨纳特于1838年率先研制出了世界第一台内燃机点火装置。

实际上，在1830年前后，英国的公路长度就跟法国相当，而英国的国土面积还不到法国的一半，这就足以说明当时英国的公路建设取得了相当不错的成就。但是，由于“红旗法规”的实施，蒸汽汽车在英国不再上路行驶了，英国的公路很快衰退回到了马车时代，许多已经修好的公路重新受到了破坏。

英国的汽车工业一直到1896年(在德国人发明现代汽车之后10年)才开始起步。奥斯汀是英国的第一台现代汽车。1895年，作为澳大利亚羊毛机械厂工程师的奥斯汀，说服老板在英国开了一家由他负责的分厂。他在业余时间从事汽车研究，于1896年成功研制出了一台以本人名字命名的奥斯汀牌汽车。但是否从事规模化生产，几个合伙人却犹豫了，因为当时英国的社会环境还不允许他们这样去做。最后他们决定通过抛硬币的方式来决定：如果硬币上的人头朝上那就做，如果人头朝下那就放弃。最终，落地的硬币，其上的人头方向是朝上的，于是，英国的现代汽车工业，就因为一枚硬币的落地方向而开始了。

1895年12月10日，英国的汽车先驱戴维·萨罗曼茨(F. R. Simms)在伦敦加诺恩旅馆倡导成立了英国“汽车促进协会”，通过举办各种活动来要求废除“红旗法规”。1896年11月初，英国议会终于以补充条例的形式废除了这一实施了30多年的“红旗法规”。

为了庆祝汽车业的这一胜利，1896年11月14日，英国汽车促进协会专门组织了伦敦——布莱顿的汽车比赛，活动主题是：解放日行驶。以后每年的11月，当地都会举办伦敦海伦公园——布莱顿的老爷车比赛，以此来作为对当年汽车先驱们不懈努力的纪念。

一部荒唐的“红旗法规”断送了英国汽车工业发展的先机，从此，法国、德国的汽车工业远远超过了英国而领先于世界。

5.1.2 美国的汽车产业政策

美国是世界上最大的汽车市场，又是全方位开放的市场，任何国家的汽车产品，只要符合美国的相关标准，就可以在美国销售。这样开放的市场格局，等于摆开了公开的擂台，接受来自于全球的挑战，进而造就了美国强大的汽车工业，其投资资金和技术实力均非常强大。

但自20世纪70年代以后，潮水般涌进的日本汽车把美国的汽车工业几乎逼上了绝路，通用公司一个又一个的工厂关闭，大批工人失业，福特公司一度亏损23亿美元，克莱斯勒公司则濒临倒闭。在克莱斯勒公司濒临破产之时，银行拒绝向它贷款，怕它无力偿还。克莱斯勒因此向政府求援。在随后关于政府是否应该救助克莱斯勒的争论中，赞成救助的官员向人们描述失业工人和空旷破败的工厂景象——政府一直认为保持充分就业是它的责任之一；而不赞成救助的官员则指出，工人和其他资源可以重新调配，公司破产后，工人、机器和厂房毕竟不会消失，而是被新主人雇佣或购买，他们还指出，重新调配是合理的，因为克莱斯勒的破产说明它的管理者没有很好地使用其资源。但最后，政府还是伸出了救助之手，为克莱斯勒提供贷款担保。但是，政府这样做并不是出自保护民族汽车的目的，而是假如克莱斯勒破了产，政府将不得不拿出数亿美元作为退休金付给工人。在2008年的金融危机中，美国政府几乎对通用汽车公司采取了同样的救助手段。

美国政府对汽车工业的支持，主要体现在为汽车工业创造一个良好的发展环境上。美国的道路是世界一流的。从20世纪30年代起，美国政府就通过立法，投入巨资，修建全国性的高速公路网，促进了汽车的普及，改变了美国社会的面貌。大量修路就是对汽车工业发展的最好支持。另外，美国的汽车税收大大低于世界其他国家，这对汽车的普及发挥了重要作用，形成了一个家庭有几辆汽车的普遍现象，汽车保有量几乎达到人均一辆。

美国政府管理汽车工业的另外一个重要手段是法律，而各种法律的核心是保护汽车使用者的利益。美国是第一个提出保护消费者权益的国家，第一个制定了全世界最严格的安全和环保法规，建立了缺陷车召回和质量事故损失赔偿制度，还有独特的“柠檬法”。在本国汽车工业最困难的日子里，美国也没有提高进口汽车的关税，其中原因之一就是考虑到保护消费者利益。关税保护最大的负面作用就是损害了消费者权益，因为关税最终是由消费者来负担的，而不是进口厂商；高关税壁垒造成了一个高价格市场，不但进口商品价格高，本地产商品价格也高，而且关税越高，国内同类商品价格水平越高。其次，由于国内产品受到价格保护，一些技术水平落后，质量低劣的产品也有市场，消费者付出了代价却得不到相应的权益。

不过，美国政府这样的管理政策，并非意味着对本土的汽车工业不管不问，事实上他们也曾经通过政治、外交、国内立法等手段，为本土的汽车工业创造了许多有利的条件。在历代美国政府汽车产业政策中，民主党政权更加热衷于出台以保护美国汽车产业为基调的各项政策。卡特和克林顿两位总统提出的汽车产业关联政策均出于保护美国汽车产业的考虑，但两届政府均未实现提升美国汽车产业竞争力的初衷，反而导致美国汽车产业走向衰落。

20世纪70年代末的日美汽车贸易摩擦以日方对美销售乘用车实施自限制而宣告结束，双方于1981年达成协议，即日本每年向美国的汽车出口量限制在168万辆，1984—1985年把总数修正到185万辆。但是，由于日本车出口限制而引发的供不应求，反而抬高了日本车在美国市场的售价，为日本汽车制造商带来丰厚的出口利润，同时也为日后日本汽车制造商在美投产和扩销奠定了基础。另一方面，美国三巨头凭借1984—1988年的汽车旺销获得高额利润，并将所获充裕资金用于多元化发展。其间，通用除了收购军工企业Hughes和电子数据处理系统公司EDS以外，还涉足机器人事业、住房贷款事业等领域，通过多元化发展扩大事业规模，实现高额利润；福特则持续推进相对集中于汽车领域的事业扩张战略；克莱斯勒则通过收购军工企业等多元化发展，力争确保高额利润。美国三巨头的多元化战略与前总统里根推行的强硬政策相得益彰，由此，塑造了强大的美国形象。然而，在全球经济衰退的20世纪90年代初期，美国三巨头通过发展多元化而扩充的事业部门多数遭到出售，事业资源所剩无几，时至今日早已消失殆尽。美国政府曾于20世纪80年代初期对美国三巨头采取保护政策，但三巨头并未将获得的援助资金用于增强汽车产品和基础技术等方面的竞争力，而是将其转用于非汽车领域，导致事倍功半。

2009年1月就职的美国总统奥巴马提出的汽车产业政策有别于以往政府的产业政策。传统产业政策的核心是改善美国汽车制造商的竞争条件和向其他竞争制造商施压。奥巴马新

政权也存在力挺购买美货的强硬派，也出现通过保护美国汽车制造商恢复竞争力的举措。不过，由于日本汽车及其零部件制造商也在日益加深美国本地化事业进程，目前的美国政府已难以出台只针对美国本土制造商的优惠政策。因此，此次救助计划尽管希望继续维持美国本土汽车制造商的正常运行，但并未挽救通用的破产。

总之，美国汽车工业的从业者们在这样的激烈市场竞争中打拼得非常艰苦，即使在非常困难的条件下，各大汽车公司依然要投入巨资改造工厂、培训职工、开发产品。另外，美国汽车工业还得想尽各种办法打探“丰田的秘密”，包括堂堂正正的考察、心照不宣的合资、神秘的旅行，甚至花巨额资金资助“国际汽车计划”，用五年时间研究了全球 90 家汽车工厂，写出了 116 篇专题报告，最终提炼出了影响巨大的《改变世界的机器》一书。这一切努力终于有了回报，使得美国汽车工业增强了产品质量、降低了生产成本、提高了生产效率，长期屹立于世界汽车工业之林。

5.1.3 日本的汽车产业政策

主导一个国家的产业需要两个条件：产业本身有较大规模；生产诱发系数较大。

按照这两个条件，二战后带动日本经济发展的主导产业就是汽车、家电和重工业。20 世纪末，日本政府经过研究认为，今后很难再寻找到这样的主导产业，而将是新产业群。

20 世纪初，日本提出“产业立国”的政策，以发展产业为中心，制定一系列振兴产业基础设施的措施；20 世纪五六十年代，日本政府提出“贸易立国”方针，通过进口资源，加工出口产品发展现代化，以高出口带动高增长；20 世纪七八十年代，由于两次石油危机和世界经济萧条的冲击，产品出口受到很大影响，日本政府转变战略，提出“科技立国”的方针，大力发展知识、技术密集型产业，推动产业结构进一步高级化；20 世纪 90 年代以后，根据国际经济形势的新变化，日本政府提出“投资立国”的新战略。日本的汽车产业政策，在不同的时期也都吻合了日本的整体产业政策。

日本汽车制造业的开山者应是吉田真太郎，1904 年他成立了东京汽车制造厂，三年后制造出第一辆国产汽油轿车“太古里 1 号”。日本政府出于军事目的，政府颁布了《军用汽车补助法》，对汽车厂商进行扶持，这成为早年日本汽车业发展的原动力。

1923 年，关东大地震造成东京市内铁路和电车系统全部瘫痪，对汽车的需求大幅度增加。利用这个机会，1924 年和 1927 年，福特和通用公司分别在日本建厂，开始生产汽车。在此期间，日本政府和大企业则认为汽车生产是投机生意，把投资集中在了其他方面，因此汽车工业主要为私人经营，规模小且竞争力很弱，无法对抗物美价廉的美国汽车。

1930 年，日本通工省（通产省前身）进行调查，发现汽车工业已经为美国资本所控制（1932 年日本汽车总产量为 1.6 万辆，其中国产车只有 880 辆，日本的汽车厂都靠政府补助度日，到 20 世纪 30 年代初，丰田、日产汽车公司才开始建立）。1931 年日本炸死张作霖，全面侵占中国东北三省，次年成立伪满洲国，这一做法引起西方国家的不满。1932 年日本对发动机等零部件实施高关税保护，使得在日本装配的美国汽车成本大幅度上升。1933 年，国际联盟通过决议，谴责日本侵华，为此日本退出国际联盟，开始管制外汇，压迫外资企业。1936 年，日本颁布了旨在压制美资企业的《汽车制造事业法》，规定“凡是在本国一年间生产汽车 3000 辆以上者，都必须事先经过政府许可。”“这种汽车公司半数以上的持股人必须是日本国民。”1937 年又颁布《临时措施法》，禁止战略物资进口，迫使福特和通用公司关闭在日本的工厂，退出日本市场。1939年，外资在日本的汽车生产全部停止。1941年，太平洋战争爆发，日本的汽车生产受到更严格的控制，汽车厂只准生产货车，轿车只限于官方和军方使用。

第二次世界大战失败后，盟军司令部曾下令日本全面禁止汽车生产，但没有得到执行，丰田、东洋工业、富士重工都推出了自己的新车型。但在整个20世纪50年代前期，美国、欧洲产的汽车充斥日本汽车市场，大有泛滥之趋势。特别是欧洲生产的小型廉价汽车，对处在半毁灭状态的日本汽车工业构成了致命的威胁。日本政府为保护本国汽车产业，对进口汽车征收高达40%的关税(本项关税于1978年废止,其后直到今天日本对进口汽车全免关税)，同时严格禁止外国资本渗透国产汽车工业。而一些小的汽车厂家为了生存，纷纷采取与国外厂家连手搞“事业合作”或“技术合作”，惟有丰田依然靠自身力量开发生产国产轿车。

从20世纪50年代初开始，为复兴产业、实现经济自立、提高劳动生产率，以产业的合理化为重点，日本先后设立了出口银行(后改为进出口银行)、日本开发银行，实施了《企业合理化促进法》、《关于特定中小企业安定的临时措施法》、《出口交易法》、《振兴机械工业临时措施法》、《振兴电子工业临时措施法》、《财政投融资计划》、《外汇及外国贸易管理法》、《外资法》等。其中《企业合理化促进法》被称为最初的产业振兴政策，主要是促进设备投资，允许对试验用机械设备、重要产业用生产设备进行特别折旧，对企业实施补助金、税收、低息贷款等方面的优惠。

这一阶段，日本汽车企业与国外汽车企业开展技术合作，开始发展轿车工业，如日产与英国奥斯汀、五十铃与美国鲁茨、日野汽车与法国雷诺等，丰田则以自主开发的方式开始生产轿车。从1955年起，日本汽车企业开始致力于建立国产化、大批量生产体制，这一努力在1960年基本完成。

1955年，通产省公布了发展国民车的大胆构想，他们提出鼓励企业发展一种供日本老百姓使用的微型汽车的计划。当时的设想是：要求企业设计生产出一种400kg以下，时速100km以上，乘坐4或2人并可以同时携带100kg货物，发动机排量350～500mL，行驶10万km无大修的汽车。而且这种汽车生产成本限制在15万日元以下，售价25万日元以下。通产省要求各汽车厂家都来投标，然后评选出优秀车型，政府给予帮助。国民车构想发布后在日本国内引起极大反响，各大汽车公司竭力想在这场竞争中分得一杯羹。当时，日本人均生产总值尚不足300美元。

在经历了复杂的兼并、重组后，日本基本形成了8个厂家的汽车工业体系(那时三菱尚未独立,本田尚未生产汽车)，轿车生产也从合作引进、来件组装方式转向建立大批量国产化生产的方式，在各汽车厂间展开了设备投资竞争。为了促进日本汽车工业的自主发展，通产省在1961年5月的产业合理化审议会上，提出了“将国内汽车制造厂家改组为三大集团”的方针，在日本产业界引起强烈反响。由于当时日本国产车的开发、产品性能、价格都无法与国外汽车行业相比，因此业界部分人士强烈主张通过集团化来增强日本汽车工业的竞争力。通产省“三大集团”的设想是：将当时的8家汽车制造厂分别组建成大批量生产、小型车生产、特种车三个生产集团，同时禁止其他企业再进入汽车行业。但是，这个设想也有一些阻力，比如法律障碍。战后，日本颁布了《独占禁止法》，鼓励正当竞争，避免某个行业为一个企业所垄断，并促进产业国际化。《独占禁止法》的监察部门是日本公正取引委员会，任何公司的合并都要经过这个委员会的审批。通产省的设想遭到了本田宗一郎的强烈抵

制。本田公司一直是生产摩托车的厂家，但是正在计划进军汽车生产领域，此方案一出，本田将彻底被关在汽车整车生产厂家行列之外。本田宗一郎是一烈性汉子，他和通产省的官员面对面顶撞起来。本田宗一郎说："政府工作人员本来应该是以维护公共利益为天职，可是现在变成了人们开拓新事业的障碍物。""你们想要像控制自动机器那样控制我的企业，那就请你们当我的股东。等到你们入股以后，我们再听你们的话好吗?"通产省的官员很生气，说本田宗一郎"精神不正常"，本田宗一郎说："通产省不能造车，却能制服我们。"为了争取在通产省限制汽车工业的立法之前进入汽车行业，本田宗一郎把计划提前实施，于1963年把S360微型轿车推向市场。如今本田是仅有的两家没有被外资收购的日本汽车公司之一，也是世界汽车工业"6+3"体系的组成部分。本田宗一郎曾经说："假如没有通产省的阻碍，我们还会取得更大的成功。"当然，本田公司也为抵制通产省付出了很大的代价，日本政府对汽车工业的优惠政策，本田基本没有享受到。本田最早提出到美国投资的设想，申请50万美元外汇，但却只获得了25万美元的额度，还附加了苛刻的条件。最终，通产省的"三个集团计划，限制汽车工业准入"的法案还是没有通过。

1965年，名古屋至神户高速公路的开通揭开了日本公路交通高速时代的序幕，日本称1966年为其普及轿车元年，也即轿车进入普通家庭的起始年。日本当年的基本情况是：人均国民生产总值1000美元，人均国民生产总值与一辆小型或微型轿车价格之比为1:4，全国年销轿车达74万辆，其中约一半为私人购买，该年轿车普及率达28辆/千人。从此以后，日本即进入高速普及轿车时期。

自此，日本掀起了爆炸性的汽车普及狂潮，极大地拉动了汽车消费，1967年日本即超过德国而成为第二大汽车生产国。

20世纪70年代世界发生了两次石油危机，油价的提高使人们对汽车的兴趣大减，欧美汽车生产厂商纷纷减产，而这时日本却以其小型轿车油耗低的特点博得了消费者的青睐，三年时间里日本汽车出口量翻了一番，达到200万辆。与此同时，日本汽车的进口量则始终保持很低的水平，1960—1980年间，日本汽车年进口量最高不超过6万辆，最低年份只有1万辆。日本凭借汽车国内销售和出口量双高速增长的现实，创造了世界汽车工业发展的奇迹。丰田、日产、富士重工、铃木等公司迅速成为世界级的汽车生产厂，丰田在1972—1976年间生产了1000万辆汽车。1980年，日本汽车总产量达到1104万辆，超过美国而成为世界最大的汽车生产国和出口国。由于大量对美出口给美国带来了巨额贸易逆差，从1980年起，年年都发生的日美汽车贸易摩擦成为影响日美关系的重要因素，而丰田、本田、日产等汽车厂商为了免受影响，纷纷把生产基地搬到美国本土。

进入20世纪90年代，日本汽车工业渐呈颓势，许多厂商出现了开工不足、生产力闲置的情况，而美欧汽车商则通过兼并重组恢复了元气，反过来把日本汽车公司当做并购的对象。通用公司在富士重工、五十铃、铃木三家公司分别拥有20%、49%、9.9%的股份，福特汽车公司则拥有马自达33.4%的股份，戴姆勒公司拥有三菱汽车34%的股份。1999年，日本第二大汽车公司日产汽车公司因亏损严重，被迫将36.8%的股权卖给法国雷诺公司，成为日本汽车工业危机的一次大暴露。

5.1.4 韩国的汽车产业政策

韩国汽车工业在50多年的时间里，成功地走出了一条引进技术、消化吸收、自主创新的道路。目前，韩国已成功跻身世界五大汽车生产国行列。

韩国最早从事汽车生产的是起亚汽车公司，始建于1944年12月，但二战后由于政局动荡，公司长期不景气。韩国汽车业的真正起步在20世纪60年代初，各汽车厂商以组装进口零部件生产整车的方式开始试制汽车，直到1970年，韩国的汽车年产量仅为2.8万辆。进入20世纪70年代，韩国政府实行“汽车国产化”政策，各汽车厂商开始大规模引进国外生产技术。进入20世纪80年代，韩国汽车工业迎来了高速发展期。随着汽车国产化的实现，韩国政府又实施了“出口导向”战略。从20世纪80年代开始，韩国汽车开始大量出口。面对国际市场的激烈竞争，韩国汽车工业不但没有萎缩反而有了相当的发展。

纵观韩国汽车工业的发展，“自主”战略是其主线。在汽车工业规模从小到大、从弱到强的发展过程中，政府的作用主要体现在政策扶持和市场保护两个方面。

在政策扶持方面，从1962—1990年，韩国为汽车工业的发展颁布了一系列扶持性的政策法规。1962年颁布了《第一个经济开发五年计划》，其主要目标是继续发展替代进口的产业、减少对外国产品的依赖，以提高工业品的自给能力、奠定自主的经济基础。该计划对重工业的发展计划、优惠条件、资金筹措方式、产品方向、技术引进等都作了规定。国家还直接进行了大规模投资。正是由于这一计划，诞生了韩国的汽车工业。韩国政府的这一经济发展计划和随后的产业政策都为汽车本土化发展提供了高度优惠的条件。韩国政府明确提出要把汽车工业建成国民经济的战略产业，要求发展具有韩国特色的轿车，规定汽车厂和零部件厂的生产规模和发展方向，并为此制定了一系列的政策予以支持。1962年，韩国政府启动了《汽车工业五年计划》，随后颁布了《汽车工业保护法》，严格限制外国轿车及其零部件进口，这些都给各汽车公司以极大的鼓舞和信心。1964年，韩国政府公布了《全面提升汽车工业计划》；1965年公布了《三年实现汽车本土化计划》，其目标是在1967年达到90%的国产化水平。在政府强有力的干预和控制下，零部件的国产化率及汽车产业的经济规模有了空前的提高，汽车生产的零部件组装方式开始转向自主研发的独立生产方式。随后韩国政府于1967年制定了《汽车厂家执行标准》；1969年颁布了《汽车工业育成基本规划》；1974年制定了《汽车工业发展规划》，把汽车年生产目标定为500万辆；1975年又为中小汽车厂家颁布了《系统化发展法案》，在国产化总目标下，把原有的一批中小型企业重新组合成为骨干企业的配套辅助企业，使其从事汽车配件的开发和专业化生产，同时整合汽车工业向集团化的方向发展。通过改组、联合，韩国汽车厂家形成了现代、大宇、起亚三大汽车集团，这对推动韩国汽车工业形成规模效应，提升国际竞争力发挥了不容否认的作用。1986年，韩国政府根据《工业发展法》确定汽车工业为国民经济的战略产业。政府的支持加速了企业的研究开发，在此背景下，现代公司在1991年制造出国产化率达100%的国产车Accent，从此韩国成为有能力独自生产汽车的国家。

在市场保护方面，在汽车工业起步时期，韩国政府为保护国内汽车市场，实行了严格的汽车进口管制措施。1962年《汽车工业保护法》开始实施后，进口汽车关税大幅提高。虽然在“入关”前夕，韩国政府降低了在国际市场有竞争力的产品的关税，但是对于政府扶持的汽车工业，却保留了高关税政策和各种非关税保护措施。直到1987年，韩国政府对进口轿车还加收60%的关税。为了加入WTO，到1994年，韩国政府将进口轿车的关税减低为10%，到1995年正式加入WTO时降到8%，此后关税基本保持稳定。韩国汽车逐步成长起来之后，虽然关税降低了，但是韩国政府保护本国汽车市场的努力并未减弱，而是采取了多

种非关税保护措施，包括通过立法限制外国汽车进口，尽力保护民族汽车工业，使本国汽车企业免受国外企业的竞争压力，扶持汽车工业的自主发展；推行反奢侈和“买韩国货”运动，鼓励使用国产车(于是,韩国上至总统,下到平民百姓,都以乘坐国产车为荣。显然,这与韩国人强烈的民族自尊感是分不开的)；对进入汽车工业的外资予以限制；限制建立进口汽车销售网络，限制进口零部件；对每辆汽车进行单项技术验收，通过制定严格的技术标准限制进口车车型；对购买外国高级汽车的顾客进行特别税务检查，通过征高额消费税限制进口轿车的使用；通过贷款限制，限制进口商一次性大量进口国外汽车；禁止在电视和报刊上做广告等。在对本国汽车市场给予有效保护的同时，韩国政府通过各种补贴和优惠措施，降低本国汽车生产成本，鼓励本国汽车出口。为培养本国汽车工业的独立自主发展能力，韩国政府在鼓励引进国外技术的同时，一直通过股权比例限制、外汇平衡和本地化要求等方式，对国外投资商进行限制。这些保护和扶持措施在汽车工业发展之初，对促进韩国形成独立完整的汽车工业体系发挥了重要作用。

在国家汽车产业政策的引导下，韩国的汽车工业获得了飞速发展。1985 年，韩国汽车年产量为 37 万辆，1986 年达到 60 万辆。1987 年，汽车普及高潮开始，国内市场迅速扩大；同时，韩国始终坚持把汽车工业作为出口战略产业，不遗余力扩大出口，经过多年努力，终于在 20 世纪 80 年代末取得成效，逐步实现了向美国等发达国家大量出口汽车的目标，而这又进一步推动了韩国汽车工业的高速发展。因此，韩国称 1987 年为其普及轿车起始年。该年人均国民生产总值为 3110 美元，人均国民生产总值与轿车价格之比为 2∶1，全国年销轿车 25 万辆，平均每千人购买轿车 6 辆，其中由私人购买的比重占 80%，该年轿车普及率达 20 辆/千人。与日本一样，从此以后，韩国进入高速普及轿车期。

韩国经济的腾飞被视为奇迹，而汽车工业的发展在其中扮演了极为重要的角色。同韩国的其他工业体系一样，汽车工业的发展是与国家的扶持政策分不开的，但是 1997 年亚洲金融危机爆发后，韩国的汽车业遭受了重大打击，原来被飞速发展所掩盖的政企不分、家族式经营日益显露弊端，企业走到了破产与亏损的边缘。在风雨中，韩国汽车工业被迫进行新的调整。1997 年，双龙汽车公司因资不抵债而被大宇收购。同年起亚汽车公司也被政府招标拍卖，现代集团奋起应标，于 1998 年 10 月收购，但不久自己内部却出现债务问题。1999 年，大宇汽车公司也背上了 180 亿美元的债务，不得不向欧美汽车公司求援，于 2000 年 7 月被福特汽车公司收购。

5.1.5 中国的汽车产业政策

中国汽车工业起步于 1953 年，在高度计划经济时期，汽车工业的一切都是由国家统一规划、安排的。

1. 计划经济时期的中国汽车工业

20 世纪 60 年代初，由国家提出在一些行业试办“工业托拉斯”，并于 1964 年成立了中国汽车公司，行使汽车行业的计划管理功能。

“文革”开始后，工业托拉斯遭到批判，在“大办”的名义下，一大批中小企业建立起来，遍布全国各省市和 10 多个部门，这一时期是新增汽车企业最多、最快的时期。

在计划经济体制条件下所实行的以高关税、高国产化和高保护的“三高”政策，在汽车服务、贸易环节实行严格限制外商参与的政策，以保护我国汽车产业的发展。

不过，在计划经济时期，由于高度的统一管理，加之整个国家经济基础薄弱，虽然国家对汽车工业进行了种种保护，但发展效果却是一般。

2. 改革开放初期的中国汽车工业

我国于1986年开始实施的“七五”计划中提到：“把汽车制造业作为重要的支柱产业”。

国家有关部门按照高起点、大批量、专业化、联合发展的原则，以骨干企业为龙头，形成长春第一汽车制造厂、湖北第二汽车制造厂、济南重型汽车制造厂以及军工部门等汽车制造基地，同时改建、扩建一批技术比较先进的汽车零部件专业化生产企业。

从那以后，政府在政策上对轿车领域给予了特别的注意。1987年8月，国务院北戴河会议明确建设一汽、二汽和上海三个轿车生产点。此后，进一步认定轿车生产应按“高起点、大批量、专业化”的原则，重点抓好零部件生产及相关工业，加速提高国产化率。1988年，国务院在《关于严格控制轿车生产点的通知》中明确提出轿车生产布局的“三大三小”战略，即国家只支持一汽、二汽和上汽三个轿车生产基地(三大)和北京、天津、广州三个轿车生产点(三小)，而不再批准任何其他的生产点。惟一的例外是军工系统的奥拓和云雀。1989年3月发布的《产业政策要点》把已经批准的轿车项目列为国家重点支持项目。

这样的汽车工业布局，初步形成了我国汽车工业发展的格局，为今天的汽车工业发展奠定了基础。

3.《汽车工业产业政策》的影响

1994年，国家出台《汽车工业产业政策》，该时期产业政策的制定是为了使汽车生产基本满足国内市场需求，解决汽车行业发展的散、乱问题，实现规模经济，促进产业组织的合理化，增强企业集团竞争力和产品研发能力。国家促进汽车工业投资的集中和产业的重组。其分期目标是：在“八五”期间，重点扶持国家已批准的整车和零部件项目尽快建成投产，为下一步加快发展我国汽车工业创造条件；在20世纪内，支持2~3家汽车生产企业(企业集团)迅速成长为具有相当实力的大型企业，6~7家汽车生产企业(企业集团)成为国内骨干企业，8~10家摩托车生产企业成为面向国内外两个市场的重点企业。给予企业政策性贷款，减免税收和优先安排发行股票或债券等政策优惠。

《汽车工业产业政策》颁布后，汽车生产能力的建设成为汽车产业发展的主要目标。国家的这些政策在一定程度上刺激了汽车行业的发展，并随着经济的发展，居民消费水平的提高，汽车产业供需达到了一个新的高度。1992—1998年是中国汽车工业快速发展的7年，主要体现在：

第一，汽车、摩托车产量稳步增长，经济效益有所改善。1992年，全国汽车年产量首次超过100万辆，1998年生产162.8万辆，世界排名第10位。1997年，全国摩托车年产量突破1000万辆，1998年生产879万辆，成为世界摩托车生产大国，排名第1位。1998年，中国汽车工业产品销售收入2504.7亿元，工业总产值2527.8元。

第二，产品品种增加，开发能力增强。全行业汽车基本车型6大类120多种，各类改装汽车、专用汽车750多种，摩托车15个排量1000多种。主要企业集团用于研究开发的投资，一般为年销售收入的1%~2%，有的企业为3%~5%，除轿车产品外，具有一定的自主开发能力。

第三，生产集中度明显提高，经济规模初见端倪。1998年全国生产汽车162.8万辆，其中，14家汽车企业集团(公司)生产148.5万辆，生产集中度占全国年产量的91.21%。

1998年，全国生产轿车50.7万辆，占全国汽车总产量的31.14%。1998年，全国生产摩托车879万辆中，年产20万辆以上的11家，其生产集中度占全国年产量的60%。

第四，市场结构、产品结构趋向合理，产品质量进一步提高。1998年全国商用车(货车+客车)产量的轻(包括微)、中、重型车比例为78.5∶17.8∶3.7；全国货车产量的轻(包括微)、中、重型车比例为67∶27.7∶5.3；全国载货车与乘用车(轿车+客车)的产量比例为40.6∶59.4。1991年全国私人汽车保有量96万辆(其中:客车和轿车共30万辆)占当年全国民用汽车保有量606万辆的15.8%；1998年私人汽车保有量423.7万辆(其中:客车和轿车共230.7万辆)，占当年全国民用汽车保有量1319万辆的32.1%。全国千人汽车保有量，从1991年的5.2辆到1998年增长为10.7辆。

然而，从《汽车工业产业政策》的实施效果来看仍存在偏差，由于过分强调了汽车生产规模的重要性，对汽车产业的研发能力及形成方式考虑较少，加剧了行业内的盲目投资、盲目并购重组，导致了企业经营的恶化，以致政策的实施最终没有起到应有的作用。具体表现在：

(1) 建国初期的高关税导致竞争能力不足。多年来，汽车产业是被关税保护的幼稚产业，这使得中国的汽车产业组织缺乏效率，许多企业处于低效率的生产状态，导致整个产业陷入了投资分散、企业数量众多，但规模经济和市场竞争却严重不足的怪圈，对以后的改革造成巨大的障碍。

(2) 政策保护导致竞争力降低。国家为了优化资源配置，避免行业竞争，特别扶持了三大企业集团（一汽、东风、上汽）。在产业结构上，行业分隔清晰，但实质上，这种政策性保护，提高了行业的进入壁垒，而由严格控制的审批权和投资控制权形成的政策性垄断使民营资本难以介入。市场竞争严重不足，导致资源利用效率不高。

(3) 在引进外资中处于不利的地位。在国家鼓励各地吸引外资的情况下，由地方政府兴起的引资大战中，以低成本向外资提供各种优惠政策，虽然在短期取得一定的经济利润，长期来看不利于本土企业竞争力的培养。由于引进先进技术、设备在短期内立竿见影，容易满足决策者急功近利的心态。而创新，包括制度创新，过程缓慢，成效不快，往往导致决策者短视，并使中国汽车行业处于引进落后再引进再落后的尴尬处境。合资企业也逐渐沦为外资企业的附庸，产业空心化严重。

(4) 企业集团盲目求大，缺乏竞争力。为形成有效的产业规模和市场集中度而进行的大规模重组，使大部分项目由于经营绩效低下变成企业的承重负担。而这种合并收购在很大程度上带有浓厚的行政色彩，是一种形式上的上规模、上档次。

(5) 对汽车产品开发能力缺乏具体的政要求和保障措施。由于缺乏明确的产品开发政策支持，而单纯以市场换技术为主导，具体措施都是以“政策支持、鼓励”等模糊词语出，以及国家财力的限制，使产品开发成为一句空话。在跨国公司的先发优势下，国内企业既没有自主品牌，大多数企业也没有新车型的开发能力，在这种变化面前国内企业只能继续依靠政策上的保护维持生存。

4.《汽车产业发展政策》的作用

2004年颁布的《汽车产业发展政策》，从产业结构、产业组织、产业技术三方面对汽车行业做了详细的规定，主要内容有：

第一，从产业结构上，鼓励企业间战略重组，以资产重组方式发展大型汽车企业集团，国家规定大型企业集团的规模；鼓励企业以优势互补、资源共享合作方式结成企业联盟，鼓励企业联盟尽快形成以资产为纽带的经济实体。

第二，在产业组织层面，对汽车行业的准入条件、退出机制及新建项目的准入条件做了详细规定，制定《道路机动车辆管理条例》，并在投资规模和产品研发机构规模上限制新进入企业；在合资方面仍规定外方所占股份不超过50%，同一家外商可在国内建不超过两家的同类企业；对进口零部件构成整车特征的实施税收管理，鼓励企业进行品牌经营。

第三，在产业技术上，坚持引进技术与自主开发相结合的原则，支持汽车企业努力掌握汽车车身开发技术，突出发展节能环保、可持续发展的汽车技术等。

《汽车产业发展政策》的出台响应了我国加入 WTO 时作出的相关承诺，取消了与我国加入世贸组织所作承诺不一致的内容；新增加的汽车消费章节有利于保障汽车消费者的合法权益，推动汽车工业发展与社会使用环境相协调；对商标产品做出规定，鼓励开发具有自主知识产权的产品，有利于扶持国内的知名企业和优秀产品；引导汽车生产企业兼并、重组，有利于促进国内汽车企业集团做大做强。

5. 韩国汽车工业政策对我国的启示

我国的汽车工业与韩国有着很多的相似点。韩国汽车工业的发展模式，对我国的汽车工业有着非常积极的意义。

近年来，我国汽车生产量和消费量不断扩大，汽车工业增长速度令世人瞩目。然而，我国汽车自主品牌的国际竞争力与韩国汽车还存在一定差距。虽然目前我国自主品牌推出的改款车或新车的总量已全面超过合资品牌和进口品牌汽车的新车总数，但是我国自主品牌产品还多集中于低端市场，同时风险抵抗能力薄弱。在海外市场上，我国出口的汽车以中低档为主，主要面向发展中国家和地区，海外销售服务体系不完善，汽车出口秩序混乱。如何开拓自主品牌的国际汽车市场是对我国汽车出口的重大挑战，这迫切需要政府采取有力措施，加快汽车产品出口增长方式的转变，提高自主创新能力，推动自主知识产权产品出口，实现汽车工业的持续协调发展。在这样的背景下，如果能认真研究韩国政府多年来对汽车工业的调控和鼓励出口方面的政策、分析韩国政府在汽车产业取得国际竞争优势中的作用，对探索如何让我国汽车工业成为经济发展的支柱和主导产业、规范汽车出口秩序、转变出口增长方式、提高出口增长质量和效益、促进汽车工业健康发展、尽快参与世界汽车工业生产分工体系、确定具有比较优势的零部件生产环节和适应我国市场特点的整车市场，毫无疑问具有重大借鉴意义。

当然，我国不可能完全模仿韩国汽车工业发展的模式，因为现今的国际汽车生产分工形式已经发生变化，世界汽车工业的供求严重失衡，我国汽车业发展的国际国内市场环境都不同于当初韩国汽车工业的成长环境。况且，韩国政府的一些宏观调控政策也显然有失偏颇。例如，在产业政策方面，韩国政府通过生产许可管理、对汽车生产的不同领域进行划分、让不同企业分别垄断、限制产业内部企业之间的竞争等方式，让汽车企业做大做强。这不仅降低了企业的竞争激励，也影响了韩国汽车工业整体竞争力的增强。在企业管理方面，韩国政府为培育世界级的大企业集团，鼓励企业并购和多元化经营，将企业集团的快速扩张建立在政府金融支持和行政扶持的基础上，这导致银行资产负债比例失衡、企业资金和信用状况恶化、难以抵抗金融风暴的冲击。在技术研发方面，为维护韩国汽车工业的独立发展能力，韩国政府一直通过股权比例限制、外汇平衡和当地化要求等方式，对国外投资进行限制。虽然

这种政策对促进韩国形成独立完整的汽车工业体系发挥了重要作用，但同时也导致韩国汽车工业失去了与全球汽车生产体系之间实现有效分工协作的机遇，因而在汽车性能和质量上，韩国汽车企业与世界汽车大企业之间还存在一定差距。

5.2 习俗对汽车文化的影响与促进

如果说法律法规对汽车工业发展的影响是来自于官方管理意图的具体体现，那么习俗对汽车工业的发展以及对汽车文化的影响则属于民间性质的一种间接影响与促进，这种促进与影响同样不可忽视。

5.2.1 汽车的命名

一家汽车生产企业或一种车型，一般在其问世之初就已有了属于自己的名称。为了将自己的产品创成金字招牌，经营者们对企业或车型的命名给予了特别的重视。

汽车生产企业或者车型的名称，虽然只是一个符号，但由于被赋予了人为的相关含义，因而在一定程度上影响着人们的选购，也极大程度地丰富了汽车文化。

命名汽车生产企业或车型时，虽有“吉利、独特、易记、上口”的共同原则可供参考，但各家的命名方法却又不尽相同：“丰田”、“本田”、“福特”、“克莱斯勒”、“雪铁龙”、“雷诺”、“标致”等是以创业者的名字来命名的；“戴姆勒-奔驰”、“奥迪”等则因几家公司联合而得名；“东风”、“解放”、“跃进”带有明显的时代特征；“上海”、“北京”、“天津”则干脆直取企业所在地的地名……

车型的名称是消费者直接使用的产品名称，因而其命名与企业的命名相比更为关键。车型命名时既需使之符合“有名、有形”的基本原则(以便于呼叫和记忆)，又需具有独特个性及文化韵味的深刻内涵。

车型命名最基本的原则当然是便于呼叫。因而，一个响亮而顺口的汽车名称，肯定会便于朗读和传颂。“奔驰”(Benz)、“雪铁龙”(Citroen)、“马自达”(Mazda)、“法拉利”(Ferrari)等不仅读起来朗朗上口，而且词汇也显得铿锵有力。

所谓具有独特个性，是指车型的名称应该独具特色，使消费者能够从众多的汽车名称中作出有效的识别。如果某种新车型采用了与别人类似的名称予以命名的话，那么，它在推向市场以后恐怕就很难被消费者区分开来，甚至于会造成误认，从而影响销售。例如，“野马”、“烈马”、“战马”(美国)、“奔马”、“枪骑兵”(马,日本)、“法拉利”(马,意大利)、“小马”(韩国)、“保时捷”(马,德国)、“尼奥普兰”(马,德国)、“马自达”(日本)、“天马”(中国)牌等汽车都与“马”有关，尽管同样作为人类“坐骑”的汽车确实是现代意义上的“马”，但如果如此之多的“马”牌汽车在同一时期同一地域销售的话，肯定会引起名称上的混乱。

因此，车型命名时要尽量避免与别人已有的商标雷同，应该刻意创新出具有独特个性的商标。

所谓文化韵味，是指车型名称不仅要成为一个听觉信号、视觉图形，而且还要给人们以艺术上的享受。这样一来，既可美化人们的生活，又能使你的汽车平添三分魅力。另外，许多厂家在将自己的产品推向市场时，也希望商标中含有吉祥、珍贵之寓意。

作为丰田汽车公司的第一代豪华轿车，“雷克萨斯”一名是丰田人于20世纪80年代花3.5万美元请美国一家取名研究所专门命名的。之所以以此为名，原因在于丰田生产该车的主要目的在于出口欧美、参加世界上最大豪华轿车市场的角逐，与通用、福特、宝马、戴姆勒-奔驰等老牌豪华轿车生产厂家一决雌雄，借以改变丰田只能生产中低档车的公众印象。因此，当美国的取名研究所将五个备选名称提供给丰田以后，决策者们一下子就选中了读音与英文“豪华”（Luxe）一词相近的“雷克萨斯”（Lexus）。

“凯迪拉克”本是法国贵族、探险家、底特律创建者的名字。凯迪拉克汽车公司将自己的高级豪华轿车以他的名字予以命名，既是表示对他的敬意与纪念，也寓意着凯迪拉克汽车公司作为汽车业的先驱者，与凯迪拉克建立底特律城具有同样重要的意义。

在浩若烟海的汽车世界里，许多车名本身就带有浓郁的文化气息。开着“理想”、“完美”、“优越”，你会感到十分自信；选购了“经济”、“实惠”以后，你又会觉得自己十分精明；坐进“男子气概”、“原始人”之中会使你觉得自己是多么的男子气十足；而“先进”、“科学”、“技术”、“进步”又会使你联想到这些车可能具有许多现代化的功能；“泛美”、“美国人”、“爱国者”会使美国的消费者萌发出强烈的爱国之情；而“东风”、“解放”、“跃进”、“红旗”又会使中国人回想起过去的时光；“皇冠”、“林肯”、“元首”、“君主”、“命令者”趾高气扬；“士兵”、“哨兵”、“警卫”则对你忠心耿耿……

5.2.2　汽车的译名

当一种牌号的汽车准备出口时，一定要选择好另一种或几种语言的翻译名称。从某种意义上来说，这不亚于对产品的最初命名。对于不准确的翻译名称，不仅会影响到汽车的销量，而且对汽车文化也会产生消极的影响。

翻译家严复先生说过：翻译的标准是“信（忠实于原文）、达（通顺畅达）、雅（有文采和美感）”。基于这一原则，汽车出口商或进口商应该认真对待汽车的译名，在另一语言文化中创造出“形神兼备”的称谓。

皇冠（Crown）、世纪（Century）、前进（March）、骑士（Cavalier）、野马（Mustang）、云雀（Skylark）等显然属于意译，它们不仅字数少，而且朗朗上口。但若将美国车“Moke Californian”意译为“蠢驴，加利福尼亚人”却极不合适。遇到这种情况需要适当变更，“英加利福”或“英加利”等译称均比前者优雅。

有时无法采用意译就得采用音译。实际上，音译也有许多优秀的作品：菲亚特（Fiat）、雷诺（Renault）、波罗乃兹（Polonez）、马自达（Mazada）、桑塔纳（Santana）等就是成功的例证，而雪佛兰（Chevrolet）和雪铁龙（Citroen）则堪称汽车业优秀的音译代表。不过，太脱拉（Tatra）的音译效果却实在令人不敢恭维，因为它容易让人误听为“太拖拉”，而太拖拉的交通工具显然不会太好。

有时候，音、意结合的翻译方法可能会创造出一个更加响亮的名称。奔驰（Benz）、标致（Peugeot）、雷克萨斯（Lexus）、夏利（Charade）就是这方面的典范。很显然，这种译法要比单纯地音译成“本茨”、“别儒”、“列克萨斯”、“夏来多”好听也有意义得多。

在销售过程中，因翻译不慎，影响到汽车在域外销售的例子不胜枚举。

20世纪60年代中期，通用汽车公司推出了“Chevrolet NoVa”牌汽车，本指望能在墨西哥市场上发动的销售攻势中大获全胜，但结果却很不理想。原来，在英语中作为“新星”

的“诺瓦”（NoVa）一词，到了西班牙文（墨西哥的官方语言）中却变成了“不走”。不走的汽车还能有人买吗？

三菱汽车公司以“Pajero”为新开发的一种四轮越野车命名。“Pajero”是生活在拉丁美洲大森林中的一种野猫，这一称谓对于越野车来说无疑是十分恰当的。但在西班牙俚语中，该读音是一个猥亵的词意，人人避之不及。这样一来，三菱这种车型在当地销售失败也就在情理之中了。

福特汽车公司在将“艾特塞尔”（Edsel）销往南美的过程中也发现前景不妙，调查后得知原因在于该车的读音与当地广泛使用的一种伤风镇咳药相似，从而给人以“该车有病”的不良感觉。

类似的例子还有：“沃尔沃”（VOLVO）在拉丁语里是“翻滚”；大众的“杰特”（JATE）在意大利和阿根廷俚语里是“坏运气”；劳斯莱斯的“银雾”（Mist）在德语中为排泄物；在西班牙语里，福特的“费拉”是丑老太婆，而“福特”（Ford）一词本身又意味着“通常情况下每天都需要修理”……

当然，也不乏因改变了车的命名而使销售量大增的现象。日产汽车公司曾以“达特深”（Datson）为其新研制的一种小型客货两用车（欧美人将其称之为家庭杂役车）命名，尽管该车性能先进、用途广泛，但销售形势却很不乐观。原来英语“Son”的发音与日语“损失”的发音相同。因此，日本人认为此车不吉利而不愿购买，而欧美人则认为让自己的亲生“儿子”（Son）承担家庭杂役的工作于心不忍也不肯购买。后来公司在别人的建议下将Son改为Sun，以“达特桑”（Datsun）命名，结果销量大增。因为喜欢讨吉利的欧美人认为“Sun”（太阳）意味着光辉灿烂、前程似锦；而日本人则认为这样一改既避免了“损失”又与他们的“日出之国”暗中吻合。

5.2.3 车牌照的习俗

汽车的牌照，原本只是一块表征汽车惟一性的金属牌子，是因为交通管理部门为方便管理而出台的一项强制措施，但由于被赋予了许多人为的内涵，产生了许多有趣的故事。

1. 我国汽车牌照所经历的三个阶段

建国之后，我们国家的汽车牌照主要经历了三个阶段，分别被称之为49式车牌、92式车牌、02式车牌。

（1）49式车牌。1949年后，我国开始按全新模式对机动车进行牌照管理，采用“省市区名＋市/区代号（以数字表示）＋车的顺序号（5位）”，如：北京01-56789；山东14-12345。这种模式一直持续到1992年。

（2）92式车牌。1992年，采用“省市区简称＋市/区代号（以英文字母表示）＋车的顺序号（五位）”，如：京A-56789；鲁Q-56688；晋A-B0351等。92式车牌与49式车牌基本是一个思路。不过，在顺序号中出现的字母，是为满足数字不够用时扩展的，当编号超过10万时，就用A、B、C等代替。这种模式目前仍在广泛采用。

（3）02式车牌。为满足车主的个性化需求，2002年在四城市进行车牌改革试点，采用“省市区简称＋市/区代号（以英文字母表示）＋三位字母或数字＋三位数字”（图5-2），四城市产生的第一块个性化车牌是：深圳：粤B 860-068；北京：京A 123-456；天津：津A TJS-001；杭州：

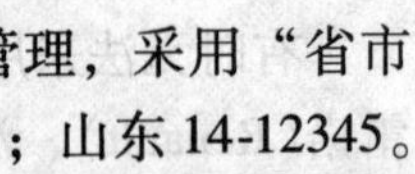

图5-2 2002式车牌

浙A WIN-100。

后来，由于受到一些质疑，这项改革被暂缓推行，但已选牌照的车主，可继续使用。

2. 汽车牌照的含义

为了便于区别不同使用性质的汽车，车辆管理部门采用了悬挂不同类型汽车牌照的做法。几种常见使用性质的汽车牌照如下：

大型民用汽车，牌照为朱红底，白字。

大中型客运汽车：牌照为黄底，黑字。

小型民用汽车：牌照为蓝底，白字(02式车牌为白底黑字)。

公安专用汽车：牌照为白底，红“GA”，黑字。

武警专用汽车：牌照为白底，红“WJ”，黑字。

警车：牌照为白底，红“警”，黑字(图5-3)。

图5-3　警车及其牌照

军用汽车：牌照为白底，红中文字：“甲、乙、丙……”黑字。

大使馆外籍汽车：牌照为黑底，白字及“使”字标志。

领事馆外籍汽车：牌照为黑底，白字及“领”字标志。

其他外籍汽车：牌照为黑底白字。

试车牌照：蓝底白字，数字前有“试”字标志。

学习车牌照：蓝底白字，数字前有“学”字标志。

临时牌照：白底红字，数字前有“临时”二字。

汽车补用牌照：为白底黑字。

车辆移动证：白底红字。

3. 我国民用车不同属地的牌照

在92式车牌中，所采用的是“省市区简称+市/区代号(以英文字母表示)+车的顺序号(五位)”的方式标注。各省(直辖市、自治区)所属地市的车牌号如表5-1所示。

表5-1　全国各地车牌号

省　份	简　称	市地车牌号分配
北京	京	A、B—出租及营运车；C、E、F、G—远郊区县；O—警察
黑龙江	黑	A—哈尔滨；B—齐齐哈尔；C—牡丹江；D—佳木斯；E—大庆；F—伊春；G—鸡西；H—鹤岗；J—双鸭山；K—七台河；L—松花江；M—绥化；N—黑河；P—大兴安岭；R—农垦系统
吉林	吉	A—长春；B—吉林；C—四平；D—辽源；E—通化；F—白山；G—白城；H—延边；J—松原
辽宁	辽	A—沈阳；B—大连；C—鞍山；D—抚顺；E—本溪；F—丹东；G—锦州；H—营口；J—阜新；K—辽阳；L—盘锦；M—铁岭；N—朝阳；P—葫芦岛；V—省直机关
天津	津	A、B、C、E—出租车
内蒙古	蒙	A—呼和浩特；B—包头；C—乌海；D—赤峰；E—呼伦贝尔；F—兴安；G—通辽；H—锡林郭勒；J—乌兰察布；K—鄂尔多斯；L—巴彦淖尔；M—阿拉善

（续）

省 份	简 称	市地车牌号分配
新疆	新	A—乌鲁木齐；B—昌吉；C—石河子；D—奎屯；E—博尔塔拉；F—伊犁；G—塔城；H—阿尔泰；J—克拉玛依；K—吐鲁番；L—哈密；M—巴音郭楞；N—阿克苏；P—柯尔克孜；Q—喀什；R—和田
宁夏	宁	A—银川；B—石嘴山；C—吴忠；D—固原
青海	青	A—西宁；B—海东；C—海北；D—黄南；E—海南；F—果洛；G—玉树；H—海西
甘肃	甘	A—兰州；B—嘉峪关；C—金昌；D—白银；E—天水；F—酒泉；G—张掖；H—武威；J—定西；K—陇南；L—平凉；M—庆阳；N—临夏；P—甘南
陕西	陕	A—西安；B—铜川；C—宝鸡；D—咸阳；E—渭南；F—汉中；G—安康；H—商洛；J—延安；K—榆林；U—省直系统(已取消)；V—杨凌高新区
西藏	藏	A—拉萨；B—昌都；C—山南；D—日喀则；E—那曲；F—阿里；G—林芝；H—驻四川车；J—驻青海格尔木车
四川	川	A—成都；B—绵阳；C—自贡；D—攀枝花；E—泸州；F—德阳；H—广元；J—遂宁；K—内江；L—乐山；M—资阳；Q—宜宾；R—南充；S—达州；T—雅安；U—阿坝；V—甘孜；W—凉山；X—广安；Y—巴中；Z—眉山
重庆	渝	A—市区(江南)；B—市区(江北)；C—永川；F—万区；G—涪陵；H—黔江
贵州	贵	A—贵阳；B—六盘水；C—遵义；D—铜仁；E—黔西南；F—毕节；G—安顺；H—黔东南；J—黔南
云南	云	A—昆明；B—东川；C—昭通；D—曲靖；E—楚雄；F—玉溪；G—红河；H—文山；J—思茅；K—西双版纳；L—大理；M—保山；N—德宏；P—丽江；Q—怒江；R—迪庆；S—临沧
山西	晋	A—太原；B—大同；C—阳泉；D—长治；E—晋城；F—朔州；H—忻州；J—吕梁；K—晋中；L—临汾；M—运城
河北	冀	A—石家庄；B—唐山；C—秦皇岛；D—邯郸；E—邢台；F—保定；G—张家口；H—承德；J—沧州；R—廊坊；T—衡水
山东	鲁	A—济南；B、U—青岛；C—淄博；D—枣庄；E—东营；F、Y—烟台；G、V—潍坊；H—济宁；J—泰安；K—威海；L—日照；M—滨州；N—德州；P—聊城；Q—临沂；R—菏泽；S—莱芜；O、W—省直机关
河南	豫	A—郑州；B—开封；C—洛阳；D—平顶山；E—安阳；F—鹤壁；G—新乡；H—焦作；J—濮阳；K—许昌；L—漯河；M—三门峡；N—商丘；P—周口；Q—驻马店；R—南阳；S—信阳；U—济源
安徽	皖	A—合肥；B—芜湖；C—蚌埠；D—淮南；E—马鞍山；F—淮北；G—铜陵；H—安庆；J—黄山；K—阜阳；L—宿州；M—滁州；N—六安；P—宣城；Q—巢湖；R—池州；S—亳州
江苏	苏	A—南京；B—无锡；C—徐州；D—常州；E—苏州；F—南通；G—连云港；H—淮安；J—盐城；K—扬州；L—镇江；M—泰州；N—宿迁
上海	沪	A、B、C—远郊区县；D、R—崇明、长兴、横沙三岛(不准上陆地)
湖北	鄂	A—武汉；B—黄石；C—十堰；D—荆州；E—宜昌；F—襄樊；G—鄂州；H—荆门；J—黄冈；K—孝感；L—咸宁；M—仙桃；N—潜江；P—神农架林区；Q—恩施；R—天门；S—随州
湖南	湘	A—长沙；B—株洲；C—湘潭；D—衡阳；E—邵阳；F—岳阳；G—张家界；H—益阳；J—常德；K—娄底；L—郴州；M—永州；N—怀化；U—湘西
江西	赣	A—南昌；B—赣州；C—宜春；D—吉安；E—上饶；F—抚州；G—九江；H—景德镇；J—萍乡；K—新余；L—鹰潭；M—南昌、省直系统
浙江	浙	A—杭州；B—宁波；C—温州；D—绍兴；E—湖州；F—嘉兴；G—金华；H—衢州；J—台州；K—丽水；L—舟山
福建	闽	A—福州；B—莆田；C—泉州；D—厦门；E—漳州；F—龙岩；G—三明；H—南平；J—宁德；K—省直机关

（续）

省　份	简　称	市地车牌号分配
广西	桂	A—南宁；B—柳州；C—桂林；D—梧州；E—北海；F—南宁；G—柳州；H—桂林；J—贺州；K—玉林；L—百色；M—河池；N—钦州；P—防城港；R—贵港
海南	琼	A—海口；B—三亚；C—琼北；D—琼南；E—洋浦开发区
广东	粤	A—广州；B—深圳；C—珠海；D—汕头；E—佛山；F—韶关；G—湛江；H—肇庆；J—江门；K—茂名；L—惠州；M—梅州；N—汕尾；P—河源；Q—阳江；R—清远；S—东莞；T—中山；U—潮；V—揭阳；W—云浮；X—顺德区；Y—南海区；Z—由我国港澳进入内地车辆

4. 挑选车牌的趣话

为了获得一块自己中意的车牌，许多车主颇费了一番心思。

在北京，车主要想给自己的汽车挂牌，曾经需要到各交通大队办理一张停车泊位证明（1998 年 3 月 1 日至 2004 年 1 月 1 日期间），这张需要花费上千元办理的停车泊位证明，不仅没有起到任何作用，而且催生了许多腐败，最终被废止了。

在上海，长期实行汽车牌照拍卖制度，车主想挂车牌，必须缴纳大约 3 ~ 5 万元的牌照竞拍费用。

在大多数地区，人们几乎都喜欢“8”、“6”、“9”、“7”等数字，总是想尽办法获得之，而对“4”（尤其是尾数）则敬而远之。某车主的一辆汽车被分配给了一个尾号为“0014”的牌号，郁闷了许久，一定要想办法换掉，因为他读出的含义是“动动要死”。

当然，也有的车主喜欢将自己的生日数字、姓名简拼等作为车牌号码，以便于自己的记忆。

5.2.4　中国车文化趣闻

由于受儒家文化的影响，中国的车文化很早就有了等级色彩，以致影响至今。

在车的结构及称呼上，有“辂车”、“淄车”、“役车”之分。即使在今天，尽管国家标准规定了汽车的类型只分乘用车和商用车两大类，但人们还是习惯于区分为“轿车”、“客车”、“货车”等。

在乘车礼仪上，有“尊者在左，御者居中，佑者在右”的规矩。今天，由于中国实行汽车“左驾右行”的交通规则，因而在轿车的座次方面有“左为大”的习俗，在客车的座次上，有“前排为上，左侧为大”的讲究。

在出行禁忌上，既有“七不出门——同休妻之七出，八不回家——同王八”之禁忌（沿海发达地区和部分落后地区），也有“要出走，三六九，要回家，二五八”（山东、河南一带）的习俗。即使今天，在中国北方的许多地区，依然流行着“往外走，三六九”的说法，说的是人们从家里出远门时，一般喜欢选择在农历“逢三、逢六、逢九”的日子，以讨个吉利。

无论国内还是国外，所有用车的禁忌，大多与车主为求得心理的平衡有关。这些习俗有的是消极的，也有的是积极的。随着时代的发展，有些习俗也在逐步改变，渐渐地演变成为了一种汽车使用的民俗文化。

【复习思考题】

1. 英国的“红旗法规”对传统工业强国的英国带来了什么样的消极影响?
2. 美国汽车产业政策的主要特点是什么?
3. 日本是如何制定政策促进汽车工业发展的?
4. 韩国的汽车工业产业政策,给予了我们什么样的启迪?
5. 中国的《汽车产业发展政策》主要有什么特点?
6. 我国49式车牌、92式车牌、02式车牌各是按照什么规则进行编排的?

【实践训练】

1. 为什么韩国汽车工业会取得如此之大的成就?
2. 写出10个你最喜欢的汽车商标名称。
3. 写出10个你最喜欢的外国汽车商标汉译名称。
4. 试举几例你所熟悉的本地汽车使用方面的趣闻。

第6章 赛场风云

【学习目标】

通过对本章内容的学习，你应该：

了解赛车运动的魅力；汽车赛事的发展历程；熟悉世界上著名的汽车赛事；熟悉不同时期世界上杰出的赛车手，以及他们对赛车运动做出的贡献。

【情境描述】

假设你是一位赛车手，你更愿意驾驶一辆具有什么性能的汽车？

你若观看电视节目，是否对赛车感兴趣？对什么样的赛车类型感兴趣？为什么？

【想一想】

1. 赛车运动为什么能长盛不衰？
2. 你知道的赛车品牌有哪些？
3. 你知道的著名赛车手有哪几位？

赛车运动，是当今世界上最激烈、最惊险、最刺激、最昂贵的体育运动。

汽车大赛主要是速度比赛，极具危险性，比赛中随时都可能发生翻车、撞车甚至车毁人亡的悲剧。尽管如此，为什么汽车比赛还能够长盛不衰，具有这样大的吸引力呢？主要原因是：

第一，汽车大赛有助于改善汽车性能。在汽车大赛中，为赢得比赛冠军，各大汽车公司集中了优秀的科技人员，并投入巨资研发赛车，福特公司就形象地把汽车大赛比作“高科技奥运会”。由于不受大规模生产的制约，并有较充裕的资金支持，科研人员可以提出各种新的想法、设计和工艺，并付诸实践。赛车的比赛环境大大超过了一般汽车的使用条件，在比赛中汽车的所有零部件都处于最大受力状态，对新技术的稳定性是极大的考验。汽车正常使用几年之后才会出现的问题，赛车可能在短短的几小时比赛之内就会暴露出来，节省了大量的时间，许多新技术在这种考验中被不断完善。因此，人们常把赛车场比喻成“强化的道路试验田”。汽车自诞生以来，技术水平的不断发展，在很大程度是依赖了各种汽车大赛对汽车所做的大量试验。

第二，赛车运动引领汽车技术潮流。在汽车大赛中推出的每一部新型赛车，几乎都代表着一家汽车公司甚至一个国家在汽车方面的最新技术水平。比较当前新型轿车与早期的赛车设计，不难发现它们之间有很多共同点，如较高的发动机转速、较大的压缩比、流线形的车身设计和较小的车身质量等，这在很大程度上代表了未来汽车的发展动态。

第三，赛车运动是最佳的广告。一场汽车比赛，尤其是国际性高水平的大赛能够吸引难以计数的现场观众及电视观众，每年16场的F1大赛能够吸引300多万现场观众和15亿多

电视观众。在比赛中获胜的赛车和车队是汽车制造商和比赛赞助商的最佳广告宣传载体，可以促进产品销售，为企业带来巨大的经济利益。

第四，赛车运动推进了汽车大众化进程。每年，除了职业性的汽车比赛，世界各地的汽车爱好者们还自发组织一些小型汽车比赛，这对汽车工业的发展有着另外一层意义。许许多多地方性的汽车俱乐部，联系着千千万万的赛车爱好者，其广泛性和群众性是汽车大赛无法比拟的。地方汽车俱乐部组织的比赛招徕了大量的参赛者和现场观众，通过比赛掀起了一阵阵的汽车热，传播了汽车文化，扩大了汽车爱好者队伍，培育了潜在的汽车制造、使用、维修方面的人才，开拓了汽车市场。

第五，赛车运动是人车一体的综合较量。与通常的体育运动相比，赛车运动不仅是车手个人技艺、意志和胆量的竞争，而且是汽车设计、产品质量的全面角逐，这种独具特色的双重运动，更能体现人类精英与高科技最完美的结合，体现出人类对大自然的征服能力。

6.1 早期汽车赛事

6.1.1 赛车运动摇篮期

世界上最早的汽车赛是1887年4月20日，由法国《汽车》杂志主编弗谢筹办的，从巴黎沿塞纳河直至努伊的汽车比赛。当时，参加比赛的只有乔基·伯顿一个人，他驾驶可乘4人、带脚蹬的蒸汽机四轮汽车，跑完了全程。

最早有多人参加的汽车赛是法国《汽车》杂志在1888年主办的汽车赛。在这次比赛中，伯顿超过了其他赛车手，获得冠军。全程20km，用了30min。

然而，国际汽车联合会认为，汽车比赛的诞生日应该是1894年6月11日。这一天。由法国《小人物》杂志的新闻负责人皮埃尔·吉法尔在巴黎组织举办了汽车比赛。比赛从巴黎经里昂返巴黎，赛程128km(80mile)，登记参赛的有102辆车，结果只有9辆车到达终点，蒸汽机汽车获得第一名，获胜汽车的平均速度为17km/h。其实，这128km的赛程是很辛苦的，车手中途需要停下来午休、用餐，而第一名的奖品只是一瓶香槟和两个熟鸡蛋。

1895年6月11—14日，由法国汽车俱乐部和《杰鲁纳尔报》联合举办的从巴黎至波尔多往返(全程1178km)的汽车赛，是世界上最早使用内燃机汽车进行的长距离公路赛。参加比赛的共23辆汽车，包括15辆内燃机汽车、6辆蒸汽机汽车和2辆电动汽车，跑完全程的有8辆内燃机汽车，1辆蒸汽机汽车。第一个到达终点的是标致公司的勒伐索，耗时48小时45分钟，平均车速24.16km/h。由于勒伐索的车乘坐了两人，违反了比赛规则，因此失去了获奖资格，反而使落后他6小时的凯弗林获得了冠军，得到了31000法郎的奖金。这次比赛，获得前4名都是标致车队的车手。

1895年11月28日，美国举行了首次汽车比赛。赛程从伊利诺伊州的芝加哥至埃文斯顿，全程86.9km(54mile)。美国的杜里埃汽车与德国的奔驰汽车跑完了全程，杜里埃汽车以7小时53分钟获胜。

1895年11月1日，由美国人查尔斯·布雷格·金格提出，在芝加哥成立了汽车联盟。11天后，法国巴黎以普拉斯·德·罗培拉4号作为总部，成立了法国汽车俱乐部。该俱乐部由祖宁任会长、戴狄安任副会长，这就是今天国际汽车联合会(FIA)的始祖。1904年6月

20 日，由法国、英国、德国、比利时等国发起组织了国际汽车联合会，简称“国际汽联”或“FIA”，当时总部设在法国巴黎，它是汽车运动的最高权力机构。

1896 年 9 月 7 日，在美国罗得岛的普罗维登斯的纳朗甘塞特公园举行了首次汽车环形线路跑道赛，每圈 1mile，一共 5 圈。结果驾驶莱卡电动汽车的 A·H·怀廷格，超过其他 7 名参赛者(其中 6 人驾驶内燃机汽车)获得冠军，时间为 15 分钟 1 秒 75 毫秒，平均速度约 32km/h。

1900 年 6 月 14 日，从巴黎至里昂之间的“格顿·贝纳特杯”汽车赛，是世界上最早的国际汽车赛。来自法国、比利时、美国、德国的选手，共驾 5 辆汽车参加比赛，跑完全程的只有 2 辆。法国人夏伦以平均速度约 62km/h 的车速，获得这次锦标赛的冠军。

在赛车运动的最初阶段，摇篮中的赛车运动还有过两次危机。在 1901 年和 1903 年分别出现了赛车撞人的伤亡事故。汽车赛随后被法国、西班牙政府禁止。

后来，法国政府向社会压力做出了妥协，同意恢复汽车比赛。但也为赛车运动设立了一个规矩：今后组织汽车比赛，赛道两旁必须围上护栏，这便是封闭赛道的开端。

6.1.2　赛车运动黄金期

1901 年，在赛车史上是一个标志性的年份。这一年，梅赛德斯推出了一款划时代的新车，该车配备 4 缸 26kW(35hp)的发动机、蜂巢式散热器设计、全钢结构车身、电磁点火系统、充气轮胎……经过改进，发动机排量最终提升到 9L，动力达到 43kW。此时，真正的赛车才开始在赛场上出现。

后来，为了追求高速，发动机越做越大，而车身设计、制动、轮胎的发展却远远落后，使得比赛中意外频发。1906 年，美国人克里斯蒂首次开发了在赛车上使用前置发动机前轮驱动的结构，最引人注目的是将排量为 45.9L 的巨大 V 形发动机置于赛车前面。该车行驶时，排气管发出巨大的吼声，如同猛狮怒吼。

1914 年，法国汽车大奖赛首次制定了限制发动机排量(4.5L)的规则。在这次比赛中，德国人首创利用编队战术取胜的先例。他们精心选择了 5 辆性能优良、最高速度可达 180km/h 的梅赛德斯汽车参赛。比赛一开始，梅赛德斯车队的一辆车引诱性地狂奔，上年度的冠军法国人乔治·波尔特只好紧追不舍，结果，两辆车都因发动机过热而运转异常，不得不让出领先地位，而波尔特的标致车发动机在最后一圈则出现破裂，退出了比赛。结果，梅赛德斯车队的其他汽车囊括了比赛的前三名。除了战术外，德国队取胜的另一个原因还要归功于赛车发动机。在该款赛车上，4.5L 的发动机独占了发动机设计史上的三个第一：第一个采用顶置凸轮轴机构；第一个采用每缸 4 气门配置；第一个采用每缸 3 个火花塞点火。正是由于采用了这些先进技术，发动机的功率才达到了空前的 86kW。设计此发动机的人正是大名鼎鼎的戴姆勒的长子保罗·戴姆勒。

在 20 世纪初的前 10 年，美国人受尽了在所有比赛中让欧洲人拿走车队冠军、车手冠军的羞辱。自 1909 年起，美国的赛车运动开始向西部扩军，在西部修建完成了许多赛道，最出名的是 1 英里或 2 英里的椭圆形赛道。这种赛道建造较快，采用较经济的木材作为原料，但赛道的修建，开始重视转弯和曲折的设计。

从 1917 年起，美国汽车协会 AAA(American Automobile Association)组织的全国冠军联赛全部采用椭圆形赛道。其中很多木质赛道，被人们称为“起动机轰鸣的木板”。在这段时间，赛车设计经历了一场革命，过去一味追求大功率的赛车已不再适应。赛车设计更加注重

操控性和机动性，制动性也得到了很大改进，发动机则要求在各种速度时都要有上佳表现。1914 年时的赛车结构，在以后的 40 年中都没有大的变化。

第一次世界大战期间，虽然没有举办汽车比赛，但欧洲的工程师们却从战争中学到了很多技术，他们打通了一条通往先进科技的道路。一战后，意大利开始统治欧洲车坛，美国和欧洲在汽车方面的科技差距开始拉大。

美国的汽车制造商生产了许多车身瘦长的赛车，如米勒 122，那是他们为竞速赛道量身定做的。而在欧洲，菲亚特汽车公司正在研制高转速顶置凸轮轴发动机，与之匹配的则是轻质量的底盘，这种组合使车速达到了 105km/h。在 1922 年的法国斯特拉斯堡大奖赛上，纳兹拉驾驶这辆菲亚特轻松夺冠。这次比赛是赛车史上的第一次集中发车。

1923 年，专为大奖赛设计的 FIA-T805 问世，它安装了增压器，设计中还进行了风洞实验。但在 1923 年的法国大奖赛上，它却被一辆英国车击败。这辆英国的“阳光”是 1922 年菲亚特的抄袭版。从此以后，菲亚特加强了保密工作，使用自己单独的人马，车手也固定为波尔多纳和纳兹拉。

阿尔法·罗密欧在 P1 赛车的基础上，于 1924 年生产了大奖赛赛车 P2。结果 P2 轻松赢得了 1925 年全年大奖赛的年度车队总冠军。P2 自此保持全胜，直至在法国蒙特瑞大奖赛发生事故，导致意大利著名车手安东尼奥·阿斯卡利在比赛中身亡为止。之后，阿尔法·罗密欧因感觉参赛过于昂贵，退出了比赛。

这时，席卷全球的经济危机爆发，它对欧洲的政治、经济、社会生活产生了很大的冲击。赛车的黄金时代也宣告结束。

6.1.3 经济危机中的赛车运动

安东尼奥·阿斯卡利和美国车手 Resta, Jimmy Murphy, Joe Boyer 的死，使安全问题成为了赛车运动最需要解决的迫切问题。加上经济危机对赛车运动的冲击，国际体育组织给赛车运动制定了许多规则限制，包括关于赛车的排量、重量等规定，实际是在逐渐给赛车定了一个方程式(Formula)。关于方程式，第一个被清楚地制订的“方程式”是 FIA 在 1904 年所做的，就是限定赛车的最低车重。

随着经济危机的解除，欧洲于 1928 年对赛车的各种限制取消，比赛得以恢复，而美国则于 1930 年恢复了赛车运动。实际上，经济危机虽对赛车运动有所冲击，但赛车运动并没有停滞下来，相反，几年的时间为欧洲孕育了一代伟大的车手和出色的赛车，如瓦齐、凯龙、卡拉齐奥拉、车王努沃拉里(图 6-1)等。这一时代的比赛，也是赛车史上的经典。

图 6-1 塔吉奥·努沃拉里在 1939 年 9 月 3 号赢得战前最后一个大赛冠军后跳下赛车

恩佐·法拉利在谈及 30 年代初的赛车时曾说：“努沃拉里是最出色的，而瓦齐是他最强有力的对手。”那时候，车手都驾驶自己国家的赛车参赛，努沃拉里驾驶阿尔法·罗密欧，卡拉齐奥拉驾驶梅赛德斯，凯龙驾驶布加迪。但随着 1932 年阿尔法·罗密欧 P3 的出世，这种均衡被打破了。阿尔法·罗密欧的车手努沃拉里、卡拉齐奥拉和伯若尼驾驶这辆梦幻赛车赢得了以后的几乎所有比赛，直到它退出比赛。

1934 年，赛车有了一种新的限制，总重量不能低于 750kg。这时德国政府开始拨款支持奔驰车队和汽车联盟车队，所以，德国的赛车运动进入了一个快速发展时期，使得赛车的技术、动力、速度和比赛的观赏性都有很大进步。

6.2　著名汽车赛事

随着赛车运动的发展，赛车运动的种类也越来越多。

目前的汽车比赛可以划分为三大类：第一类是由 FIA 组织举办的，主要有 F1（世界一级方程式锦标赛）、WRC（世界拉力锦标赛）、FIA-GT（世界汽车耐力赛）、FIA WTCC（世界房车锦标赛）等四大赛事；第二类是由机构举办，获得 FIA 批准的汽车比赛，比较有影响的有赛事有 A1 大奖赛、勒芒 24 小时汽车赛、美国印第 500 英里汽车大奖赛、巴黎-达喀尔拉力赛、德国房车大师赛、卡丁车赛等；第三类是由民间组织举办的汽车比赛。

6.2.1　FIA 四大赛事

1. 世界一级方程式锦标赛（F1）

世界一级方程式锦标赛的英文正式名称为“FIA Formula World Championship”，其中，“Formula”是规则与限制的意思，1 代表是方程式比赛中级别最高的，F1 管理公司是 FOM，总部设在伦敦，第一场 F1 大奖赛举办于 1950 年银石。

F1（图 6-2）是当今世界最高水平的汽车比赛，它与奥运会、世界杯足球赛并称“世界三大赛”。

图 6-2　F1 大赛赛道角逐

（1）赛事安排。目前，F1 共有 11 支参赛车队，每场比赛最多只有 22 位车手上场，每年规划有 16 站比赛，通常在三月中开赛，十月底结束。具体比赛地点和时间安排都由国际汽车联合会确定。每站比赛的赛事组织、车队工作、电视转播等各个方面都井井有条。今天的 F1 比赛，可以说是一项科技力量、团队精神、车手智慧与勇气的集合体。

（2）赛车。第一场汽车场地赛于 1905 年在法国举行，当时人们对汽车比赛没有任何限制。比赛的胜负在很大程度上取决于汽车自身的发动机功率。1950 年，国际赛车运动联合会出于安全和汽车技术发展的需要，颁布了赛车规则，对汽车自重、车款、车厂、发动机功率、发动机排量等技术特性都作了一系列规定，使赛车运动更趋于公平，于是便有了“方程式”的概念。

目前，方程式汽车赛有三个级别：三级方程式（F3）发动机排量 2L，功率不大于 125kW；二级方程式（F2）发动机排量 3L，功率不大于 350kW；一级方程式（F1）发动机排量 3.5L，功率 440～515kW。

（3）车手。参加比赛的车队和车手必须持有 FIA 认可的执照，全世界拥有这种执照者每年不足 100 人。

所有参加 F1 比赛的车手，都是经过千挑万选的车坛精英。每一名车手在晋级 F1 大赛前，都必须经过多层次的选拔，如小型赛车，三级方程式赛、三升方程式赛车等，历尽千难万险，才能获得由 FIA 颁发的“世界超级汽车驾驶员驾驶执照”，亦即获得 F1 大赛的驾车资格。在 1950—1995 年间，总共只有 564 名车手参加过这一赛事，其中：英国 137 人（占 24%），意大利 77 人（占 14%），法国 65 人（占 12%），美国 44 人（占 8%），德国 38 人（占 7%），瑞士 21 人（占 4%），比利时 20 人（占 4%），阿根廷 19 人（占 4%），巴西 18 人（占 3%），南非 18 人（占 3%），世界其他国家 107 人（占 17%）。

每个车队要有两辆车参加比赛，并指定赛车手代表车队驾车出赛。当赛车手出意外时，可另外指定车手参赛。但任何车手和车队不可以随意缺赛。

（4）比赛规则要点。

① 排位赛。排位赛是决定正式大奖赛赛车出发时的排位顺序。在正式比赛的前一天，在指定的一个小时中，每个车队的车手要在赛道上竞速，以单圈最快成绩（每辆车最多允许跑 12 圈）来排顺序，决定次日的出发排位顺序。

② 起跑。临近比赛开始，开始暖胎圈，以确保车手安全。如果此时赛车熄火，则将在出发时排在最后，车手原来的车位空缺。暖胎后，各车回到发车位，5 盏发令灯一盏一盏地亮，全亮后当 5 盏一起熄灭时，方可起跑。如此时赛车还是熄火不能发动，将退出比赛。

③ 比赛中。赛车如果发生意外，轻度可重新回到比赛，严重的退出。如赛车熄火，车手能在 10s 内重新起动，可继续比赛。当赛会认为事故或环境引起危险时，会舞动黄旗，此时一般不许超车。若赛会认为比赛实在是无法进行下去，可以宣布停止比赛，延迟再赛。当领先的赛车反超慢车时，赛会会舞动蓝旗，示意慢车赶快让路。

④ 维修站。赛车比赛中途可以进维修站换胎、加油或维修。进维修站的时间算入比赛时间。进入维修站后，为保证工作人员安全，车速必须低于 50km/h，否则将被处罚。每辆车都将进入自己车队的维修站中，车手不得出赛车。

⑤ 终点。车手的最后成绩以赛车最先触到终点线垂直平面的时间为准。此时赛会舞动方格旗，过终点后可以绕场庆贺一圈。

⑥ 处罚。在维修站中超速，将被罚进维修站停 10s；如果阻挡反超的领先车，将被罚进维修站停 10s。

⑦ 比赛结果。根据比赛名次，得取积分，第 1～8 名的得分分别为 10、8、6、5、4、3、2、1 分。取得以上名次的车手可以在个人积分上加上相应的分数，他所代表的车队也将获得相应的积分。

（5）记录。F1 历史上，最高车速的记录是巴西车手埃尔顿·塞纳所创造的全场平均速度 325km/h。而 F1 历史上的极速 367 km/h 则是由蒙托亚于 2005 年在意大利蒙扎赛道创下的。

F1 车手中最著名的车手是 2006 赛季结束后退役的德国车手迈克尔·舒马赫，他一共获得了 7 次世界冠军，并且创造了诸多赛车界里的纪录，在世界体坛享有很高的声誉。

2. 世界拉力锦标赛(WRC)

世界汽车拉力锦标赛(World Rally Championship)始于1973年。这项赛事将各国单独举办的汽车拉力赛冠以世界锦标赛的头衔，是FIA四大赛事之一。

拉力赛的赛段为各种临时封闭后的普通道路，包括山区和丘陵的盘山公路、沙石路、泥泞路、冰雪路等，也有无法封闭的沙漠、戈壁、草原等地段。复杂的地形和漫长的赛程不仅考验车手的车技和经验，还要考验领航员的配合、车辆的性能以及维修的能力，被誉为世界上最残酷的汽车拉力赛。每年全球有近10亿人次通过各种方式观看WRC比赛。

(1) 赛事安排。为争夺系列赛冠军宝座，WRC每年在世界各地举行14~16站比赛，每一分站通常比赛3天，在事先设定的赛道上划出了20~30处特殊赛段(Special Stage)，每个赛段最短3km，最长可达30km。在各赛段上每隔2~3min有一辆赛车出发投入比赛，总成绩以车手在各赛段时间累计分出胜负，用时最少排名最前。

(2) 赛车。参赛车辆必须为各大汽车厂家年产量超过2500辆的原型轿车，同时对于赛车改装后的尺度、重量以及排量、功率等都有严格的限制。

赛车分为原厂组(Group N)和改装组(Group A)两大组别，A组与N组又依排量不同各分为4个小组(表6-1)，每站比赛每组最少要有5辆赛车参赛，否则必须强迫晋升上一级比赛。

表6-1　世界拉力锦标赛赛车分组

组　别	赛车发动机排量			
原厂组	N4	N3	N2	N1
	2000mL以上	1601~2000mL	1401~1600mL	1400mL以下
改装组	A8	A7	A6	A5
	2000mL以上	1601~2000mL	1401~1600mL	1400mL以下

(3) 比赛规则。WRC赛车上除了车手还有一名领航员(Co-Driver)，领航员通过阅读纪录赛段路况的笔记来帮助车手快速通过障碍。车手在领航员的配合下，任凭大雾弥漫或风雪交加，以超出人们想象的速度驶过每一处弯道，在完全看不见竞争对手的情况下(错开出发时间)进行比赛(图6-3)，以最短时间完成比赛的车手将赢得胜利。而在比赛之外的行驶路段，赛车与普通民用车一样，需要遵守交通法规，连红灯都不能闯。

图6-3　世界拉力锦标赛比赛现场

在每个比赛分站，各取前8名，分别获得10、8、6、5、4、3、2、1的积分，车手所得积分可成为车手本身和车队年度的积分。参赛车手及领航员转战全球各地，战胜包括砂石、冰雪、柏油、泥泽、雨地在内数千千米的种种恶劣地形，去累计各分站的积分，全年总积分最高的一对车手和领航员成为当年的世界冠军。

3. 世界汽车耐力赛(FIA-GT)

FIA-GT 的赛事从 1997 年开始正式开赛，是 FIA 组织举办的另外一项重要赛事。

(1) 赛车(图 6-4)。参赛车必须以量产车为基础制作而成，车重约 1100kg，最大功率为 450 ~ 600hp(1hp = 735.499W)，雨胎必须有超过 25% 之面积为排水槽。赛车不必加装催化转换器，也不限定噪声。为了增加赛事的观赏性，设置了获胜车手加重制度。

图 6-4　FIA-GT 赛车

基于降低参赛成本的考虑，从 1999 年起，FIA-GT 赛事取消了 GT-1 级组的比赛，仅限符合 GT-2 规格的赛车参赛，先前如 McLaren F1、Porsche 911 GT1、M. Benz CLK GTR、Lotus ELISE GT1 等 GT1 等级的超级跑车被迫离开此一赛事，仅能在利曼 24 小时及区域性保留 GT1 级组的 GT 赛事出赛。

(2) 车手。GT 的参赛车手，必须持有 FIA 发给的 C 级以上赛车执照，通常都是比较有经验而且平均年龄要较大些的人，其中更不乏前 F1 或其他赛事转战的车手，还有很多是富豪阶层人士自发组队亲自下场参赛，如 Philippe Charriol 钟表的老板 Philippe Charriol 先生就是其中之一。

(3) 比赛规则。FIA-GT 每场比赛赛程以 500km 或 3 小时为度，比赛采取动态起跑规则。每部车有 2 ~ 3 名车手，每位车手最多只能持续驾驶赛程距离的 55%。在自由练习到测时赛期间，每部车限用 4 套干胎，正式比赛时的轮胎使用数量并无限制，但不可使用轮胎加温器。比赛过程中，赛车进加油站、修理站、换车手、换轮胎、加油时只能由两位技师同时进行。每一站取车队参赛车成绩最佳的前两部累积车队积分。每站比赛获胜的前五名车，必须接受加重，第一名加重 25 kg、第二名加重 20 kg、第三名加重 15 kg、第四名加重 10 kg、第五名加重 5 kg。但在整个赛季，每车累积 100 公斤为上限。所加额外配重在下一站赛后，并且成绩在第六名之外方可减重，第七名减重 5kg、第八名减重 10kg、第九名减重 15kg、第十名减重 20kg、第十一名及以后减重 25kg。每次减重以 25kg 为限。

4. 世界房车锦标赛(FIA WTCC)

世界房车锦标赛(World Touring Car Championship)是 FIA 于 2005 年新推出的一项全球性汽车赛事(图 6-5)，它的前身为 ETCC(Europe Touring Car Championship)欧洲房车锦标赛。自 2002 年起，赛程安排为每年 10 个分站，除了延续 ETCC 原有的欧洲分站以外，增加了中美洲的墨西哥、欧亚交界的土耳其以及亚洲中国的澳门三站比赛，其中，中国澳门被指定为全年的收官之战。

图 6-5　世界房车锦标赛现场

(1) 赛车。参赛车辆必须以量产房车为基础，发动机排量不能超过2000mL，采用自然吸气方式，功率在250～270hp(1hp=745.700W)。

（2）比赛规则。每站比赛分两回合(每回合8圈)进行，并颁发冠军车手和冠军车厂两个奖项。每站成绩计前8名，第1～8名的得分分别为10、8、6、5、4、3、2、1分。

6.2.2　其他著名汽车赛事

1. A1大奖赛

A1世界杯汽车大奖赛(A1 Grand Prix)是经过FIA批准的一项国际性的大型汽车赛事。A1赛事带有浓厚的国家概念，享有“赛车运动世界杯”的美誉。

A1大奖赛是首次以国家为单位进行参赛的一项赛车运动。每次比赛有25个国家参加，这些国家占据世界人口总数的80%。

A1大奖赛为参赛国、国际品牌以及国际组织创造了一个在全球范围内展示形象的平台，借助“赛车运动世界杯”，赞助商可以随自己国家一同跻身这项独一无二的运动。

A1世界杯汽车大奖赛于每年9月至次年3月为一个赛季，每年举办14场左右的分站比赛，举办时间基本与F1错开。在F1休战的日子里，A1很好地填补了这个空档，让世界赛车迷多了一种娱乐方式。

（1）赛车。与F1赛车相比，A1赛车(图6-6)具备两个特点：

第一，赛车规格型号全部统一。A1赛车由A1大奖赛发起人——阿联酋王室成员马克托姆出资设计，由英国罗拉赛车公司负责制造底盘，搭载Zytek发动机，并由组委会统一组织运输。这样做的好处是直接避免了像F1那样，由于各支车队的经费差异而导致赛车性能的差别，而在尖端科技日益发达的今天，赛车性能的优劣在很大程度上影响甚至左右着比赛的结果。因此，A1赛事变得更加公平，同时也更加考验车队技术人员对赛车的调校水平以及车手驾驭赛车的能力。

图6-6　A1赛车

第二，A1赛车更加安全。无论从功率、转矩还是最高时速来看，A1赛车都要逊于当今的“速度之王”F1赛车，但A1赛车使用了最坚固的车身及底盘材料，对车手的保护措施是世界一流的。

（2）比赛规则。根据A1大赛参赛规定，所有参赛选手必须使用相同规格的高水平单座方程式赛车，各参赛国只准组建一个车队代表该国参赛，每支车队只允许一辆赛车参赛，赞助商必须是本国品牌，车手必须拥有该国国籍。

A1世界杯汽车大奖赛是一站比赛为期3天，星期五为练习赛，星期六进行排位赛，备用车手也可以参加排位赛。星期日进行一次15～20分钟的短程赛，也被称为冲刺赛，之后进行1小时左右的正赛。

2. 巴黎-达喀尔拉力赛

巴黎-达喀尔拉力赛(法文:Le Dakar)是世界上行程最长的拉力赛。虽然名称为拉力赛，

但事实上是一个远离公路的耐力赛。比赛需要经过的地形比普通拉力赛的要复杂且艰难得多，参赛车辆也都是真正的越野车。大部分赛段都远离公路，需要穿过泥浆、草丛、岩石和沙漠等路段。每天行进路程为几公里到几百公里不等。

1977 年，该项赛事的创始人泽利・萨宾在沙漠中迷了路，无意间发现了一个很适合进行拉力赛的地方，于是他于翌年创办了该项赛事。最早拉力赛的路线由法国巴黎至塞内加尔达喀尔，只在横渡地中海时，比赛会暂时中断。

今天，比赛会于每年 1 月 1 日准时开始，80% 的参赛者都是业余选手。大约有 180 个国家和地区的电视、广播、报纸、杂志报道。

比赛路段分布在宽阔甚至漫无边际的撒哈拉沙漠、毛里塔尼亚沙漠以及热带草原，与 WRC 相比，基本上没有现成的道路。车手和领航员除了依靠组委会的路线图以外，还要借助 GPS 全球定位系统，才能到达和通过每一个集结点。

比赛从法国巴黎出发，乘船渡过地中海，在利比亚登陆，然后穿越撒哈拉沙漠、非洲草原和热带雨林，最后抵达塞内加尔首都达喀尔，行程 13000 多公里，历时近 20 天。

该赛事为多车种的比赛，共分为摩托车组、小型汽车组(包括轿车和越野车)以及货车组(图 6-7)。赛车号码依次以 1、2、3 开头，如 105，表示摩托车组的第 5 号赛车，208 表示小型车组的第 8 号，312 则表示货车组的第 12 辆赛车，而工作车则以 4 为开头数字。

a) b) c) d)

图 6-7 巴黎-达喀尔拉力赛

a) 摩托车在参赛 b) 小型汽车在参赛 c) 货车在参赛 d) 获奖庆贺

3. 勒芒 24 小时汽车耐力赛

勒芒 24 小时耐力赛(法文:24 Heures du Mans)是在位于巴黎西南 200 千米的小城勒芒举行的重大赛事，其影响力仅次于 F1。它与 F1、WRC 并称为世界最著名和最艰苦的三大汽车赛事。自从首届比赛于 1923 年举行以来，除了二战前后的几年(1936 年,1940—1948 年)未举行之外，勒芒耐力赛从未间断过，至今已经举行了 77 届。

勒芒赛事对汽车的性能和车手的耐力都是极大的考验，而且比赛的危险性也很高。赛道是将当地的高速公路和街区公路封闭成一个环行路线，单圈长为 13.5km 的沥青和水泥路面。比赛一般从第一天的下午四点开始，持续进行 24 小时。每部赛车由 3 名赛手轮流驾驶(1980 年中期以前为 2 名赛手)，以最高将近 400km/h 的时速连续奔跑，换人不换车，所有的加油、换胎和维修时间都包括在 24 小时以内。最后，行驶里程最多的赛车获得冠军。一昼夜下来，成绩最好的赛车行驶大约 5000km。

由于不像 F1 那样对汽车技术进行严格限制，参赛厂商们不惜血本，将发动机、悬架、材料等各个方面最先进的技术都应用于赛车之上。1988 年的标致 P88 赛车创下了 405km/h 的极速，这也是欧洲赛车史迄今为止的最快速度。

4. 直线竞速锦标赛(NHRA)

这是汽车场地比赛项目之一。比赛按不同车型及发动机排量分为 12 ~ 14 个级别，在两条并列长 1500m、各宽 15m 的直线柏油跑道上进行，实际比赛距离为 1/4mile 或 1/8mile。

比赛时每两辆车为 1 组，实行淘汰制，分多轮进行，直至决出冠军。采用定点发车方法，加速行进，通过电子仪器测量从发车线到终点线的行驶时间评定成绩。使用特别设计制造的活塞式或喷气式专用赛车，以汽油、甲醇或煤油为燃料，车重 500 ~ 1000kg(图 6-8)。其中“高级酒精发烧友(TAFC)”级发动机容积 8930mL，输出功率 2500hp，速度 382km/h；“三脚架高级燃料车(TFD)”级发动机容积 8127mL，输出功率 5000hp，速度可达 460km/h；“喷气发烧友”级的发动机输出功率达 10000hp。

5. 美国印第 500 英里汽车大奖赛

印第车赛(Indy Car Series) 于 1996 年由 Tony George 从原联邦卡特系列赛(CART)中分离出来而创办。该赛事隶属 FIA 赛车俱乐部之一，名义上受其管辖，但实质上赛事基本自行操作。

比赛使用车辆的整体结构类似一级方程式的四轮外露式单座位纯跑道用赛车，发动机 8 气缸，乙醇为燃料，输出功率约 600hp。

赛程根据赛道类型不同，从较短的 280km 到 800km。

印第 500 英里大赛是美国车坛最重要的赛事，奖金最高，现场观众最多。印第 500 英里大赛跑道为固定的椭圆形跑道，长 4.02km，大赛全程应跑 200 圈。

6. 卡丁车赛

卡丁车(图 6-9)是方程式赛车的最初级形式，始于 1940 年。由于许多著名的 F1 赛手都是从卡丁车起步的，因此卡丁车被视为 F1 的摇篮。

卡丁车赛(Karting)属于汽车场地比赛的一种，分方程式卡丁车、国际 A、B、C、E 级和普及级六类，共 12 个级别。

赛车使用轻钢管结构，无车体外壳，装配 100mL、125mL 或 250mL 汽油发动机的 4 轮单座位微型赛车，重心低，在曲折的环形路线上行驶，比赛速度感强。

图 6-8　直线竞速比赛

图 6-9　卡丁车赛

6.3　赛场风云人物

在数十年的 F1 赛场上，产生过许多英雄般的车手，他们依靠自己的技术、意志以及人车合一的高度配合，夺得了一次次比赛的胜利，创造了一个个传奇。1950—2009 赛季的世界冠军名单及获胜赛车(车队)如表 6-2 所示。

表 6-2　1950—2009 年世界冠军名单及获胜赛车(车队)

年份	车手		赛车	
	姓名	国别	牌号	国别
1950	法拉利	意大利	阿尔法·罗密欧	意大利
1951	范吉奥	阿根廷	阿尔法·罗密欧	意大利
1952	阿斯卡利	意大利	法拉利	意大利
1953	阿斯卡利	意大利	法拉利	意大利
1954	范吉奥	阿根廷	奔驰 + 玛莎拉蒂	德国-意大利
1955	范吉奥	阿根廷	奔驰	德国
1956	范吉奥	阿根廷	蓝旗 + 法拉利	意大利
1957	范吉奥	阿根廷	玛莎拉蒂	意大利
1958	霍托恩	英国	法拉利	意大利
1959	布拉海姆	澳大利亚	库伯：克拉马斯	英国
1960	布拉海姆	澳大利亚	库伯：克拉马斯	英国
1961	P·希尔	英国	法拉利	意大利
1962	G·希尔	英国	BRM	英国
1963	克拉克	英国	莲花：克拉马斯	英国
1964	约翰·舒尔蒂斯	英国	法拉利	意大利
1965	克拉克	英国	莲花：克拉马斯	英国
1966	布拉海姆	澳大利亚	布拉海姆：列布科	澳大利亚
1967	荷尔梅	新西兰	布拉海姆：列布科	澳大利亚
1968	G·希尔	英国	莲花：福特	美国

（续）

年　份	车　手		赛　车	
	姓　名	国　别	牌　号	国　别
1969	斯图尔特	英国	玛塔拉：福特	美国
1970	林特	奥地利	莲花：福特	美国
1971	斯图尔特	英国	泰利尔：福特	美国
1972	菲蒂鲍尔迪	巴西	莲花：福特	美国
1973	斯图尔特	英国	泰利尔：福特	美国
1974	菲蒂鲍尔迪	巴西	麦克拉伦：福特	美国
1975	劳达	奥地利	法拉利	意大利
1976	亨特	英国	麦克拉伦：福特	美国
1977	劳达	奥地利	法拉利	意大利
1978	安德拉蒂	美国	莲花：福特	美国
1979	舍克特尔	美国	法拉利	意大利
1980	琼斯	澳大利亚	威廉姆斯：福特	美国
1981	皮盖特	巴西	布拉海姆：福特	美国
1982	罗斯伯格	芬兰	威廉姆斯：福特	美国
1983	皮盖特	巴西	布拉海姆：宝马	德国
1984	劳达	奥地利	麦克拉伦：保时捷	德国
1985	普罗斯特	法国	麦克拉伦：保时捷	德国
1986	普罗斯特	法国	麦克拉伦：保时捷	德国
1987	皮盖特	巴西	威廉姆斯：本田	日本
1988	塞纳	巴西	麦克拉伦：本田	日本
1989	普罗斯特	法国	麦克拉伦：本田	日本
1990	塞纳	巴西	麦克拉伦：本田	日本
1991	塞纳	巴西	麦克拉伦：本田	日本
1992	曼塞尔	英国	威廉姆斯：雷诺	法国
1993	普罗斯特	法国	威廉姆斯：雷诺	法国
1994	舒马赫	德国	贝纳通：福特	美国
1995	舒马赫	德国	贝纳通：雷诺	法国
1996	达蒙·希尔	英国	威廉姆斯：雷诺	法国
1997	维伦纽夫	加拿大	威廉姆斯：雷诺	法国
1998	哈基宁	芬兰	迈克拉伦：奔驰	德国
1999	哈基宁	芬兰	迈克拉伦：奔驰	德国
2000	舒马赫	德国	法拉利	意大利
2001	舒马赫	德国	法拉利	意大利
2002	舒马赫	德国	法拉利	意大利
2003	舒马赫	德国	法拉利	意大利

（续）

年份	车手		赛车	
	姓名	国别	牌号	国别
2004	舒马赫	德国	法拉利	意大利
2005	阿隆索	西班牙	雷诺	法国
2006	阿隆索	西班牙	雷诺	法国
2007	莱科宁	芬兰	法拉利	意大利
2008	汉密尔顿	英国	迈克拉伦	意大利
2009	巴顿	英国	布朗 GP	英国

按照历史年代的排列，在 F1 赛场上最为杰出的车手依次是：范吉奥、普罗斯特、塞纳、舒马赫。

6.3.1 传奇车手胡安·曼纽尔·范吉奥(Juan-manuel Fangio)

阿根廷车手范吉奥(1911—1995 年,图 6-10)，曾经于 1950—1958 年间参加了 9 个赛季的 F1 比赛，在所参加的 51 次大赛中，获得过 29 次排头位出赛的机会，赢得了 23 次分站冠军、5 届年度世界冠军和 2 次亚军。范吉奥是整个 20 世纪 50 年代的传奇性人物，直到他 1995 年去世，获得 5 个世界冠军的记录还是没有人能够打破。在 20 世纪的最后一年，他被授予了“20 世纪最杰出运动员”的称号。

图 6-10　传奇车手范吉奥

范吉奥擅长于后来居上的精彩表演，1957 年在纽伦堡举行的德国汽车大奖赛上，尽管他当时已有 46 岁的“高龄”且四获世界冠军；尽管因他的赛车中途发生故障而使两名年轻的英国车手超前了 56s；尽管具有 88 个左转弯、84 个右转弯、全长 16km 的纽伦堡赛场是世界上最艰难的赛道，最后他还是以 2s 之差获得了亚军。

人们怀念他，一是因为他于 38 岁才参加一级方程式比赛，否则，不知道还将有多么大的成就在等着他呢！二是因为他先后驾驶阿尔法·罗密欧、奔驰、法拉利、玛萨拉蒂获得过世界冠军，淡化了赛车的因素，被人称为“艺术大师”。三是因为他最后一次夺得世界冠军是 1957 年，而在 1958 年因感觉自己已经不处于最佳状态突然宣布退役，极其明智。

6.3.2 教授车手阿兰玛丽·帕斯卡尔·普罗斯特(Alain Prost)

法国车手普罗斯特出生于 1955 年 2 月 24 日，曾获得四次 F1 世界冠军，是法国最伟大的 F1 车手(图 6-11)。从 1987 年到 2001 年间，他一直保持着 F1 赛事分站冠军的纪录，迈克尔·舒马赫直到 2001 年的比利时大奖赛才超越普罗斯特 51 个分站冠军的纪录。1993 年赛季末，获得了第四次一级方程式世界冠军后，普罗斯特宣布退休。

普罗斯特原本属于卡丁车赛手，在他的 13～19 岁阶段赢得了好几个卡丁车赛的冠军。

图 6-11　普罗斯特拿到职业生涯第一个世界冠军

1980 年进入 F1 麦克拉伦车队。第二年又加盟雷诺车队，成为爱国的典范。1983 年，他向世界冠军发起冲击，未果。1984 年，重返麦克拉伦车队后，普罗斯特开始大踏步前进。尽管他在 1985—1989 年间获得了三次世界冠军，但却总是生活在队友塞纳的阴影之下，于是，他转到了法拉利车队。在取得了一连串的胜利之后，他又开始休假。就在人们以为他将就此退出赛车界时，他却在 1993 年时又加盟威廉姆斯车队，并于 1993 年赢得第四次世界冠军。他和塞纳竞争的那几年是 F1 历史上最为辉煌的时代。

他在转向盘后一直保持着平稳、轻松的风格，被人们赞誉为“教授”的绰号，他用那具有智慧的驾驶方式去竞赛，能够根据不同的比赛条件熟练地调校他的赛车。

尽管普罗斯特拥有充满智慧的头脑和最好的赛车，也只能收获四次世界冠军。因为他出言谨慎、遇事冷静、行为规矩、缺乏激情。所以，和斯图瓦特、劳达一样不受车迷的喜爱，甚至在他的家乡法国也是如此。退役之后，他开始经营车队，却成绩平平。

6.3.3　一代车神埃尔顿·塞纳(Ayrton Senna)

出生于 1960 年 3 月的巴西车手塞纳(图 6-12)是一颗耀眼的赛车巨星。他不仅在晴天比赛时是一名优秀车手，就是在乌云翻滚、暴雨倾盆的恶劣条件下，也能以他超人的胆量和娴熟的技术在赛道上奋勇争先。在塞纳的职业车手生涯中，不乏雨中夺魁的出色纪录，他的第一次 F1 冠军就是在雨中创造的，因而有“雨中塞纳”的美称。

图 6-12　一代车神埃尔顿·塞纳

赛纳在其职业生涯中共出赛161次，65次首发，41次称雄分站赛，三获世界冠军。但好景不长，1994年5月1日，当他代表威廉姆斯车队出战圣马力诺大奖赛时，却魂断赛场、命赴黄泉。那天，当他跑至第七圈的一处转弯时，赛车因失控而以300km/h的速度冲向了水泥防护墙(相当于从123层高的楼上坠地)。尽管他的躯体没有受到任何伤害，但那巨大的惯性力却使他的大脑严重受损，4小时后不治身亡。

对于巴西人来说，他们最骄傲的两项成就来自于足球和赛车，足球场上的黑珍珠贝利和赛车场上的黄头盔塞纳，是象征巴西这两项运动成就的代表人物。

他的死震惊了整个巴西乃至全世界。巴西公报称："巴西失去了一位向世界显示巴西人才能的勇敢正直的青年"；巴西总统宣布"全国为塞纳悼念三天"；在为塞纳举行国葬的5月5日，圣保罗全城停止了一切商业活动，上百万人沿途为其送葬。

塞纳可以称之为F1史上的传奇人物，他的死让FIA真正开始重视车手的安全问题。他死后出台的安全规则与防护，让塞纳成为目前F1史上最后一位丧生在赛道上的车手。

6.3.4 纪录王迈克尔·舒马赫(Michael Schumacher)

出生于1969年的舒马赫(图6-13)是一名德国车手，他是现代最优秀的F1车手，在他16年的职业生涯中，几乎刷新了每一项纪录。总共赢得7次总冠军(是惟一赢得总冠军的德国车手)，91分站冠军，68次首发，76次单圈最快，1369分的职业生涯积分。

图6-13 F1纪录王迈克尔·舒马赫

舒马赫出身于一个德国中产阶级家庭，父亲是一个卡丁赛车场的负责人，这种条件使他自幼即有机会从事卡丁车运动。舒马赫很早就开始参加卡丁车赛，1984、1985年连续两年取得德国青少年卡丁车总冠军，1987年获得欧洲卡丁车总冠军，出色的表现使他受到了梅塞德斯-奔驰车队的赞赏，选拔他参加F3以及房车赛事。

1991年8月，舒马赫获得了F1乔丹车队老板艾迪·乔治的赏识，得到了乔丹车队测试车手的席次，因而得到机会进入F1。初次出赛的舒马赫驾驶没有竞争力的乔丹赛车在排位赛取得了惊人的第七位成绩，受到不少车队的瞩目。

1994年，舒马赫在前两站连续击败开赛前最被看好能够夺下本年度世界冠军的塞纳。第三站塞纳不幸车祸身亡，之后他一度在积分榜遥遥领先，终于赢得个人第一个世界冠军。

1995年，舒马赫在全年17站中赢得9座分站冠军，追平了尼格·曼赛尔的纪录，并且卫冕成功。令人感到不可思议的是，在比利时站排名第16名起步，结果仍然夺冠。

2001年，舒马赫整个赛季均保持领先，在比利时站，舒马赫打破了阿兰·普罗斯特保持的最多分站冠军(51胜)的记录。最终舒马赫轻松地蝉联冠军，这是他第四次获得年度冠军。

2002年，舒马赫以压倒性的优势，全年获得破纪录的11座分站冠军，并且创下赛季内每场比赛皆登上颁奖台的纪录。最终舒马赫提前六站于法国站封王，成为传奇车手范吉奥之后第一个连续三年夺取世界冠军的车手。

2003 年，迈凯轮车队和威廉姆斯车队崛起，舒马赫仅以微弱的优势在最后一站才艰苦地战胜了对手迈凯轮车队的奇米·雷克南，以及威廉姆斯车队的胡安·巴布罗·蒙托亚，第六次夺得车手总冠军，打破了范吉奥五次夺冠的纪录，同时也为法拉利车队连续四年夺得车队总冠军。

2004 年，舒马赫气势如虹，开季连胜五场，不过在摩纳哥站的隧道中与蒙托亚碰撞而退出比赛，但之后又创下七连胜的纪录，在开季后的十三场比赛一共取得十二场的胜利，重现了 2002 年绝对优势。比利时站结束后，他以绝对的优势第七次夺得车手总冠军。并获得了创纪录的 148 分。

2006 年，舒马赫在第四战圣马力诺站得到第 66 次杆位，打破了塞纳保持的纪录。不过在摩纳哥站的排位赛中，舒马赫在最后阶段故意将赛车停在了赛道中央，迫使其他车手减速慢行，来确保个人的杆位。在经过了 FIA 长达 8 小时的调查后，排位赛成绩被取消，这是他职业生涯的一大污点。在意大利站赛后(2006 年 9 月 10 日)，舒马赫正式宣布将在 2006 年赛季结束后退休。

【复习思考题】

1. 汽车运动的魅力何在?
2. 著名的汽车赛事有哪些?
3. 赛车运动经历了哪几个特殊的时期?
4. 方程式赛车是如何定义的，它有几个级别的竞赛?
5. 法拉利车队哪年开始参加比赛，一共获得了多少次冠军?
6. 舒马赫获得了几次冠军，几次打破世界纪录?
7. 为速度而生的汽车品牌有哪些?

【实践训练】

1. 早期的赛车运动，为什么会兴起并一直长盛不衰?
2. 试述 F1 运动对当今社会体育、经济、文化的影响。

第 7 章　在发展中逐步改善的汽车

【学习目标】

通过对本章内容的学习，你应该：

了解并掌握汽车在整个发展过程中逐步完善的主要安全技术、智能导航技术、节能环保技术。

【情境描述】

假设你是一名驾驶员，你更看重你所驾驶车辆的哪方面性能，希望你的车辆在哪方面能够得到进一步的改善？

【想一想】

1. 汽车发展的动力来源于哪里？
2. 为什么“安全、环保、节能”是当今世界汽车工业发展需要重点解决的三大主题？
3. 汽车工业的高速发展给我们的生活带来了什么？

汽车发明至今已有 120 多年的历史，在其发展的过程中，时刻面临着需要解决的安全、环保和节能三大问题。通过对这三大主题的不断研究、解决，汽车才得以不断地完善。

7.1　交通事故与汽车安全性

汽车因其具有高速、灵活、舒适、机动等特性，给人们的生活带来了极大的便利，但同时也给人类带来了很多悲剧。

蒸汽汽车问世不久，在行驶中便撞到了附近兵营的墙上，这可以说是世界上最早的一起汽车安全事故。为了交通安全，1858 年英国开始实施世界上最早的交通法。随着交通工具的现代化和汽车绝对数量的急剧增长，交通事故也在不断增加，已经成为了严峻的社会问题。

据初步统计，汽车交通事故造成的死亡人数在这 100 年内大约有 2 千多万。这个数字比第一次世界大战中死亡的人数还多，是第二次世界大战死亡人数的一半多。可见，对于人类来说，汽车交通事故的总体伤害与经济损失规模已大于任何一种自然或其他社会灾害所造成的损失规模。交通事故已成为“世界第一公害”，而中国是世界上交通事故死亡人数最多的国家之一。从 20 世纪 80 年代末中国交通事故年死亡人数首次超过五万人，至今，中国(不含港澳台地区)交通事故死亡人数已连续十余年居世界第一。

汽车的安全性是按交通事故发生的前后加以分类的。一方面，在交通事故发生以前采取安全性措施，特别当即将出现危险状态时，驾驶员操纵转向盘进行避让或者进行紧急制动，以避免交通事故发生，这种安全称为主动安全，也可称为预防安全；另一方面，事故发生后尽量减少交通事故和乘员直接遭受伤害的程度，以保证乘员和行人的安全，这种安全称为被动安全，也可称为冲突安全。

7.1.1　主动安全技术

汽车安全一直受到汽车制造企业、汽车消费者以及各国政府的普遍重视和关注。

在汽车工业发达国家，巨大的人力、财力、物力被不断投入到汽车安全性的研究领域，并制定了大量相关的汽车安全性标准，如国际标准(ISO)、欧共体标准(ECE)、联合国欧洲经济委员会标准(EEC)以及各个国家标准(其中美国联邦机动车安全标准FMVSS及日本的汽车安保基准颇具影响)。尽管各国安全标准千差万别，但由于汽车工业的国际化特征，汽车大国之间通过双边及多边的合作不断对汽车安全标准、法规加以协调、整合，使该领域的国家边界日益模糊。

尽管汽车的被动安全技术可有效减轻事故灾害，但其主动安全技术更为重要，可以避免人员及车辆损伤，而且可以避免由于交通堵塞引起的巨大间接经济损失，做到了防患于未然。

目前，提高汽车的主动安全性，主要是通过以下几个方面的技术加以实现的。

1. 视认特性

驾驶员在行车中所感觉到的道路、车辆等信息的准确性将直接影响汽车的主动安全性。良好的视认特性是汽车主动安全性的重要组成部分。行驶过程中，大约95%以上的外部环境信息是通过人的观察收集的。

视认特性包括：视野性能、被视认性、防眩目性等。其中视认性能包括前方视野(直接视野)、后方视野(间接视野)以及特殊环境下的视野性能(包括寒冷、雨天及夜晚时的视野)；被视认性则通过车辆示宽、紧急闪烁、报警、反射等信号装置加以实现。

2. 车辆底盘电子综合控制装置

该装置是汽车主动安全技术中非常引人注目的装置，也是各大汽车企业显示技术实力的重要象征，因此，发展中的汽车主动安全技术在此得以集中体现。

驾车过程就是人、车、环境三者间信息交流的过程，构成人、车、环境信息流的闭环系统。车辆性能的完善取决于闭环系统中的人、车、环境三者间相互协调与各自特性的最佳匹配，即实现系统内驾驶员行为特性、车辆机械特性以及道路设施和交通法规之间的最优协调，以追求系统整体的最佳效益。这种先进的汽车主动安全技术研究成果，体现了人机一体化的系统工程学观点。

3. 信息传递技术

驾驶员在操纵和控制汽车时，必须不断地从各方面获得所需信息。信息传递系统收集的人、车、环境三者的信息经过处理后，除了服务于车辆底盘电子综合控制装置外，还可以输出对驾驶员更加有用的深加工信息，甚至包括驾驶员注意力状况，并用数据或图像显示，帮助驾驶员更加完整地获得信息，及时处理各种情况。

汽车上普遍安装的主动安全装置有以下几种：

(1) ABS(Antilock Braking System)防抱死制动系统。ABS系统的作用是使汽车在制动时，充分利用车轮的附着力，使车轮处于最佳制动状态，缩短制动距离，同时保证汽车制动

方向的稳定性，防止产生侧滑和跑偏。应用了 ABS 后，交通事故的减少情况为：摩托车 10%；轿车和轻型货车 8%，公共汽车 4%，重型货车 10%，平均减少 7.5%。

ABS 通常是由车轮转速传感器、制动压力调节装置、电子控制装置和 ABS 警告灯组成的。

（2）ASR（Acceleration Slip Regulation）驱动防滑控制系统。采用 ASR 的主要目的是防止汽车驱动轮在加速时出现打滑，特别是在下雨、下雪、冰雹、路面结冰等摩擦力较小的特殊路面上，当汽车加速时将滑动率控制在一定的范围内，从而防止驱动轮快速滑动。它的功能一是提高牵引力；二是保持汽车的行驶稳定。

行驶在易滑的路面上，没有 ASR 的汽车加速时，驱动轮容易打滑，后轮驱动的车辆容易甩尾，前轮驱动的车辆容易方向失控。有了 ASR，汽车在加速时就不会有或能够减轻这种现象。转弯时，如果发生驱动轮打滑，会导致整个车辆向一侧偏移，当有 ASR 时就会使车辆沿着正确的路线转向。最重要的是车辆转弯时，一旦驱动轮打滑就会使全车向一侧偏移，这在山路上是极度危险的，装备了 ASR 的汽车，一般不会发生这种现象。

（3）ESP（Electronic Stability Program）电子车身稳定系统。ESP 是可以有效防止车辆在遭遇突发状况时发生打滑失控情形的电子系统，最早由德国 Bosch 公司发明。由于 ABS 系统不能解决在湿滑路面起步和加速出现的打滑问题，更不能避免汽车在行进中出现的侧滑问题。为此，在 ABS 系统的基础上，Bosch 公司又研发了制动力分配 EBD 和驱动防滑转 ASR 系统，进而在 1995 年又推出了 ESP。ESP 系统是属于汽车主动安全控制系统，它是 ABS + EBD + ASR 的发展与延伸，其主要作用如下：

① 适时监控功能。监控驾驶员的操控动作、路面反应、汽车运动状态、制动状态等。

② 主动干预功能。主动调控发动机转矩、车轮驱动力、制动力，抑制汽车的前轮或后轮侧滑，抑制汽车转向不足或转向过度。

③ 事先提醒功能。当驾驶员操控不当或路面异常时，汽车会出现失控现象，此时 ESP 系统警告灯会点亮和蜂鸣器鸣叫提醒。

通常 ESP 都是和 ABS/EBD/BAS/ASR 等电子辅助系统相互整合在一起的，但由于各家汽车制造商的策略不同，电子稳定系统的名称也不尽相同。例如：Alfa Romeo、Infiniti 称为 VDC，BMW、Jugear 和 Land Rover 称为 DSC，Mercedes-Benz、Chrysler、Citroën、Dodge、Opel 和 Peugeot 称为 ESP，Acura 称为 VSA，Ferrari 称为 CST。

ESP 系统由计算机、转向感知器、加速踏板侦测控制器、车轮感知器、侧滑传感器、横向加速度传感器等组成。当一辆没有配备 ESP 的车辆在高速入弯时容易产生转向过度或转向不足的现象，而在作出紧急闪避动作时车辆也容易出现失控情形（图 7-1 外侧车）；而一辆配备有 ESP 的车辆在遇到上述情况时，ESP 会收集信息分析车况并对车轮的制动力进行控制，以修正转向过度或转向不足的现象，并可保持紧急闪避动作后的车辆动态稳定性，避免失控（图 7-1 内侧车）。据调查，ESP 系统能有效降低 30% 的车祸死亡率。

4. 四轮转向控制技术

四轮转向是指后轮也和前轮相似，具有一定的转向功能，不仅可与前轮同向转向，也可与前轮反向转向。其主要目的是增强轿车在高速行驶或者在侧向风力作用下的操纵稳定性，改善低速时的操纵轻便性，在轿车高速行驶时便于由一个车道向另一个车道的移动调整，以及减少调头时的转弯半径。如图 7-2 所示为四轮转向的越野车。

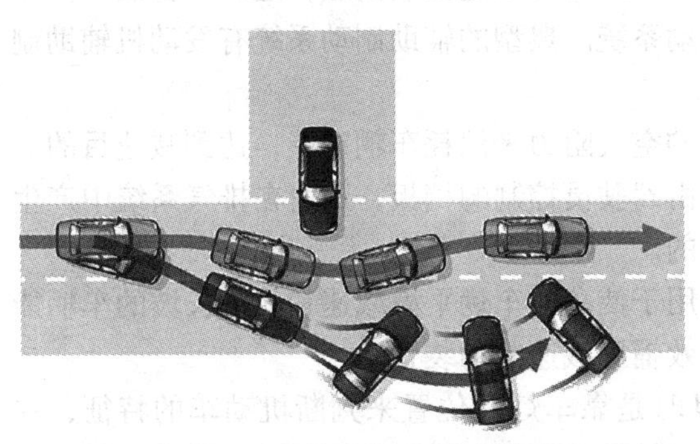
图 7-1　装有 ESP 系统车辆紧急制动时的情况

图 7-2　四轮转向的越野车

四轮转向装置按照前后轮的偏转角和车速之间的关系分为两种类型：一种是转角传感型，另一种是车速传感型。转角传感型是指前轮和后轮的偏转角度之间存在着一定的因变关系，即后轮可按前轮偏转方向做同向偏转，也可做反向偏转。车速传感型是根据事先设计的程序规定当车速达到某一预定值时(通常为 35 ~ 40km/h)，后轮能与前轮同向偏转；当低于某一预定值时，则与前轮反向偏转。目前的四轮转向轿车既有采用转角传感型，也有采用车速传感型，还有两者兼而用之的。马自达 929 型轿车的四轮转向具有两种类型的特点。

从汽车转向的基本过程看，无论采取怎样的转向形式，都是使汽车在转弯时产生重心的平移和绕着重心的转动，这两种运动的结合促使汽车完成了转向的过程。当汽车转向盘的转角和车速都确定下来的时候，前轮转向汽车的行驶状态是单一的，而四轮转向汽车的行驶状态则会随着后轮与前轮之间的角度不同或相同而变得多种多样，这是两轮转向和四轮转向的根本差别所在，也是后者比前者优越的关键之处。汽车前轮转向时，会产生一个作用在前轮的侧向力，这时后轮也会产生一种离心力，这种作用力就会使车辆在垂直轴线方向上产生一个转矩，增大了倾翻作用力使车辆不能稳定。而有四轮转向装置的汽车，前后轮会相互配合，减弱倾翻作用力，侧滑也会减少，从而保障了行车安全。汽车直线行驶时，由于受到车速和路面侧向风的影响经常会走偏。有四轮转向装置汽车的微处理机会根据车速和前轮转角加以计算，确定后轮的转角数值，以变动对变动来保持汽车行驶的稳定性。

5. 其他主动安全技术

(1) 轮胎气压报警装置。轮胎气压对车辆的安全性能有很大影响，当气压显著下降时，极有可能发生轮胎破裂爆炸，引发重大交通事故，所以应该经常检查轮胎气压。有时在汽车行驶中越过突起路面或异物时，轮胎气压急剧下降，为此丰田公司开发了检查轮胎气压异常下降的技术(装在 1996 年面市的马克Ⅱ型轿车上)。该装置能检测轮胎气压，并在仪表板上装有报警灯，当轮胎气压发生异常时会立即向驾驶员报警。驾驶员发现轮胎气压下降，就可以及早发现轮胎的破裂情况，并防止操纵稳定性和燃油经济性的下降。

(2) 辅助制动系统。从车辆本身看，防止高速行驶时车辆恶性交通事故发生的有效措施之一是及时控制其运动能量。在常规制动系统中，是通过“摩擦”将运动动能等转换为热能的方式来减小运动动能的，为了加快这一转化过程，只有加大制动强度，其结果是导致车轮抱死，轮胎早期不均匀磨损以及制动车辆失去稳定性。为了防止这种现象的发生，采用了 ABS、ESP 等控制系统，但却加速了制动摩擦片的磨损，尤其是在下长坡制动时，不能避

免出现制动热衰退和制动效能下降等危险状况。为及时有效地控制高速，达到平稳制动停车的目的，在常规制动系统的基础上增设辅助制动系统。典型的辅助制动系统有发动机辅助制动、排气制动和缓速器减速制动系统。

发动机制动是在发动机熄火后，用压缩时的空气阻力来消耗车辆动能，达到减速目的。

排气制动是在发动机排气管装安装一个可由驾驶员控制的挡板，从而在排气系统中产生阻力，消耗车辆运动动能，达到减速行驶的目的。

缓速器是配合常规制动系统使用的，主要用于使高速车辆平稳减速和使下长坡的车辆能保持某一车速而不必频繁使用制动器的一种高效辅助减速制动装置。

(3) 反光安全车身。传统车身在光线不良时是靠车灯及位置来判断机动车的特征，在车辆灯光不齐全时，驾驶员和行人判断失误多，易发生交通事故。为克服这些弊端，开始应用反光安全车身。该车身白天和普通车身一样，但在黎明、傍晚、浓雾等光线不良的天气时，可使其他车辆的驾驶员和行人在远处就能清楚看到车身的外观特征和运动特征，提高了驾驶员和行人判断的精确度，做到及时避让。经测定，浓雾时反光安全车身比普通车身视野距离可提高5～30m，夜间可提高50～300m。

7.1.2 被动安全技术

被动安全可上溯到20世纪50年代。美国空军上校J·P·Stapp也许算不上家喻户晓的大人物，然而对那些每年被一些汽车上的被动安全装置从鬼门关救回的人来说，他肯定算得上个伟大的发明家。20世纪50年代，作为空军医生的他注意到，如果人体落地时有物体如草垛、车顶等作缓冲，从高空坠落并不一定能引起严重伤害。据此，他考虑能否把此规律付诸车辆碰撞时的乘员保护，因为那时美军交通事故引起的伤亡超过了战争减员。他志愿作了高速滑车冲击试验，由于被牢牢地固定在了滑车上，以及滑车在碰撞时的适当变形，所以尽管受到了一定的振动，但这位勇敢者却安然无恙。从现代角度看，这次并不算复杂的试验具有非凡的历史意义。因为那时的车身刚度很大，碰撞时不能产生很大变形，未被吸收的能量使车厢内的驾驶员在事故中与车身内饰件产生剧烈的碰撞，这就是我们通常说的二次碰撞。

人们普遍有个错觉，感觉事故车辆损伤越小，乘员就越安全。然而在这点上正体现了汽车的主动安全和被动安全的迥异思路。我们知道，可以将汽车交通事故全过程中的汽车安全性分为四个阶段：事故预防、事故回避、碰撞安全、碰撞后防止灾害扩大。按照事故发生的前后分，汽车的安全可以分为主动安全和被动安全，前者是在事故发生之前采取的措施，后者是在事故发生后减少事故损害的措施。由于对人员的保护是主要的，所以说适量的车身变形是必要的，即我们的着眼点应在保护乘员而不是车辆上。

保护汽车乘员的想法最先产生于美国。1952年，美国汽车生产者联合会在理论上阐述了这样一种汽车安全系统的必要性。与此同时，这种系统的原理图也绘制了出来。20世纪60年代以后，汽车被动安全技术被全面应用。汽车上普遍采用的被动安全装置有以下几种。

1. 汽车座椅安全带

早在100多年前，欧美国家的马车座位上已经有了安全带。1922年，参加比赛的赛车开始使用安全带。20世纪40年代，通用汽车公司率先在别克汽车上将安全带作为标准配置。1955年，福特汽车装用了安全带。1968年，美国规定轿车面向前方的座位均要安装安全带。

今天普遍使用的三点式安全带是1959年瑞典沃尔沃公司的工程师尼尔斯发明的，这种安全带为世人所接受始于1967年，当时，美国发表了《28000宗意外报告》，当中记录了1966年瑞典国内所有牵涉沃尔沃汽车的交通意外，数字清楚地显示，三点式安全带不但能够保住事故车辆中乘员的性命，更能在超过半数的个案中，降低甚至避免乘员受伤的机会。自此，安全带开始在全球普及，步美国后尘，欧洲和日本等发达国家都相继制定了汽车乘员必须佩戴安全带的规定，我国也于1992年颁布通告，规定从1993年7月1日起，所有小客车在行驶时，驾驶员和前排座乘员都必须使用安全带。

三点式安全带（图7-3）的第一次改革在1968年，当时一种名叫固定转芯的小装置，首次应用在前座安全带上，3年后后座也开始采用了。由于可以容许乘员有更多的活动自由，省去了因适应不同乘员的体形而作出特别调校的麻烦，而且闲置时也不会碍手碍脚，因此巩固了现代安全带的模式。不过，直到1986年，后排中间的座位才成功安装三点式安全带，令全车乘员都可以得到周全的安全保护。1990年，早已把三点式安全带列为所有座位标准装置的沃尔沃汽车再进一步，增设了一种附加设备——安全带束紧器（Belt Tensioner），它能够借感应器于制动时作出的反应，收紧安全带，加强保护力。

a）

b）

图7-3　三点式安全带

a）前排座使用的三点式安全带　b）后排座使用的三点式安全带

据估算，自安全带面世以来，全球已有长达1000万km的安全带被安装进了超过10亿辆的汽车内，其长度足以围绕地球赤道250圈。无数生命因安全带而获救，安全带自身也获得了“生命保护绳”的美誉。

2. 安全气囊

近年来，安全气囊几乎成了各种轿车的标准配备了。

1953年8月，美国人约翰·赫特里特首次提出“汽车用安全气囊防护装置”，并获得了“汽车缓冲安全装置”专利。由于当时技术水平的限制，还不能把这种想法或专利付诸实现。

真正将安全气囊商用化的是戴姆勒-奔驰公司。1980年，奔驰公司在所产的部分汽车上

安装了安全气囊，从1985年起，他们在全部供应美国市场的汽车上都安装了这种安全系统。随后，又出现了第一个保护驾驶员旁前排座乘员头部的气囊。

目前，很多国家都要求在新车上必须安装安全气囊。美国从1989年起实施法规要求一定要安装大尺寸的气囊。而欧洲专家们则认为最好的方案应该是：安全带和小尺寸气囊的配合使用。所以，欧洲公司只生产小尺寸气囊。在现代汽车上，一个气囊安装在转向盘上，另外一个则安装在驾驶员旁前排乘员的前面，侧面气囊或者装在车门上，或者装在座椅靠背上。

安全气囊用橡胶衬里的特种织物尼龙制成，工作时用无害氦气填充。为避免气囊因长期叠置而成硬块，在内部覆盖了一层特殊材料，可使气囊有效使用期达到15年。此系统由一个传感器激活，该传感器用于监视碰撞中汽车速度减小的程度。在碰撞发生的早期，安全气囊开始充气，充气时间大约需要0.03s（图7-4）。快速充气十分重要，这能确保当乘员身体被安全带束缚不动而头部仍然向前行进时，安全气囊能及时到位。在头部碰到安全气囊时，安全气囊通过气囊表面的气孔开始排气。气体的排出有一定速率，以确保让人的身体部位缓慢减速。

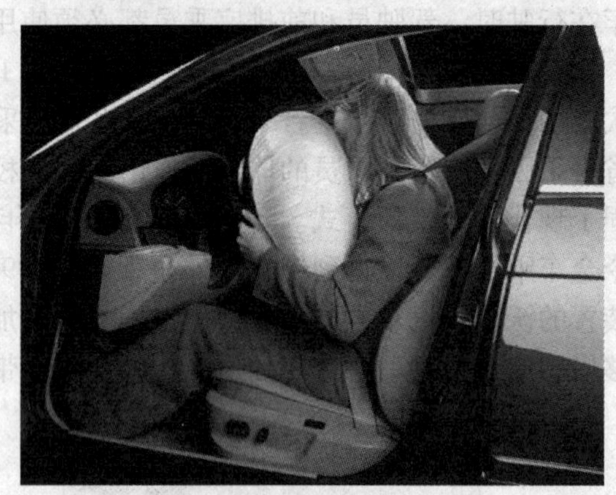

图7-4　安全气囊保护示意图

3. 吸能转向柱

吸能转向柱首次被使用是在1968年，在那之前，驾驶员在追尾撞击中会直接撞向汽车前部僵硬的操纵部件，而这些部件即使连最微小的撞击能量都无法吸收。

1968年以后，吸能转向柱开始被普遍使用，其设计目的就是减轻对驾驶员胸腔的先期打击力度。2005年，福特汽车公司制造出一种新的转向柱，它可以依据一些标准来变换吸附的等级，如是否使用了安全带、乘员重量和撞击严重程度等。2006款的道奇Charger车型使用的转向柱有一个特殊装置，可以让转向柱移离驾驶员以在撞击中吸附更多的能量。

4. 保险杠

保险杠是安装在汽车前部或后部，用以在碰撞发生时吸收能量、减轻车身损伤的部件。

保险杠最初以钢材制成，后来逐渐采用橡胶、塑料或其他轻质金属材料。除保险杠外，一些汽车，如货车、越野车还在前后方加装附加的防护架以进一步避免碰撞损伤。

一些国家的交通安全法要求汽车必须装保险杠，并对保险杠高度有明确规定。这是为了保证车身高度各不相同的汽车在碰撞时的安全性。使得小型车不至于冲入大型车下方。

今天的轿车前后保险杠除了保持原有保护功能外，还要追求与车体造型的和谐与统一，追求本身的轻量化。为达到此目的，前后保险杠均采用了塑料保险杠。塑料保险杠具有一定的强度、刚性和装饰性。从安全角度看，汽车发生碰撞事故时能起到缓冲作用，保护前后车体；从外观方面看，可与车体浑然一体，具有很好的装饰性，成为装饰轿车外形的重要部件。

5. GOA安全车身

为了在汽车发生碰撞时更好地保护车内乘员，轿车车身的前后均应设计有变形区，以便在发生碰撞时，轿车车身的变形能够按照预先设计的方向逐渐变形（图 7-5），从而尽量减小传递到乘员室和乘员身体的冲击，减小乘员室的变形，保障车内乘员安全。一种被称作 GOA 安全车身的设计应运而生。

图 7-5　防撞结构车身

GOA 是世界顶级水平安全设计（Global Outstanding Assessment）的缩写，是丰田公司的设计专利。位于车前后的可伸缩车体，不仅能应对撞击事故，还能全方位加强对乘员室的防护，缓和二次撞击，利于驾驶员逃生或被救。GOA 车身安全性高的另一个原因是在撞击时能有效将撞击力分散至全车各部位，并以能量吸收材质与多处强化钢梁保护乘员室空间，再搭配 ABS、安全气囊等多项防护措施，充分体现了对生命的尊重。自 1995 年 GOA 车身首次被采用以来，丰田在同级别车型中实现了世界最高水平的安全性，包括皇冠、锐志、花冠、威驰在内的 17 种车型获得了最高安全等级的六星；在欧洲 Euro-NCAP 驾驶座和副驾驶座综合评估中，丰田有 5 种车型荣获五星级最高评价；在美国 IIHS 前方撞击试验中，丰田“驾驶座和副驾驶座综合评估标准”被评为 Best Pick。

乘员室的设计首先要考虑对碰撞能量的吸收，在车体结构中设计防撞压损区就属于此种设计。当防撞压损区发生挤压变形时，它可吸收能量并帮助减少乘员室的变形，这样，就能通过减小作用于乘员的作用力而显著提高了乘员的安全性。现在，防撞压损区的设计都是在计算机的帮助下进行的，因此，可以获得各种变形的防撞压损区，甚至在车体结构中故意加入一些孔洞，从而使压皱在预先设计的点开始。其次，乘员室的设计还要考虑碰撞发生时保持乘员室的完整性，避免乘员受到挤压和冲击。汽的车侧面、地板以及侧车门的加强设计即用于抵抗侧面碰撞时车体的变形；此外，车门内还安装有钢制防护梁和吸收能量的泡沫状物，它们与坚固的门铰链和门闩一起，进一步分解抵消侧面碰撞的碰撞力；汽车门锁的设计用于发生事故时保持车门处于关闭状态，以保持乘员待在车内，防止乘员弹出。

6. 汽车安全玻璃

汽车玻璃必须满足以下安全因素：良好的视线、足够的强度、意外事故时对乘员起到保护作用。常见的汽车玻璃有：调质玻璃、局部调质玻璃、层压玻璃。

调质玻璃是将普通玻璃加热、淬火而成，使其内部存有内应力，这种内应力使玻璃具有很高的抵抗物理冲击的能力，这种抵抗力比普通玻璃高出 4 倍，当受到强大冲击时，将碎成粒状，不致对人产生伤害。由于经过了热处理，玻璃的耐温度变化能力增强，一块 5mm 厚的普通玻璃，当温差大于 70℃就会破裂，而一块调质玻璃约则能承受 170℃的温差。

局部调质玻璃是调质玻璃的一种，与调质玻璃一样坚固，属于开发用来制造风窗玻璃的，当它破裂时，会形成特殊形状和大小的碎片，给驾驶员提供一些能见度和额外的安全。

层压玻璃是由两块普通玻璃胶合而成的，中间夹有一层薄膜，经强力胶压制而成。在破裂时中间夹薄膜可以防止石块或其他飞掷物件穿透到另一面，也能防止碎玻璃飞溅。层压玻璃可以保证驾驶所需的最小能见度。

7.1.3 行人安全保护

行人安全这一概念在20世纪60年代由美国提出，到了20世纪90年代末开始在欧洲大幅度推广，在欧洲交通安全联席会议中专门出现了行人安全工作组，提出了行人安全法规，也就是著名的EEVC 17工作组。2009年8月23日，中国首例行人保护碰撞试验在中国汽车技术研究中心碰撞试验室进行。在我国每年死于道路交通事故的人员中，大约有1/4为行人和骑自行车的人(按照国外经验,骑自行车的人与行人一样被视为行人)，而这一比例在城市中则更高，甚至能达到接近50%。

在行人交通事故中，的确有很大一部分是因行人违章引起，但根据交通安全3E理论(工程、教育、法规)，行人保护的客观条件创造是先决条件之一，关于行人保护的工程成为了厂商不得不面对的问题。

在一起标准的汽车与行人碰撞的事故(图7-6)中，行人的小腿、膝盖、骨盆、胸部和头部，是最常见的受伤区域。目前流行的降低受伤的方法是降低保险杠高度，减低保险杠硬度(尤其是左右边缘)，减缓发动机罩前沿坡度，降低发动机罩强度，减少行人与翼子板区域的接触，尽量避免行人头部与风窗玻璃边缘接触，同时尽量保证头部与风窗玻璃中部接触。

图7-6 汽车撞飞行人

行人安全保护的车辆装置可分为三大类：一是发动机罩机械系统；二是行人安全气囊系统；三是车辆智能安全保障系统。

1. 发动机罩机械系统

发动机罩机械系统能够在汽车发生碰撞时迅速鼓起，使得撞击而来的人体不是硬碰硬，而是碰撞在柔性与圆滑的表面上，减少了被撞者受伤的可能。研究表明，如果发动机、电池和其他部件有宽裕的空间，发动机罩在碰撞过程中能开启，这时对行人造成的伤害就会明显减少；若发动机罩的前端可以向后移动，那么撞击造成的损伤就可大大降低；在保险杠硬度降低1/3、下钝边尽可能低的情况下，还可减缓对膝部造成的损伤。

发动机罩的机械系统能把撞向行人的动能转换成提升机器盖的能量，这就在行人、发动机罩和发动机室内的部件之间形成了吸能区域，通过发动机罩的变形来减小对行人头肩部的冲击。当人体与车头部分刚一接触，机械系统就会被触发，其作用力可以由弹簧力驱动，也可采用气体喷射方式。当遇到车与车相撞的时候，该系统不会起作用，在车辆停放时，人故意撞击也不能启动。

若保险杠采用高密度泡沫材料和新结构，以控制对腿部的冲击，减小撞击力量，则可有效保障行人的膝、腿免受严重伤害。同样，重新设计的前灯室及周边区域能确保按受控模式吸收对大腿部的冲击能量，避免玻璃破碎割伤行人腿部。这有两个目的：首先降低大腿承受的撞击力，其次确保能量吸收与前保险杠相协调。

2. 行人安全气囊系统

行人保护安全气囊能进一步避免人体撞击前风窗玻璃，以免在猛烈碰撞下行人与车内乘员受到更大伤害。福特汽车公司的行人安全车采用了两种可在碰撞中对行人进行保护的新颖安全气囊：一是发动机罩气囊，二是前围安全气囊，两者配合使用可减少行人伤亡事故。

发动机罩气囊在保险杠上方紧靠保险杠处开始展开，碰撞前由一个碰撞预警传感器激发，50~75 微秒内完成充气，保持充气状态时间可达数秒钟。充气后的安全气囊在前照灯之间的部位展开，由保险杠顶面向上伸展到发动机罩表面以上。气囊的折叠模式和断面设计保证了气囊展开时能与汽车前端的轮廓相合，以保证儿童头部和成人腿部的安全。

前围气囊系统的作用是提供二次碰撞保护，防止行人被甩到发动机罩上后面的部位再被前窗底部碰伤。该系统包括两个气囊，各由汽车中心线向一侧的 A 柱延伸，气囊由传感器探测到行人与保险杠发生初始碰撞后触发。

在行人翻到发动机罩上滚向前窗的这段时间，气囊完成充气，两个气囊沿前窗底部将左右 A 柱之间的汽车宽度完全覆盖，不仅能盖住前窗玻璃底部，还可盖住刮水器摆轴与发动机罩支座等致命“硬点”，但不会完全封住驾驶员视线。

3. 车辆智能安全保障系统

车辆智能安全保障系统实现了主动对行人进行保护，在事故发生前就及时通知驾驶员，避免车祸的发生，将事故的损伤降到最低。该系统包括安全系统、危险预警系统、防撞系统等，涉及传感器技术、通信技术、决策控制技术、信息显示技术、驾驶状态监控技术等。这些车载设备包括安装在车身各个部位的传感器、激光雷达、红外线、超声波传感器、盲点探测器等，具有事故监测功能，由计算机控制，在超车、倒车、变换车道、雨天、大雾等容易发生事故的情况下，随时通过声音、图像等方式向驾驶员提供车辆周围及车辆本身的必要信息，并可以自动或半自动地进行车辆控制，从而有效防止事故的发生。

同时，利用车身四周的传感器分别探测车辆前后左右的路况，为驾驶员提供及时的回避操作指令，并提醒驾驶员保持安全车距，防止车辆与车辆、车辆与其他物体或车辆与行人间的正面、追尾和侧向碰撞。

7.2 交通堵塞与智能导航

随着国民经济的高速发展和城市化进程的加快，我国机动车拥有量及道路交通量均急剧增加。在大城市，交通拥挤、堵塞以及由此导致的交通事故增加、环境污染加剧是我国城市面临的极其严重的问题之一。

解决交通堵塞差不多是每座城市所共同面临的一个重大课题。以往的解决方案往往是建造更多的高速公路、慢车道、免费高速干道、快车道、立交桥之类的设施，但很快这些新建造和刚刚投入使用的道路又出现了较为严重的拥堵。

由于交通拥堵严重，汽车的设计性能在实际使用中被大打折扣，有些汽车的设计速度很高，但在绝大多数情况下，所能达到的实际速度甚至不到设计速度的 1/3；交通拥堵给整个社会造成了巨大的物质损失和时间浪费；严重的交通拥堵，还可能造成烦躁不安和心理失衡，增加交通事故。

7.2.1 交通拥堵原因

（1）汽车保有量及使用率增加。汽车的便利导致了市区内车流日益增多(图 7-7)，但汽

车的缺点就是浪费道路空间，这就导致现有道路无法负荷如此大的车流量而造成堵塞。

(2) 道路容量不足或设计不当。伦敦、罗马、南京等许多历史悠久的都市，交通都是恶名昭彰，原因就在于道路容量不足，因为其市区内的道路原来大都供马车行走。汽车数量不断增加后，道路扩建速度跟不上车流量增加的速度，使得市中心的道路拥挤不堪。此外，许多城市也因道路设计不妥而导致交通堵塞，如北京的道路主要规划成辐射状，此设计虽然方便市郊间的往来，但在上下班时，郊区车流全部往市中心移动，而导致市区重要干道都塞满了来自郊区的通勤车流。

图 7-7　城市中的滚滚车流

(3) 道路交会处过多。平面道路交叉(即十字路口)处过多也经常导致交通堵塞，因为交通信号会暂时阻断车流，若车流量过大，就会产生回堵现象。铁路平交道也会造成回堵，因此行经城市的铁路，其附近道路经常堵塞。

7.2.2　解决交通拥堵的措施

通过大规模的交通基础设施建设，并不能完全解决拥堵难题。实践证明，交通基础设施的容量永远赶不上交通需求的增长，道路也不可能无限拓宽和加长。于是，将各种先进技术运用到汽车工程中，减少交通事故，提高运输效率，减轻驾驶员劳动负荷的思想就应运而生了，从而产生了一门新兴学科——智能交通系统(Intelligent Transportation System,简称 ITS)。

ITS 是一种实时、高效的交通运输综合管理和控制系统，其主要目标就是充分利用现有交通资源，达到现有交通资源效益的最大化。它把车辆和道路综合起来，不仅可以系统解决交通问题，而且对社会许多领域都将产生积极影响。在国际上，作为实施 ITS 的重要内容和项目之一的智能车辆定位、导航系统的研制与生产，正在显示出巨大的市场潜力。

近年来，ITS 在各发达国家日益受到政府、企业及科研机构的高度重视，各国纷纷设立了推进 ITS 的主体机构，如欧洲成立了本部设在比利时布鲁塞尔的欧洲交通信息与控制组织 ERTICO(European Road Transport Telemetric Implementation Coordination Organization)，美国成立了美国 ITS 协会(Intelligent Transportation Society of America)，日本也于 1994 年 1 月成立了道路、交通、车辆智能化推进协会 VERTIS(Vehicle Road and Traffic Intelligence Society)。

汽车导航在国外发达国家发展比较快，从数据生产加工、导航硬件到导航软件有完善的产业链，主要包括以下几个方面。

(1) 实时交通信息服务。自 20 世纪后期以来，随着社会经济的发展和交通状况的日益恶化，西方发达国家普遍开展了交通综合信息发布系统的研究、建设和应用。如日本的道路车辆信息通信系统(Vehicle Information and Communication System, VICS)；英国的基于 ALERT-TMC 协议的交通数据专用电台 RDS-TMC(Radio Data System-Traffic Message Channel)商用车载车辆导航系统 Traffic Master，向用户提供包括延误原因、行驶速度等细节性信息；德国的 AliScout 系统；美国的城市交通诱导系统 TravTek，等等。

（2）导航用电子地图标准。国外的导航电子地图的标准与规范制定，经历了较长时间的发展，相关的主要行业标准化组织有 ISO TC204/WG3 等，它是国际标准化组织专门讨论制定用于汽车导航电子地图存储格式的工作组。目前，世界上最主要的导航电子数据标准格式有：欧洲交通网络表达的空间数据标准 GDF(Geographical Data File,v4.0)，用于描述和传递与路网和道路相关的数据，它规定了获取数据的方法和如何定义各类特征要素、属性数据和相互关系；日本 KIWI—W Consortium 制定了公开标准 KIWI(v1.22)，它是专门针对汽车导航的电子数据格式，旨在提供一种通用的电子地图数据的存储格式，以满足嵌入式应用快速精确和高效的要求；美国 NavTech 公司 NavTechh(v3.0)，它是大比例尺的道路网商用数据，包括详细的道路、道路附属物、交通信息等，这些数据主要用于车辆导航应用。

汽车导航系统按安装使用方式分为两类：一类是嵌入式汽车多媒体信息系统，通常将导航、DVD、音响、蓝牙等多媒体功能融合到一起安装在车内；另外一类是 PND(便携式导航仪)，其销售渠道主要是 IT 和 3C 卖场。

日本的车载导航设施发展领先全球，他们生产的新车，大多装有车载导航系统。特有的准 3G 无线通信网络使驾驶员可以在车上实现宽带上网，这样日本已经实现了几乎全部城市的道路信息实时发布。车载导航系统会根据道路信息实时调整行驶路线，既可减少在路时间，还可帮助交通管理部门调整交通流量，一举两得。

GPS 车载导航系统主要由主机、显示屏、操作键盘(遥控器)和天线组成。它实现了野外踏勘、出游旅行的数字化智能导航。它具有准确的地图、地理信息，清晰的行进路线。GPS 能够全球全天候适时性的应用，永无盲区，免费的卫星资源更使用户随心所欲，畅心使用。GPS 多种的数据信息，位置坐标，航行路程、航行时间、方位、偏航方位角、偏航距离以及预设报警。

7.3 能源消耗与汽车节能减排

7.3.1 交通能源消耗

交通运输系统中的能源消耗主要源于公路车辆，它包括直接能源消耗和间接能源消耗。

（1）直接能源消耗。主要是消耗于驱动车辆的石油消耗。影响其使用效率的因素包括车辆的特性，如车型、载重量、车龄、发动机排量以及公路几何特性与状况，如坡度、曲率、路面维护状况、交通状况。公路车辆燃料消耗与车速的关系呈曲线形，即在低速和高速时，油耗都较高，对于大多数车型而言，最低油耗率对应于一定的行驶速度。根据单位出行消耗、交通构成以及交通总量，可以计算出交通运输系统的能源消耗总量。

城市交通以客运为主，公共交通、私人汽车、出租车是能耗主体，动力以汽油和柴油等一次性能源为主。进入新世纪以来，城市交通耗能比例呈现不断上升的趋势。城市交通的燃油消耗占全国燃油消费总量的 17.2%，其中私人机动车的能耗占据城市交通总能耗的 64.9%。

据世界银行预测，2050 年世界总人口将达到 90 亿，其中 1/3 在中国和加拿大，届时中国城市居民将超过 60%，这将极大增加城市交通的需求。在 1994—2009 年间，我国的汽车

销售量由134万辆增加到了1364万辆（图7-8），在将来较长一段时期，伴随我国经济的稳定发展、机动车销售量及总保有量还将继续增加，城市交通能源消费将持续快速增长。

图7-8 1994—2009年中国汽车销售量

目前，世界石油资源面临枯竭，从长远来看，汽车用能源必须换代。但就目前而言，如何降低汽车的能源消耗，节约宝贵的石油资源，争取寻求可靠待用燃料的时间是当务之急。

（2）间接能源消耗。主要包括建设、维护运营交通运输系统所需要的能源。其中最主要的是制造与维修运输车辆的能源消耗和修筑与养护道路的能源消耗两部分，前者指在制造与维修车辆过程中消耗的能源；后者则依照道路等级与铺面类型而定。一般来说，高等级公路年度能耗量比低等级公路要高，沥青混凝土路面年度能耗比水泥混凝土路面要高，城市道路比公路年度能耗要高。道路维护指修补、填补裂纹等日常维护。

7.3.2 汽车节能与环境保护

汽车废气通过排气管、曲轴箱、油箱等处排出，排放的主要污染物为一氧化碳（CO）、碳氢化合物（HC）、氮氧化物（NO_X）、硫化物、铅（Pb）、苯及一些悬浮颗粒物（包括碳粒等）。汽车发动机每燃烧1kg汽油，就要消耗15kg的新鲜空气，同时排出150~200g的一氧化碳（CO）、4~8g的碳氢化合物、4~20g的氧化氮等污染物。

燃油汽车发展到今天，面临着“环境污染”与“能源危机”的双重压力。节能环保已经成为了全球关注的重大事件，受到各国政府、汽车制造业与汽车使用者的高度重视。

降低油耗并寻求新的替代能源，以及开发低污染或零污染的绿色汽车（又称环保汽车、清洁汽车），已成为当今世界汽车工业尤其是我国汽车工业发展的主题。

1. 节能

汽车节能是一个庞大的系统工程，涉及车辆技术、辅助设施与维修、汽车运用等各个方面的问题。车辆技术方面的节能途径主要有以下几个方面。

（1）发动机技术。当前，轿车基本是以汽油为燃料，而汽油发动机至少还有20%的节能潜力。汽油发动机节能的发展方向为：缸内直喷技术、电辅助增压、电动气门、可变压缩比等技术。在排量相同的情况下，柴油车比汽油车节能20%，而中国轿车中柴油车保有量仅为0.2%，而欧盟国家的比例为50%。因此，中国须大力发展柴油车技术，主要包括：柴油机电控高压燃油喷射系统、智能化发动机电子管理系统技术，柴油机氮氧化合物选择性催化还原SCR技术、大幅度降低柴油硫含量的技术、发展合成柴油和生物柴油等代用柴油技术。

（2）整车自重。减轻汽车自重是降低燃油消耗及减少排放的有效措施之一。一般而言，车重减轻10%，可降低燃油消耗8%。应通过开发和应用铝合金、镁合金、高强度钢、车用塑料等新型材料，减轻车体自重。

(3) 汽车外形。汽车行驶时，发动机克服空气阻力所消耗的功率与车速的三次方成正比。通过减小空气阻力来降低汽车燃料消耗是一种行之有效的措施。汽车车身的形状是影响空气阻力的主要因素，在厢式货车上安装导流罩、阻风板等能大幅度降低货车的空气阻力，降低大客车空气阻力的关键是其前部车身造型的设计。

(4) 整车动力和传动系统匹配。对汽车与发动机根据不同使用条件进行优化匹配，可使汽车在相应运输环境下具有良好的技术性能。首先，发动机的功率应与整车质量匹配，大马拉小车或小马拉大车均会使车辆行驶的油耗上升；其次，要优化传动系数比，根据汽车的行驶环境确定经济车速，如长期在高速公路行驶的车辆，应提高其经济车速等。

(5) 汽车附属设备。汽车附属设备的能耗是汽车耗能的重要组成部分。如汽车空调要消耗发动机功率的 10% ~12%，使发动机燃油消耗量增加 10% ~20%。应尽量减少附属设备。

(6) 轮胎。轮胎对滚动阻力有较大影响，子午线轮胎性能优异，其滚动阻力系数比普通斜交轮胎小 20% ~30%，汽车使用子午线轮胎后，可节省燃油 3% ~8%。

(7) 混合动力。装备混合动力系统的汽车具有两套动力系统，一套为常规发动机，另一套为储能系统。储能系统一方面吸收汽车制动能，另一方面通过吸收和释放能量使发动机在最佳经济区域内工作。该系统能降低燃料消耗 10% ~50%，是最具实际开发意义的低排放、低油耗汽车。

(8) 替代能源。汽车代用燃料的使用主要是为了资源综合利用，降低环境污染，并为将来的石油枯竭做好能源结构调整的准备。目前应用较多的汽车代用燃料是甲醇、乙醇、二甲醚、液化石油气、天然气及电力等，氢气燃料电池汽车及太阳能汽车极具发展潜力。

2. 替代能源汽车的发展

国际汽车界和能源界普遍认为，氢燃料电池汽车是节能环保汽车的最终解决方案。就清洁方面来看：一是氢作为二次能源，来源广泛；二是氢燃料电池汽车能源利用效率高，二氧化碳和污染物排放少。

自 1993 年加拿大巴拉德公司推出燃料电池汽车后，全球掀起了一个开发燃料电池汽车的热潮，许多汽车生产厂家都投入到燃料电池汽车的研究开发当中，并取得了长足进步。

目前，燃料电池的功率由 20 世纪 90 年代的约 30kW 提高到了 90kW，续航里程由约 100km 分别提高到了约 500km(甲醇和液氢作燃料)和约 300km(压缩氢燃料)，最大行驶速度达到 150km/h，燃料电池汽车的动力性能逐渐接近驾驶员对汽车动力性能的要求。我国在燃料电池汽车开发研究上也取得了重大进展，同济大学开发的“超越”系列燃料电池汽车在世界燃料电池汽车大赛中表现优异。

日本出于对能源危机和环境保护的关注及占领未来世界汽车市场的考虑，十分重视电动汽车的研制。目前，日本是电动汽车技术发展速度最快的少数几个国家之一，特别是在混合动力汽车的产品发展方面，日本居世界领先地位。目前，世界上能够批量产销混合动力汽车的企业，只有丰田和本田两家公司。1997 年 12 月，丰田汽车公司首先在日本市场推出了世界上第一款批量生产的混合动力轿车 PRIUS。该车于 2000 年 7 月出口北美，同年 9 月出口欧洲，现在已经在全世界 20 多个国家上市销售。继 PRIUS 混合动力轿车之后，丰田还推出了 ESTIMA 混合动力汽车和搭载软混合动力系统的 CROWN 轿车。丰田在普及混合动力系统的低燃耗、低排放和改进行驶性能方面已经走在了世界前列。

美国的汽车公司在电动汽车产业化方面比来自日本的同行逊色不少，三大汽车公司仅仅小批量生产、销售过纯电动汽车，而混合动力和燃料电池电动汽车目前还未能实现产业化，来自日本的混合动力电动汽车在美国市场上占据了主导地位。美国能源部与三大汽车公司于1993年签订了混合动力电动汽车开发合同，其中通用汽车公司投入1.48亿美元。福特汽车公司投入1.38亿美元，克莱斯勒汽车公司投入8480万美元，进行为期5年的研制开发工作，并于1998年在北美国际汽车展上展出了样车。

我国电动汽车重大科技专项已开展多年，经过200多家企业、高校和科研院所的2000多名技术骨干的努力，目前已取得重要进展：燃料电池汽车已经成功开发出性能样车，燃料电池轿车累计运行4000km，燃料电池客车累计运行8000km；混合动力客车已在武汉等地公交线路上试验运行超过14万km；纯电动轿车和纯电动客车均已通过国家有关认证试验。

3. 汽车占地与小型化

汽车小型化趋势正在成为缓解金融危机、能源紧张、停车困难的良方。因为油价的不断上升和对于环境保护的日益关注，几乎全世界的消费者都开始倾向于购买小排量的汽车。

停车难，已经和道路拥堵一样成为制约城市交通发展的瓶颈。目前的私家车大部分都是用于上下班时代步的工具，其实一辆5座轿车，很多时候都是只搭载了一个驾驶员，这就造成了很大的能源、空间方面的浪费。如果改用小型车情况就会有所改观。

国际市场油价的走高，以及日益严格的节能环保法规要求，推动着全球的汽车消费向着小型化的方向发展，欧洲、美国和日本等发达国家的汽车消费均明显地呈现着小型车销量扩大的走势。统计显示，2000—2006年，美国的小型车销量占汽车总销量的比重由12%上升到了13.9%；欧洲同期由33.9%上升到了35.4%；日本则由45.6%上升到49.5%。法国《汽车行情》公布的数据显示，2008年法国市场销售的家用车与2007年相比，平均长度减少了2cm，重量减少了40kg，功率下降了5hp，平均售价18962欧元，下降1056欧元。自1953年进行此类数据统计以来，法国家用车尺寸缩小、价格下降尚属首次。

但在我国，小型汽车却一直不太受欢迎：2004年1.3L以下小排量车市场占有率为18.6%，2005年为12.6%，2006年降至8.6%，2007年仅为8.3%；2008年轿车厂家销量的平均排量比2007年的1.68L上升11%，而1.3L以下车型的市场份额仍在下降。2009年出台的《汽车振兴规划》称，到2011年我国汽车市场需求结构应该得到优化：1.5L以下排量乘用车市场份额达到40%以上，其中1.0L以下小排量车市场份额达到15%以上。可见，汽车小型化在我国也将成为一个趋势。

【复习思考题】

1. 什么是汽车的主动安全？什么是汽车的被动安全？
2. 汽车的主动安全技术有哪些？被动安全技术有哪些？
3. 汽车的安全性是如何分类的？
4. 交通堵塞的原因有哪些？
5. 智能导航技术的作用有哪些？
6. 汽车节能措施有哪些？
7. 汽车的替代能源有哪些？
8. 汽车小型化有何重要意义？

【实践训练】

1. 请分析如何才能缓解城市交通拥堵问题。
2. 从汽车自身的角度，如何才能减少交通事故的发生？
3. 分析汽车发展史上重要安全技术及其特点。

技术革新项目	主 要 特 征	对汽车工业发展的主要贡献	相 关 启 迪
ABS			
ASR			
ESP			
四轮转向控制			
安全带			
安全气囊			
保险杠			
安全车身			
安全玻璃			

下篇　汽车精神文化篇

本篇主要介绍了汽车精神文化。

作为精神观念的汽车文化，它属于汽车文化的“塔尖”，是汽车文化生态良性演进、健康发展的灵魂和方向，也是汽车文化研究构成的核心内容。

所谓汽车精神文化，是人类在创制和使用车的过程中所形成和逐步发展起来的精神内核与价值理念，集中表现为车的设计者、制造者、使用者与运营者在与车“打交道”的过程中所反映出来的价值观念、生命理念、思想意识和情感态度，这是车文化的核心和灵魂。这种精神超越时间和空间的限制，而成为影响新一代的车的设计者、制造者、使用者和运营者的隐性力量。这种力量一旦形成，就会以其强大的影响力规范着人们的精神气质，并最终影响人们在日常生活中的行为模式。汽车精神文化不断地充实和丰富着人类社会的精神文化，改变着人们的思想观念。汽车精神文化是汽车文化中的核心文化，支配着制度和物质层面的汽车文化。

历史上，车子的每一次大的创新都会促进当时社会生产、生活的巨大进步，对人们的思想观念、思维模式、生活方式、价值取向和行为规范带来深远的影响。“汽车工业的发展”一章即是从这一点入手，以技术的创新发展为线索，历述了 120 多年间汽车工业发展的四个阶段，突出了技术革新的重大意义。“世界主要汽车生产国汽车工业的发展”选取了世界汽车业发展最有代表性的五个国家，在对这些国家进行发展追述以外，更突出表现了每个国家汽车文化发展的政治、经济、民族、社会背景，如德国汽车发展中的“艾哈德经济奇迹”就渗透着二战影响和民族精神的重要因素，“底特律三巨头”的流年不利与“高油价时代”的经济现实息息相关，法国雷诺汽车公司的“丽人行”微型车娇小、新颖的设计，体现了法兰西民族时尚的审美趋向。而“汽车史上的三次重大变革”更是从汽车工业发展史上重大的标志性成果入手，介绍了汽车史上的三次重大变革。并从分析三次汽车工业的重大变革的共同特点中，对中国汽车工业的崛起寄予了厚望。

汽车文化中的精神内核虽然无法触及实物，但是却在汽车工业的发展过程，在汽车的设计、生产、销售、使用、维修、报废等全过程中发挥着极其重要的作用，因为它凝聚着汽车的发明者、制造者和使用者在对其设计、制造、使用等过程中所形成的精神气质与精神品格，“车界名人”便是这些气质与品格的最典型代表者。从卡尔·奔驰，恩佐·法拉利，亨利·福特到安德烈·雪铁龙，丰田喜一郎以及中国的“汽车之父”饶斌，他们的智慧，他们的执著，他们的成就，他们的坚守，都给了我们巨大的精神启迪。沿着汽车工业发展的路线，一路走来，可以看到，无论是德国大众“甲壳虫”的永恒魅力还是美国福特黑色 T 型车的死亡，无论是红色法拉利的一丝不苟、稀世珍有还是日本本田汽车公司的“三个喜悦”和“三个尊重”，无论是美国人亨利·福特发明的“流水线组装汽车”的生产方式还是日本丰田公司完善的“丰田生产方式”，这些汽车文化的精英们在技术革新、生产组织和管理模式方面都进行了不懈的探索和追求，他们不仅加快了汽车工业的发展历程，而且推动开创了

人类社会一个崭新的时代。

汽车品牌，特别是著名的汽车品牌，沉淀了世界各国、各时代汽车人对汽车事业的执着追求和奋斗历程，凝聚着汽车人对经营的价值理解和过人智慧，代表了产品的功能与品质保证，蕴含着企业的精神与社会责任，也标志着高超理智的审美素养。“世界名车”一章带领读者走进了当今汽车品牌的世界，在这里我们可以看到：劳斯莱斯的华贵大气、奔驰的优良品质、宝马的强劲奔放、凯迪拉克的精密上乘、法拉利的炫目夸张、兰博基尼的勇往直前、保时捷的车人合一、福特当年的平民路线、丰田汽车的精益生产等，林林总总，真可谓蔚为大观。魅力百年的汽车品牌，镌刻了汽车与社会文化相融合的光辉，触发人们对企业及其产品的美好联想，启迪人们对未来汽车的思考和期待，精妙绝伦地展示了光辉灿烂的汽车文化。

汽车技术的革新、汽车理念的发展和汽车文化欣赏等也都是汽车精神文化的组成部分，“汽车新技术和未来汽车”一章从介绍概念车的起源与发展入手，以“安全、环保、节能”理念为前提，分析、预测了未来汽车的发展趋势，详细介绍了汽车的安全技术，绿色环保汽车、智能汽车未来的发展和应用，同时通过对世界十大新款绿色概念车图文并茂的描述，使读者进一步掌握对概念汽车的欣赏原则以及期盼目标。

汽车精神文化，升华了人们对汽车的认识，影响了人们的生活方式，改善了人们的生活品质。

第8章　汽车工业的发展

【学习目标】

通过对本章内容的学习，你应该：

了解德国、日本、美国、法国等国家汽车工业发展的主要特点；了解汽车工业发展过程中出现的里程碑式的事件；熟悉我国汽车工业的发展过程；掌握汽车史上三次重大变革的具体内容。

【情境描述】

假设你是一名汽车生产企业的CEO，如何才能准确把握国家汽车工业政策所给你带来的发展机会？

【想一想】

1. 作为一个国家，汽车工业的发展与哪些主要因素有关？

2. 我国与世界汽车工业发达国家在汽车工业发展方面的差距，主要是在政策层面还是技术层面？

3. 我国汽车工业近年来迅猛发展的推动力来自哪里？

汽车的不断改进和汽车工业的不断发展，大大地改变了人们的生活。

汽车工业和汽车技术的发展，离不开世界各国科学家、工程师、劳动人民的聪明才智，它是世界各国人民共同努力的结果。

一部汽车发展史，可以用120多年中所发生的一些重要事件来表达，可以用世界各国的汽车发展历程来见证，可以用汽车史上的重大变革来说明——因为这些元素包含了有关国家、有关人民在汽车发展过程中充满智慧的创造与发明。正是因为有了他们对国情的认真研究、对市场的积极开拓，才取得了一个又一个的胜利，从而一个台阶、一个台阶地将汽车工业发展到了今天的水平。

8.1　世界汽车工业发展简史

现代汽车发明于1886年，120多年间，汽车工业的发展大致可以划分为以下几个阶段。

8.1.1　汽车发明和开发试验期(1886—1910年)

在这一时期，汽车属于手工制造，成本高、寿命短，基本属于汽车工程师的宠物和少数富人的玩物。虽然汽车的诞生地在德国，但早期的世界汽车工业中心却在法国巴黎，这与当时巴黎社会的奢靡风气直接相关。

（1）德国人发明了汽车。19 世纪末，马车、自行车工业已经很发达了，它们为汽车的发明做好了前期准备。自行车所用钢管构架、滚珠轴承、链条传动、充气轮胎、专用机床等等都可用于汽车，马车的车身技术和车身造型也可用于汽车。自行车、马车的普及推动了公路建设。自行车和马车行业还为汽车行业准备了技术人才和管理人才，组建标致公司的标致先生原来就是一位自行车的生产者；组建通用汽车公司的杜兰特先生原来则是马车制造商。

自行车、马车和汽车的根本区别是前二者是由人力或畜力驱动，而汽车则是靠发动机驱动。用蒸汽机驱动的蒸汽汽车早在 1769 年就发明了，但由于车体太重，速度太慢而不实用。所以直到发明出了轻便适用的内燃机，汽车才有可能实用化。

1886，本茨发明了三轮汽车，这辆汽车具备了现代汽车的基本特点：内燃机驱动、电子点火、循环水冷却、钢管车架、钢板弹簧悬架、前轮转向后轮驱动、制动把手、充气轮胎。同年，另一位叫戴姆勒的德国人用他研制的内燃机在斯图加特装出世界上第一辆四轮车。

（2）法国人的单件小批量生产。1886 年的德国，技术发展很快，但德国那时刚成为独立、统一的国家不久，经济实力不如法国。法国政府为了军事需要而修建了公路网，这为汽车工业创造了良好的发展条件。在德国人戴姆勒发明汽车的第二年，法国 P&L 公司就买下了他的生产许可证，于 1887 年开始组织生产。在 19 世纪 90 年代里，P&L 生产了数万辆汽车。而且，法国的汽车商利用良好的公路网来举办汽车比赛，宣传他们的产品。到 1904 年，法国有汽车厂 350 多家，年产量达 17000 辆。

不过，在当时，没有市场调查一说，都是按订单进行生产的，因为买车的都是有钱人，他们不在乎售价，而要求有自己独特的产品形象，并希望在订购汽车时能直接与制造者联系。有时，车的最高时速达到多少，是由买主来决定而不是生产者决定的。有人定做汽车就是为了参加汽车比赛，以便出名，就像得了赛马冠军的名马主人那样。所以，当时按同一设计制造的汽车，最多不会超过 50 辆。

在大批量生产方式兴起以后，由于社会上还有这种有钱的买主，于是，个别单件生产的汽车公司就一直保存下来。英国的阿斯顿·马丁公司就是其中的一家，在该公司的车身车间里，仍然是技术高超的钣金工用木槌敲打铝板的方式来制造铝质车身钣金件(图 8-1)。到了 20 世纪 80 年代，汽车工业进步的步伐加快了，阿斯顿·马丁公司和其他类似的公司，必须和大汽车公司联合以取得排气净化和撞车安全等一系列专业经验。他们若想自行开发这些新

图 8-1　手工打制铝质车身钣金件的阿斯顿·马丁

技术，费用是无法负担的。于是，阿斯顿·马丁公司就和福特公司联合了。

8.1.2　汽车技术性能不断完善期(1911—1940 年)

在这一时期，汽车在各方面都不断取得技术进步，其行驶速度、安全性和使用寿命均大大提高，成为国家公众日常生活中的重要交通工具和亲密伙伴。汽车工业的中心迅速由法国向美国转移，美国成为了汽车工业的霸主。

（1）福特公司的大批量生产。美国出产的第一辆汽车比欧洲的第一辆汽车晚了 7 年。但和法国、德国相比，美国是个人口众多、土地辽阔、物产丰富的大国。独立战争结束了殖民统治，南北战争又扫除了奴隶制和庄园制，西部土地的开发，自由劳动力和国内市场的扩大，促进了先进技术的应用和欧洲资本的流入，所有这些都为美国的经济发展创造了良好的条件。所以 1889 年美国的经济超过了英、法、德，成为全世界最大的工、农业国。农业的快速发展，使得农民埋怨缺乏从农场到市场能代替自行车和马车的运输工具。

汽车一出现，6 年之内，美国有 300 家公司和个人在试验性地生产汽车，但由于缺乏银行的投资，他们在技术上和组织上都遇到了大量的问题。越来越多的中产阶级进入汽车族之后，他们迫切希望降低车价。但汽车商在奢侈品市场尚未得到满足以前，不愿生产利润低的低价车。直到 1905 年，上层阶级的市场基本饱和之后，制造商才将目标转向中产阶级和农民阶层。福特公司在 1908 年上市的 T 型车是质量可靠、适合农村需要的廉价车，福特的副手又是一位卓越的推销员，他组织了 8000 人的推销队伍，为 T 型车弄来了大量订单。原来的单车生产方式不适应了。福特先从军工系统引进零件通用制，用专用机床加工出标准化的零件；继而将屠宰场中的牛羊肉分块肢解的流水线反其道而行之，成为流水装配线。大量生产方式提高了汽车的质量，降低了成本，使汽车流入寻常百姓家。

（2）通用汽车公司建成现代化公司。在福特公司的竞争促进下，美国其他汽车公司也得到了长足的发展。1908 年，杜兰特首先将 20 多家产销汽车及汽车零件的公司合并为控股通用汽车公司，自任总经理。在他两届的任期中，通用汽车公司扩大了八倍，人称他是聚财高手、管理白痴，两度都由于大量亏损被迫辞职。

1919 年，通用汽车公司董事会任命斯隆为副总经理，在以后的 40 多中，斯隆一直担任通用汽车公司的总裁、董事长和名誉董事长。通用汽车公司在斯隆手中建成为现代化大公司，成为世界最大的汽车公司。它的经营方式曾经成为世界各大公司所遵循的榜样，各国都根据自己的国情和自己公司的市场定位来吸取通用汽车公司的管理经验。

通用的管理方针是：政策的决定是集中的，而政策的执行是分散的。公司的每个经营部门都是基层的执行部门，是利润负责中心，独立性很强。

斯隆吸取了杜兰特只会花钱不会赚钱的教训，强调公司经营的中心是提高投资利用效率。汽车市场的兴衰会波动，所以能赚钱的事业都可经营。通用汽车公司既生产汽车也生产航空发动机、集成电路。由于汽车买主是由各种层次购买力的买主组成的，所以轿车售价分成六个档次，使高收入、低收入的家庭都能买车，既要生产轿车也要生产商用汽车。

由于建立了现代企业制度，理顺了管理体制，使得通用所生产的汽车性能得以不断提高。

8.1.3 汽车技术迅速发展期(1941—1960年)

在这一时期，汽车在各发达国家普遍进入人们的生活，对其技术性能提出了更高的要求。汽车及发动机的理论研究和设计被提高到了重要的地位，并根据不同用途而严格分类、系列生产，产品质量达到了相当高的水平，步入了技术成熟的阶段。尤其是西欧、日本大力发展廉价汽车，使得这个领域的汽车技术得以更加完善的发展。

二战结束后，英国、德国、法国、意大利在二战的废墟上重建汽车工业。那时的轿车市场主要凭公费购买，自费车主只是一些法人代表和先富起来的个别人。工薪阶层、农林业主、小业主都需要汽车，但他们买不起，而汽车公司只靠公费购买的市场无法吃饱。于是，汽车公司先后易弦改辙，开发廉价的微型汽车以适应工薪阶层、小业主的购买力。在1947—1949年间，雷诺公司开发了排量747mL的4CV微型汽车、雪铁龙公司开发了排量375mL的2CV微型汽车、菲亚特公司开发了排量为500mL的菲亚特500(图8-2)、大众公司生了1192mL的甲壳虫、英国罗孚公司开发“迷你”汽车，欧洲除了奔驰以外的汽车公司都参加了微型车的生产。由于展开了自由竞争，尽管物价上涨，但车价却在下跌。市场的扩大，使得美国的大量生产方式和大公司组织形式在西欧得到推广。西欧各汽车公司都通过微型汽车这个消费热点，发展成世界级的大公司。大众汽车公司利用在经营甲壳虫汽车上所赚的钱买下了奥迪公司，成为了产品档次齐全的大公司。

图8-2 菲亚特500(1957年出产)

日本政府从西欧的实践中看到了微型汽车市场对汽车工业的巨大推动作用，便将西欧的公司自发行为变为政府推动。1956年公布了轻四轮车法：凡在尺寸、排量上符合规定的微型轿车、厢式车、货车都可享受减税、减保险费、免收过桥过渡费、简化驾照和车牌手续等优惠。日本的轻四轮车虽比西欧晚了十年，但由于有政府法规支持，竟后来居上，轻四轮车的厢式车、货车的保有量到20世纪90年代竟占全部商用汽车保有量的57%，成了日本商用汽车的主要车种。这说明轻四轮车法既有利于社会，也有利于日本汽车工业。1990年，日本两家不生产轻四轮车的丰田、日产公司联合上书日本政府，说轻四轮车法是日本还是穷时制定的，现在日本已不是穷国了，是否可以取消。日本通产省的答复是“轻四轮车少耗油、少污染、少占地，有利于社会，还要继续鼓励”。

8.1.4 汽车综合技术及高科技广泛应用期(1960年以后)

在这一时期，从空气动力学、人体工程学、安全工程学到自动化技术、材料加工技术、计算机控制技术，汽车综合了各工业门类的众多技术，使得汽车造型细腻、曲线流畅、动力强劲、操作安全、乘坐舒适，成为了现代工业高速发展的象征。世界汽车工业基本形成了美、日、欧三足鼎立的格局。

8.2 世界主要汽车生产国汽车工业的发展

8.2.1 德国汽车工业的发展

自从1886年卡尔·本茨发明第一辆汽车至今，德国的汽车工业已经走过了120多年的发展历程。回顾这段历史，德国汽车工业的发展也和世界其他国家一样，经历了发明实验、不断完善、迅速发展和高科技广泛应用四个阶段。

（1）汽车的发明实验阶段(1886—1910年)。19世纪70年代，西方第二次工业革命浪潮兴起，内燃机发明和汽车诞生的诱人前景使当时德国的汽车厂纷纷涌现，1901年，德国只有12家汽车厂，职工1773人，年产汽车884辆；到了1908年，汽车厂已达53家，职工12400人，年产汽车5547辆。到第一次世界大战前，德国汽车工业基本形成了一个独立的工业部门，从业工人5万多人，年产2万多辆，这是仅次于美国的汽车产量。

（2）汽车技术不断完善阶段(1911—1940年)。斯大林曾把第一次世界大战称作是交战国双方蒸汽机的较量，而把第二次世界大战称作是交战双方真正意义上的内燃机的较量。这说明在一战前的欧洲，还一直处在蒸汽机统治的时代。

尽管一战给德国的汽车工业发展带来了不利的影响，但战争结束后，德国人仅用10年左右的时间就大大超过了战前的水平。1923—1929年，被称为是德国汽车工业“黄金般的20世纪20年代”。在这一时期，汽车工业发展迅速，现代汽车技术得到不断完善。1933年希特勒上台，他把魏玛共和国时期已经规划好的高速公路建设和国民轿车生产提上了日程表。汽车的诱人前景和迅速发展起来的高速公路网(图8-3)，使此后的20世纪30年代再次成为德国汽车生产的“黄金时代”。

图8-3 原联邦德国高速公路一瞥

到二战爆发前，德国的汽车工业已具有相当的基础，戴姆勒-奔驰、奥迪、大众等汽车公司均已形成一定的生产规模，从而为汽车文化提供了一个主要的载体。

（3）汽车工业迅速发展阶段(1941—1960年)。对于德国来说，在20世纪40年代前期，汽车工业参与了一场史无前例的战争；40年代后期，又经历了战后艰难恢复与获得重生这样一个特殊阶段；所以直到进入20世纪50年代，德国的汽车工业才真正进入了迅速发展期。

整个二战期间，德国汽车工业成为了军事工业的一部分，为战争服务着。到二战结束时，大部分汽车工厂都遭受了重创，几乎变成了一片废墟。

二战结束后，德国的汽车厂均被盟军接管。由于国家战败，工业的发展受到限制。在十分困难的条件下，他们依靠顽强的民族精神，使汽车工业很快获得重生。尤其是前联邦德国

的经济在一片废墟上创造出了著名的“艾哈德经济奇迹”，只用了10多年时间，德国就再一次超越英、法而成为欧洲第一经济强国。这一经济奇迹的产生，与德国汽车工业的迅速发展密不可分。

1950年，联邦德国的汽车产量达到30万辆。随着国内高速普及汽车以及汽车出口竞争能力的不断提高，汽车产量大幅度上升，尤其以大众公司的甲壳虫汽车为代表，标志着德国汽车工业开始进入飞速发展的阶段。到1960年，联邦德国的汽车年产量已达200万辆，从此成为欧洲最大的汽车生产国和出口国。

（4）汽车高科技广泛应用阶段(1961至今)。以柏林墙的建立与存续(1961.8.13—1989.11.9)为标志，德国被分割了28年。冷战期间，由于社会体制的不同，东、西德的汽车工业发展形成了很大的差距。一直到1989年柏林墙被推到，两德重新统一，德国的汽车工业在不断地进行着调整和重组。随着欧洲一体化进程的加快，德国的汽车工业开始进入了一个新的发展阶段。

从20世纪60年代开始，前联邦德国的汽车工业继续以较高速度增长。经过残酷的市场竞争，汽车生产厂家由100多家到只剩下10多家，而产量却不断提高。许多现代技术被广泛应用到了汽车工业，汽车生产开始进入了一个成熟的阶段。

在整个20世纪70年代，德国汽车产量一直徘徊在300~400万辆。而整个80年代，则在400~500万辆之间波动，1998年，达到了570万辆。从20世纪90年代后期起，全球汽车业发生的最重要事件莫过于资产重组、联合兼并了。这一时期德国汽车业发生的比较引人注目和产生较大反响的重组及联合兼并事件主要有：奔驰与克莱斯勒的合并；大众与宝马收购劳斯莱斯、宾利等。2004年，德国汽车工业界在全球范围内生产的汽车超过1300万辆，占全球汽车产量的20.7%。由于受到金融危机的影响，2009年，德国国内生产汽车520万辆，创下了自1996年以来的新低。

8.2.2 美国汽车工业的发展

美国历史上第一次汽车展览始于1900年11月，在纽约市当时的麦迪逊花园广场举行，一年一度的纽约国际汽车展览被视为是美国汽车展览的始祖。从历次汽车展览可以看出美国汽车工业的发展历史，也可以看出美国汽车工业汽车造型及功能的发展。

（1）汽车步入大量生产阶段(1900—1915年)。经过了很长时间的准备，美国的汽车工业已具备了大量生产的各种条件。1908年，福特汽车公司生产的福特T型汽车为汽车制造开创了新纪元，可以说是在20世纪的美国甚至是在全世界范围内让汽车成为大众交通工具的先驱，因为它是世界上第一款在生产线上装配而成的汽车。当时的媒体一致推选福特T型汽车作为20世纪最重要的汽车发明。福特采用大量生产方式，改善了T型汽车，同时降低了价格，也因此改变了人类的生活方式。1908年，通用汽车公司成立。在这两大汽车公司的耕耘下，汽车性能越发优异，销售量蒸蒸日上。1916年，美国的汽车销量首度突破100万辆，1920年再度建立起了超越200万辆的新里程碑，使得美国的汽车工业真正步入了大量生产的时期，完全突破了汽车只能单件、小批量生产的局限。

（2）制造技术日趋成熟阶段(1916—1929年)。由于越来越多的中等阶层拥有了汽车，而汽车的造型已经成为汽车制造过程中的一个重要的元素，通用汽车公司率先成立了艺术与色彩生产部门。在这个时期的富有阶层，开始流行车身定做，即先购买某种汽车的机械部件，然后再另外设计定做车身。虽然许多被视为经典的汽车外观都是这个时期的产物，但车身定做其实是费钱而不实际的。成立于1902年的凯迪拉克汽车公司一向以机械部件优良而著称，公司曾经有过把3辆汽车拆开，将机械零部件整个打散，再重新混合组合成3辆汽车的记录。这项创举，旨在强调凯迪拉克的零部件的标准化及一致性。在这个时期，美国汽车工业为适合消费者需求，已经能够生产8缸发动机的跑车，时速可达115km/h。在经济大萧条前夕的1929年，美国的汽车销量突破了500万辆。

（3）发动机设计长足进步阶段(1930—1942年)。由于充分利用了空气动力学原理，汽车发动机的设计在这个时期出现了长足的进步。然而，第二次世界大战迫使汽车制造厂商投入了军事车辆及机械的制造，导致汽车外观并无明显演变，几乎无造型可言的吉普车的出现完全是基于实际的需要。1934年生产的汽车，发动机开始使用空气冷却系统。

（4）汽车造型趋于合理阶段(1946—1959年)。随着喷气式飞机时代的来临，汽车造型也趋向于更低、更长、更宽，并在车后加上了一个大大的尾翅。这个时期的汽车造型有两大特色，一是车身的防撞设计，另一是尾翅的流行。20世纪50年代美国最具特色的汽车是家庭式旅行车，象征着郊区家庭的美好生活，而福特雷鸟汽车曾是跑车的代言者，1955年生产的雷鸟8缸双人座敞篷跑车，车顶为活动纤维玻璃，其华丽造型获得了高度评价，后因其控制轻巧，又被喻为私人车的象征(图8-4)。

图8-4　福特雷鸟

（5）小型汽车开始流行阶段(1960—1979年)。由于石油危机的影响，消费者开始抛弃以往强调越大越美的汽车造型，传统而保守的汽车造型蔚然成风，以甲壳虫为代表的小型汽车大为流行。一些价格合理的小跑车受到普遍欢迎，小型汽车市场开始增长。美国三大汽车公司都有此类产品推出，1964年福特野马跑车率先掀起小型车的革命。美洲豹E型汽车以玲珑的流线形外形赢得了消费者的青睐。

（6）积极应对外商竞争阶段(1980至今)。从20世纪80年代起，美国汽车工业几乎难以招架日本汽车业的凌厉攻势，日本的本田、日产、三菱和富士重工公司相继在美国设厂。美国汽车工业为与日本汽车进行竞争，又不断推出新造型汽车，被称为小型厢式车(mini van)的客货两用轻型汽车一举成为最受家庭喜爱的车种。这种汽车的外形更接近于普通小汽车，只是车厢后部增加了可以放置物品的空间，约占车厢的1/3，驾驶时的感觉也与普通小汽车类似。而家庭轿车、双门轿车、跑车也都讲究流线形设计，一改近20年来的直线形设

计。20世纪90年代，多功能车又独领风骚，因为很多美国人喜欢具有载货和越野功能而又可以做代步工具的汽车。美国汽车工业超越了100多年的历史，在与同行的激烈竞争中不断创新发展，迎合消费者对汽车造型的性能需求。

进入21世纪后，尤其是在高油价趋势的冲击下，美国汽车工业显露出了前所未有的疲态。以通用为例，尽管其汽车销量仍居世界之首，但亏损却越来越大，2005—2007年间，亏损高达510亿美元，2008年市场规模急剧缩小了56%，从原本的130多亿美元降至不到60亿美元，最终导致了破产。福特和克莱斯勒也面临和通用一样的困境，2007年，福特将占据了76年之久的汽车市场老二位置拱手让给了日本丰田；克莱斯勒一度和戴姆勒合营，但改组费和劳动新合同费用支出等方面的巨大包袱最终使两个公司在2007年7月分手。

“底特律三巨头”的流年不利，与美国汽车工业未能适应高油价时代有关。在低油价时代，美国人青睐宽大、动力足的美式车，这些“油老虎”也正是通用、福特和克莱斯勒公司的长项；但随着高油价成为现实，美国人越来越倾向于购买更节油和小巧的车，这使得擅长制作此类车的日本汽车制造商得到了发展壮大的良机。

8.2.3 日本汽车工业的发展

日本汽车制造业的开山鼻祖是吉田真太郎，1904年他成立了东京汽车制造厂，三年后制造出第一辆国产汽油轿车“太古里1号”，随后日本国内出现了众多汽车制造厂。出于军事的需要，政府颁布了《军用汽车补助法》，对汽车厂商进行扶持，这成为早年日本汽车业发展的原动力。

二战后，盟军司令部曾下令全面禁止日本的汽车生产，但没有得到有效执行，丰田、东洋工业、富士重工都推出了自己的新车型。在20世纪50年代前期，美国、欧洲生产的汽车充斥着日本市场，大有泛滥之势。特别是欧洲生产的小型廉价汽车，对处在半毁灭状态的日本汽车工业构成了致命威胁。日本政府为了保护本国汽车产业，对进口汽车征收高达40%的关税(1978年废止)，同时严格禁止外国资本渗透国产汽车工业。一些小的汽车厂家为了生存，纷纷采取与国外厂家连手搞“事业合作”或“技术合作”的方式发展，惟有丰田依然靠自身的力量开发生产国产轿车。

1960年时，日本汽车年产量仅为16万辆，远远低于同时期美国和西欧各主要汽车生产国的产量。然而仅仅过了7年时间，年产量就奇迹般地达到了300万辆，超过欧洲各主要汽车生产国，跃居世界第二位。到1980年，日本汽车年产量达到1100万辆，超过美国坐上了世界汽车生产的头把交椅，日本终于成为美国和欧洲之后世界第三个汽车工业发展中心。

1965年，日本通产省公布了发展国民车的大胆构想，鼓励企业发展一种供日本老百姓使用的微型汽车计划：要求企业设计生产一种400kg以下，时速100km/h以上，乘坐4或2人并可同时携带100kg货物，发动机排量350~500mL，行驶10万km无大修，售价25万日元以下的汽车。通产省要求各汽车厂家都来投标，然后评选出优秀车型，政府给予帮助。国民车构想发布后在日本国内引起极大反响，各大汽车公司竭力想在这场竞争中分得一杯羹。当时，日本人均生产总值尚不足300美元。这一年，名古屋至神户高速公路的开通揭开了日本公路交通高速时代的序幕，为家庭轿车的普及奠定了道路基础(日本称1966年为其普及轿车的元年)。

20世纪70年代，世界发生过两次石油危机，油价的提高使人们对使用汽车的兴趣大减，欧美汽车生产厂商纷纷减产，而这时日本却以其小型轿车油耗低的特点博得了消费者的青睐，三年时间出口量翻了一番，达到200万辆。与此同时，日本汽车进口量始终保持着很低的水平，1960—1980年间，日本汽车年进口量最高不超过6万辆，最低年份只有1万辆。日本凭借着汽车国内销售和出口量的双高速增长创造了世界汽车工业发展的奇迹。丰田、日产、富士重工、铃木等公司迅速成为世界级的汽车生产厂。1980年，日本汽车总产量达到1104万辆，超过美国而成为世界最大的汽车生产国和出口国。由于大量对美出口给美国带来了巨额的贸易逆差，从1980年起，年年都发生的日美汽车贸易摩擦成为影响日美关系的重要因素，而丰田、本田、日产等汽车厂商为了免受影响，纷纷把生产基地搬到了美国本土。

进入20世纪90年代，日本汽车工业渐呈颓势，许多厂商出现了开工不足、生产力闲置的情况，而美欧汽车商则通过兼并重组恢复了元气，反过来把日本汽车公司当作并购的对象。通用在富士重工、五十铃、铃木三家公司分别拥有20%、49%、9.9%的股份，福特则拥有马自达33.4%的股份，戴姆勒-克莱斯勒拥有三菱汽车34%的股份。1999年，日本第二大汽车公司日产汽车公司因亏损严重，被迫将36.8%的股权卖给法国雷诺。

1996年，日产和太子汽车公司合并后，日本的汽车工业呈现出丰田与日产两强态势。之后出现过日本汽车产业11家公司并存的格局，分别是：丰田汽车集团(丰田汽车、日野汽车工业、大发工业)、日产汽车集团(日产汽车、日产柴油车工业、富士重工业)、独资企业(本田、三菱汽车、铃木)和外资公司(与美国福特合资的马自达、与通用合资的五十铃汽车)。但后来却开始土崩瓦解，马自达于1979年并入福特旗下，三菱汽车在1993年从克莱斯勒公司中分离了出来。

在1990年产能达到1348万辆的顶峰之后，日本汽车生产进入低迷期。但进入2000年以来，其产量稳步攀升，平均年增幅超过2%。从2006年开始，超过美国成为世界第一大汽车生产国。

2010年，由于加速踏板和脚垫的原因，丰田在美国、中国、欧洲开始大量召回汽车，遭遇了20年来最大的一次信任危机！丰田汽车的“召回门”对整个日本汽车行业来说是一个毁灭性的打击，同时，对其他国家的汽车业也是一个警示。其中，丰田RAV4汽车是最早出现问题而被召回的车型(图8-5)。

图8-5　丰田RAV4

8.2.4 法国汽车工业的发展

在汽车发展史上，法国人有着自己独特的地位。

早在1769年，法国陆军工程师古诺就在政府的支持下试制成功了世界上第一辆具有实用价值的蒸汽汽车，从而引发了世界性的研究和制造汽车的热潮。但随后到来的法国大革命却让法国的汽车研究中断了几十年。直到1828年，巴黎技工学校校长配夸尔才制造出了一辆蒸汽牵引汽车，其独创的差速器及独立悬架技术至今仍在汽车上广泛应用着。

法国出现第一辆汽油汽车是在1890年，由阿尔芒·标致创立的标致公司生产的。一战前，标致的年产量达到1.2万辆，到1939年时年产量达4.8万辆。而1915年创办的雪铁龙汽车公司发展更快，在20世纪20年代初年产量就突破了10万辆，1928年日产汽车达400辆，占全国汽车产量的1/3。另一创办于1898年的大型汽车厂雷诺公司发展也很快，1914年便形成了大规模的生产能力，一战期间更是因军火生产而筹集了大量的资金用于汽车生产。二战期间，雷诺公司为德国法西斯效劳，为德国军队生产了大量的坦克、飞机发动机和其他武器，因而在战争结束后，雷诺公司被法国政府没收，路易·雷诺本人也被逮捕。在政府支持下，雷诺兼并了许多小汽车公司，1975年汽车年产量超过了150万辆，成为法国第一大汽车厂商，而标致汽车公司的产量也在战后20年内猛增十几倍，一跃成为法国第二大汽车公司，20世纪80年代更是超过雷诺而登上榜首。雪铁龙汽车公司则因经营不善而被标致汽车公司于1976年收购。

进入20世纪80年代，经济危机使法国汽车工业受到了一定的挫折，雷诺公司更是连年亏损，1984年产量急剧下降到30万辆，但几年后雷诺公司便恢复了元气，1999年3月还收购了日产汽车公司36.8%的股份，2006年的产量达229万辆。

法国汽车的总体特点就是车体较小而设计新颖，符合大众的审美趋向，因此在西欧成为了家庭轿车的大热门，雷诺的“丽人行”微型车(图8-6)在欧洲曾多次获销量第一。但在豪华车、跑车领域，法国汽车公司就不如美、德、日等国汽车公司出色，这成为法国汽车业的遗憾。

图8-6 雷诺“丽人行”微型车

8.2.5 中国汽车工业的发展

1901年，一位中文名字叫李恩时的匈牙利的商人将两辆敞篷车从海关带进了上海，这是中国开始出现得最早的汽车。由于当时负责车辆管理的那些人谁也没见过汽车，因此说不清楚汽车属何类物品。他们为此专门开会研究如何给李恩时的车辆颁发牌照的问题。最后决定颁发临时牌照，暂时列入马车之列，每月征税2块大洋。

谁能想到，这辆出产于美国的奥兹汽车竟成了中国汽车的开端。这辆车的车身是黑色木质的，车轮也是木质的，外面包有实心橡胶轮胎，还装有煤油灯和手捏扬声器，并装了车顶，外观和马车相似。

1903年以后，上海陆续出现了从事汽车或零件销售、汽车出租的行当。1929年汽车进口量达到了8781辆，世界各国的汽车蜂拥而入。1930年中国汽车保有量为38484辆，却没有一辆是国产汽车。不少有志之士，都想制造中国的汽车，可是限于当时的条件，都没有实现。

1. 构建汽车工业的设想

最早提出要建立中国汽车工业的是孙中山先生。1920年，他在《建国方略》一书中提道："最初用小规模，而后逐渐扩大，以供四万万人之需要。所造之车当合于各种用途，为农用车、商用车、旅行用车、运输用车等。一切车以大规模制造，实可较今更廉，欲用者皆可得之。"1924年，孙中山致函美国人亨利·福特，请他帮助建立中国的汽车工业。1928年福特公司在上海设立了一个销售和服务分支机构，该机构的业务直到第二次世界大战才终止。可以说，中国汽车工业的发展和孙中山的不懈努力是分不开的。

2. 生产国产汽车的三次努力

（1）1929年，张学良投资80万大洋，在沈阳迫击炮厂内筹办民生工厂制造汽车。张学良让民生工厂厂长李宜春从美国买进了一台"瑞雷"牌载重汽车，供拆卸研究其结构之用。在李宜春厂长的领导下，工程师和工人为造出国产汽车而齐心协力地工作着。终于在1931年6月19日，研制出了中国第一辆载重汽车，被命名为"民生"牌(图8-7)。该车型号为Modle75，65hp，自重4000lb(1lb = 0.45359237kg)，载重量1.82t，发动机为6缸汽油机，时速为25km/h，后轮驱动，车身为棕色。

图8-7　"民生"牌载重汽车(1931)

民生汽车的试制成功开辟了中国人自制汽车的先河，值得国人自豪。但是，由于"九一八"事变，该车没能批量生产，沈阳沦陷后，工厂被日军侵占。刚刚萌芽的中国民族汽车制造工业就这样被扼杀了。

（2）1936年，以官僚资本为首，集资600万元筹建的汽车工业公司，与德国奔驰汽车厂进行技术合作，在株洲设立总厂，在上海成立分厂先行组装柴油货车和公共汽车，计划生产"中圆"牌汽车。1937年，"八一三"淞沪之战爆发后，被迫停产。

（3）1936年，资源委员会开始筹建中央机器厂，第五分厂即为汽车厂，1939年在昆明建厂。该厂购买了美国斯图尔特汽车厂，并在美国设计、试制成"资源"牌货车4辆。但抗日战争爆发之后，工厂落入日军手中。

3. 新中国汽车工业发展史

1949年10月1日，新中国成立，为中国汽车工业开辟了新的道路。经过半个多世纪的艰苦努力，形成了一个产品种类齐全、生产能力较强的汽车工业体系。我国汽车工业的发展可概括为初创、成长、全面发展三个阶段。

（1）初创阶段。在初创阶段，首先建立了第一汽车制造厂，实现了中国汽车工业零的突破；又先后建立了南京汽车制造厂、上海汽车制造厂、济南汽车制造厂、北京汽车制造厂，形成了五个汽车生产基地。

新中国成立后，毛泽东主席、周恩来总理等第一代国家领导人都非常关注、亲自参与建立中国汽车工业的重大决策。1950 年 1 月，中央人民政府主席毛泽东、国务院总理周恩来在莫斯科同前苏联政府领导人会谈，并商定由苏方援助中国建设一批重点工业项目，包括建设一座现代化的载货汽车工厂。

1952 年 7 月，中央正式决定成立汽车工业工厂（代号 652 厂）。同年末，中央任命饶斌为厂长，郭力、孟少农为副厂长。也正是这一年，国家也批准了一汽年产 3 万辆 4t 载货汽车的设计书。1953 年 6 月，毛主席亲自签发了《中共中央关于力争三年建设长春汽车厂的指示》，并为一汽奠基题词：“第一汽车制造厂奠基纪念”（图 8-8）。

图 8-8　毛泽东主席为一汽奠基题词

1956 年 7 月 13 日，在党中央、国务院的亲切关怀下，在全国各地、国家有关部门的大力支援下，经过参与土建施工、设备安装和生产准备的全体员工日以继夜、齐心协力的奋战，如期完成了中央交给的任务，国产第一辆解放牌 CA10 型 4t 载货汽车在第一汽车制造厂胜利下线（图 8-9），结束了中国人自己不能制造汽车的历史，为中国汽车工业树起了里程碑，圆了几代中国人的汽车梦。

1958 年 5 月 5 日，我国第一辆自制轿车在一汽完成，从而揭开了我国民族轿车工业的历史篇章。我国第一辆国产小轿车是东风牌 CA71 型，之所以取名为“东风”，是因为毛主席当时对国际形势有个著名的论断：“东风压倒西风”。所以一汽的轿车就叫“东风”。

图 8-9　第一批解放牌汽车下线

1958 年 8 月 3 日，一辆装有一汽自制 V8 发动机的红旗牌 CA72 型高级轿车（图 8-10）问世。至 1959 年国庆 10 周年前夕，第一批红旗牌 CA72 型轿车，共计 33 辆被送到北京，从中选出 8 辆（包括两辆检阅车）参加了天安门前的阅兵式和盛大游行。截至 1981 年 CA72 停产，红旗轿车累计生产了 1500 多辆。东风轿车与红旗轿车担当起了新中国早期国产轿车的主力前锋。

自 1964 年起，红旗轿车被指定为国宾用车。在很长一段时间，外宾到中国访问，至高的礼遇有三项：受到毛泽东本人接见；住进钓鱼台国宾馆；乘坐红旗牌轿车。

有了建设一汽的经验，国家后来又陆续投资建设了几个骨干汽车生产基地，形成了我国早期的五个汽车生产基地——第一汽车制造厂、南京汽车制造厂、上海汽车制造厂、济南汽车制造厂、北京汽车制造厂，基本填补了汽车生产的空白。

(2) 成长阶段。在这一阶段，我国先后建立了第二汽车制造厂、四川汽车制造厂和陕西汽车制造厂，分别用于生产军用越野汽车、矿用自卸汽车、重型汽车。在建设过程中，五个老汽车生产基地做出了巨大贡献，当然其自身也得到了一定的发展。

图 8-10　红旗 CA72 高级轿车

值得一提的是，在 20 世纪 60 年代后期，中央提出了调动地方积极性，建设地方工业体系的方针。从 1969 年开始，全国各省、自治区(除西藏外)均开始建设汽车制造厂。这些工厂，由于规模小、技术水平低，汽车生产的分散局面开始形成。

1980 年，我国汽车制造厂 56 家，汽车行业企业总数 2379 家，从业人员 90.9 万人，汽车工业总产值 88.4 亿元，年产汽车 22 万辆，其中轿车 5418 辆，轻型越野汽车 2.04 万辆，其他越野汽车 7600 辆，载货汽车 13.6 万辆，有 4.8 万辆汽车底盘供改造客车或专用车。

(3) 全面发展阶段。十一届三中全会后，我国确立了改革开放的国策，中国汽车工业也随之掀开了新的一页。在这一阶段，国家要将汽车工业发展成为支柱产业；在产量不断提高的同时，加快进行产品结构调整，形成比较完整的汽车产品系列；改变过去那种封闭的发展模式，引进国外先进技术和资本。轿车工业迅猛发展，拉开了汽车进入家庭的序幕。

1984 年以前，技术、资金、人才等很多汽车工业发展的瓶颈制约了中国汽车工业的发展，利用外资来发展我国的汽车工业在此时被推到了历史的前台。1984 年 1 月，中国汽车的第一个中外合资企业——北京吉普诞生。有了先行者，中国汽车工业很快就进入了第一轮的合资高潮，1985 年 3 月，中德合资轿车生产企业——上海大众汽车有限公司成立，上海大众的成立意味着真正意义上现代汽车工业的开始。同年，南京汽车引入意大利菲亚特的依维柯汽车，广州和法国标致合资项目也成立，桎梏了几十年的轿车工业的能量开始井喷。

在 1986 年召开的六届四次人大会议上，汽车工业作为国家重要的支柱产业被写进了“七五计划”。到 1994 年，轿车产量已经超过 25 万辆，上海大众这个单一轿车生产企业逐渐超越了一汽、二汽，成为中国轿车企业的领头羊。

1987 年，国家在缜密研究了中国未来轿车工业的发展道路之后，确定了“三大三小”(三大：上海、一汽、二汽；三小：北京、天津、广州)的总体格局，轿车工业开始向规模化方向发展。1990 年，中国轿车工业的三大基地进一步调整，上海汽车工业总公司成立。

1991 年 2 月 8 日，一汽大众有限公司在长春成立，投资 42 亿元，中德双方持股比例为 6:4。它的成立标志着中国最大的汽车合资企业诞生。

1994 年，是中国汽车史上值得纪念的一年。在这一年，国家出台了《汽车产业发展政策》。虽然其中有很多局限，但是国家开始对汽车产业的发展方向进行了重新定位，把汽车和家庭联系了起来。家庭轿车市场孕育多年的潜能被无限放大，富裕起来的中国人对轿车喷

发了强烈的购买能量，渴望拥有一辆自己的轿车不再是遥远的梦想，中国轿车工业的春天开始到来。

图 8-11　奇瑞汽车

1999 年 12 月 18 日，在安徽芜湖经济技术开发区，一辆奇瑞白色轿车头顶大红花慢慢地穿过干冰营造的烟雾，停在红地毯铺就的展台上(图 8-11)。不过，下线后的奇瑞轿车只能在安徽省内和其他几个城市“悄悄卖”，但随后的一纸禁令，让各地给奇瑞车上牌的行为成为了“非法”。直到奇瑞将注册资本的 20% 划转给上汽集团后，才在 2001 年 1 月以“上汽奇瑞”的名称加入到国内轿车市场中来。尽管此时已是中国汽车改革开放已经有了 23 个年头，但对于自主品牌的企业来说，做轿车的大门才刚刚打开。

2001 年 12 月 11 日，我国正式加入世贸组织(WTO)，汽车市场随之逐步开放。从 2002 年 1 月 1 日起，国家七次下调汽车进口关税，整车关税从 2001 年的 70% 和 80%，最终降到 2006 年 7 月 1 日的 25%。

加入 WTO 后，有关部门对汽车整车进口采取了积极的引导措施，避免了整车的过度增长，同时促使进口汽车结构发生了根本性的变化，使进口汽车成为国内汽车市场有益的补充。同时提出了有序竞争、优化结构、保证满足国内生产需要的思路，有效化解了加入世贸组织可能对我国汽车工业造成的冲击。此外，我国汽车开始大举对外开放，长期受到抑制的汽车消费出现井喷行情，私人消费成为汽车市场主体。2002 年，我国汽车产销量分别突破 325 万辆和 324 万辆，同比增长分别达 38% 和 37%，其中轿车 109 万辆，同比增长 55%。

2004 年 6 月 1 日，《汽车产业发展政策》正式实施，提出了品牌战略，鼓励开发具有自主知识产权的产品，鼓励兼并重组，促进国内汽车企业集团做大做强，同时引导鼓励发展节能环保和新型燃料汽车。首次将汽车工业产业政策与汽车消费政策合二为一，提出培育以私人消费为主体的汽车市场。该政策的颁布实施，有利于推进汽车产业组织结构和产品结构调整，提升国内汽车生产企业的产品品牌和自主开发能力；有利于建立和完善国产汽车销售和服务体系，促进我国汽车生产企业适应国内外市场竞争的需要；有利于加快推进汽车产品法制化管理进程，保障汽车消费者的合法权益。

2004 年 10 月，《缺陷汽车召回管理规定》开始实施。在汽车召回法规实施的四年多时间里，涉及召回车辆约 170 万辆，这些问题车的召回在一定程度上保证了消费者的安全。

2007 年上汽与南汽两大汽车集团合并，荣威、名爵这对同根而生的“孪生兄弟”开始“合二为一”结束内耗。同时，也为上汽和南汽发展提供了机遇。这是我国汽车史上最大规模的一次产业整合，也是旧“三大三小”格局的第一次突破，同时还是长三角跨地区大型国企的首次兼并重组。在南汽的“全身帮助”下，上汽终于如愿成为一个年产销汽车近 200 万辆的国内汽车“超级航母”，从而全面超越一汽和东风，成为中国规模最大的汽车集团。

2007 年 7 月，由广州本田独资开办的广州本田汽车研究开发有限公司正式成立，成为中国第一家由合资公司自主投资建设、以独立法人模式运作的汽车技术研发公司。2008 年广州本田作为国内第一个合资企业自主品牌的先行者，将开创我国汽车合资企业的自主新模式。

进入 21 世纪，越来越多的国际汽车品牌在中国生产和销售，给我国的汽车工业带来了前所未有的活力和动力，连续井喷的我国汽车市场出现了进口品牌、合资品牌和民族品牌争相斗艳的精彩局面。我国 50 多年的汽车发展虽遭遇了各种坎坷，但在坎坷中孕育着希望，我们有生机勃勃的汽车工业，我国还可成为 21 世纪的汽车工业强国。

8.3　汽车史上的三次重大变革

在百余年的汽车发展史上，前后发生过三次重大的变革，每一次大的变革都是汽车生产技术及制造方式的大转变，都推动了汽车工业的大发展，引起了世界汽车工业格局的重大变化。

1886 年，德国人本茨和戴姆勒发明了现代汽车，但推动汽车迅猛发展的却不是德国人，而是法国人莱瓦索尔(E. Levasser,？—1897 年)和潘赫德(R. Panhard,1841—1908 年)。他俩在巴黎博览会上结识了不为人重视的戴姆勒以后，开始了对汽车技术的艰苦探索。1891 年，莱瓦索尔对汽车进行了重新设计，奠定了汽车发动机前置后驱动的基本模式，从而使汽车彻底脱离开了马车式的设计思路，汽车制造中心也由德国移向了法国，阿尔芒·标致(A. Peugeot,1849—1915 年)、安德烈·雪铁龙(A. Citroen,1878—1935 年)、路易斯·雷诺(L. Renault,1877—1945 年)等纷纷涉足汽车生产。于是，法国汽车成为了世界的主流，产量雄居全球第一。今天，我们从许多有关汽车的英文词汇，如“Driver(驾驶员)”、“Garage(车库)”等源于法语，这一点就足可看出当时法国汽车工业对全世界的影响。

不过，尽管以法国为主的欧洲汽车生产企业占据了当时的世界统治地位，但全部以手工生产的汽车，其成本一直居高不下，产量也无法提高。因此，当时有人将汽车比喻为“工程师的宠物，有钱人的玩物”。普通人根本不可能买得起供自己使用的一辆汽车。

8.3.1　第一次变革——流水线大批量生产

杜里埃是美国第一个制造汽车的人，当他用接近一年的时间于 1896 年制造出美国历史上的第一批 13 辆汽车的时候，欧洲大陆不仅涌现出了许多家汽车公司，而且产量也相当可观。尽管如此，美国民众和政府仍未对汽车生产给予足够的重视和支持，1900 年进行全国工业普查时，汽车制造被纳入了“杂类制造”栏，可见其地位之低下。后来，随着凯迪拉克、别克、福特等汽车公司的相继成立，美国的汽车制造业才形成了一定的势力，但与欧洲相比，仍然是弱小得可怜。

1903 年，亨利·福特(H·Ford,1863—1947 年)成立了福特汽车公司，经过几年的经营，于 1908 年完成了汽车生产流水装配线的建设，并于同年生产出著名的 T 型车。这条以屠宰业生产线的逆向操作为模式的装配线(图 8-12)投入使用以后，极大地提高了生产效率，一辆汽车的装配时间由原来的 750 分钟降至 93 分钟。生产效率的提高，使得汽车产量大幅度增加(1908—1927 年间共生产 T 型车 1500 多万辆)，售价一降再降(1908 年售价 850 美元，1916 年售价 360 美元)。

在福特的带动及竞争促动下，美国其他汽车公司也得到了快速发展，他们不仅借鉴了福特的流水生产线，而且推出了不同价位的汽车以满足不同阶层的消费者，努力扩大自己的市场占有率，从而在整体上提高了美国汽车的国际竞争力(全球市场占有率多年超过90%)。在这场市场竞争中，除福特公司以外，由艾尔弗雷德·斯隆领导的通用公司是成绩突出的另一家汽车公司。

图8-12　福特汽车生产线

第一次汽车工业的变革，通过采用流水线生产方式，实现了由单件生产向大批量生产的转变，增加了产量，降低了成本和售价，使汽车成为大众能够普遍接受的交通工具。

8.3.2　第二次变革——多样化品种

二战以前，欧洲人就已经开始不满意于美国汽车的一统天下了。但是，由于那时欧洲各国的汽车厂家尚不能以大量生产、降低成本、低售价去与已经形成规模的美国厂家竞争，于是，他们就利用自身的技术优势，在品种上多样化以及性能、配备上尽量适应欧洲各国的自然条件、社会环境、生活习惯等的不同要求，以新颖的汽车产品(如发动机前置前驱、后置后驱、承载式车身、微型省油车等)与美国厂家竞争。这些技术的开发为西欧国家汽车业在战后的大发展奠定了基础。

二战缓和了欧洲与美国之间汽车工业的竞争，加之经济复苏和政府对汽车工业的支持，欧洲人将竞争的重点放在了改变美式车车型单一、体积庞大、油耗过高的缺点上。恰在此时，中东地区开采出了大量的廉价石油，为汽车的普及创造了有利的条件。经过德、意、法、英等欧洲国家汽车制造商的不懈努力，终于在柔性生产线上生产出了一系列款式别致，令人大开眼界的新型汽车：严谨规范的奔驰、宝马；轻盈典雅的法拉利、雪铁龙；雍容华贵的劳斯莱斯、美洲虎等相继登台，为沉闷单一的车坛带来了清新的气息(图8-13)。

在欧洲人各尽所能进行多样化设计的时候，美国人则在尽量实现标准化生产，以求扩大生产批量，求得更大的经济效益，他们甚至以嘲讽的口吻评价欧洲人五花八门的设计是一种无奈的挣扎，因为大量的小型汽车生产厂家出现在市场上，根本不可能获得批量生产的效益。然而，到了五十年代末、六十年代初期，欧盟各国之间的关税取消以后，每个欧洲汽车制造厂商都可以在全欧洲自由销售自己生产的特色汽车，多样化的设计一下子转变成为了最大的优势，规模效益得以实现，世界汽车工业的重心由美国逐步移向了西欧。二战期间的1940年，美国汽车产量占全球产量的91.3%。即使二战结束后的1950年，仍占75.7%，而欧洲只占13.6%。到了1961年，美国汽车在世界汽车市场的份额下降到了43.67%，欧洲上升到约40%，直逼美国。1970年，西欧各国的汽车总产量达1100多万辆，而美国则只有827万辆，西欧汽车制造厂商终于从美国人的口中抢得了“一杯羹”。不仅如此，七十年代以后，大众、宝马、戴姆勒-奔驰等汽车制造公司还对美国实施“以其人之道还治其人之身”

a)

b)

c)

d)

图 8-13　二战后欧洲产的部分汽车

a）1960 年出产的法拉利　b）1952 年出产的宝马

c）1951 年出产的奔驰　d）20 世纪 50 年代出产的雪铁龙 2CV

的竞争策略，纷纷到美国投资建厂，将汽车竞争的战火燃向了北美大陆。

第二次汽车工业的变革，通过采用多品种生产的方式，改变了汽车市场单一品种的沉闷局面，向消费者提供了丰富多彩的汽车，打破了美国汽车厂商在世界车坛的长期垄断地位。这一阶段的主要特征是既保持了大规模生产，又出现了向多品种、高技术发展的趋势。

8.3.3　第三次变革——精益生产方式的形成

日本的汽车工业起步较晚，1929 年，当通用、福特汽车公司以 CKD 方式在日本组装了 29338 辆汽车的时候，日本人自己制造的汽车只有 437 辆。当日本政府意识到应该发展自己的汽车工业后，相继采取了一系列的保护政策：二战前夕，日本政府颁布了《汽车制造企业法》，对汽车制造业给予扶持；二战中的 1939 年，日本政府关闭了美国在日本所设的所有汽车制造厂，并积极建设自己的汽车厂；二战以后，日本政府不许外国企业到日本设厂造车，用政府意志保护本国的汽车工业。尽管如此，在整个五十年代，日本汽车业发展缓慢。进入六十年代以后，经济型小轿车的生产在日本逐渐增多，为日后的大发展积累下了一定的经验。同时，以丰田为代表的几家汽车公司，将“全面质量管理”和“及时生产系统”(图8-14)两种新型的管理机制应用到了汽车生产。前者要求工人承担更多的责任，将产品质量放在首要位置；后者规定了在生产过程中所需的图样、材料、生产工具等要不多不少、

源源不断地及时送到生产现场，两者紧密衔接、相辅相成，推动了日本汽车工业的高速发展。

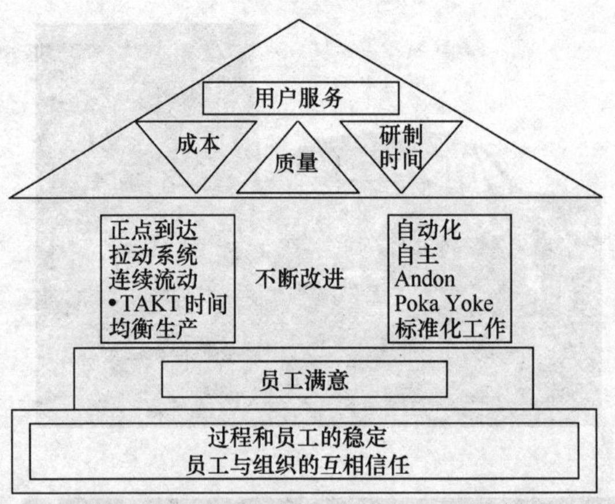

图 8-14　丰田生产系统图

1973 年，因中东战争而引发了全球石油危机，各国消费者(包括美国消费者)对汽车的需求马上由豪华气派型转向了小型省油型。而美国汽车厂商在当时所生产的轿车中，豪华气派、功率强劲、油耗偏高的占绝大多数，不适合于消费者的需求。这一天赐良机给日本的汽车工业带来了转机，他们生产的小型省油汽车马上成为全世界的畅销货。日本厂家抓住这一大好机遇，奋力抢占全球汽车市场，尤其是欧美市场，获得了巨大成功。销售的成功促进了产量的大幅度提高：1960 年，日本汽车产量为 481551 辆，仅占全球产量的 2.92%；1970 年，上述两数字分别为 5289157 辆和 17.99%；1975 年则为 6941591 辆和 21.04%；1980 年不仅上述两数字分别达到了 11042884 辆和 28.67%，而且产量还首次超过美国(801 万辆)，坐上了世界第一汽车生产大国的宝座。针对日本厂商咄咄逼人的竞争势头，欧美各国政府不得不采取严厉的进口限制措施，借以保护本国的汽车工业。

第三次汽车工业的变革是从完善生产管理系统着手的，它为沿袭了半个多世纪的福特式生产管理方式注入了新鲜的血液，使汽车工业迎来了高速发展的春天。

分析这三次汽车工业的重大变革，会发现以下几个共同的特点：第一，变革的发起者都是当时条件下汽车工业相对弱小的国家或地区。第二，变革的突破口都选择了采用全新的生产组织方式或生产技术。第三，变革的时机都选在了某种机遇来临之际，发起者凭自己的实力抓住了机遇。第四，经过变革以后，发起者都在世界汽车市场站稳了脚跟。

从第三次变革算起，距今已有近 30 年的时间。纵观当今世界的汽车市场，惟一的处女地就是以中国为代表的亚洲市场了。展望 21 世纪，由于我国经济的持续高速发展，为汽车的普及创造了有利的条件。这一千载难逢的大好时机也许正为我国从事汽车生产的企业家们孕育着某种机遇。

【复习思考题】

1. 德国汽车发展经历了哪几个阶段？各有何特点？
2. 简述美国汽车工业发展的特点。
3. 日本汽车工业迅速崛起的原因是什么？
4. 旧中国自己制造的第一辆汽车是什么品牌？是何人、何时制造的？
5. 新中国生产的第一辆汽车是什么品牌？是何人、何时制造的？
6. 我国汽车工业的特点有哪些？
7. 中国汽车工业初创阶段建立了哪几个工业基地？各生产什么类型的汽车？
8.《汽车产业发展政策》给汽车工业的发展带来了什么作用？
9. 汽车史上的三次重大变革分别是什么？各有何特点？

【实践训练】

1. 请分析美国通用公司破产的原因。给我们带来哪些启迪？

2. 日本丰田在2010年的大规模汽车召回事件，主要原因是什么？给我们带来了哪些启迪？

3. 中国加入世贸组织对汽车工业带来哪些利弊？

4. 分析各国汽车工业发展的主要特点。

国　　家	汽车工业发展的主要特征	对世界汽车工业的主要贡献	相关启迪
德国			
美国			
日本			
法国			
中国			

第9章 车界名人

【学习目标】

通过对本章内容的学习，你应该：

了解几种世界主要汽车品牌的发明者；熟悉世界主要汽车公司的创始人；从创业者的成功经历中获得相关启迪。

【情境描述】

汽车工业的发展，需要经营企业的优秀企业家，需要设计汽车的设计大师，需要生产汽车的技术工人，需要擅长销售汽车的经销大师，需要精于售后服务的专门人才……作为一名未来的汽车行业从业人员，你打算在哪方面有所作为？

【想一想】

1. 作为相同时代的人，为什么有的人成为了汽车大师，而更多的人则碌碌无为？
2. 我应该如何规划自己在汽车领域的职业生涯？

对于汽车工业来说，无论是早期的发明创造，还是后来的发展壮大；无论是一项技术革新项目的完善，还是生产组织方式的重大变化，都是汽车生产参与者具体实施的结果。

在百余年汽车发展的漫长岁月里，有多少有识之士为之奔波呼号，有多少能工巧匠为之呕心沥血，又有多少管理精英为之终生操劳……他们在汽车工业的园地里辛勤耕耘，推出了一项又一项重大的发明和管理革新，可谓群芳争艳、绚丽多彩。

今天，我们在享受着现代汽车为我们带来便利的同时，缅怀前辈们对汽车工业所做出的杰出贡献，也可算是对其光辉而富有成效的一生的最好纪念。

9.1 卡尔·本茨

德国人卡尔·本茨(Karl·Benz,1844—1929年)是现代汽车工业的先驱者之一，被世人尊称为“汽车之父”(图9-1a)。

1844年，卡尔·本茨以遗腹子的身份出生于德国，父亲原是一位火车司机，但在他出世前的1843年就因发生事故而不幸去世了。

从中学时起，卡尔·本茨就对自然科学产生了浓厚的兴趣，1860年，他进入卡尔斯鲁厄综合科技学校学习。在这所学校，他较为系统地学习了机械构造、机械原理、发动机制造、机械制造、经济核算等课程，为他日后的发展打下了良好基础。

在经历过学徒工、服兵役、娶妻、生子等一系列的人生经历之后，他于1872年组建了“本茨铁器铸造公司和机械工场”，专门生产建筑材料。由于当时建筑业不景气，本茨工场

a)

b)

图 9-1　汽车之父卡尔·本茨及其研制的“维克托利亚”牌汽车
a）卡尔·本茨　b）“维克托利亚”牌汽车(1893 年)

经营困难，面临倒闭的危险。

万般无奈之际，他决定制造发动机去获取高额利润以摆脱困境。于是，他领来了生产奥托四冲程煤气发动机的营业执照，经过一年多的设计与试制，于 1879 年 12 月 31 日制造出了第一台单缸煤气发动机(转速为 200r/min,功率约为 1hp)。不过，这台发动机并没使本茨摆脱经济困境，他依然面临着破产的危险，生活十分艰苦。

但是，清贫的生活并没有改变本茨投身发动机研究的决心，经过多年的努力，他终于研制成功了单缸汽油发动机，并将它安装在了自己设计的三轮车架上，取得了世界上第一个“汽车制造专利权”（1886 年 1 月 29 日）。

1893 年，本茨研制成功了性能先进的“维克托利亚”牌汽车(图 9-1b)。它采用本茨自己获得专利的 3L 排量发动机，转向盘安装在汽车的中部。尽管该车性能先进，但由于当时售价高达 3875 马克，因而很少有人购买得起，成为公司的滞销品。这样，这种在技术上为本茨带来了极高荣誉的汽车，在经济上并没有给他多大的好处，公司陷入了经营的困境。

后来，本茨听从了商人的建议，于 1894 年开发生产出了便宜的“自行车”（销售价格确定为 2000 马克)。这种“自行车”销路很好，在一年时间内就销出了 125 辆。由于它是世界上第一种批量生产的机动车，因而给本茨带来了较高的商业利润。后来，本茨又对前期生产的“维克托利亚”牌汽车进行了改进，将车厢座位设计成为面对面的 18 个，它由此成为了世界上第一辆开展运营的公共汽车。

在发明以及经营汽车公司的过程中，卡尔·本茨的勇气令人十分钦佩：首先，他甘于清贫，埋头于自己的发明工作。其次，他果敢地摒弃了在技术上已十分成熟的蒸汽机而选用了自己并不被人看好的内燃机作动力，反映了他在观念上的巨大转变。再次，他既能开发生产反映汽车技术最高水平的“高档车”，又能及时调整产品结构，组织生产适销对路的“普通车”，为公司赢得了可观的利润，维系了公司的正常运营。这说明他不仅拥有工程师的基本素质，还具有企业家的经营机巧。

9.2 费南迪尔·保时捷

有人评价，在百余年的汽车发展史上，费南迪尔·保时捷(Ferdinand Porsche,1875—1952年,图9-2a)是最为杰出的汽车设计大师。这话一点都不过分，保时捷对汽车工业所做出的杰出贡献，主要体现在其高超的产品设计水平和使汽车大众化的设计这两个看似风马牛不相及的方面。1999年12月4日，来自世界33个国家的“世纪之车”评选委员会宣布了他们的评选结果：费迪南德·保时捷以最高分当选为20世纪最伟大的汽车工程师。

a)

b)

图9-2 汽车设计大师费南迪尔·保时捷及其研制的保时捷356跑车

a）费南迪尔·保时捷 b）保时捷356跑车

1875年12月3日，保时捷出生于波西米亚(原为德国境内,今属捷克)的一个铁匠之家，15岁那年进入夜大学学习。16岁时他就为家里制造了一套照明装置。后来，他一边在电厂工作，一边在维也纳工学院进修。

22岁那年，保时捷设计了一台能安装在汽车轮内的电动机，以替代当时在汽车上普遍使用的链条传动，并因此而获得了第一个专利——“混合传动系统”专利。

1900年，他所发明的电动汽车出现在巴黎世界工业产品博览会上。从此，他以“电动汽车之父”为世人所知晓。

1905年，保时捷出任戴姆勒公司奥地利分公司的技术部经理，由于成功设计了“玛哈”牌汽车而获得了他有生以来的第一枚勋章。

1910年，他设计成功更为完美的“公爵”牌轿车，开始为世人所注目。1914年，第一次世界大战爆发，波尔舍积极参加了奥匈帝国的军工动员，被任命为斯科达军工厂的技术总监。1917年，保时捷得到了维也纳工业大学颁发的荣誉博士学位。从此，人们称他为保时捷博士。

一战之后，面对萧条的德国经济，他曾建议戴姆勒公司的老板开发平民轿车，可惜对方未予采纳。

1926 年，戴姆勒公司与本茨公司合并，由于他的许多意见与老板相左而于 1929 年辞职。

辞职后的保时捷，于 1930 年创建了自己的公司——保时捷汽车设计事务所，他打算先在运动车和赛车领域做出一番成绩。

1932 年，保时捷着手设计载重汽车和变速器高速档的设计，之后又全力投入减振装置和钢板弹簧的设计，在钢板弹簧中他所采用的扭力杆和从动铰链就是后来被称为“保时捷 ifs”的著名装置。在二战的前五年中，保时捷博士进行了多功能车的研制工作，并在研制风力螺旋推进器上做了一些工作，以缓解能源短缺问题。他还致力于拖拉机的设计以提高德国落后的农业经济。

1934 年之前，赛车发动机前置，后面装一个大油箱，所以质量分配在油箱满和油箱空时有很大差异，赛车的加速、转向、贴地、制动等性能从开赛到结束一直在变，甚至完全相反。无论场地赛或公路赛，车手都无法积累经验，必须在高度紧张的状况下，不断地设法修正和适应车辆本身性能的变化，开赛时转向过度，接近结束时反而转向不足，连带着影响车辆性能也跟着改变。1934 年，他以全新角度设计出了具有 16 气缸增压式发动机的第一辆保时捷赛车(车头约占 1/3,车的前后配重比为 1:1,油箱安置在车的中部,无论油量多少都不影响车的重心位置)，并以 7.5 万美元的价格将图纸卖给了德国汽车联盟。这辆外形新颖、性能优良的赛车，在以后举行的多次比赛中都有出色表现，成为惟一能与早已成名的梅赛德斯进行较量的车型，先后打破了八项世界纪录，夺得过场地赛、越野赛、登山赛等各项赛事的冠军。德国民众虔诚地将这辆赛车取名为“银箭”(图 9-3)，表达了他们对它的无限敬意。由于它的出色表现，“银箭”造型奠定了自那以后的国际环形赛车场地用车的基本外形。保时捷博士的一生，对汽车的贡献是多方面的，但大家公认，“银箭”是他技术成就的顶峰，它为德国赢得一次又一次的荣誉。

图 9-3　银箭赛车

设计和制造赛车的巨大成功，并没有使保时捷忘记自己开发平民车的理想。从 1935 年起，

他带领设计小组按照“坚固可靠，经济实用，技术全面成熟”的三条原则开发设计大众型轿车。1936 年 10 月 12 日，三辆大众型“V1”轿车开发成功，并通过了技术鉴定。1937 年 5 月，大众汽车公司成立，1939 年 8 月生产出第一批大众轿车。但是，由于受二战影响，他生产平民车的梦想破灭了，战前累计生产的 630 辆“甲壳虫”车全部装备了德军军官。

二战结束后，大众汽车公司开足马力，加紧生产由保时捷先生设计的甲壳虫牌汽车。由于该车占领了平民车领域这个最大的汽车市场，因而取得了极其辉煌的成就，累计产销量达 2100 多万辆。

二战期间，保时捷曾参与过替德国军方研制坦克的工作，战后被盟军指控为战犯关进了法国监狱。约两年的监禁之后，美国终于承认他是位机械工程师，而不是纳粹，终被释放回国。1948 年，获释后的保时捷重操旧业，他所组建的保时捷设计有限公司精心设计、制作了 50 辆功率为 30kW、铝质车身的保时捷 356 型(因先后进行过 356 次设计变动而得名,图 9-2b)跑车。由于该车在一次重大比赛中出人意料地战胜了许多欧美名车，一夜之间成为妇孺皆知的英雄，保时捷地位由此得以确定。

1952 年 1 月 30 日，就在保时捷 356 型跑车开始为公司赢得荣誉时，保时捷因病去世，终年 77 岁。他的杰作，特别是不朽的“甲壳虫”，永远留在了车迷的心中。在人们的心里，他永远是位大师，是位天才。

9.3 亨利·福特

在全世界，“汽车之父”只有卡尔·本茨一人。同样，享有“汽车大王”之美誉的也只有亨利·福特(H·Ford,1863—1947 年,图 9-4)一人，可谓是前无古人，后无来者。是他将人类社会从马车时代带入了汽车时代。

亨利·福特出生于 1863 年 7 月 30 日，其父是一位农场主。他自小就对从事农事颇有怨言，反而对鼓捣机械充满了浓厚的兴趣，并因此而闯过不少次祸，幸运的是，父亲对他的“胡闹”从来没有任何埋怨。

17 岁那年，他独自一人到位于底特律的密西根汽车制造公司上班去了。但在这家拥有 2000 人的底特律最大的工厂，福特只工作六天就辞职不干了，原因是“该公司优秀的员工需花费好几小时才能修复的机器，我只要 30 分钟就可修好，因而其他员工对我十分不满”（福特语）。

图 9-4　站在 FORD-T 型车前的汽车大王亨利·福特

后来，他又先后从事过机械修理、手表修理、船舶修理等工作，并且还一边工作一边参加夜校学习，以便将来能够“不屈居人下，被别人利用而过一生，自己开一家制造机械的工厂”。为了实现这一目标，他还告别了富庶而温馨的家，到爱迪生电气公司边工作边学习电气知识。

1893 年圣诞节，福特汽油机实验成功，这给了他极大鼓舞，决心再接再厉，研制出自己的“不用马拉的马车”。

1896 年春天，他的第一辆汽车终于研制、试验成功，福特感到无比高兴。

1899 年，福特又成功地制作出了三辆汽车，他因此而在当地被公认是这一领域的杰出人物。于是，他与别人合作成立了底特律汽车公司并任制造部经理。然而，公司在一年后却解散了，原因是：几乎所有员工都没有制造汽车的经验；零部件质量不好，采购不及时，常常延误工作进程；高成本制造出的汽车无法销出。所以，在制造了 20 辆汽车以后，公司就关门了。

1901 年 10 月 10 日，福特接受了主要靠赛车建立起商业声誉的温顿的挑战，亲驾自制赛车参赛，结果他出人意料地获得了胜利。于是，在商人们的支持下，他又成立了第二个汽车公司。可是，批量生产汽车所需的技术完全不同于生产单一的汽车，修理工出身的福特在当时显然还不能胜任这一重任。当投资者发现他只热心于将金钱花在研制一种无法销售的高价赛车上时，毫不客气地将其赶出了厂门。这样，福特第二次办汽车厂也以失败而告终。

两次失败经历没将福特吓倒，他仍然谋求在汽车业的发展，并付出了比以往更大的努力：自驾赛车四处表演，不断改进汽车结构。由于经常获得各种比赛的胜利，他一跃而成为“全美第一流的汽车驾驶员”、并被新闻界誉为“速度之魔”（他的赛车曾在一条半英里长的大街上创下了 7mile/h 的速度）。

1903 年 6 月，福特第三次与别人合作，按股份制模式成立了汽车公司，尽管公司只有 10 位雇员，但他们却制造出了性能稳定的 A 型汽车。A 型车为福特日后的发展奠定下了物质基础，它在不到一年时间内就销出 650 辆，实现了开门红。第二年，A 型车月产量稳定在 300 辆，第三年达到 360 辆，福特公司因此而成为全底特律最为忙碌的工厂。

1906 年，N 型车问世，这是一种物美价廉的汽车，外形美观、性能良好，加之随后推出的 R 型、S 型等车，两年之内共售出 8000 多辆。N 型车是福特的得意作品之一，它的成功不仅使福特彻底摆脱了贫困的生活，而且为日后的大发展提供了良好的经验。

1908 年秋，令人注目的 T 型车隆重问世了。T 型车在设计思路、生产组织、零售定价、销售组织、售后服务等许多方面都采用了与众不同的方法。T 型车被设计成多用途型，适合于各种使用场合；T 型车的各种零部件被首次设计成统一规格，实现了总成互换；在大型总装车间，别人发明的流水线装配法被发展成为了由机械传送带运送零件和工具，极大地提高了工作效率；采用低定价(每辆车只售 850 美元,后又降至 360 美元)的销售策略，使大多数人都能购买得起；提供充足的零部件和及时的售后服务保障，消除了用户的后顾之忧；大幅度增加工人工资(实行“8 小时 5 美元工作日”;相当于原工资的 200% 以上。汽车界及金融界一致反对,纷纷预言他将破产)，以求提高工作效率、降低生产成本(1914 年,公司以不足 13000 人生产了 73 万辆汽车,获利 3000 万美元)。由于该车售价低廉、使用方便、维护容易，销售异常火爆。累计 1500 多万辆的产量更是创造了空前的纪录。T 型车即使福特获得了巨大的成功，也成了普通民众的交通工具，改变了人们的生活方式、思维方式和娱乐方式，将人类带入了汽车时代。

20世纪20年代后期，美国开始形成了一个巨大的旧车市场，大批质量相当不错的二手车只需几十甚至十几美元就可买到，这对一向以“价廉物美”而著称的T型车是一个极大的冲击。同时，由斯隆领导的通用汽车公司生产出了许多时髦多样和先进豪华的汽车，满足了不同阶层的购买需求，也对T型车形成了较大的竞争压力。

1927年，顽固的福特不得不让自己心爱的黑色T型车死亡，整个公司停产一年转产新的A型车。由于转产组织匆忙、耗资巨大，加之接踵而至的经济大萧条的影响，福特公司元气大伤，整个三十年代都未能恢复，分别被通用(1927年)和克莱斯勒(1936年)超过。后来经过全公司员工的拼力追赶，才算在“全国第二”的位置上站稳脚跟，那种产量独占全国一半以上的日子一去不复返了。

1945年，福特不得不让位于孙子亨利·福特二世，1947年4月7日，亨利·福特因脑出血死于底特律，终年83岁。

“亨利·福特创造了历史，并生活在这个历史阶段，他的建树超过其他任何人。他发现和开拓机器的未知领域，从而改变了人类的形象。当年轻的他离开农庄时，5个美国人中有一个住在城市，而当他离开人世时，由于福特汽车扩大了人类的活动，比例正好反了过来。在他去世时，福特公司生产的汽车和他出生时的美国人一样多。主要由于他，美国有七分之一的人在制造汽车或在与汽车有关的企业里工作。”《福特传》作者的这番话，可以说是对他恰如其分的评价。以福特汽车为代表的汽车文化，不仅加快了机械工业的发展历程，而且开创了人类社会崭新的时代。

9.4 威廉·克拉博·杜兰特

威廉·克拉博·杜兰特(William·C·Durant,1861—1947年,图9-5)是世界汽车发展史上一位传奇式的人物。当他看到了汽车的发展前景时，果断地利用自己手中掌握的巨额资金，创建了今天名震全球的通用汽车公司。

杜兰特于1861年出生于美国的马萨诸塞州波士顿市。自小就和其母一起被嗜酒成性的父亲遗弃，10岁起与母亲一起住在家境颇为富裕的外婆家。在那里，小杜兰特受到了外婆的精心教导。毕业以后，杜兰特先后干过若干种工作。1886年，他对马车制造产生了极大的兴趣，于是，投资1500美元在弗林特市成立了一家马车制造公司。尽管这笔钱对他来说是一笔巨款，他还是想尽一切办法如数筹足了款。

杜兰特的马车公司成立以后，由于产品质量较好、经营管理得法，所以发展迅速，很快就成为了美国马车时代的著名厂家之一。但杜兰特却并没因此而自满自足，他以商人的敏锐眼光看到了汽车业蓬勃发展的远大前景，密切注意着汽车制造行业的经营动态，寻找进入这一领域的合适时机。

1904年，别克汽车公司的经营陷入了困境，杜兰特预感到这是一个使他涉足汽车制造领域的天赐良机，果断地拿出50万美元的巨款对其进行了部分股权的收购，后来，随着进一步的资金投入，他完全控制了这家公司。别克汽车公司正是杜兰特在汽车制造业赖以成名的起点。1905年，杜兰特在未与任何合股人商量的前提下，擅自决定参加纽约汽车展览会，并在会上包揽了1500辆汽车的制造任务。由于公司生产能力有限，结果只造出了20辆，公司在经济和声誉两个方面蒙受了损失，杜兰特因此被停职。停职后的杜兰特不甘寂寞，仍在为别克汽车公司四处活动，这是别克在当时得以快速发展的重要原因之一。

图 9-5　汽车界传奇人物威廉·克拉博·杜兰特

1908 年 9 月 16 日，乔治·E·丹尼尔等三人以 2000 美元的微弱资金，在新泽西州联合组建了早期的通用汽车公司。同年 9 月 28 日，杜兰特列席了通用的内部会议，并表示自己愿意将别克卖给通用，他本人也愿意为通用效力。3 天后，通用以 375 万美元的价格收购了别克，杜兰特也如愿以偿地进入了通用。

公司规模的扩大使杜兰特十分乐观，他认为通用每年在美国市场出售 50 万辆汽车是一件轻而易举的事情。为达此目的，他认为应该将当时的一些汽车产销商合并起来，组成一家大的汽车公司。于是，他采用以股票调股票的方式将 20 多家汽车制造厂、汽车零部件制造厂及汽车推销公司合并起来，其中包括奥兹莫比尔、凯迪拉克、旁蒂克等知名汽车企业，形成了一家巨型汽车企业。不过，当时的通用只是一家控股公司，下属各企业基本上是各自独立的经营单位，再加之杜兰特既没有建立必要的公司管理机构，也没有建立必要的现金储备，仅凭销售汽车所获得的现金来支付原材料费用及职员工资。1910 年，当汽车销量在福特公司的激烈竞争下大幅下滑时，通用出现了严重的资金危机。为渡过难关，杜兰特在走投无路的情况下，只好向财团求救。财团接受了通用的举债请求，但同时也开出了极为苛刻的条件，既要杜兰特也辞职，也要通过投票信托方式控制通用。在这一背景下，杜兰特被解除了总经理的职务。

退出通用的杜兰特并不甘心于自己的失败，他伙同路易斯·雪佛兰组建了雪佛兰汽车公司。在这家新成立的公司，他与合伙人一起励精图治，取得了辉煌的经营成就。杜兰特利用雪佛兰公司的资金，再加之得到了杜邦财团的财政支持，于 1916 年将通用公司从银行家的控制下重新夺了回来，使其变成了雪佛兰的一家子公司。后来，杜兰特成立了股份制的新通用汽车公司，并用新通用股票调换老通用股票，取得了老通用的全部股权。1917 年 8 月 1 日，新通用(图 9-6)完全取代了老通用，原通用宣布解散。

在重新获得了通用公司的领导权以后，杜兰特又自满自足起来，他无意接受董事会的领导，完全凭个人的力量经营公司；他不去研究公司的内部管理，只是热衷于公司规模的扩大(在他担任总经理的四年时间内,通用的规模扩大了八倍)；他不去协调各经营部门相互之间的关系，导致分公司各自为政；他不去关心公司的整个产品战略规划，以致各分公司之间的产品相互重复，无法形成“一致对外”的市场竞争格局……杜兰特的一系列失误，导致了通用公司 1920—1921 年间的严重危机。由于产品质量下降，汽车销量急剧减少，而原先订购的原材料又源源不断地运到，致使库存日益加大，周转资金严重不足，公司濒临倒闭。在公司上下的一片反对声中，杜兰特被迫于 1920 年 11 月辞职，永久地离开了通用。

后来，杜兰特在默默无闻中度过了他的余生。但是，他毕竟留给了后人一家大公司的雏形。

图 9-6　通用汽车公司

9.5　艾尔弗雷德·P·斯隆

1923 年 5 月，面对内忧外困的通用公司，董事长杜邦将自己自杜兰特离职以后兼任的公司总经理大权交给了艾尔弗雷德·P·斯隆（A. P. Sloan，1875—1966 年，图 9-7），实践证明，这是通用公司发展历程中最为重要的一个英明决策。斯隆以其聪明才智为通用构筑起了一套完善的组织机构，建立了一整套的管理、财务制度，为公司日后的大发展奠定下了坚实的基础。

图 9-7　企业管理之神阿尔弗雷德·P·斯隆

斯隆是一位大学毕业的电气工程师，原本供职于联合汽车公司，只是因为公司并于通用才于 1919 年进入通用担任副总经理。在任副总经理期间，他对通用的管理不善深感不安，曾给总经理写过三份有关内部管理弱点的专题报告，可惜刚愎自用的杜兰特对此不理不睬，最终导致了通用几乎倒闭的严重危机，他本人也被迫辞职。

1921—1924 年，通用进行了一系列整顿与改组，涉及公司的经营方向、相互协作、行政管理体制、组织系统、生产计划、报告制度、产供销管理、人事管理、财务管理、海外扩张战略等。由于这次改革的全面与成功，使通用发生了一次质的变化，在不长时间内就跻身于世界一流工业企业的行列。而作为公司副总经理、总经理的斯隆，当然是功不可没的。

在总结前人经验的基础上，他果断提出了“集中政策、分散经营、财务独立”的经营管理体制。在这一体制下，公司高层机关负责协调、管理公司的全部经营活动，公司高层和各专业委员会决定公司的大政方针，而具体经营责任则交给各分部负责。

针对公司内部分工不够明确，多家生产分部在同一档次的产品上相互竞争，以致生产批量少、产品成本高，无法与竞争对手进行全面竞争的生产现状，公司组织专门委员会进行研究，最后形成研究报告。报告建议公司组织专业化生产，减少汽车的型号数目，谋求大量生产的经济效益。并且具体建议生产六个价格档次的汽车，即：①450～600 美元；②600～900 美元；③900～1200 美元；④1200～1700 美元；⑤1700～2500 美元；⑥2500～3500 美元。

报告认为，这样划分汽车的档次，能够满足不同购买能力的各类顾客的消费需求，为每一个人和每一种目的提供一种汽车，有利于整个公司与竞争对手展开全方位的市场竞争。

为服务于已经确定的产品方向，组织专业化的零配件生产，公司整顿、重组了零配件生产部门，同时要求尽量自己生产关键性的零部件，以确保汽车质量。

为最大限度满足市场竞争的需要，公司对各经营部门进行了专业化分工，让各厂生产较为单一的产品或零部件。让生产标准化、通用性零部件的分厂集中在底特律一带，以便就近管理；让根据产品专业化分工后的整车装配厂按照“接近市场”的原则分布于全国各地，以便就地装配、就地销售，减轻了长途运输整车的巨大压力。公司还规定，内部各单位间的协作也应建立固定关系，相互交易以内部协作价结算。协作价按成本加合理利润制订，如果协作价高于市场价，受货方可报告公司要求供货方降价，若对方无法降价，受货方有权向外界采购。通用的这一协作关系有着极强的生命力，致使在 20 世纪末的今天仍没太大变化。

在斯隆的建议下，通用按“政策制定与行政管理分开，分散经营与协调控制相结合”的原则建立了管理组织体制，使公司经营方针政策的制定和控制集中在上层，而将方针政策的执行和运用分散给基层。这套管理体制的建立，使通用的基层部门既可发挥各自的积极性，又在公司的总体控制下进行经营运作，还可将高层管理人员从日常事物中解脱出来，全身心地投入到高层决策中去。这次组织变革被后人称之为企业管理上的一场革命。

斯隆建立的公司计划制度和报表制度从另一个方面反映了他的企业管理才能。为避免因存货导致的资金呆滞，他要求经销商每隔 10 天向公司有关部门上交一份旬报，详细列举 10 天来的汽车销售量、库存量、订货量及接货量等，同时要求提供商业情报的公司每月提供各州的新车登记数、通用汽车在市场上所占的份额及变化原因等。每家生产企业每月需对下月和其后三个月的销售量进行预测，编制计划，并报公司总经理审批。由于这一计划行之有效，后又扩大应用于生产、采购、存货、流动资金、固定资本投资、利润等诸多方面，形成了完整的计划体系。

在斯隆所建立的管理体制下，下属各分公司的经营积极性被充分地调动了起来，汽车产量逐年上升，自 1928 年超过福特之后，一直稳居世界首位，其国内市场占有率由 1921 年的 12% 增加到 1941 年的 44%。在通用所取得的这一连串成就之中，斯隆所做出的创造性贡献是令后人所惊叹的。通用对这位奇才也给予了充分的尊重，自他 1923 年接任总经理以来，一直到他 1966 年以 91 岁高龄离开人世，始终担任着通用的总经理、董事长、名誉董事长等职。

9.6　恩佐·法拉利

恩佐·法拉利(Enzo Ferrari,1898—1988 年,图 9-8)是法拉利公司的创始人。就像本茨、

福特、保时捷等人一样，他在汽车制造界也享有盛誉，人称“赛车之父”。当前风头最劲的F1赛车运动就是在恩佐的影响下被传播到全球各地的。

法拉利于1898年2月18日出生于意大利摩德纳城（Modena），其父为一小工厂主。在他10岁那年，父亲带他到波伦亚观看了一场汽车比赛。赛车场那集惊险、刺激于一体的惊心动魄场面深深地吸引了他，他盼望着自己也能成为一名优秀赛车手。13岁那年，他千方百计地说服了父亲，允许他单独驾驶汽车，从此，他与汽车结下了不解之缘。

图9-8　赛车之父恩佐·法拉利

1916年，法拉利父亲因病去世，不久，战争又夺去其兄性命，他本人也不得不应征入伍。退役以后，迫于生计，他只好到都灵做工，并最终在阿尔法·罗密欧汽车厂找到了工作。在这家工厂，他先后干过技工、试车员、赛车手、地区市场负责人等，其中对参加赛车最感兴趣。

1920年，法拉利投身前景看好的阿尔法·罗密欧的赛车部门。成为一名“拿生命开玩笑”的试车员。1923年，法拉利在拉韦纳的赛威（Savio）循环赛中取胜。1924年在库帕·阿瑟勃汽车赛上，法拉利率领阿尔法·罗密欧车队一举战胜了德国最强的梅赛德斯车队。此役为阿尔法·罗密欧公司和法拉利赢得了世界声誉，法拉利本人也被意大利政府授予“骑士”爵位。赛车运动很快在意大利掀起了狂潮。

法拉利在阿尔法·罗密欧的影响日益增大，他有了组建自己车队的想法。1929年，在得到两位车手提供的经济资助后，法拉利创建了“飞毛腿”赛车俱乐部（Scuderia Ferrari）。阿尔法·罗密欧公司感到失去法拉利，自己的车队将难以为继，便把公司的赛车工作连同开发赛车的工程师们一起交给法拉利，把法拉利车队变成半正式的阿尔法·罗密欧车队。

法拉利在32岁那年担当起了阿尔法·罗密欧汽车公司赛车队队长的重任，他统率以自己名字命名的法拉利赛车队，从1930年到1933年，一路过关斩将，在国际汽车大赛中几乎所向无敌。先后在方程式赛车、24小时耐力赛、全程1000英里赛（Mille Migtia）、探戈·弗列罗大赛等各种大赛中出尽了风头，参加了39场大奖赛，获得了11场冠军。

1935年赛季的获胜坚定了法拉利经营一流车队的信心，随后法拉利有了脱离阿尔法·罗密欧成立自己的汽车公司的念头。1939年，法拉利与阿尔法·罗密欧的关系中断，开始自行设计制造赛车。但第二次世界大战的爆发使法拉利的计划受挫。

图9-9　法拉利 Tipo125

1947年，法拉利生产出第一辆车（图9-9），该车有12个气缸，排气量仅为1.5L、而发动机功率却高达90hp。该车以自己的名字命名为“法拉利 Tipo125”，以跳马图为商标。在以后的三年时间里，法拉利又相继生产了Tipo166、Tipo195、Tipo212、Tipo225等型赛车。由于赛车的性能需要在赛车场上才能得到检验，因此，法拉利积极参加各种汽车大赛，借以检验、宣传自己的赛车。法拉利赛车没有辜负他的希望，先后夺得多项桂冠：在1951年的迈勒·米格拉尔汽车大赛上，排量4.1L的Tipo340夺冠；在利马24小时汽车赛上，排量4.5L的Tipo375获胜；在布宜诺斯艾利斯1000公里汽车赛上，排量4.9L的Tipo410夺魁；1956年，经过法拉利改造的蓝旗车一举夺得了世界汽车竞赛的最高荣誉——一级方程式赛车年度总冠军。这一连串的胜利，奠定了法拉利赛车在世界车坛至高无上的地位。

法拉利除制造赛车并参加大赛外，还积极策划制造法拉利跑车，以求“以车养车”——用出售跑车所获得的利润来支持自己的赛车计划。可惜小规模的跑车生产获利有限，难以支持赛车队庞大的开销，经济常常陷入困境。不过，由于法拉利车声誉极高，多次为国家争得过荣誉，几乎成为了意大利汽车业的形象代表，因此，财大气粗的菲亚特汽车公司在财政方面经常给予无私帮助。美国福特一度有意收购法拉利，但却被法拉利本人坚决拒绝。他担心自己的公司归于福特以后，一来对方会借法拉利车的成绩宣传自己的形象(这不利于意大利的汽车工业)，二来自己的赛车计划会受到一定程度的干扰。1969年，法拉利答应让本国的菲亚特收购，条件就是对方在今后的岁月里不得干扰其赛车活动。

1987年，89岁的恩佐·法拉利推出了纪念公司成立40周年，集几十载设计制造精华于一身、轰动全球跑车制造行业的法拉利F40超级跑车(图9-10)。这款超级跑车，装配有V8发动机，双顶置凸轮轴，排量3L，输出功率为305kW，最高车速超过320km/h，被称赞为“划时代的超级跑车”。

图9-10　法拉利F40跑车

多年以来，汽车界的人们已经形成了这样的共识：只要提到恩佐·法拉利，大家就会想到那辆超级法拉利赛车和跑车；只要提到汽车科技的先进水平，大家就会想到红色的法拉利。法拉利汽车集技术性、艺术性于一体，采用了类似于劳斯莱斯、保时捷、兰博基尼等世界名车那样的半机械、半手工化的加工工艺精心制作，质量一丝不苟，堪称稀世珍品。

1988年8月14日，汽车界巨星恩佐·法拉利去世了，终年90岁。对于恩佐·法拉利的逝世，意大利总理深情地说：“我们失去的是一位能够象征意大利年轻蓬勃、富于冒险、不屈不挠以及在技术领域锐意进取的楷模型人物”。他留给后人的是那不朽的事业和艺术品一般的法拉利汽车。

9.7　伊诺

19世纪末，美国的木制马车渐渐多了起来，马车经常拥挤在道路上，无法行走。那时

还没有左右行驶之说，遇到混乱不堪的局面，警察也束手无策。堵塞的车辆互不相让，口角经常发生，甚至大动干戈，报以老拳。

伊诺小时曾见到一个路口堵车的情形，多辆马车搅在一起，绳索缠如乱麻。警察无能为力，只好站在一旁，冷眼静观其变。看着时间一分钟一分钟地从眼皮底下溜过，谁也通不过路口。伊诺从此对交通问题产生了浓厚的兴趣，他开始观察各种交通情况，并做出大量笔记和心得体会，想为解决交通问题找到途径。

经过长期认真钻研，1890 年他终于发表了解决交通堵塞问题的论文《我们的城市交通急需改革》和《车辆管理的建议》，对全美国人民都迫切关心的交通问题做出了独到的分析和解决的方法。论文发表后，立即轰动了美国，一时间，伊诺的交通见解成了人们茶余饭后最感兴趣和最喜欢谈论的话题。人们盼望早日解决交通不畅的问题。

为了解决亟待整顿的交通混乱问题，纽约市警察局特别邀请伊诺制定交通管制的法规。伊诺根据多年的心得，编制了《驾车的规则》，对马车前进，如何拐弯，何时停止行驶，怎样横穿马路都做出明确规定。他强调信号灯的应用，这样可保证道路的秩序。他还统一了大小街道的标志、人行横道的标志等。伊诺还规定了马车必须单行，这样，左右行道路在世界上首次出现了。为了保证行人的安全，伊诺还设计出过街行人安全岛。

伊诺制定的法规，于 1903 年正式在纽约使用。很快，这些法规在全美国得到普及。不多久，全世界都使用了这些交通法规。从 1903 年起，世界上才有了车辆的左右单线行驶，才有了红绿灯，才有了人行横道，交通堵塞问题才得到缓解。

随着汽车的出现和增多，伊诺又对汽车交通进行了研究。1921 年，他编著的《交通的规则》一书发表，这本书得到全世界交通管理部门的肯定，成为现代交通问题的权威性著作。他所制定的交通法规，全世界都奉为经典。为纪念伊诺的功绩，人们尊称他为“交通之父”。

9.8 安德烈 · 雪铁龙

1878 年 2 月 5 日，作为父母 5 个孩子中的老幺，安德烈 · 雪铁龙(A · Citroen,1878—1937 年,图 9-11)在法国巴黎出生。父亲原籍荷兰，是个从事珠宝生意的商人，母亲是波兰人。雪铁龙年轻时就认定科技进步将给人类带来幸福，所以他选择巴黎综合工科学院就读，准备将来当一名工程师。22 岁那年他去波兰外婆家探亲度假，途中因注意到一种装置上按“人”字形拼成的齿轮而得到灵感，回来后发明了人字形齿轮传动系统，并获得专利。在获得文凭、服完兵役后，他于 1913 年创立了自己的公司，专门从事齿轮传动机的生产。

图 9-11　汽车经营大师安德烈 · 雪铁龙

一战期间，雪铁龙应征担任炮兵队长。当他发现弹药不足时，主动请缨组建工厂，生产炮弹。在这里，他的组织管理才能得到了极大的发挥，不仅使炮弹日产量达到了 5 万枚的创纪录，而且由于组织得法，使妇女也可参与工作，从而让更多的男人可以抽身参战。

1912年，雪铁龙去美国旅游。在那里，他亲眼看到了由泰勒研究的科学化生产组织使福特大幅度降低了T型车的生产成本。于是，他决定以同样方式来管理自己的工厂。回国以后，他向众人夸下海口："以后要每天生产100辆汽车!"开始人们认为他是痴人说梦话，没想到自1919年他在欧洲率先批量生产A型车以后，产量迅速提高，到1923年，日产量已达200辆，到1924年，日产量则达300辆，雪铁龙成为了欧洲的成功汽车厂家之一。1924年7月28日，雪铁龙汽车公司正式挂牌成立。

雪铁龙坚持认为：汽车厂卖的不只是汽车，还有无微不至的服务，他逐步完善了汽车买卖方式，创立了一年保证期制度、建立分销网、罗列出零件目录及维修费用一览表，使所有销售点、维修点的费用得以统一。1922年，他大力推广分期付款售车方式，成立了全国第一个专司分期付款的机构，并在国外建立了分支机构。此外，他还创办了不少汽车出租公司，在全国各地形成了一个游览车服务网。

雪铁龙在对公司和产品的宣传方面可谓煞费苦心：他在法国各地十字路口竖立起雪铁龙标牌，强化人们对其标志的印象；他让汽车从高山上翻滚而下以证明车身的坚固耐用；他雇佣飞机以五彩的烟火在空中画出"雪铁龙"字样；更为绝妙的是，他于1925—1934年间在巴黎埃菲尔铁塔以霓虹灯方式做广告，使巴黎四周30公里以内都可看到(图9-12)；1923年，他发起了穿越撒哈拉大沙漠的大型车赛；1924年又组织了贯穿全非洲的"黑色之旅"赛车活动；1927年，美国人林白驾机横越北大西洋成功，他竭力说服这位英雄去自己的工厂接受工人们的祝贺，结果第二天的报纸就刊登出了这样的文章《林白访问雪铁龙》；自1928年起，雪铁龙每月月末在法国100家大报刊登大幅广告；1931年他在法国巴黎开业了当时全球最大(长400m)的汽车商场，除了经销汽车以外，也在场内放映电影和开办音乐会。

图9-12　巴黎埃菲尔铁塔的雪铁龙霓虹灯广告(1929—1934年)

富有的雪铁龙在生活上不求豪奢，只是不断地投资于工厂和开发新车型，追求技术上的不断进步，他甚至声称"只要主意好，代价不重要"。在工程师勒费伯的建议下，雪铁龙决定在新研制的汽车上采用一系列全新的技术，如前轮驱动、流线形车身、自承重设计、扭力杆悬架装置、液压制动、悬浮起动机、自动变速器等。由于所需经费庞大，他只好向部分经销商及米其林公司请求赞助。虽然这种后来被人们称之为"强盗车"的前轮驱动车给雪铁龙公司带来了极大的荣誉和滚滚的利润，但在当时却因研究周期过长而使产品未能如期推出，加之匆匆投产后又存在着许多设计、制造方面的缺陷，销路受阻，雪铁龙顿时负债累累，不得不将公司卖给米其林公司。从此，他因忧郁症住进了医院，1935年7月，雪铁龙去世。在他死后的两天时间里，数不清的工人、经销商甚至普通顾客，纷纷涌进雪铁龙公司向他行礼致哀，法国政府也给他颁发了一枚二级荣誉勋章。实际上，今天的雪铁龙公司仍然名震全球以及他的前轮驱动设计方案在60多年后仍没过时才是对他最大的褒赏与怀念。

9.9 本田宗一郎

美国机械工程师学会设有一种荷利奖，专门用于奖励那些在机械工程领域做出了杰出贡献的人。迄今为止，该奖项一共颁发过两次，1936年奖励了有“汽车大王”之美称的美国人亨利·福特；1980年奖励了日本人本田宗一郎。据此，人称本田宗一郎为“日本的福特”。

本田宗一郎(图9-13)于1906年11月7日出生在日本静冈县一个穷苦人家，自幼便对机械表现出了一种特殊的偏好，10岁时曾欺骗父亲将自行车借与他骑去20公里以外看美国飞行员的特技表演。高小毕业后，16岁的他不顾父亲坚决反对，毅然来到东京一家汽车修理厂当学徒。6年学徒生涯结束后，他回到家乡在滨松市开设了一家汽车修理厂——技术商会滨松支店。由于他技艺高超，待人诚恳，生意非常兴隆。然而，目光远大的他在修车店生意十分兴旺的时刻毅然关闭了它。因为他觉得修理汽车不会有太大出息，自己应该从事更富创造性的制造业。

图9-13　本田宗一郎及其研制的N360轿车

1934年，宗一郎创建了东海精机公司，虽然初出茅庐，但在他的惨淡经营下，公司总算生存了下来。二战以后，作为战败国的日本，经济上同样遭受到了毁灭性的打击，本田公司也处境艰难，加之在此以前丰田公司已持东海较多股份，个性较强的宗一郎不甘受制于人，于是，他在1945年将自己拥有的股份以45万日元价格转让给丰田，自己彻底撤出了东海精机公司。

1946年10月，宗一郎在滨松设立了本田技术研究所，主要生产纺织机械，这是他人生旅途中的一个重大转折点。当时，战争刚刚结束，各种物资十分匮乏，城镇居民只能依靠明显不够的定量粮食生活，许多家庭不得不到黑市甚至农村去购高价粮食。由于交通不够发达，频繁流动的人口使汽车、火车等各种交通工具均超员运行，而日本崎岖不平的山路又使骑自行车收粮十分费力。宗一郎看到这一点后，马上想到了陆军在战争期间留下的许多无线电通信机，它们不正是可以安装到自行车上去的动力机吗？于是，他以低价购到一批通信机，拆下其上的小汽油机，并用水壶作油箱，改制成一架小汽油机后安装到自行车上，做成一种新型的“机器脚踏车”。由于产品适销对路，马上成为抢手货。1947年，当旧通信机用尽以后，宗一郎又亲自动手研制了50mL双缸“A型自行车电动机”，这就是最早的本田摩托车发动机，也是本田A型摩托批量生产的开始。

他的成功引起了人们的注意，许多人都在仿制本田式的“机器脚踏车”。为在摩托车领域站稳脚跟，宗一郎决定生产真正意义上的摩托车。1948年9月，他正式组建了本田技术研究工业总公司并自任社长，从此揭开了本田大发展的序幕。

作为一个技术员出身的实业家，宗一郎不仅有着极其旺盛的创造热情和能力，而且还有一种与众不同的超凡预见能力及冒险精神。

他明白只有使发动机有力、耐用、廉价，才能使所产摩托销量增加，于是，他于1948年9月亲自主持研制了双缸98mL、2.3hp的D型发动机，并以此为基础推出了本田梦幻D型摩托车。1951年又主持研制了性能更好的四冲程E型发动机及本田梦幻E型摩托车。这两种摩托的销售都获得了成功，为公司赢得了高额利润。

他懂得自己在技术开发和经营管理两个方面相比更擅长于前者，于是，主动出击联系到了一个负责销售和公司管理的合股人藤泽武夫，当对方于1949年10月以常务董事的身份加入本田后，他就将公司的全部经营实权放心地交给了藤泽，自己则只埋头于技术开发，不断拿出技术先进而又适销对路的产品。两人几十年合作的结果是发展壮大了本田公司，使其成为名震全球的跨国集团。

他清楚只有提高产品质量才能保证公司在激烈的市场竞争中站得住脚。除了开发性能先进产品及加强对员工的技术培训以外，他还积极引进先进加工设备。当其他公司看到本田成功以后，纷纷学着他的样子搞起了摩托车生产，全国一下子冒出了100多家摩托车生产厂，市场竞争异常激烈。1952年，虽然本田的资金比创业时增加了10倍(1500万日元)，但他却从美国、德国、瑞士等地订购了价值4.5亿日元的设备投入生产，惊得他人目瞪口呆。后来的事实证明，他的这一步险棋没有走错，由于加工设备先进，加之其他多方面因素的综合作用，本田产品一直保持着优质畅销，在激烈的市场竞争中站稳了脚跟。日本摩托车生产厂家在五十年代后期就只剩下了50多家，1960年剩下30家，1965年剩下8家，而到1970年则只剩下了4家：本田、雅马哈、铃木、川崎。在这场激烈的竞争中，本田始终保持着赢家的本色。

他知道必须走多元化产品战略路线，才能在激烈的市场竞争中永远立于不败之地。在经营摩托车获得成功以后，本田于1962年开始涉足汽车生产。他们利用在摩托车开发、经营中获得的丰富经验及大量资金，不顾一切地投入汽车开发，结果获得极大成功：先后推出过T360型货车、S500型轿车、N360型轿车等汽车产品，其中“N360”型轿车(图9-13)成为过全球畅销车；设计开发的CVCC发动机以及安装此种发动机的汽车，因其控制排污效果好而于1975年在世界汽车界引起极大轰动，为公司赢得了不可计数的利润及崇高的商业声誉。

本田宗一郎充分利用有效机会宣传企业和产品，积极参加各种类型的车辆竞赛活动。1961年，他凭在英国举行的比赛中击败长期居于垄断地位的英国摩托车以及在以后的比赛中经常获胜而确定了在国际摩托车市场的地位。后来，他又通过在标志着世界汽车最高竞技水平的一级方程式汽车大赛中获胜的方式，奠定了自己在这一领域的地位。

1991年8月5日，为世界汽车业留下了光辉一笔的本田宗一郎去世了。但他“三个喜悦”(购买的喜悦、销售的喜悦、制造的喜悦)的企业口号和“三个尊重”(尊重理论、尊重创造、尊重时间)的经营经验还会继续发挥其应有的作用。

9.10 丰田喜一郎

丰田喜一郎(图9-14)出生于1895年，其父丰田佐吉既是日本有名的纺织大王，也是日本大名鼎鼎的“发明狂”，他所创建的丰田汽车公司是世界上最为重要的汽车公司之一。

丰田佐吉为了发展自己的工厂，将长子喜一郎送到东京帝国大学工学系机械专业读书。

大学毕业后，喜一郎来到父亲的丰田纺织株式会社当了一名机师。经过10年磨炼，喜一郎升任管技术的常务经理。然而，目光远大的他并不满足于眼前的成就，当他发现汽车能给人们带来极大方便时，预感到这一新兴行业具有广阔的发展前景，决定将其作为自己的毕生事业。他的这一想法得到了父亲的大力支持。1929年底，为了将纺织机专利卖给当时势力强大的普拉特公司，丰田佐吉派喜一郎前往英国全权代表自己签订契约。在国外，他除了完成父亲嘱托的任务以外，还花费了四个月的时间体验了英国的汽车交通，走访了英、美尤其是美国的汽车生产企业，彻底弄清了欧美国家的汽车生产状况。这次国外之旅给他留下了极为深刻的印象，坚定了他发展汽车事业的决心。不久，丰田佐吉去世，临终前，他将儿子叫到眼前，给他留下了作为父亲的最后一句话："我搞织布机，你搞汽车，你要和我一样，通过发明创造为国效力。"他还亲手将转让专利所获得的100万日元专利费交给儿子，作为汽车研究启动经费。

图9-14　丰田喜一郎

当时，美国平均每四人拥有一辆汽车。喜一郎作了这样的构想：如果国内每10人拥有一辆汽车的话，一亿日本人需要1000万辆；按汽车的平均使用寿命10年计算，每年需更新100万辆；这是一个十分令人神往的巨大市场。当然，他所没有想到是，今天的日本已达到每三人拥有一辆汽车的水平，而且还有大量的汽车出口到世界各国，其汽车总产量多年以前就已超过美国，成为世界头号汽车生产王国。丰田佐吉去世以后，公司总裁的职位由喜一郎的妹夫(丰田佐吉的上门女婿)丰田利三郎担任。尽管利三郎是一位见识广博的企业家，但却自命清高，脾气暴躁，与喜一郎在许多问题上"政见不同"。1933年，在喜一郎的一再要求下，他勉强同意公司设立汽车部，并将一间仓库的一角划作汽车研制的地点。喜一郎以此为基地，于当年4月购回一台美国雪佛兰汽车的发动机进行反复拆装、研究、分析、测绘。在研究这台发动机的过程中，他产生了指导日后公司发展战略的观点："贫穷的日本需要更为便宜的汽车。生产廉价汽车是我们的责任。"1933年9月，他着手试制汽车发动机，拉开了汽车生产的序幕。1934年，他托人从国外购回一辆德国产DKW前轮驱动汽车，经过连续两年的研究，于1935年8月造出了第一辆丰田GI牌汽车。在此之前的1934年，他擅自作主购买了五六十万平方米土地，积极准备创建汽车厂。喜一郎的这一系列举动使利三郎十分不满，作为上门女婿，他认为能够守住岳父留下的家业就是自己最大的成就，再加之当时许多人认为从事汽车生产具有很大的风险，所以他不支持大舅子哥搞汽车。而喜一郎则不同，他认为厂子是自家的，自己想干什么就干什么，加之父亲要他搞汽车的遗言不时地回响在耳边，所以他非要从事大规模的汽车生产不可。两人在意见如此对立的情况下，只好分手单干。于是，利三郎同意喜一郎于1937年8月27日另立门户成立丰田汽车工业株式会社，地址在爱知县举田町，创业资金为1200万日元，拥有职员300多人。

丰田汽车公司刚刚成立，马上就遇上了一场几乎使其倒闭的危机。当时，席卷资本主义世界的经济危机强烈地冲击着日本经济，尽管总厂的兴建、设备的引进、原材料的采购等急需大量的资金，但市面上银根奇缺，借贷无门，而此时初期的投资已经消耗殆尽，公司已经走到了山穷水尽的地步。正在走投无路之际，侵华战争爆发了，丰田与其他许多生产厂家一道被纳入了战时军需工业品的生产轨道，陆军将其所有库存货车全部购光，这才使其摆脱了危机。

丰田喜一郎颇有战略家的眼光，他自一开始组织汽车生产就注意到了从基础工业入手，着眼于整体素质的提高，使材料工业、机械制造、汽车零部件业与汽车工业同步发展，为汽车的大批量生产创造了必要的条件，因此，日本人称他是“日本的大批量汽车生产之父”。他十分清楚，汽车生产所涉及的相关产业较多，它们的发展水平直接影响着汽车的质量，其中尤以材料和机器制造两个行业的影响最大。这一点，早在试制发动机时，他就有所体会了：利用美国进口的钢生产齿轮，每天可以比较轻松地生产 30 件；而用日本自己生产的钢生产齿轮，每天则只能生产 12 件。如果想为提高产量而增加机床转速，又会损坏机器夹具。为增加产量，只有添加设备、多雇职员，但这样又提高了汽车的生产成本。为解决此矛盾，他一面向日本政府提出发展材料和机器制造两个行业的建议，一面在自己的公司里着手开发炼钢和机器制造。

丰田喜一郎对汽车工业的另一项重大贡献体现在对生产过程的科学管理方面。为了确保产品质量，实现大批量生产，他在自己的企业中进行了一系列试点。首先，他将全公司的工厂结构进行了调整：将炼钢部改为爱知钢铁公司；将机床生产部改为丰田机械公司；将新川工厂改为爱新精密机械公司；将车身部改为丰田车身公司；将电气安装部改为日本电气安装公司。经过调整，公司实现了自身结构的专业化、合理化、科学化，从而改变了大一统的混乱生产格局，使公司的专业化程度、管理水平、技术水平、生产能力都有了大幅度提高。其次，他将工厂内部的生产结构进行了调整，使其适合于专业化生产。他以汽车总装厂为中心，把社会上零散的零部件厂组织起来，有计划地把自己的生产需要同他们的技术结合起来，利用外部订货的方法，实行零部件生产的扩散。他将组装汽车所用到的所有零部件分为内制品和外购品两大类，其中，内制品又分为内部制造件(技术难度大,进货价格高者)和准内部制造件，外购品分为一般外部订货(一般设备就可生产)、特殊订货(需要给予技术指导或需要使用特殊设备的零部件)、专门订货(只有使用专门设备才能加工的零部件)三种。再次，他创新出了后来风靡全球的“丰田生产方式”。按照传统做法，汽车生产从铸件到半成品都要先入库，需要时再取货、加工，加工好的零部件每天也要依工厂生产需要办理入库、出库。按照这一程序运作，无形之中加大了库存。喜一郎的创新之处在于将传统的整批生产方式改为弹性生产方式。按照他的模式组织生产，工人和工厂都可得到好处：工人“每天只做必要的工作量”即可，早做完者早下班，做不完者可加班；工厂无须设置存货仓库，无需占用大量周转资金，许多外购零部件等在付款之前就已被装车卖出了。他为推广这一生产方式而喊出的“恰好赶上”口号，经后来的公司副总裁大野耐一进一步发展之后，成为完善的“丰田生产方式”。今天，“丰田生产方式”已超越国别、行业而成为世界许多国家争相学习的先进经验。

1952 年 3 月 27 日，丰田喜一郎患脑出血去世，终年 57 岁。

9.11　神谷正太郎

在日本，丰田汽车公司向以善于销售而为世人所称道。创造这一不凡业绩的并非丰田家族自己的人，而是被人们誉为“销售之神”的神谷正太郎。

1898年7月9日，神谷正太郎出生于日本爱知县，幼年时被神谷家收为养子，长大后进入名古屋商业学校就读。这家以“世界是我的市场”为校训的商业学校，在日常教学中非常注重对学生灌输“以通商雄霸世界”的思想，它对正太郎日后的经营观念产生了较大影响。毕业以后，他进入三井物产公司工作，由于成绩突出而在几个月后被派往英国分公司工作，5年以后，又去美国主持了一年的公司商务。由美国回到英国以后，正太郎辞去三井物产的职位，自己设立了神谷商事会社，从事钢铁批发业务。1927年，由于受国内经济衰退及英国煤矿工人罢工的不利影响，他关闭了在伦敦的公司回国赋闲。回国后，受生意兴隆的汽车制造业影响，他进入美国通用汽车公司在日本开设的公司从事传票整理工作，一年后升任销售部副部长，后历任东京经销店经理、公司销售广告部部长、公司副总经理等职。

1935年8月，神谷正太郎结识了正在筹备生产汽车的丰田喜一郎，两人一见如故。丰田喜一郎谈到了自己对国外汽车制造厂商抢占日本汽车市场的看法，自己发展民族汽车工业的打算与信心，同时也谈到了对销售问题的担忧，力邀神谷正太郎加盟自己的公司。神谷正太郎深受感动，当面答应一个月后就到丰田麾下效力。1935年9月，神谷正太郎加入丰田，主持销售工作，11月，通用在日本的首席销售经理山口佐助也受其影响加盟了丰田公司。

在汽车推销方面，神谷正太郎有其独特的一套理论。

在经营策略方面，他建议将“消费者第一，经销商第二，制造厂第三”列为公司的基本经营原则。认为只有使消费者在消费丰田产品的过程中获得愉悦感，才能产生连续不断的消费欲望，丰田公司的生产才有可能持续进行下去；只有让经销商通过经销丰田产品获得较大好处，他们才会有较高的经销积极性，公司产品才不至于积压滞销。除此之外，他还建议彻底改变传统的“生产多少就卖多少”的经营模式，代之以“能卖多少就生产多少”，即“以销定产”。

在汽车定价方面，他认为只有将价格定得低些，让用户在购买国产车时得到某些好处，才能引起较高需求，当需求增加后，大批量生产才有可能，公司就会由初期的亏本经营到不亏本经营，并最终获利。基于这一理论，在丰田参加第一次汽车展览会之前，神谷正太郎就坚决主张将丰田牌货车定价为3200美元(这一价格不仅比当时在日本销售的雪佛兰和福特牌同档次货车便宜450美元,而且也低于丰田公司自己的生产成本)。他的这一“低定价”策略，直至今天仍在被丰田公司所采纳。由于丰田是按照“定价多少才能将汽车卖得出去”的原则组织生产的，因此公司上下都在寻找降低汽车生产成本的途径，使成本的降低成为可能。而在传统的“成本加利润”定价原则下，由于生产者注重近期利益，很难下决心将生产成本降下来。

在销售体系及制度建设方面，最早是通过低价竞销的策略将一大批经销外国车的销售商争取过来，同时自己再资助发展一批专卖店，形成一张完整的销售网络。后来又成立了丰田汽车销售公司，并亲手建立了一整套管理制度，如年度合同制度、销售店情报化制度、按日付款销售制度、统一会计制度、销售店经营成果报告制度、普及汽车保险制度等。

在市场培育方面，他认为“市场的需求是无限的，只是因为目前国民收入较低，一般消费者买不起汽车，所以销量才较少。”在经营活动中，他不太注重眼前销量，而是拼命挖掘潜在需求。1954年12月，他买下东京立川汽车学校，用于培训丰田汽车的销售、维修人员。1955年，公司出资建成了丰田旧车销售公司，专门收购、销售二手丰田汽车。1957年，公司开办了全亚洲最大的中部汽车学校，为丰田公司培养全方位的汽车人才。另外，神谷正太郎还对国际公路、广播公司、电影公司、保险公司、调查中心、设计中心、其他汽车学校等单位进行了数量可观的投资，用以开发市场，挖掘潜在需求。

在售后服务方面，他认为“在车辆销售上，最为重要的是出售后的服务工作。”他要求所有销售、维修人员，要设身处地为用户着想，及时为他们解决在汽车使用中遇到的问题。为迎接汽车社会化的到来，他于1958年下令招收了600多名学员送到汽车学校进行培训。这些学员毕业以后，大都成为了丰田公司在全国各地经销店的业务骨干。另外，星期日工作制、随时可以供应零配件的经销店存货制、用户意见反馈制等也都是神谷正太郎在售后服务方面所作出的贡献。

神谷正太郎认为：“汽车的降价与款式更新对刺激需求具有同等重要的作用。”基于这一观点，他在主持丰田汽车的销售工作时，不断提出降价要求，持续刺激市场需求。以致有人这样评论：“丰田汽车的销售史，就是丰田汽车的降价史。”也许正是因为这一点，世界各国的汽车生产商们才感觉到了来自东方的巨大竞争压力，才能持续不断地降低汽车生产成本，世界各国消费者们才能在今天用上如此之多的汽车。

9.12 饶斌

饶斌(1913—1987年,图9-15)，中国汽车工业的奠基人，享有“中国汽车工业之父”的盛誉。

1953年7月，饶斌把第一锹黑土抛向了由毛泽东亲自题词的一汽建设奠基石；1956年，饶斌接受了生产红旗轿车的任务；1964年，饶斌奉命到武当山下，在随后到来的文革狂潮中艰难地主持创建二汽的工作。

当中央决定兴建一汽时，饶斌主动报名。在中央讨论人选时，毛泽东想起在哈尔滨见过高大英武的饶斌，就问：“是那个当市长的白面书生吗，他够厉害吗?”在得到肯定的回答后，毛主席点点头，中央正式任命饶斌为长春第一汽车制造厂厂长。

图9-15 中国汽车工业之父饶斌

第一汽车制造厂的兴建，是毛泽东和前苏联当时的领导人斯大林亲自商定的。当时的机械工业部对于能否在三年内建成汽车厂感到疑虑，而前苏联专家则要求一定要如期完成，为此，中共中央政治局召开会议专门研究此事，决定全国都来支持一汽建设。1953年6月9日，毛泽东签发《中共中央关于三年建成长春第一汽车制造厂的指示》，这天成为新中国汽车工业的发祥日。

在建设一汽的日子里，饶斌不仅是汽车厂厂长，也是建筑公司经理，工作强度大，以至于回到家常常饭菜还没有端上桌，人已酣然入梦。为掌握汽车工业制造技术和建筑技术，他虚心向技术人员和有经验的老工人求教，成为能够推车送浆和操作机床、摘掉不懂汽车工业“白帽子”的领导干部。

1956年7月14日，一汽总装线上开出由中国人自己制造的第一批解放牌载货汽车(图

9-16)，结束了中国不能自己制造汽车的历史。

图 9-16 第一辆国产汽车下线

1964 年，中国经济形势好转，国家决定建设二汽，项目选址确定在湖北十堰。筹建二汽的工作理所当然地又落到饶斌头上。饶斌根据一汽的经验，制定了建厂方针：坚持自力更生、自我武装。

改革开放之初，邓小平同意引进汽车合资项目，饶斌建议由上海承担。在一些国家拒绝合作时，美国通用、福特和德国大众都表示了浓厚兴趣，经过 60 多轮谈判，基本上确定与德国合作 15 万辆的项目，因为只有他们愿意提供 1982 年投产的桑塔纳新车。不料，中国代表团一行赴德国考察时，德国大众内部却出现分歧，负责财务的总裁认为这样大的项目花钱多、利润少，而且外汇难以平衡，于是派人到北京打退堂鼓。饶斌在与德方谈判时建议，将 15 万的规模压缩为 3 万，主张要走少投资、快见效、滚雪球式的发展思路，这个建议获得大众公司高层首肯。不过，这个方案在国内却受到了很大的置疑，认为这样做是得不偿失。经过几番波折，此方案才终获成功。

1987 年 8 月 29 日，中国汽车工业之父饶斌在上海逝世，享年 74 岁。

【复习思考题】

1. 谁被誉为“汽车之父”？
2. 为什么说费南迪尔·保时捷是最为杰出的汽车设计大师？
3. 甲壳虫汽车是由谁设计的？
4. 为什么亨利·福特能被称之为“汽车大王”？
5. 流水线装配法是谁发明的？具有什么特殊的意义？
6. 谁被誉之“赛车之父”？
7. “交通之父”是谁？对今天的交通，他主要有什么贡献？
8. 是谁主张“汽车厂卖的不只是汽车，还有无微不至的服务”，因而形成了今天的汽车售后服务网络体系？
9. 为什么本田宗一郎会被人们称之为“日本的福特”？

10. 神谷正太郎的汽车销售理念主要是什么？

11. “中国汽车工业之父”是谁？

12. 汽车不是在美国被最先发明的，为什么美国人亨利·福特却在汽车方面获得了最大的成功？

13. 斯隆对通用以及汽车行业的杰出贡献是什么？你可以从中感悟到什么道理？

第10章 世界名车

【学习目标】

通过对本章内容的学习，你应该：

了解世界知名的汽车品牌；掌握汽车发展历史上六座里程碑的品牌、成功要点、成功启迪；重点掌握四种产量最高汽车的成功关键。

【情境描述】

作为一个学习汽车专业的人，假如有朋友向你提出询问：什么车是好车？你如何才能给出恰当的解答？

【想一想】

1. 在世界汽车工业之林，产品琳琅满目，性能各有所长，为什么有的车能被称为名车，而有的车则常被指责？

2. 作为历史名人，有的人因为创造了历史而被载入史册；作为汽车工业发展史上的一款车型，为什么有的车也能具有划时代的意义？

在百余年的汽车发展史上，产生过形形色色的各类汽车，也产生过许多世界级的名车，他们曾经引领各自时代的汽车潮流，成为消费者争相评说、购买的目标，为汽车的全面普及作出了积极贡献。回味、观赏这些世界级名车，会令人萌生出诸多感想。

这些汽车，或以积极实用获得了民众欢迎，或以性能超群引领了技术潮流，或以结构独特满足了特殊需要，或以产量巨大普及了汽车世界……

其实，在经历了许多年的风风雨雨之后，每一个品牌都有了自己的市场定位，传承着浓厚的文化积淀，得到了广大消费者的普遍认可。例如：

法拉利——跑车王国的“红色闪电”；

保时捷——跑车之王；

劳斯莱斯——解读十年尊贵；

梅赛德斯·奔驰——百年经典的传承与延续；

宝马——精英生活的个人宣言；

凯迪拉克——权威的标尺；

林肯——权力和豪华的终极象征；

罗孚——大不列颠高贵耀眼的气魄；

沃尔沃——移动的雕塑；

奥迪——典雅的霸气；

大众——平实中的至尊享受；

雪铁龙——道路上的钢铁艺术；
标致——流动的激情；
欧宝——日耳曼精神的闪电；
别克——心意与创意的完美结合；
福特——经久不息的美国偶像；
雪佛兰——地道的美国文化缩影；
三菱——世界级品质的完美演绎；
克莱斯勒——不可抗拒的浪漫风情；
丰田——唯美与实用的结合；
萨博——沉默的欧洲绅士；
本田——技术与舒适的极致；
红旗——东方艺术的完美典范；
现代——世界车坛的黑马。

但是，评价一款汽车是否属于世界名车，不能只是凭借其销售价格的高低，应该看其是否得到了人们的普遍认可，是否为汽车工业的发展做出了积极贡献，是否在世界汽车发展的历史长河中得到了一定的地位。这正如评价一个人一样，不能因为他曾经拥有过至高无上的权力，就认定他为知名的历史人物，而应该看他对历史的发展做出过什么样的重要贡献。

10.1　汽车史上的六座发展里程碑

在汽车工业的技术史上，一些独具一格的产品拥有过极其突出的历史地位，它们或以结构合理而奠定了汽车的基本布局，或以产量极高而促进了汽车的全面普及、或以设计巧妙而有助于提高汽车的性能……总之，它们因影响甚至决定了汽车发展方向而在汽车发展史上树立起了一座座光辉的丰碑。

从 19 世纪末到 20 世纪初，汽车发展历程上有六座最为重要的历史丰碑。

10.1.1　开创汽车时代的梅赛德斯(Mercedes)

1891 年，法国人潘赫德・莱瓦索尔树立起了汽车工业技术史上的第一座里程碑。

在他所生产的潘赫德・莱瓦索尔 B2 型汽车上，设计了专用底盘，将发动机装在汽车前部，通过离合器、变速装置和传动机构将动力传到后轮，奠定了汽车传动的基本布局形式(图 10-1)。这种方案后来被称之为“潘赫德系统”，今天，人们则将其称为“常规”方案。

“常规”方案即使在今天也被广泛使用，只是大多被应用于大、中型的汽车。

“潘赫德系统”的法国籍创始人并没有意识到他的发明创造能在上百年之后仍被后人广泛地采用，实际上，这一系统在汽车界的真正地位也并不是由他本人确立的。由于他所生产的汽车当年采用的是链条传

图 10-1　潘赫德・莱瓦索尔 B2 型汽车

动式的结构，而且缺少在汽车转弯时可以使左右两轮以不同速度行驶的装置——差速器，因而汽车性能并不是十分优越，这在很大程度上掩盖了自己汽车布局方案的技术先进性。

“潘赫德系统”的地位是由德国戴姆勒汽车公司在该系统问世10年后的1901年确立的，最初采用这一系统的是由公司工程师迈巴赫开发的一辆汽车，它后来成为了全世界汽车制造业的结构样板，一直延续到了今天。

说起这一成功范例，还有一段动人故事。

1899年3月，作为赛车迷的奥地利驻法国尼斯总领事埃米尔·耶利内克驾驶着戴姆勒公司生产的凤凰牌四缸汽油发动机(17kW)汽车又要与法国赛车手们一争高低了。赛前，他接受以前参加比赛的教训，为了消除法国人对德国的憎恨(1870年,法国曾与普鲁士发生过战争)，以自己9岁女儿梅赛德斯(Mercedes)的名字(图10-2a)为赛车报了名。由于他在赛车场上的出色表现，赛后人们纷纷向他打听这辆获得了冠军的汽车出自哪个厂家之手。梅赛德斯，成为了幸运的同义词。

于是，埃米尔在做生意念头驱使下，于1901年向戴姆勒公司订购了36辆性能更好(轮距加宽、重心降低、发动机功率提高)的凤凰牌汽车，价值55万马克。不过他同时提出了两个条件：第一，他必须是奥地利、匈牙利、法国、美国汽车市场的惟一代理商；第二，必须以他女儿梅赛德斯的名字作为该车商品名称(图10-2b)。以后，随着该车在赛车场的不断获胜以及埃米尔的卖力推销，逐渐成为了欧洲贵族阶层的流行车。梅赛德斯这一美丽的西班牙名字与性能优良的戴姆勒汽车结为一体后，大大提高了产品的商业地位。1902年，戴姆勒决定顺应形势，把自己公司所生产的汽车都命名为梅赛德斯，并且正式以梅赛德斯向有关当局申请了商标(图10-2c)。

a)

b)

c)

图10-2 少女“梅赛德斯”与1901年出产的梅赛德斯汽车

a）少女梅赛德斯 b）1901年出产的35hp梅赛德斯汽车 c）梅赛德斯商标

早在1901年3月，当埃米尔驾驶着梅赛德斯参加尼扎赛车周，并再次战胜所有对手赢得比赛的冠军时，法国汽车俱乐部秘书长保罗·梅昂就曾高兴地说道：“我们进入了梅赛德斯时代。”

10.1.2　大批量生产的福特 T 型车(FORD-T)

1908 年 10 月 1 日，汽车工业技术史上树起了第二座里程碑，这一天，福特汽车公司生产的福特 T 型汽车正式出厂了(图 10-3)。

T 型车首次采用了流水线装配方式组织生产，极大地提高了生产效率，一辆汽车的装配时间由原来 750min 降到了 93min，使产量的提高、成本的降低成为了可能。

图 10-3　FORD-T 汽车

T 型车在总体规划方面是朝着改善马拉车方向努力的登峰造极之作，虽然它设计简陋、形象不佳；虽然它需要手摇才能起动；虽然它行驶过程中左右摇晃、气喘吁吁、四处作响……但它却能不用马拉就可以实实在在地行走，而且价格便宜的连普通老百姓都购买得起。

T 型车短小精悍、操作方便，2.5m 长的车身、较高的离地间隙、3.6m 的转弯半径使任何成年人稍加训练就可驾驶。另外，它所采用的排量为 2.884L、功率为 20hp、最高转速为 1600r/min 的四缸发动机与全车重量相比，可谓功率强劲。该车不仅可以在松散沙土地或泥泞粘土地上行驶，而且由于工作负荷低，转速慢，发动机显得坚固耐用。发动机对燃料也没有过高要求，低劣汽油、掺煤油的汽油都可使用。汽车被设计成多功能型，不仅可搞运输，而且也可从事农耕、抽水及打谷等。

在当时，制造 T 型车使用了优质的钢材和先进的工艺。由于其结构极其简单，普通人都能在很短时间内学会修理它，而且处理常见故障的物品也随处可见：铁丝、口香糖、麻绳、缝衣针；即使进行较大的修理，也只需要锤子、扳手、螺钉旋具、曲别针等常见工具。

在定价策略、销售组织及售后服务方面，T 型车也做得相当完美。首先，T 型车价格低廉。当它于 1908 年首次推向市场时，其他同类车售价约为 3000 美元，而福特却将其售价令人难以置信地定为 850 美元；随着产量的不断增加，该车售价也不断下调，1916 年仅售 360 美元，而同年市场上同类车的平均售价为 2310 美元。其次，T 型车销售网点分布密集，服务热情、周到。如果居住在中等以上城市中的居民订购了一辆新车并要求送货到门的话，经销商在 24 小时之内就可满足其要求。再次，T 型车售后服务较好。与其他汽车相比，T 型车配件不仅种类齐全、供应及时，而且价格也相当便宜，许多人甚至订购来全车零部件后自己动手组装汽车。

从某种意义上说，诞生于上世纪早期的福特 T 型车不仅仅只是一个钢铁、橡胶、木材和玻璃的组合体，与同期诞生的其他事物相比，它更可以称得上是一种传奇，是一种代表了北美自由开放的社会文化。它可以说是真正意义上的“大众车”。这种少见的汽车一上市就引起了极大轰动，其低廉的售价和丰富的货源充分满足了美国人尤其是农民对汽车的消费需求，它使得大多数的普通人可以拥有属于自己的汽车，这样，人们的旅行就从马车时代一下子跨越到了机器时代。它几乎充斥于社会的每个角落，使工人可以居住在远离繁乱厂区的地

方；将农民从“面朝黄土背朝天”的辛勤劳作中解放了出来；使节假日的人们结伴郊游的愿望成为现实；当然，也使抢银行的强盗在眨眼之间就可逃之夭夭……总之，T型车彻底改变了美国人的生活方式和价值观念，将他们带入了汽车时代(图 10-4)。

图 10-4　T 型车时代

在 1908 年 10 月至 1927 年 5 月的 19 年间，这种了不起的汽车累计生产了 15007033 辆，在为汽车普及作出不可磨灭贡献的同时，也使福特本人由一个平民百姓变成了十亿富翁。

1999 年 12 月 18 日，T 型车于被授予最伟大的汽车奖项——“世纪车”的桂冠，以表彰它对全世界的影响和贡献。国际世纪车评选委员会的创始人何浩斯(Holzhaus)先生说道：“在某种意义上，二十世纪可以说是‘汽车的世纪’，一场人类技术和生活形态的革命。福特汽车公司是这场革命中的先锋，是亨利·福特先生彻底改变了全世界千百万人们的生活，是他赋予了人们前所未有的个人交通。”

10.1.3　雪铁龙的前驱“强盗车”(Traction AVANT)

1934 年，法国雪铁龙公司树起了汽车工业技术史上的第三座里程碑。

作为一位企业家，安德烈·雪铁龙于 1919 年借鉴了美国人福特的生产方式，第一个在欧洲实行了汽车流水线成批生产。不久以后，雪铁龙就成为了欧洲的成功汽车厂家之一。20 世纪 20 年代中期，汽车生产厂家已开始讨论将驱动力从车后轮移动到前轮是否能够更好的问题，由于受观念及技术方面的双重限制，各厂家均未拿出自己的成形产品。

1934 年 3 月 24 日，雪铁龙“Traction AVANT”前轮驱动汽车问世了(图 10-5)。在这种汽车上，几乎包括了现代汽车上大部分结构特点：整体车身结构、前轮驱动、带扭力杆的四轮独立悬架系统(单轮避振)、液压制动、自动变速器。这种设计方案在 60 多年后仍没过时是对发明者最大的褒赏。

由于雪铁龙公司的这种车型结构合理、性能先进，很快便赢得了人们广泛的赞誉。就连电影导演们也在不知不觉中替它作了广告：在许多警匪片里，坏蛋们往往选择雪铁龙前轮驱动车作为逃跑工具，善良的观众只要看到匪徒乘坐着它逃走，就会理解警察无法将其擒获的苦衷，“强盗车”

图 10-5　第一辆雪铁龙前驱动汽车

由此而得名。

雪铁龙前轮驱动型汽车连续生产达25年之久。前轮驱动型汽车至少在行车安全性方面被证明优于常规结构汽车。

10.1.4 创造神话的“甲壳虫”(Beetle)

“大众汽车”项目从一开始就存在着不透明的背景。当初，谁也未曾料到，它居然会成为汽车工业技术史上的第四座里程碑。

1933年1月，阿道夫·希特勒当选德国总理，当时的德国刚刚经历了第一次世界大战，百废待兴，最需要的就是提供大量的就业机会和大力发展本国工业。希特勒非常清楚汽车工业在国家政治、经济和军事上的重要价值，发展汽车工业并生产大众化的汽车是一种很好的办法，这样不仅可以提供数量可观的就业机会还可以提高人们的生活水平，这对人民大众有着巨大的诱惑力。希特勒在竞选总理纲领中就有一条：让每个德国家庭都拥有一辆轿车。他上台后不到十天，在发表的《党选纲领》中宣称：“1939年2月10日举行的柏林国际汽车博览会上，将展出德国最经济、最便宜的小轿车。”

1934年2月，对政治不感兴趣的费南迪尔·保时捷拜见希特勒，提出了自己开发“大众轿车”的愿望，希望能够设计、生产这样一种汽车：采用风冷发动机，排量1L，功率26hp；采用独立悬架，整体车身；整车自重650kg，最高时速100km/h。希特勒同意了保时捷的建议，同时提出“百公里油耗要小于7L，有足够一家四口乘坐的空间，易起动，低售价”。保时捷庆幸遇到了一位贤明的执政者，可以帮助他实现开发汽车的愿望。其实他哪里知道，希特勒让他发展汽车完全是为了战争需要。

两人会面不久，德国国家汽车工业协会就接到了通知：“元首”决定开发小轿车，指定他们代表政府与保时捷签订设计、试制大众型轿车的协议。保时捷对此受宠若惊，带领研制小组夜以继日地工作，同时提出了三点基本要求：坚固可靠、经济实用、技术全面成熟。1934年6月，大众车面世，希特勒亲自试驾样车，还建议把汽车外形改得更像一只甲壳虫。当时希特勒正推行精神运动，他将大众轿车命名为“KRAFT DURCHFREUDE”，意即充满活力的欢愉，可是这一名字始终未流行起来，这也为“甲壳虫”最终成为其名字留下了伏笔(图10-6)。

图10-6 大众甲壳虫汽车

1936年10月12日，三辆大众型V1轿车开发成功，它有着甲壳虫般的外壳，风阻极小，采用风冷发动机便于维护，扭杆独立悬架行车平稳，整车自重650kg，26hp，车速高、油耗少。经过汽车协会用最苛刻办法进行的历时一年多、长达16万km的长途试车，于1937年通过了技术鉴定(图10-7)。

大众轿车投产是通过一项特殊储蓄计划筹集资金的：规定人们每周储蓄5马克，经过4年存够1045马克后可以得到一辆轿车。从1938年8月1日这一计划开始实施，到1939年

底，自愿参加储蓄的人达17万多，且有大约60%的人每月存入350马克，希望能在3个月之后得到一辆轿车，储蓄总额达2.76亿马克。这笔钱保证了大众轿车的顺利生产。

1937年5月28日，大众公司成立，1939年8月15日生产出第一批大众轿车。当大众轿车在柏林汽车博览会上展出时，美国《时代》周刊将其讥讽为“甲壳虫(Beetle)”而不屑一顾，谁曾想到，10年之后，这种“甲壳虫”爬遍了欧洲、爬上了美洲大陆、爬向了全世界。

由于受二战的影响，“甲壳虫”汽车在1938—1945年间只生产了210辆，而且全部分给了纳粹军官，而那些参加储蓄的普通大众，谁也没有得到一辆。

1945年，大众轿车恢复生产，索性以“甲壳虫”为名。由于它售价合理，满足了普通消费者的购买需求，国内市场迅速被打开(图10-8)。不久，国际市场拓展也获得了成功，生产批量大幅度上升：1946年产量达1万辆；1953年达50万辆；1955年达100万辆；1957年达200万辆；1961年达500万辆；1972年2月17日，第15007034辆甲壳虫车出厂，比福特T型车多一辆，取得全球产销量冠军的美誉；1981年5月15日，第2000万辆甲壳虫在墨西哥下线。至今，甲壳虫已累计生产2100多万辆，而且还在以每年10万辆的数字继续创造着自己的辉煌。

图10-7 甲壳虫在试车

图10-8 民众喜爱的甲壳虫

许多因素的综合作用决定了甲壳虫的成功：第一，大量采用了新技术(在当时条件下)，性能良好。第二，售价合理，性能价格比高。第三，几乎适用于各种道路条件。第四，操作性能良好。第五，充分利用了一切可以利用的内部空间。第六，坚固耐用、维修间隔长。第七，生产批量大，规模效益好。第八，零配件供应及时，售后服务好。

据说，世界各地的人们只根据商品的外形一眼就能认出的产品有两样：一是可口可乐瓶子，另一个就是甲壳虫汽车。这或许可以说明它在全世界消费者心目中的地位，也可以说明它“一代经典，不朽传说”不是浪得虚名。

1998年，大众公司推出了其全新打造的最新款甲壳虫汽车(图10-9)，并在1998

图10-9 新版甲壳虫

年度的底特律国际车展上露面，使人一见倾心。新甲壳虫的外形设计使人回忆起当年甲壳虫的风采，拥有靓丽的色彩和动感的魔鬼身材，整体造型还是依赖于半个世纪前的款式，但是更多的加入了现代化的设计元素。

10.1.5　风靡全球的“迷你”（Mini）

由英国原BMC汽车厂（今属陆虎汽车公司）制造的迷你车在1959年问世时被许多人认为是个开玩笑的东西。但正是这一不起眼的小东西引发了汽车技术的一场革命。当之无愧地成为了汽车工业技术史上的第五座里程碑（图10-10）。

图10-10　迷你Cooper

1956年苏伊士运河爆发战争，石油危机笼罩英国，英国汽车公司（BMC）聘请了著名汽车设计师伊西戈尼斯（Issigonis）设计汽车，当时英国流行大型轿车，但是他很清楚国民更需要一种经济型轿车。他要求公司完全按照他的思路设计，否则就不干，他的要求很快得到批准。

阿莱克·西戈尼斯（Sir Alec Issigonis）的父亲是英裔希腊籍造船工程师，母亲是德国巴伐利亚人。他在画第一张梦想中的汽车草图时就想到要为4个人留下足够的座位空间，所以把机械大都集中在人不需要使用的地方：两个前轮之间以及后座地板下面。1959年秋天，BMC汽车厂以“奥斯汀·迷你”和“奥斯汀·迷你·未成年人”两个品牌发售的第一批迷你车，首次采用了发动机前置、前轮驱动的设计方案；四轮独立摇臂悬架装置且采用橡胶锥体代替弹簧；动力系统和悬架装置一前一后分别与副车架结合后安装到车体上；车长3.05m，宽1.4m，重630kg；采用排量为0.848L的直列四缸34hp发动机。尽管迷你车看起来像是一个侏儒，但在相当长时间内，它却成了一种不分等级的汽车。平民百姓将其当成宠物，倍加呵护；名流大腕把它当成玩物，随意把玩。这种小车在取得了“观念上突破”的同时，还在汽车比赛中取得过相当不错的成就，进一步巩固了自己的地位。

车轮只有10英寸大，普通技术制作，铁质发动机功率又比其他汽车小得多的“迷你”，怎么可能敢与保时捷、蓝旗、富豪、福特等名牌汽车在同场比赛中一决高下呢？它的优势来自于其独特设计，这种设计的优点在于巧妙的重心分布以及适当的轴距和轮距。

迷你车小巧的造型来源于其生存环境。石油危机来临之前，BMC公司洞察先机，当即着手于小型车开发。后来，当石油危机爆发时，迷你车为BMC赢得了滚滚利润。时至今日，当石油资源日益短缺、城市交通日显拥挤时，人们又记起了这个小精灵，于是，迷你被赋予了新的“头脑”和“筋骨”。今天，除少数生产传统名牌汽车和豪华型汽车的公司外，几乎所有汽车公司都仿制了迷你车的设计。而且Mini的名字甚至成为了人们日常生活中的一个词汇，成为微型和袖珍的代名词。中文译音“迷你”用在许多商品上，如迷你裙、迷你音响等等，这是世界上惟一被用于生活名词的汽车名称。

一个“小小的因由”，起到了革命性的伟大作用。

10.1.6 热销20世纪90年代的多用途厢式车(MPV)

多用途汽车，英文全称为Multi—Purpose Vehicle，缩写MPV(图10-11)。这种由雷诺汽车公司于20世纪80年代创造的Espace牌MPV，以它新颖的车厢布局引起了车坛的轰动。

图10-11 多用途厢式车(MPV)

以前，汽车的后排座位是固定不动、一成不变的。而MPV则是车内每个座椅都可独立调节，可以做成多种形式的组合。既可是乘车形式，又可以组合成有小桌的小型会议室。从车厢座椅位置的固定到可调，从固定空间布置到可变空间布置，标志着汽车使用概念上的变更。

受MPV设计概念的启发，现代汽车上又出现了运动型多用途车，英文全称为Sport & Utility Vehicle，简称“SUV”，它具有轿车和轻型货车的特点，在MPV与SUV的基础上，又出现了近年风靡全球的休闲车热浪。休闲车英文全称为Recreation Vehicle，简称“RV”，它在外形上突破了传统轿车三厢式的布局，车厢空间具有多用途、富于变化和适应性广的特点。它在设计思想上，承袭了MPV的基本设计概念——可变的车厢空间组合。

正因为MPV的出现，才使汽车设计者突破了旧的框架，设计出从专用性到多样性的各种各样的家庭汽车。MPV成为汽车工业技术史上的第六座里程碑。

10.2 当今世界的十大名车

所谓的世界名车，不同的人肯定有着不同的评判标准，得出的结论自然也不尽相同。下面介绍网民们主要基于汽车自身性能推举出来的世界十大名车。

10.2.1 劳斯莱斯(Rolls Royce)

20世纪20年代，一位记者称劳斯莱斯是“世界上最好的汽车”。如今，近百年过去了，还没有什么人对此提出过异议。

是啊，除了劳斯莱斯，有哪辆汽车能使你在时速100km/h的车内清晰地听到自己手表走动的声音呢？又有哪辆汽车能号称“车中之王”从而极大程度地体现着车主的身份与地位，成为各界要人竞相选购的对象呢？

劳斯莱斯是谁制作的？为什么它有如此之大的魅力啊？

出身于英国贵族、风流倜傥的查尔斯·罗尔斯(1877—1910年)非常喜爱赛车运动，总渴望拥有一辆性能更好的汽车；当过报童和铁路工场学徒工的亨利·罗伊斯(1863—1933年)认真踏实、一丝不苟，总想制造出一种质量可靠而又乘坐舒适的汽车。在好友爱德华兹的引见下，两人于1904年5月4日在一家咖啡馆中相见了。人到中年、事业有成的罗伊斯与年轻有为、热情诚恳的罗尔斯相互佩服，他们很快就达成了如下协议：罗伊斯负责制造高性能的汽车，而销售工作则由罗尔斯全权负责；车名则以两人名字共同命名：Rolls · Royce（劳斯莱斯）。

从那以后，罗伊斯以其一丝不苟的精神专门负责研制汽车；罗尔斯则利用其高贵的出身不断参加上层社会的各种集会和著名车赛，用辉煌的战绩来证明该车性能优良，凭借高层次的宣传来提高该车的知名度。很快，劳斯莱斯汽车名声大振，供不应求。

1910 年，罗尔斯因自己所驾的飞机失事而不幸身亡。悲痛欲绝的罗伊斯采用了将车牌字母由原来红色改为黑色的方式予以悼念，同时，他也更加奋发地工作着，以求将两人共同开创的事业发扬光大。

劳斯莱斯设计精心、用料考究、工艺精湛，处处体现了英国传统素质与现代先进工程技术的巧妙融合。可以说每一辆劳斯莱斯都是将材料、技术、管理和检验，发挥到淋漓尽致的最高境界。劳斯莱斯的特性是经久耐用，即使留传数十年，仍旧是安全可靠，且具有超高的保值性：使用了若干年的其他品牌车，一般被称为二手车（Used Car）；而使用了若干年的劳斯莱斯却被称为古典轿车（Unaged Car），由此可见其中的差别是多么悬殊。

劳斯莱斯生产周期较长，产量不高，1904—2004 年间的 100 年间，累计产量不足 15 万辆，其中约有 8 万辆仍完好如新地继续使用着，目前的年产量约为 2000 辆。这种限量生产的措施，既为保证质量提供了可能，又导致了供不应求的销售局面，进一步提高了该车的身价。现在，劳斯莱斯改由宝马经营，使得这个传统的名牌汽车迅速地从传统的手工作坊生产向着高科技方向发展。

劳斯莱斯幻影（图 10-12）拥有相当强劲的 453hp 的 12 气缸发动机，只需在 5.7s 内就可以使这个近 20ft 的庞然大物提速到 100km/h；内饰采用了 12 种上等皮革，经对质地和色彩精心选择及完美搭配后，由一流技工裁剪，手工缝制；地板和行李箱采用厚实的英国纯羊毛地毯铺盖；仪表板板面由桃木薄板经手工雕刻而成；车头上的“飞天仙女”标志系高级工艺师用纯银制成，本身就是一件完美的工艺品；四轮独立悬架系统及自动水平调节系统可以保证汽车以高速平稳行驶；双管路制动系统能确保制动可靠，自动变速器则使汽车平稳变速；其他如空调、音响等一应俱全；令人欣赏的另外一点还有：车门是从中部打开的，使得乘员进入后座相对容易一些。

图 10-12　劳斯莱斯幻影

劳斯莱斯专供皇室成员及地位显赫人士乘用。购买该车需事先预约，大约要等一年左右才可提货。消费者所购具体牌号并不是由自己决定，而是由经销公司通过多方调查车主身份后确定的。不够“级别”的消费者，即使你花再高的价钱，也买不到相应级别的劳斯莱斯。

另外，劳斯莱斯的孪生兄弟宾利，也是一款与其品质不相上下的名车，只是在对购车者

的资格审查方面，没有劳斯莱斯那么严格。

10.2.2 梅赛德斯-奔驰(Mercedes-Benz)

在世界各地，凡属对汽车略有了解的人，都不会对这一标志感到陌生：圆环中套着一个三叉星。这种寓意着陆地、海洋和空中机械化的标志，就是大名鼎鼎的梅赛德斯-奔驰商标。

戴姆勒-奔驰公司是由汽车之父奔驰和戴姆勒各自创建的公司合并而成的。这使它在创建之初便显现出王者风范。尤其是二战以后，由于产品精益求精、服务周到及时，多年来一直垄断着世界汽车市场的最高知名度。即使在今天，许多人也都为拥有一辆奔驰而倍感自豪。虽然近年来在日本廉价车的竞争攻势下，奔驰轿车日趋媚俗，很难再现昔日独树一帜的王者风范。但凭借其雄厚资金及技术力量，它所开发的每一款新车仍在一定程度上起着示范作用。

梅塞德斯-奔驰 SLR McLaren 跑车充分体现了梅赛德斯-奔驰及其 F1 合作伙伴麦克拉伦在研制高性能跑车方面的能力和经验。该车装备的是一款由 AMG 提供的 5.4L V8 发动机，带机械增压器，在 6500r/min 时发出最大功率 626hp，而达到 3250r/min 时可以提供 780N · m 的超强转矩。该车借鉴了 F1 “银箭” 赛车的设计风格，采用引人注目的鸥翼车门(图 10-13)，巧妙地运用了赛车领域的尖端技术和梅赛德斯的创新灵感。尽管 SLR 属于超级跑车之列，但为了强调奔驰惯有的舒适，还是匹配了自动变速器，而且是 5 档的。同时，拥有可电动调节的座位；GPS 全球卫星定位；Bose 音响；电动转向盘调节；前面、侧面、头部和膝部安全气囊；左右分区的自动空调等。这些 SLR 所拥有的豪华装备证明了一条铁定的规律：凡是以往坚持的传统，奔驰还会这么做。0～100km/h 加速只需 3.8s；最高时速可以达到 334km/h，售价约为 55 万美元。

图 10-13　梅赛德斯-奔驰

由于梅赛德斯-奔驰的使用者大多为年龄在四五十岁、事业有成的实业家或商人。因此，正如劳斯莱斯代表着高贵血统和权势一样，奔驰车也俨然成为了财富和地位的象征。为了能让人们永远记住这一点，在经济萧条时，奔驰公司选择了宁肯减产也决不降价的经营策略。

优良的产品质量，出色的经营策略，使得奔驰汽车逐渐建立起了商业信誉，以至于在国外出现了这样的有趣现象：只有门口停放着高档奔驰轿车的银行，才是让人放心存款的银行。

奔驰车标号的含义：

奔驰车的标注一般采用三位阿拉伯数字，外加英文字母。其中阿拉伯数字表示发动机排量(“L”的 100 倍近似值)，而英文字母则表示汽车的其他特征(C 小型轿车；E 中型轿车；S 豪华轿车。在 S 级中，有时标注 SE、SEL、SEC 等，其中：E 电喷发动机；L 比标准尺寸加长 10mm；C 双门)。

10.2.3　宝马(BMW)

在西方，多年来养成的用车习俗为“坐奔驰，开宝马”，凡属亲驾“宝马”者，一般都比较有身份。宝马汽车(图 10-14)以高质量、高性能和高技术作为自己的追求目标，汽车产量不高，但在世界汽车界和用户中享有和奔驰汽车几乎同等的声誉。宝马汽车加速性能和高速性能在世界汽车界数一数二，因而各国警车首选的就是宝马汽车。

图 10-14　宝马敞篷跑车

由于宝马与奔驰不仅在创建时间上非常接近，而且在产品档次上也非常相像，因此，宝马从创建之初便成为其同胞奔驰的强劲竞争对手。令人难以置信的是，在同一地域，产品档次类似、价格接近的宝马和奔驰，不仅没在激烈的竞争中两败俱伤，反而各领风骚、彼此尊重，几十年来都得到了共同发展，同被誉为德国工程技术的杰作。这其中有什么诀窍呢?

尽管奔驰和宝马同走“精品路线”，都以优质、高档的产品占领市场，但却各自将产品品牌定位于不同的领域。具体就是：奔驰轿车的拥有者以公司董事长、银行经理、企业主及政府要员居多，他们的年龄大都在 45 岁以上，一般配专职驾驶员；而宝马轿车的拥有者大多为年轻经理、部门主管及各行各业的专业人士，他们年轻有为、活泼好动，而且喜欢亲驾汽车。这样，宝马与奔驰的区别就十分明显了：奔驰让人享受到的是优质汽车的豪华舒适，而宝马则力图使人感受到驾驶本身的乐趣。这一区别十分关键，经过几十年的定位，在西方社会已经形成了一种文化现象：假如你年纪轻轻就腰缠万贯，但却开着一辆高档奔驰四处兜风，所到之处，会有一半以上的人认为你是偷开上司或老爸的汽车。反之，一位年逾华甲的老先生还自己驾驶宝马进进出出的话，也会让人误解为他没有能力花钱雇佣一名驾驶员。基于有 98% 的宝马车主喜欢亲自驾驶这一事实，公司将精力主要放在为驾驶员的设计安排上。所以，宝马轿车大多会最大限度地消除行车时的共振，使车内的高保真音响能胜任播放最细腻繁复古典音乐的重任。难怪宝马的广告之一选择了这样的用语：驾驶 BMW，与莫扎特同行。

宝马车标号的含义：

宝马车的标注采用三位阿拉伯数字，外加一些英文字母。其中第一位数字表示车系(3 小型豪华;5 中型豪华;7 大型豪华;8 大型跑车)，第二、三位表示发动机排量(“L”的 10 倍近似值)，而英文字母则表示汽车的其他一些特征(i“electronic”表示电喷发动机;a“auto”表示自动变速器;s“sport”表示跑车;c“couples”表示双门;t“touring”表示旅游车;x 表示乘号,意为四轮驱动;L“long”表示加长,比一般车长 14mm;d“diesel”表示柴油发动机)。

如：318 小型豪华车，发动机排量 1.8L，普通设置。

540i 中型豪华车，排量 4.0L 的电控喷射式发动机。

850cL 双门加长大型跑车，发动机排量 5.4L。

10.2.4 凯迪拉克（Cadillac）

近百年来，凯迪拉克一直是豪华与价值的同义词。在美国，它是最受欢迎的豪华轿车，销售量比全部竞争对手同类车的销量总和还要多，在全球汽车界它也具有相当重要的地位，以至于多位美国总统都选择凯迪拉克作为自己的专车(图 10-15)。

图 10-15　美国总统奥巴马的凯迪拉克专车

首批凯迪拉克于 1903 年在纽约问世，4 天之内就有 2286 人交纳订金进行疯狂抢购，以致全年销售计划在短短的 4 天之内就全部完成。

凯迪拉克是由创下林肯车品牌的“精密生产大师”亨利·利兰于本世纪初创下的品牌，多年来，它一直保持着汽车工程设计领域的领先地位。1908 年利兰由于能使零件互换而获得了英国杜瓦奖，1914 年开发出了第一台大量生产的 V8 发动机。以后，许多先进的生产技术都是由凯迪拉克最先发明并很快被其他厂商所仿效，如自动起动装置、弧面风窗玻璃、动力转向、安全玻璃、自调式座位安全带、自动变速器等。

10.2.5 林肯(Lincoln)

美国福特公司林肯分部生产的林肯牌轿车，因具有高质量的品质，加之借助了美国著名总统林肯的崇高声望，成为美国豪华轿车的主要品牌之一。它是人们名望、地位、财富的象征；它是政界、商界领袖的常备坐骑(图 10-16)。

亨利·利兰(Henrg Leland)于一战期间创建了林肯汽车公司，其初衷是给美国空军生产解放者战斗机发动机。在生产了 6500 台 V12 型飞机发动机后，利兰又把注意力转向了汽车。他相信采用夹角为 60°的 V8 型发动机肯定要比自己以前在凯迪拉克公司时生产的夹角为 90°的发动机运转更平稳。经过几年的努力，林肯 L 系列车终于在 1920 年问世了，新闻界对功率为 60kW、时速达 113km/h 的 L 型车大加赞赏，认为 6000 美元的售价一点都不高。但没想到该车却成了战后经济衰退的受害者，由于产品无法售出，经营陷入困境。

1922 年 2 月，利兰的前合伙人亨利·福特出资 800 万美元收购了利兰公司，之后让自己的儿子掌管。1931 年 1 月，林肯生产出 K 型车，这是一个在设计上做了许多重大改进的车型(包括在汽车工业中首次采用双腔下吸式化油器)，因而性能比原来大有提高，创造了福特公司豪华车生产史上的一个小高潮。由于受二战影响，林肯车被迫停产。1945 年 11 月，福特公司将其下属的林肯公司和水星公司合并成为林肯水星分部，专门从事豪华车生产，自那以后，这种体制一直没变。林肯分部先后生产了飘逸、大陆、全球、马克、雷鸟、凡尔赛等众多品牌的汽车。从 1982 年起，林肯汽车混乱的型号名称得以规范：较为紧凑型的叫林肯大陆(Lincoln Contiuental)；大型的叫林肯城市(Lincoln Town)；二门车叫林肯马克(Lincoln Mark)。

图 10-16　林肯轿车

由于林肯分部长期以来是福特惟一的豪华车生产部，由于福特几十年来一直是世界第二大汽车生产厂商，因此，在几乎每一款林肯车上，你总能找得到当时条件下世界上最先进的汽车技术，这样，它具有优越的性能、高雅的造型、舒适的乘坐条件似乎就是顺理成章的了。基于其优良的品质，自罗斯福总统以来，林肯车多次被白宫选为总统专车。

克林顿总统号牌为“美国一号”的林肯城市车为特制品：专门加长了轴距，以使车内空间加大，利于放置各种物品(如冰箱、酒柜、电视、组合音响、空调等)；车内通信设备可与任何国家的首脑通话，也可获得所需的任何文字及图片资料；总统坐席设在后排，可供两人会谈；车前有两根固定旗杆，以便悬挂本国及到访国国旗；采用功率高达 300hp 的 7.5L V8 型发动机，油耗指标为 10 ~ 12km/Usgal(相当于 31.5 ~ 37.8L/百 km)；经自动变速器传递的转矩输给后驱动轮；车身、车门、玻璃、轮胎、底盘都有防弹功能，即使在密集炮火的攻击下四轮全部破裂，仍可以 100km/h 的速度脱离险境。平时，一号车由特工人员严密保护，不允许任何人靠近，出行时则由车队护驾，历史上从未出现过专车被袭击的现象。肯尼迪总统在达拉斯是坐着敞篷车(现被收藏在福特汽车博物馆)被枪手瞄准头部开的枪，而里根总统的遇刺地点则在门口，还未走进汽车。

1922 年，当亨利·福特买下利兰汽车公司时曾说过：“我们曾经比任何一家公司生产的汽车都多，以后，我们要生产比任何一家公司都好的汽车。”这是一个大胆的声明，尽管福特公司用了 70 多年的时间也没能将其完全变为现实，但历数世界车坛，能够与林肯车相提并论的车型的确屈指可数，不知这能否作为告慰“汽车大王”亨利·福特的事实。

10.2.6　法拉利(Ferrari)

由于地域差异及民族习性的不同，各国生产的汽车，在外形上往往会有很大的差别。一些厂家喜欢以独特而夸张的造型来显示自己产品性能的优异及身价的不凡，法拉利就是一个典型的例子。车迷们送给了法拉利若干令其他汽车生产厂家既羡慕又嫉妒的雅称，如：“跑

车皇冠”、“跑车王子”、“南欧美女”、“拉丁情人”、“赛场杀手”……遍观世界车坛，还没有任何一款汽车能够获得车迷如此痴迷的爱戴。法拉利以公司创始人恩佐·法拉利的名称命名，是为了纪念他在公司的卓越成就。

早期的法拉利车由法拉利本人亲自设计并主持加工，自1952年起，他邀请著名车身设计大师意大利人宾尼法利纳(Pininfarina)设计车身，两人从此结下了漫长而成功的合作关系。以后，几乎所有的法拉利车均出自于这位设计大师之手。宾尼法利纳那美奂绝伦的车身设计，在法拉利的精雕细琢下，每一款都是经典之作，每一件都是艺术珍品，并很快成为其他厂商设计运动型汽车时参考的“样板”。难怪在国际汽车展览会上，大多数参展商都不愿与法拉利展台为邻，因为任何一个参观者来到展台跟前时，都会发出这样的由衷感叹：这辆车多好，真像刚刚看过的那辆法拉利！这无疑是令人尴尬的。

在制作工艺上，法拉利多年以来一直坚持以手工制作为主，故产量很低，时至今日，年产量也不超过4000辆，这从另一角度决定了它的珍稀。为纪念公司第一辆汽车下线50周年，法拉利限量生产了349辆极品车F50。它拥有4.7L的V12型发动机，可以发出520hp(8500r/min)的功率，转矩高达480N·m(6500r/min)。更加令人惊奇的是，从静止加速到100km/h只需3.7s，最高时速高达320km/h。尽管F50售价高达50万美元，可其内部却没有任何哗众取宠的装饰，甚至连安装收音机的位置都没留下。就是这样一款看似简单的车型，在销售中却获得了极大的成功，全部产品(包括1997年6月下线的最后一辆)均告售罄。

欣赏法拉利车除了它那无与伦比的性能以外，还应从其外形着眼。法拉利车的外形可谓风情万种，由于发动机置于车后，整个车体呈前低后高的楔型，透露出一种咄咄逼人的动感。尤其是侧面车身，整体的线条在前轮、车门、后轮三处各有几次变形，但却连接得天衣无缝、浑然一体，堪称现代空气动力学与设计艺术的完美结晶。也许是受亚平宁半岛那明媚温暖阳光的影响，每一款法拉利都以红色作为自己的基本色调。这除了给人以无法抗拒的诱惑与冲击以外，还形成了自己的独特色调。当在路上看到一束红色的闪电从身边一掠而过时，你不用向任何人打听，那准是法拉利！

法拉利汽车见证了公司创始人恩佐·法拉利不朽的远见：将赛车以及技术先进的街道车辆产品相结合的思想！这个思想最充分的体现，便是这辆融合了法拉利世界顶尖的F1技术的街道跑车的出现。12缸6L的发动机，最大功率650hp，最高时速350km/h！0～100km/h的加速时间只有短短的3.6s，售价65.2万美元(图10-17)。

图10-17　法拉利赛车

当然，有人可能感觉法拉利不是太靓丽，但批评者忽略了一点：法拉利历史上所有优秀的汽车都是赛车。所以，法拉利以它最独有的外貌和从F1处直接借鉴的空气动力学效应，几乎是忽略了美学作用，被倾心地塑造成只为一个目标而存在的汽车：那就是速度！

法拉利力求使之不管是在弯角还是在直道上都成为超越巅峰的典范。而它忠实的车迷似乎也完全领会了这一终极目标，对新推出的法拉利总是充满了期待与热望。

10.2.7　保时捷(Porsche)

作为德国汽车工业“四大金刚”（奔驰、宝马、大众、保时捷）之一的保时捷公司，其产品无论在国内市场还是国际市场，都占有举足轻重的地位。

保时捷汽车设计事务所由费南迪尔·保时捷博士于1930年在德国斯图加特创建，他打算在运动车和赛车这个充满刺激与竞争的领域充分施展自己的才干。1934年，第一辆保时捷汽车问世，这辆外形新颖、性能优良的赛车，在当年及随后六年举行的多次比赛中都有出色表现，成为惟一能与早已成名的梅赛德斯轿车进行较量的车型。更为重要的是，它的胜利奠定了国际环形赛车场地用车的基本外形。1948年，作为二战战犯的保时捷由法国释放回国后重操旧业，他所组建的保时捷设计有限公司精心设计、制作了50辆功率为30kW、铝质车身的保时捷356型赛车。由于该车在一次重大比赛中出人意料地战胜了许多欧美名车，一夜之间成为妇孺皆知的英雄，保时捷的地位由此得以确定。

25岁就出任公司设计部主任的老保时捷的孙子小保时捷是一位奇才，他因成功设计了804型赛车而荣升公司副总裁。1964年，他主持设计了904、911两款新车，其中911是值得大书特书的杰作：全新设计的玻璃钢车身线形光顺流畅，6缸发动机功率高达98kW，加速特快而噪声极小，真是人见人爱的车中俊秀，一位赛车手甚至将它比喻为“一件会走的艺术品”。后来，由911衍生而出的车型之多，简直令人眼花缭乱，而且至今还有着强烈的生命力，这在消费心理“日新月异”的西方社会，不能不说是一个惊人的奇迹。

若以厂龄、产量、职工人数而论，保时捷别说在全世界，就是在欧洲也只能算是一个小字辈。但就是这样一个“小字辈”，却创造了一系列非凡的成绩：敢于向竞争对手出让专利，并承接他们的研究课题，毫不担心对方会超过自己；1975年8月，一辆装有5.3734L的V12型发动机的917保时捷创造了413.6km/h的世界纪录；1983年，在法国勒芒举行的24小时汽车耐力赛上，参赛的10辆保时捷获得了除第九名以外的其余9个前十名席位；1971年，美国“阿波罗”号飞船将两名宇航员及一辆四轮电动车送上了月球，这辆长3.1m，宽1.8m，转弯半径3m，地球自重210kg、载重490kg，月球表面时速11.5～12.9km/h的“月球漫游者”就出自于保时捷之手。

保时捷汽车的设计既不像他们的德国同行那样崇尚豪华舒适，也不像意大利跑车那般讲究艺术效果，而是极力倡导在高科技指导下的速度本位主义，至于其他公司津津乐道的豪华外形及装备，只要与“速度”这一理念发生冲突，必须无条件让位。正因为此，虽然它没有意大利跑车的艺术气质，也比不上德国同行产品的豪华，更无法与日本车的低价相提并论，但它却追求着以速度为理念的尽善尽美。保时捷人以深入的研究、高超的设计、精湛的工艺加上极其严格的试验，使每一辆车都成为了不愁嫁的“皇帝女儿”。

一个真正爱车的人，当他驾驶着保时捷在不限速的高速公路上狂奔之后，他就会充分理解到“人车合一”意味着什么。

保时捷Carrera GT(图10-18)有很多令人着迷之处，其中之一就是位于驾驶座后部的10缸发动机，它基于一个5.5L的发动机重新设计而成，该发动机作为一流赛车的动力系统，参加过勒芒24小时赛。将Carrera GT的发动机容量增加到5.7L，使得保时捷车的发动机在

8000r/min 时达到最大输出功率 450kW 和在 5750r/min 时达到最大的输出转矩 590N · m，最高速度 330km/h，0 ~ 100km/h 的加速时间为 3.9s。尽管 Carrera GT 具有赛车特征，但 10 缸发动机在低速运转时也完全适合于日常驾车，而且发动机的运转声非常悦耳。6 档手动变速器是特意为 Carrera GT 生产的，它横向布置在汽车后部，将发动机输出的动力连续传递给道路。变速器设计上的紧凑性和可能的最低重心，有助于汽车的最佳重量分布。

图 10-18　保时捷 Carrera GT

10.2.8　兰博基尼(Lam borghini)

谁也未曾料到，一款闻名于世的世界名车的问世，居然是源自一场怄气。

1963 年初春，意大利人费鲁科意欧 · 兰博基尼(Ferrucoio Lamborghini)驾着自己喜爱的法拉利 250GT 跑车，在清凉的晚风中走访令自己心仪已久的恩佐 · 法拉利先生。

喜爱戴墨镜、不多言语的法拉利，静静听着对方细数 250GT 跑车是如何的优越，但在听到费鲁科意欧 · 兰博基尼直指变速器的缺点时，法拉利眼皮也不抬地回答说："我用不着造农耕机的人告诉我如何造汽车"！聚会就这样不欢而散，而一场蛮牛与跃马之间的竞赛也就此拉开了序幕。

1916 年 4 月 28 日出生于意大利乡间的费鲁科意欧 · 兰博基尼属于金牛座，天生的蛮牛个性，自然不服输。虽然尊长敬贤的传统让他克制住了激动，未向长他近 20 几岁的法拉利咆哮，但他还是决定要争一口气，制造一辆比法拉利更好、更快、更强的超级跑车。随即，兰博基尼跑车制造厂于 1963 年成立。

不到一年的时间，针对法拉利 250GT 而设计制造的兰博基尼一号跑车 350GT 出厂了，从编号、外形到动力，很显然地标明了是向法拉利挑战的。于是，兰博基尼的"狂牛"与法拉利的"跃马"在车坛上展开了旷日持久的激烈竞争。

兰博基尼 350GT 采用了 3.5LV 型 12 缸的发动机，可输出 360hp，共生产了 131 辆。这款两座的跑车，让车界立即肯定了兰博基尼的造车实力，随后衍生的 400GT，则兼顾了一般消费者的需求，多加了两个座位，成为 2 + 2 的轿跑车，结果卖出去 247 辆，成就显赫。

兰博基尼是一款典型的男士跑车，并不仅仅是因为它外貌阳刚，而是因为它的各项操作都比一般的跑车更加沉重，娇小的女士根本无法完成对其得心应手的操控。例如转向系统、转向盘都没有动力辅助；车身自重 1655kg，其中车头占了大约 40% 的重量；245mm 宽的轮胎，不仅仅只是停车操纵较重那么简单，市区慢驶的操作也很费力。

所以，一方面是由于操作较为费力，另一方面则是由于那架中置的 5.7L 发动机太靠近车厢，它所散发出的阵阵热量，就算开了冷气，车手也会浑身大汗。这也是人们一直所说的，开兰博基尼车，就是要放弃风度、不讲究舒适度的重要原因。

兰博基尼的转向盘是专门为实现高速而设计的，没有一点虚位，转动一丁点儿就会影响车身；只要路面有少许坑洼，就需不停地转动转向盘。它的弯路表现是典型的中置发动机跑车，贴路性极强，很容易用加油入弯然后突然收油的方式来刻意甩尾。

另外，由于车型的原因，兰博基尼的后视镜基本上形同虚设，根本看不到后方的路况。对此，公司的解释是："在公路上，不会有哪辆车开得比我更快，所以，我们的驾驶员只需要看清前方即可，无须后视！"

图 10-19　兰博基尼跑车

新款的兰博基尼，0～100km/h 的时间为 3.9s，极速 328km/h，售价 67 万美元(图 10-19)。

10.2.9　布加迪(Bugatti)

布加迪是法国最具特色的超级跑车车厂之一，它以生产世界上最好、最快的车闻名于世。原始的布加迪品牌已在二战后消失，战后曾有两度中兴。

布加迪是古典老式车中保有量最多的汽车之一，布加迪品牌的车在世界多个著名汽车博物馆中可以看到，而且性能上乘，车身造型新颖、流畅，甚至发动机的配置都独具特色。

一战期间，埃托里·布加迪在美国为杜森伯格汽车公司设计制造了直列式八缸、功率 410hp 的航空发动机。一战后，从 1920 年起又先后研制出装用四缸 16 气阀、小型发动机的赛车 T22 型和 T23 型，并在法国勒芒 24 小时汽车大赛和勃雷西亚车赛中夺魁。1922 年研制出装用直列八缸发动机的 T30 赛车。1925 年的 T35 型以其高性能和优异车身造型活跃在欧洲车赛环形跑道上，特别是 T35B 装有鲁茨式增压器，最高时速可达 210km/h，畅销世界各国，至今仍有较大保有量。自 1927 年的 T38 型车起，开始生产活顶跑车和双座赛车。1933 年的 T41 型车被称为洛瓦亚尔的豪华大型旅游轿车，发动机为直列式 8 缸，排量高达 14700mL，时速 180km/h，车身重 3000kg，只生产了 6 辆，均保存至今。

在世界经济萧条的环境中，布加迪厂处于经营困难之中。二战一开始，德军便占领了位于法国的布加迪工厂。但布加迪本人不屈服于入侵者的威慑，坚持意大利国籍，从而受到迫害。纵横车坛将近半个世纪的一代著名汽车设计师于 1947 年寂然逝去。然而，布加迪本人一直为后人所敬仰，大部分布加迪车成为法国米卢兹博物馆的珍藏品，且至今仍可见到布加迪车行驶在德国公路上。

布加迪生产跑车、旅行车和豪华轿车近 50 年，而且至今仍被许多人认为是那个时代最卓越的汽车。埃托里·布加迪的公司在他去世后不到十年的 1956 年破产，之前他们已经生产了 8000 辆汽车，有一些带有赛车的特质，让人至今难忘。35 年后，布加迪公司重出江湖，一位名叫 Romano Artioli 的狂热的车迷兼实业家的意大利人购得了布加迪品牌的使用权，使得这个神圣的品牌再度开始生产脍炙人口的汽车，并且推出了像 EB110 这般脍炙人口的超跑级量产车。可惜很不幸，好不容易复活过来的布加迪因为公司财务困难，在 1995 年时宣布破产，留下仅量产 139 辆的 EB110 与胎死腹中的 EB112 概念车让人凭吊。1998 年，皮

耶希这个来自德国的汽车巨子买下了布加迪的商标权，正式将布加迪纳入大众集团。在大众接手之后，布加迪几乎从未在各大国际车展中缺席过，推出了数款概念车，但在量产方面却一直没有动作。布加迪威龙可以说是自从 EB110 之后，第一款真正挂上布加迪椭圆形红色厂徽的量产车，也是布加迪二度复活后的开山之作。

2004 款布加迪 EB16.4 威龙（图 10-20）将有两项打破当今世界汽车工业纪录的数据：最高车速 407km/h，比起历经 10 年未被打破的麦克拉伦 F1 跑车在意大利纳尔多赛道创造 386.6km/h 的纪录还快 19km/h，0～100km/h 加速时间为 2.9s，比 F1 纪录快 0.3s。不过，在极速状态下，威龙的整箱油只能维持发动机工作 12min！

图 10-20　2004 款布加迪 EB16.4 威龙

作为世界上行驶速度最快的车型之一，这款“纯血统”特别版仅限量生产五辆。以铝材和碳纤维为主要材料，采用精美手工工艺打造，动力性能无人能出其右。其实这么一款车只能是为超级富豪预备的，它的一切并不是为爱车人士设计的，能买得起它的人未必会去驾驶它，而更多的是一种身份的炫耀和满足感。

很难精确地描述驾驶这款车的过程，因为根本没有和它同档次的车型可以作为参照，谁又能将驾驭一辆 1001hp、时速 407km/h、价值 100 万欧元的欧洲超跑车的感觉清楚地告诉大家呢？

布加迪威龙将汽车推进到了一个新的水平，即使一个公司拥有在我们看来是无限的资源，它也很难生产出一辆威龙车来。

10.2.10　雷克萨斯（Lexus）

长期以来，日本车总是给人以低档、廉价的不佳印象。如果有人要追溯日本人打开世界豪华车市场的功臣，那么雷克萨斯 LS400（图 10-21）可谓当之无愧。1990 年面世之初，丰田公司宣称该车在设计方面共有 400 多项新的突破，集中了日本汽车工业所能表现的精华极限，堪称世界新一代豪华车的经典之作。

在外形方面，LS400 彻底改变了以往那种小巧实用的日本汽车设计风格，重走大方、稳重而气派的设计路线，直接向雄霸高档豪华车市场的欧洲产品发起挑战。它沉稳、圆滑而又不失

图 10-21　雷克萨斯 LS400

豪华典雅，极具气度的造型为日本车开创了一个新的典范，成为丰田汽车20世纪90年代浑圆造型风格的序曲。至于那只有0.29的风阻系数也低于相同档次的大多数高级轿车。

在发动机配制方面，LS400采用了V8型多活瓣式结构，排量3.97L，输出功率245hp (5400r/min)，最高转矩375N·m(400r/min)，操作起来宁静顺畅。

在安全、方便与舒适性方面，首先是驾驶员可以在仪表板上读到许多有用的行车资料，空调恒温显示、车外温度指示等也不例外。其次是前排座椅采用了全自动化结构，除驾驶座有电控调校设备和安全气囊外，前座左方乘员同样可以享受到上述设备及安全装置。再次是在前方车门板上装有电动调节安全带位置的按钮，可以方便不同体型的乘员作适当调校。另外，真皮座垫经特殊处理，外貌美观、质感良好；完美的音响系统可以使所有乘员在行车过程中享受到最令人满意的音响效果。

在综合指标方面，豪华典雅的内外装饰令你对其赞不绝口；相对低廉的销售价格让你觉得它物有所值；平顺的操作性与舒适的乘坐性足以使它鹤立鸡群。与体现欧洲车坛最新水平的宝马740iL相比毫不逊色。

在世界豪华车市场上，作为丰田人的“先头部队”，LS400并非孤军奋战，公司先后推出的雷克萨斯ES250、雷克萨斯ES300、雷克萨斯GS300四门轿车和雷克萨斯SC400、雷克萨斯SC300双门跑车等有力地对其进行了“火力”支援。雷克萨斯取得过横扫美国豪华车市场的销售佳绩，在“名车竞艳”的中国香港市场上也一鸣惊人，就连向来看低日本车的欧洲汽车评论界也赞不绝口地称之为日本汽车的“里程碑”。

虽然LS400似乎还欠缺一点个性，其加速性能也不如同级的宝马740iL和日产无限Q45这两个主要竞争对手。不过，它的售价也是任何竞争对手所不可企及的，全装备的LS400的售价还不够奔驰S级和宝马新7系列的起价底线。

如果要追求舒适、豪华、宁静、平顺的驾驶，在这个价位上就算找遍全球汽车市场谁能找出比LS400更好的轿车?

10.3　历史上产量最大的名车

在世界汽车史上，的确产生过许多知名的汽车品牌。这些汽车，或因拔得头筹而为人记忆，或因历史渊源而为人称道；或因性能超群而为人注目，或以产量稀少而为人珍惜……但是，它们却无法真正履行自己作为大众交通工具的职能，对人类进入汽车社会的贡献不大。不过，在汽车的历史上，有四款车却做出了突出的贡献，有效地促进了人类社会的发展。这四款车分别是：美国福特汽车公司出产的福特T型车、大众汽车公司出产的甲壳虫汽车和高尔夫汽车、日本丰田汽车公司出产的花冠汽车(表10-1)。其中，福特T型汽车、甲壳虫汽车的详细情况见10.3.1节和10.3.2节。

表10-1　历史上产量最多的四款汽车

汽车品牌	出产公司	公司总部所在地	最初问世时间	累计产量(万辆)
福特T	福特	美国	1908年10月	1500(截止到1927年5月停产)
甲壳虫	大众	德国	1939年8月	2153(截止到2003年12月)
高尔夫	大众	德国	1974年3月	2600(截止到2008年12月)
花冠	丰田	日本	1966年10月	3500(截止到2008年12月)

10.3.1 大众高尔夫(GOLF)

高尔夫自1974年3月2日首次推出后，历经30多年、六代改型，累计产量超过了大众的传奇车型甲壳虫。

(1) 第一代高尔夫：1974—1983年。1973年第一代高尔夫诞生。当时，整个欧洲被石油危机重创，汽车工业面临严峻考验。在这种形势下，大众公司果断决定放弃传统的后置风冷发动机布局，把宝押在全新的高尔夫上：它将采用水冷四缸发动机，前轮驱动，紧凑的承载式车身，轻量化底盘，前悬架为支柱式，后悬架为交叉臂式，乔治亚罗设计的溜背式造型带棱带角(图10-22)。

1974年3月，高尔夫正式投产。大众公司本没有希望高尔夫能取得甲壳虫式的成功，但事实证明他们错了，高尔夫瞬间就抓住了消费者的心。它的造型不仅提供了更宽敞的空间，而且解决了甲壳虫线形侧风下不稳的问题。高尔夫实现了更快的车速，外加更高的安全性。高尔夫最早配用1.1L四缸发动机，最高车速达到140km/h。后来换装了1.5L的发动机，极速上升到160km/h。

图10-22 第一代高尔夫

“大众汽车旗下最经典的两厢车是什么呀?”“高尔夫呀!”

高尔夫这个世界上著名的两厢掀背车型绝对称得上是大众的经典车型。

(2) 第二代高尔夫：1983—1991年。随着第一代高尔夫的热销，在进入20世纪80年代后，大众公司很积极地对产品进行了更新，第二代高尔夫于1983年8月投放市场。

第二代高尔夫推出了许多衍生车型，如搭载机械增压发动机的G60、赛事认证车型Rallye高尔夫，甚至柴油版的GTD也从这一代开始推出。

(3) 第三代高尔夫：1991—1997年。1991年8月推出的第三代高尔夫不仅根据人们的需要放大了车身尺寸，还将车辆的外形由原来的棱角分明变成了较为圆滑的曲线设计。采用一款2.0L的16气门发动机，可以提供145hp的最大功率，绝对可以满足驾驶需求。另外，安全气囊、预紧式安全带以及ABS防抱死制动系统也都开始装备。更大的车身，更丰富的安全配置和更好的动力表现让这一代高尔夫获得了极大的成功。

(4) 第四代高尔夫：1997—2004年。1997年8月高尔夫第四代荣耀登场，全新震撼造型，车体采用大众汽车12年全车镀锌防腐蚀技术，严格把关的二阶段内外车身镀锌处理再配合大众汽车完美的6层漆面涂装作业，能有效防止腐蚀12年。代表了超高品质标准的高尔夫新系列，在七年间创下全球430万台的销售量。2000年9月，高尔夫累积产量达到了2000万辆。2002年6月25日，第21517415辆高尔夫下线，超过了大众甲壳虫的产量，甲壳虫用了56年取得的辉煌，高尔夫仅用29年时间便超越了。在1997年至2003年间，大众共制造了430万辆第四代高尔夫。2003年7月，大众将第四代高尔夫引入一汽大众生产。

(5) 第五代高尔夫：2003—2009年。2003年9月，大众汽车选在法兰克福车展正式发布史上最成功的德国畅销车第五代高尔夫。这款高尔夫具备了更优越的性能、更强悍的动力表现。外观上最显眼的变化当数前照灯——采用了目前流行的犀利的锐角设计，其时尚与动感跃然纸上。底盘则采用完全独立的四连杆式。2007年3月26日，第2500万辆高尔夫在沃尔夫斯堡下线。

(6) 第六代高尔夫：2009年8月14日，备受瞩目的代表着A级车最高制造水平的第六代高尔夫在一汽大众轿车二厂总装车间下线。这款高尔夫，外形轮廓的关键元素均为全新设计，显得更为简洁，车身没有任何特殊的渲染，每一根线条都清晰地反映出它的实际形态，贯穿车身首尾的突出线条如同强壮的肌肉纤维，使高尔夫的车顶与强壮的腰部浑然一体。尾部也以水平流线风格为主，宽大的尾灯十分独特而抢眼；借助转向灯和倒车灯水晶般透明的轮廓，更显高档。而全方位的静音设计又使第六代高尔夫获得了高档车型才能拥有的静音水平(图10-23)。

图10-23　第六代高尔夫

10.3.2　丰田花冠(Corolla)

自诞生以来，花冠连续30多年夺得日本国内汽车销量冠军；在国际上，花冠在140多个国家和地区屡获好评。2002年6月，在一向以对汽车品质挑剔严格而著称的德国ADAC(德国汽车协会)发表的顾客满意度调查中，花冠在同级别15个车种里综合评价排名第一。以高性能和高品质在全世界备受推崇的花冠，从2000年开始，以“最畅销汽车”称号载入《吉尼斯世界纪录》，更于2003年以2800万辆的成绩刷新了汽车单一品牌累计销量的世界纪录。截至2008年年底，全球用户已经超过3500万，有着“世界车”的美誉。

(1) 1966年：第一代花冠。1966年，面向高速成长的日本大众汽车市场，丰田推出了名为COROLLA花冠(取意“花中之冠”)的新型1100mL双门轿车。这款车以丰田公司“让所有人都能拥有汽车”这一创业初衷作为理念，汇集了丰田的技术精华，是当时具有最高性能水平和商品吸引力的划时代“紧凑型轿车”(图10-24)。

(2) 1970年：第二代花冠。1972年3月，体现花冠超级动力性能之巅的花冠LEVIN上市了。LEVIN意为闪电。车如其名，花冠LEVIN动如闪电，紧凑小巧的车身搭载着2T-G型双顶置凸轮轴发动机，最高时速达190km/h。LEVIN在国内外的各级车赛中备受瞩目，取得了辉煌的战绩。

图 10-24　第一代花冠

(3) 1974 年：第三代花冠。1974 年，花冠第三代诞生。当时正值日本快速进入汽车社会，同时，整个汽车业也面临着解决节能和净化尾气的时代要求。特别是在经济高速成长的后期，如何应对日本汽车市场的多样化需求和提高质量、树立国际汽车品牌成为了业界探讨的主要课题。丰田以生产“卓越的完美平衡的高品质汽车”为目标，遵循大方得体、宽松舒适的设计理念，为增加驾乘舒适感及提高性能研制出了新款车型，使产品阵容更加充实丰富，并且在车体中创造出更加充裕的室内空间，既舒适又实用。第三代花冠的上市席卷了当时的世界汽车市场，上市当年便以单一车种的生产量超过大众甲壳虫而勇夺第一。在优越的综合性能、高品质和高度信赖感的支持下，花冠创造了前所未有的业绩（年产 375 万辆），并从 1974 年开始出口，年出口量超过 30 万辆。

(4) 1979 年：第四代花冠。第四代花冠于 1979 年 3 月问世。当时，正值日本经济从石油危机中恢复发展，消费者追求高档商品的倾向越来越强烈。第四代花冠研制开发的主题定在“综合性能优良、引领 20 世纪 80 年代潮流的高级普及型汽车”上。在外形上一方面减小汽车的风阻系数，一方面采用与国际商品接轨的直线形的外观设计。作为战后诞生的汽车，花冠仅用 16 年零 4 个月就以最快速度实现了 1000 万辆的生产目标。

(5) 1983 年：第五代花冠。第五代花冠于 1983 年问世，它以“走在世界最尖端的，最适合家庭使用的汽车”作为基本研发理念，在全系列轿车上首次采用乘坐舒适性和经济性俱佳的 FF（前轮驱动方式、前置发动机）方式。另外，整车采用了“折背式车身”的外形设计。以平滑、稳定感十足的立体结构为基调的车身轮廓，被称为“动感一派”。车内实现了超越一般轿车的舒适驾乘空间，特别是 FF 化了的轿车，创造了同档次车型中的顶级空间。

(6) 1987 年：第六代花冠。第六代花冠在泡沫经济的 1987 年整体换型，是为了反映“以丰富和多样化为特征的新时代价值观”做出的，远远超越传统要求的档次，追求更高层次的品质。在机械性能方面，本着“通过超群的车辆性能实现驾驶乐趣”这一开发理念，汇聚以往积累的丰田技术力量，开发并装配了大功率、低油耗、高灵敏度、噪声小的双顶置凸轮轴发动机。在内饰方面，室内整体的全装饰化和零件质感的协调，彰显出高品质感。通过这一系列的举措，给用户带来深厚的满足感。

（7）1991 年：第七代花冠。1991 年，初次登场的第七代产品，被称为花冠系列中最豪华的车型。丰田立足于“把握新时代脉动，创造新世纪标准”的理念基础，开发出了具有新品质的、世界级标准的新车型。这代花冠的设计思想基于以下三点：充满知性美的样式以及创造出人性化的舒适空间；行驶、转弯、制动的卓越行驶性能；彻底寻求人们内心所需的安全性与信赖感。

（8）1995 年：第八代花冠。第八代花冠初次登场是在 1995 年 5 月。当时，日本经济开始呈现衰退迹象，这是一个追求“协调地球环境，关心周围点滴”的时代。在这种时代背景下，第八代花冠继承了整车尺寸均衡和高品质的特点，以企业与社会之间协调发展为目的，努力追求节能和安全性。最终，第八代花冠实现了轿车最大减轻 50kg、跑车最大减轻 70kg 的整体大幅度减重。而且，在确保超低油耗的同时，还实现了高刚性车身及装载安全气囊等安全措施。

（9）2000 年：第九代花冠。第九代花冠是基于开创性的“在看似冲突的各种性能要素间找到最佳平衡点”的设计理念打造的，在开发中发挥了丰田的团队优势，在丰田欧洲设计中心共同参与下，反复推敲与修改而成的。对于这款新车，丰田人自豪地用四句话来概括：外观动感且内饰豪华，动力强劲且车内安静，车体宽大且操控灵活，安全预防可靠且撞击保护出色。

（10）2006 年：第十代花冠。2006 年，丰田在日本开始销售全新设计的新一代花冠轿车，其中轿车被命名为 Corolla Axio，而小型旅行车被称为 Corolla Fielder。2007 年 5 月 28 日，第十代花冠，一汽丰田卡罗拉(图 10-25)在天津一汽丰田工厂正式下线。

图 10-25　第十代丰田花冠(卡罗拉)

【复习思考题】

1. 请举例说明世界知名跑车、知名轿车、知名军车的品牌。
2. 如何解读宝马、奔驰的汽车型号?
3. 美国、英国、德国、法国、日本的国家元首，一般选用什么品牌的汽车作为自己的公务用车?
4. 历代花冠的研发理念是什么?
5. 什么是汽车布局的“常规”方案?

6. 名车“梅赛德斯”命名的来历是什么？

7. 为什么福特T型车能够获得巨大的成功？

8. 哪些因素决定了甲壳虫的成功？

9. 迷你汽车是在什么背景下获得成功的？

10. MPV的成功，催生了哪些新的车型？

【实践训练】

1. 宝马与奔驰，产品档次一致，所处地域相同，为什么都能获得巨大的成功？

2. 通过本章的学习，以及上网查找，请你写出6款(不是4款)历史上产量最大的车型。

3. 通过学习课本内容，结合上网查找，完成下表的填写。

车　型	出产公司	车型优点	主要贡献	相关启迪
梅赛德斯				
福特T型车				
雪铁龙前驱车				
甲壳虫				
迷你车				
多用途厢式车				

第 11 章　汽车新技术和未来汽车

【学习目标】

通过对本章内容的学习，你应该：

了解概念车的起源与发展、未来汽车的发展趋势；熟悉汽车安全技术、绿色环保汽车、智能汽车未来的发展和应用；掌握概念汽车的欣赏原则。

【情境描述】

假设你是一名20年后的私家车车主，你希望能拥有一辆什么样的汽车？

假设你在20年后乘坐大客车，你希望那时的汽车具有什么样的配置和性能？

【想一想】

1. 作为概念车，是不是在几年之后都可以上路行驶？

2. 开发概念车，既费钱又费力，还未必获得回报。可是，为什么还有那么多的汽车生产厂家在坚持不懈地从事这样的开发？

3. 你认为，作为未来的汽车，它与现代汽车的主要不同可能体现在哪些方面？

4. 假如地球上的石油资源枯竭，我们今天所使用的汽车再有什么东西可以去“吃”？

21世纪，是一个各种技术相互融合的世纪。目前，我们正处在各种技术相互融合的初期阶段，汽车工业未来的可发展空间很大，其主要发展方向是以下四个方面：安全、节能、环保、智能。

未来汽车到底是什么样子，今天的我们无法准确预知。不过，在汽车行业有一项优良的传统，那就是几乎在汽车发展的每个历史时期，各大汽车制造厂都要推出预示未来的概念汽车，通过这些概念汽车，可以预先感知未来几年汽车工业的发展走向，这是我们感受未来汽车发展走向的一条捷径。

总体来说，未来汽车的最大变化可能主要表现在信息技术手段在一定程度上代替人的操控，使汽车的驾乘变得更加容易、舒适、安全和充满乐趣。另外，基于对未来能源危机的忧虑，会通过对汽车燃料系统的更新设计，用石油之外的其他物质来作为汽车的新能源。

11.1　概念汽车

在历次世界性大规模汽车展览会上，实力雄厚的汽车厂商都要展出概念车，以此宣传自己的开发能力。那么，到底什么是概念车呢？

11.1.1 概念车的定义

概念车，由英文 Conception Car 意译而来，所谓概念车，就是一种对未来汽车科技发展、造型变化进行研究，并阐释汽车发展方向的超前意识的新车型。它是以特定观念形成的定性概念设计的汽车，所表现出的概念思潮对整个汽车工业的发展及全社会的进步具有很强的促进作用。概念车是汽车中内容最丰富、最深刻、最前卫、最能代表世界科技发展和设计水平的汽车。因为概念车有超前的构思，体现了独特的创意，并应用了最新科技成果，所以它的鉴赏价值极高。

概念车一般分为两种，一种是真正能跑起来的真实汽车；另一种是设计的概念模型。前者比较接近于实际生产，其设计概念较易变成生产现实，通常是已进入试验并逐步走向实用化，一般在 3 ~5 年之内就可能成为汽车公司的新产品(图 11-1)。后者是更为超前的设计，因环境、科技水平、成本等因素的制约，短期之内还不能成为在公路上跑的实际汽车，只是未来发展方向的一种研究，由于这种概念车不是将投产的车型，仅仅向人们展示设计人员新颖、独特、超前的构思，更因为不是大批量生产的商品车，所以可以更多地摆脱生产制造水平方面的束缚，尽情地甚至夸张地展示自己的独特魅力。

图 11-1 马自达 Taiki 概念车(2007)

11.1.2 概念车的起源与发展

第一辆概念车出自何处、何时问世已无从考究，大约是在汽车诞生半个世纪以后，才由汽车设计人员设计并在大型博览会上开始露面的。现存最早的概念车是 1938 年由美国通用汽车公司设计的别克 YJOB 型黑色敞篷车(图 11-2)。这辆由美国汽车造型之父——哈利杰·厄尔(Harley Earl)发明出来的概念车不仅在当时代表了 20 世纪 30 年代流线型汽车的特点，而且其影响一直波及二战以后全世界汽车业。该车造型比之前市面上的任何车都更长、更低、更宽，其流线形的轮廓设计对后来的汽车设计产生了深远影响。该车型首次引入了嵌入式头灯、电动车窗、水平散热器护罩、与车身齐平的门把、电动活动顶篷等设计，它也是第一款去掉了脚踏板的汽车。这些在现在看来再平常不过的装配与设计，在当时足以让制造商和驾车者们疯狂不已。除了独特的外观外，该车还运用了先进的技术，战后纷纷在通用很多车款得以实现。可惜的是，这款 YJOB 本身却只推出了一辆概念版。

目前，世界各大汽车公司都不惜巨资研制概念车，并在国际汽车展上亮相，一方面是为了了解消费者对概念车的反映，从而继续改进；另一方面也是为了向公众展示本公司的技术

图 11-2　别克 YJOB 概念车(1938 年)

进步，从而提高自身的形象。

有些概念车，今天还是一个概念，明天就可能放在车行里待售，甚至成为行驶于公路上的实际产品。而另一些概念车，由于种种因素的影响，也许根本就无法进入市场，永远都是人们心目中一个长存的概念。尽管如此，从汽车工业与工业科技文化的发展和现实意义上来说，概念车仍是冲破现实、开创明天的一种物质文化实体。

当然，在更多的时候，概念车会超出工程的实际可能而被无限夸张。多年以前的人们讨论起 21 世纪的汽车时，无一例外地为它们配置了如火箭或者宇宙飞船那样的外壳，以及原子能、太阳能之类强大而便利的动力。然而，工程师们前进的步伐比预言家们的想象要缓慢得多，追求实用依然是设计师遵守的第一原则。21 世纪的公路还是 50 年前的公路，汽车也依然是 4 个轮子，1 个车壳，操纵依然依靠转向盘，只不过其内涵有了不小的变化而已。所以，概念车的最大功用就是发现与引导这些变化的方向。

11.1.3　概念车的欣赏

尽管概念车的审视空间非常大，但有一点却是公认的原则，即汽车的基本原理、设计的美学原理以及厂家各自的承传性，这些都是判别概念车车型效果的关键。另外，概念车是否具有独创性，也是其技术水平的重要构成因素之一。因此，欣赏概念车，主要应该把握以下几点：是否具有独创性；是否符合汽车公司自身的传承性；是否符合汽车的基本原理；是否符合汽车的美学原理。

判断车型的区别，主要是看车的头部、侧翼结构、前后灯组、内饰、轮数以及小型外在部件。这些区别既是比较差异、判别仿冒的依据，同时也是建立特点、增大独创性的关键所在。任何一款车型的研发，都要将它们作为突出的特征性问题加以解决。

所以，欣赏概念车，实际上是对最高汽车设计与工艺水平的欣赏。当创意概念不同时，

概念车的差异也很大。若以“新时速”作为创意概念，一般以风阻和气流为车型线形设计的主要依据；若以“低能耗”作为创意概念，主要从节能的角度和自然能源的利用上开创新型功能性概念，如太阳能汽车等；若以“社会生态”作为创意概念，常从社会优良环境的维持上优化汽车设计的环保意识；若以“生活形态”作为创意概念，多从生活环节、结构、方式上给人的汽车生活构筑新的色彩，如郊游的方便性、远途的安逸性等；若以“文化性时尚”作为创意概念，会从多种艺术流派中挖掘出新的汽车艺术文化……汽车厂商在推出一款款风格各异的概念汽车的同时，更是以其内含概念性的思潮去推进人类超前观念的发展，以强劲的社会物质文化发展势头刺激并作用于大众的感官，甚至从个体概念性的思潮表现直接扩展，进而影响其他产业的发展，以求推动整个社会向着观念更新、风格出众以及现实意义更加充实的方向发展。

11.1.4　世界十大绿色概念车

概念车设计的关键之处是什么？相信任何汽车设计师都会将实用性放在最后一位考虑。任何汽车生产商都不会采纳可能影响市场销售的任何所谓的“新概念”。但是，概念车却可以凭借其“幻想的翅膀”，引导着汽车设计的未来方向。尽管在未来的社会中，油价可能会将远远高于苏格兰威士忌酒的价格，但今天看起来“毫无用处”的概念车，未来仍极有可能会成为汽车中的主流。

2008 年，美国组织评选了世界十大新款绿色概念车。

1. 法国“气流”概念车

“气流(Airflow)”概念车(图 11-3)是一款轮式电动车，主要材料是玻璃。汽车具有一种全新的操纵感；驾驶员视野良好，能够更清晰地观察车外情况。

图 11-3　法国“气流”概念车

这款汽车由法国著名设计师皮埃尔·萨巴斯设计，曾经荣获皮尔金顿汽车设计大奖赛“最佳设计说明奖”。

2. 瑞典“Lexus Nuaero”概念车

“Lexus Nuaero”汽车(图 11-4)是一款电气混合动力的玻璃概念车。该款汽车的设计灵感来自于玻璃建筑。通过玻璃与其他材料的配合使用，创造出一种层次感，具有良好的透明度，给驾驶员以更好的视觉效果。

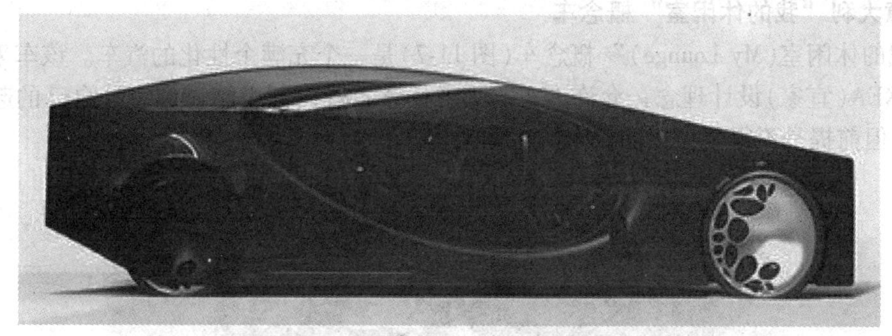

图 11-4　瑞典“Lexus Nuaero”概念车

这款车由瑞典设计师乔恩·莱德布林克设计。皮尔金顿汽车设计大奖赛评委们一致同意将“最佳玻璃使用奖”授予该车。

3. 西班牙“感觉”概念车

“感觉(Senses)”概念车(图 11-5)以海藻作为动力燃料，其最大特点是所有外部材料制造均采用“固体全息技术”。此外，该款汽车还采用人工智能技术，汽车内部将根据外界环境、乘员情况以及事先设想的场景自我调整、自我适应。

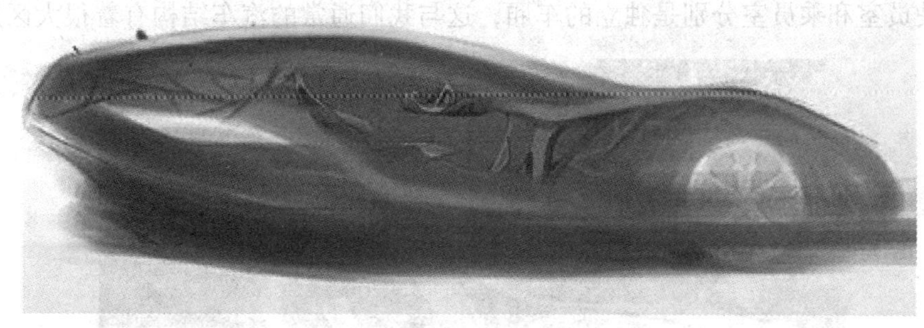

图 11-5　西班牙“感觉”概念车

这款看起来很“酷”的汽车，其设计者事前竟然不懂某些相关技术。它是由西班牙设计师亚特罗·佩拉尔塔·诺古拉斯设计的。

4. 韩国“变色龙”概念车

“变色龙(Chameleon)”概念车(图 11-6)的设计体现了一种时尚感。该车样式设计思想源于时装的领口、领带以及女性的眼线膏等时尚用品。汽车整体形状呈不对称状，“像服装一样，永无完美可言”，无论怎么设计都是对的。此外，由于采用了“顺磁性技术”，“变色龙”汽车可以根据你的服装等物品，改变车身颜色。

图 11-6　韩国“变色龙”概念车

这款车由韩国设计师金东奎设计。

5. 意大利“我的休闲室”概念车

“我的休闲室(My Lounge)”概念车(图11-7)是一个充满个性化的汽车。该车采用一种所谓的IKEA(宜家)设计理念，允许汽车购买者任意布置内部设施，像设计自己的起居室一样随意，但前提是不得暴力扭曲汽车的主体架构。

图11-7　意大利“我的休闲室”概念车

这款概念车由意大利汽车设计师伊拉里亚·萨科设计。

6. 芬兰“欧米茄”概念车

“欧米茄(Iomega)”概念车(图11-8)看起来并不像一辆汽车，却更像是一个休闲的太空舱。驾驶员室和乘员室分别是独立的车厢，这与我们通常的汽车结构有着很大区别。

图11-8　芬兰“欧米加”概念车

“欧米茄”概念车由芬兰设计师乔纳斯·瓦尔托拉设计。

7. “谜”概念车

“谜(Enigma)”是一款电动汽车(图11-9)，理论上的动力来源为太阳能。该款汽车采用磁悬浮技术，乘员室相对于车体的其他部位形成一个独立的空间。“谜”概念车极度体现了“奢侈性”和“排他性”。

该车由保罗·豪克设计。

8. 西班牙“软体汽车”概念车

“软体汽车(Soft Vehicle)”概念车(图11-10)是用泡沫塑料制成的。车厢门的开关是一条拉链，驾驶员通过拉开拉链爬进车厢。

设计者认为，车体越软，驾驶起来越安全。这款概念车由西班牙著名设计师拉奎尔·阿

图 11-9 “谜”概念车

图 11-10 西班牙“软体汽车”概念车

帕里西欧·洛佩兹设计，他还准备进行进一步的设计改进，采用橡胶、纺织物以及其他柔软材料加工制作。

9. 西班牙“凤凰”概念车

“凤凰(Phoenix)”概念车(图 11-11)的设计理念是实现最大功效。车身前部有一个涡轮、一个动力轴，尾部装有电动机。设计师将该款汽车比作是一个带跨斗的摩托车。

图 11-11 西班牙“凤凰”概念车

这款概念车由西班牙汽车设计师塞吉欧·劳里罗·席尔瓦设计。

10. **韩国“变形”概念车**

“变形(Transform)”概念车(图 11-12)具有透明的弹性顶部。弹性的顶部可以根据驾驶员的身高及心情，伸长为任意形状。

图 11-12　韩国“变形”概念车

该车由韩国著名设计师郑日宇设计。

11.1.5　中国的概念车

对于这样一种可以表征汽车工业最高设计理念与水平的项目来说，中国的汽车设计者们当然不会放过展示自己才华的机会。他们要与世界知名的设计大师一起参与这场高科技的设计竞赛。

1. 中国第一款概念车——麒麟

中国古代传说中有一种吉祥动物，形状像鹿，头上有角，后有尾巴，全身披鳞甲，古人用它象征祥瑞。在 1999 年的上海国际车展，以吉祥动物麒麟为名的第一款概念车(图11-13)吸引了世人的目光，这是第一辆由中国人设计，在中国制造并面向中国市场的经济型汽车。

图 11-13　麒麟概念车

五门两厢式麒麟概念车的特点是车身框架非常坚固，外形简朴，大轮胎和高底盘(165mm)，可以适应复杂的路面条件，装置 4 缸 16 气门发动机，前轮驱动，车内五座，前排座位的腿部空间达1m以上，肩部空间超过1.3m，行李空间可以装下1.36m^3的货物。

虽然该车但从外形来看显得有些稚嫩，甚至以国人传统的眼光来看这根本算不上是一辆轿车。但是，正是因为它是我国的第一辆概念车，所以我们才无法对它提出苛刻的要求。麒麟，是你唤醒了当时还在沉睡的中国诸多汽车生产厂家，这对中国汽车工业来说，无疑是一种突破。

设计中国第一款概念车麒麟的是上海泛亚研究中心，研究中心中的160名工程师，多数参与了这一项目。麒麟的设计过程中的独特之处首先在于其设计不是从设计室开始，而是从顾客需求出发。当时泛亚在重庆、威海、东莞、鞍山和保定等5个城市的汽车用户中进行调查，汇集了中国各地不同人群对汽车的各种需求。根据这些意见，泛亚着手进行图样设计、计算机辅助设计、制作油泥模型，最终完成了这一概念车的设计。

2001年泛亚又设计了凤凰燃料电池车，大大地缩小了与国际先进动力最前沿技术的差距；2003年的鲲鹏是对所在微型车细分领域的全新探索，挑战了设计的极限，演练了低成本构造。泛亚以每两年一辆概念车的速度成长，使得中国汽车厂商在目睹这一个又一个的中国概念车神话之后，开始醒悟：中国需要概念车。

2. 吉利城堡概念车

当世界刮起一股复古风的时候，吉利公司走在潮流前端，融合了消费者对数字化、智能化和自动化的追求，于2005年推出了一款吉利城堡概念车。该车外观设计华丽且富有动感。车顶呈圆弧状，隐藏的A、B、C柱，车头修长、圆滑，动感十足。尤其是17in的大轮毂和突出的大轮眉使其更具跑车风格。车窗由一块玻璃制成，驾车者可通过一个按钮来根据车外阳光的强度而调节玻璃的色彩。同时，为了满足现代人的需求，吉利城堡是一辆多功能车，它既适合长途旅行，又能给人们带来驾驶乐趣，此外，还具备了SUV的许多功能，能适应各种不同的天气和地形。

此车完全由吉利人自主研发，从外形、底盘到发动机等，外车身及内饰完全由手工打造而成。

图11-14　吉利城堡概念车

3. 中国概念的觉醒

目前，中国许多汽车公司都在进行着概念车的设计，奇瑞公司的NEW CROSSOVER轿车，创造了时尚新生活的理念；比亚迪的ET是一款外形动感前卫的电动概念车，体现了新能源的应用；哈飞赛豹则是我国的第一辆敞篷概念跑车；长安集团推出了龙腾和长江鲟，龙腾概念跑车，将古典与现代的风格有机交融在一起，富有东方韵味的同时又给人以现代冲击力。

“要论汽车设计，中国的确差得很远；但要说到概念设计，我们就不敢说这话了，因为我们是不了解中国的市场和百姓的真正需求的。”奔驰公司的总设计师的这番话，说明了一个朴实的道理：概念设计是平等的，任何时候开始都是一个新的起点。

其实在中国，本土设计师是占优势并充满希望的，我们期待着他们的成功。

11.2 未来新型汽车

基于安全、环保、节能、通畅方面的考虑，世界各国均在大力开展关于汽车、交通新技术方面的研究工作。

美国从20世纪80年代开始，先后开展了与智能汽车技术相关的PATH、IVI、VII和CVHAS等国家项目。成功研制了高级ACC系统、PATH磁钉导航系统、公交车辆集成报警系统、前向避撞报警系统、精确泊车系统、车——车通信、车——路通信、驾驶辅助控制或全自动控制等，取得了丰硕的研究成果，有效地提高了汽车使用过程中的安全性能。

欧盟先后启动了PReVENT和eSafety等大型项目的研究，在安全车速控制与安全跟车系统、横向安全辅助与驾驶员监控、交叉路口安全辅助等方面取得了重要成果，并充分利用先进的信息与通信技术，加快智能安全辅助系统的研发与集成应用，为道路交通提供了全面的安全解决方案。

日本于20世纪90年代初开始制定大力发展智能交通系统的国家战略，其中智能汽车作为智能交通的重要组成部分，也得到了深入研究。日本政府主导的先进安全汽车ASV项目已于2000年取得初步实用化成果。而后的Smart Way国家计划主要负责ITS发展战略的规划及计划的实施，计划用5年时间围绕智能汽车系统、智能道路系统、车车/车路间协调系统、行人/自行车安全辅助系统和先进的紧急救援体系开展研究。

这些研究项目的开展，成果的取得，必将为未来的汽车技术水平提高以及交通通畅奠定坚实的技术基础。

11.2.1 安全汽车

对汽车的安全性提出越来越高的要求，既有必要，也很容易得到人们的理解。目前一些先进的安全技术已经开始批量装车，以下是几个非常实用且已经批量投入使用的实例。

(1) ACC系统(自适应巡航控制系统)。该系统可以有效减轻驾驶员疲劳强度，增加汽车行驶过程中的安全性，减小环境污染，是发展最快的驾驶员辅助系统之一。

ACC系统通过摄像机、测距雷达等信息感知手段获得本车与前车的相对距离、相对速度、相对加速度等信息，并控制本车的节气门和制动器来自动控制车辆的加速度以保持本车与前车的安全距离，从而大大减轻驾驶员在高速公路驾驶时的劳动强度，让驾驶员从频繁的加速和减速中解脱出来，享受更加舒适的驾驶。

当本车通过雷达探测到前方没有汽车等其他障碍物时，汽车执行传统的巡航控制，按驾驶员设定的速度行驶；当雷达探测到前方有汽车切入或减速行驶时，立即启动ACC控制系统，按照驾驶员设定的车间时距来控制本车的速度和加速度，以保证安全的跟车距离。

(2) ESP 系统(电子稳定控制程序)。ESP 系统整合了 ABS(防抱死制动系统)、EBD(制动力分配系统)、TCS(牵引力控制系统)等一系列底盘控制子系统，保证车辆行驶的横向和纵向稳定性。当车辆以 90km/h 以上的速度切入弯道再转入直道后紧急制动时，ESP 系统的作用就会非常突出地发挥作用。假如未启动 ESP 系统时，车辆会出现 180°以上的甩尾现象，而启动了 ESP 系统后，车辆则会完全稳定可控。

在日常行驶中，驾驶员往往由于技术或道路突发情况等多方面因素而操作失误或紧急变道，导致车辆出现转向不足、转向过度甚至失控的危险。ESP 技术则可有效防止这些现象的发生，大大提高车辆行驶过程中的安全性。

(3) AFS 系统(自适应前照灯系统)。AFS 系统能够根据车辆的速度、转向盘的转角、车辆的前后倾角等信息实时调整近光灯的照射角度、范围，甚至光照形状，有效降低驾驶员夜晚在弯道、交叉路口行车时的疲劳程度，增加驾驶员的视野，进而有充分时间来应付紧急情况，明显提升夜晚弯路行车的安全性。

如车辆左转弯或右转弯时，近光灯会自动增加左侧或右侧的照射范围，增大驾驶员的视野范围，这一点在实际驾车时非常有用。

(4) 智能巡航控制防撞系统。装有这套系统的汽车，行驶过程中当与其他车辆距离过近或偏离到另一车道时，系统就会自动报警；如果两车即将发生相撞，系统则会自动控制汽车的制动；在即将发生撞车事故时自动制动、关上车窗、拉下遮阳板、拉紧安全带、将座位调整到最安全位置。

11.2.2 绿色环保节能汽车

随着全球对环境保护的重视程度越来越高，汽车的环保问题显得越来越突出。

未来的汽车或将广泛使用绿色能源。其中，电动汽车将被消费者普遍接受。通用、福特、大众、戴姆勒-奔驰、丰田、本田等汽车制造商都在积极研制可以利用无线电技术充电的小型电动汽车。电能将被转化成特殊的激光束或微波束，通过天线接收，人们不必停车补充能源就可以开车环游世界。

目前对绿色环保汽车的判定，基本都是以该车在运行过程中是否对环境构成破坏作为主要原则。具体地说，就是指一辆汽车从生产到其使命终结，在整个运行过程中对环境不产生污染、无排放污染物、无超标噪声、报废车辆的材料可回收再生，不造成二次污染等。如电动汽车，太阳能汽车，天然气、石油液化气、甲醇、氢气汽车，不同燃料的汽车各有不同的特点。

1. 电动汽车

随着低价格、高能量和长寿命新型电池的问世，以及人们对环保的强烈呼吁，电动汽车将在各大城市成为一种普遍使用的代步工具。

电动汽车是指以车载电源为动力，用电动机驱动车轮行驶的汽车，一般采用高效率的充电电池或燃料电池作为动力源。电动汽车无需再用内燃机，因此，电动汽车的电动机相当于传统汽车的发动机，蓄电池相当于原来的油箱，电能是二次能源，可以来源于风能、水能、热能、太阳能等多种方式。

(1) 电池电动汽车。电池电动汽车的优点是本身不排放污染大气的有害气体，即使按所耗电量换算为发电厂的排放，除硫和微粒外，其他污染物也显著减少，而电力可以从多种

渠道的一次能源中获得，如煤、核能和水力等，解除人们对石油资源日渐枯竭的担心。电池电动汽车可以充分利用晚间用电低谷时富余的电力充电，使发电设备日夜都能充分利用，大大提高其经济效益。

电池电动汽车的缺点是目前蓄电池单位重量储存的能量太少，而且电池价格较高，没有形成经济规模，导致整车购买价格较贵。

蓄电池是电动汽车的关键技术之一。以往，大部分企业在电动汽车研制中曾遭遇尴尬，主要是因为采用了铅酸、镍镉、镍氢电池等。现在，经过研制与试验比较，采用能量密度更高的锂离子电池取代铅和镍氢电池运用于汽车领域，正在成为一项核心技术。它具有重量轻、储能大、功率大、无污染(含二次污染)、寿命长、自放电系数小、温度适应范围宽等优点，是电动自行车、电动摩托车、电动小轿车、电动货车等车型较为理想的车用蓄电池。缺点是价格较贵、安全性较差。不过现在已有相对成熟的技术开发锰酸锂、磷酸铁锂、磷酸钒锂等新型电池材料，大大提高了锂离子电池的安全性，而且降低了成本。

(2) 燃料电池电动汽车。氢燃料汽车和氢燃料电池汽车虽然同样以氢为能源，但二者在原理上有着本质的区别。

氢内燃机是用氢代替燃油在内燃机中燃烧做功；而氢燃料电池，则是使氢在燃料电池组中与氧化合，产生电能驱动汽车。

燃料电池(Fuel Cell)是一种将存在于燃料与氧化剂中的化学能直接转化为电能的发电装置(图11-15)。燃料和空气被分别送进燃料电池，电就被奇妙地生产了出来。它从外表来看有正负极和电解质等，像一个蓄电池，但实质上它不能“储电”而是一个地地道道的微型“发电厂”。

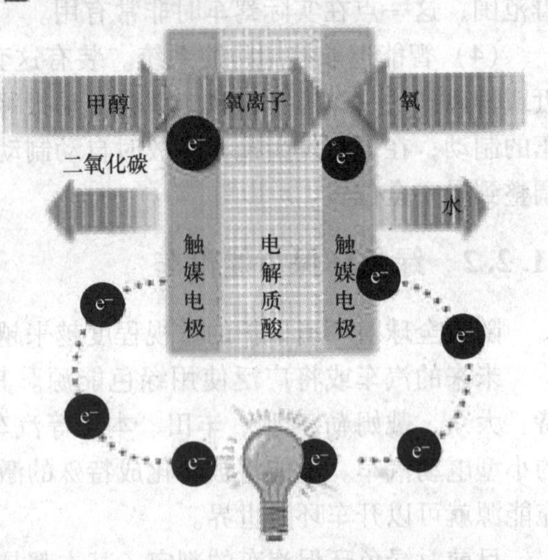

图 11-15 燃料电池原理

燃料电池涉及化学热力学、电化学、电催化、材料科学、电力系统及自动控制等学科的有关理论，具有发电效率高、环境污染少等优点。总的来说，燃料电池具有以下特点：

① 能量转化效率高。燃料电池的能量转换效率可达60%~80%，为内燃机的2~3倍。

② 有害气体 SO_x、NO_x 及噪声排放都很低，CO_2 排放因能量转换效率高而大幅度降低，清洁了环境。

③ 发动机工作时的机械振动较弱。

④ 燃料适用范围广。

⑤ 规模及安装地点灵活。由于燃料电池电站占地面积小、建设周期短，电站功率可根据需要由电池堆组装，十分方便。燃料电池无论作为集中电站还是分布式电，或是作为小区、工厂、大型建筑的独立电站都非常合适。

⑥ 负荷响应快，运行质量高。燃料电池在数秒钟内就可以从最低功率变换到额定功率，而且电厂离负荷可以很近，从而改善了地区频率偏移和电压波动，降低了现有变电设备和电流载波容量，减少了输变线路投资和线路损失。

正是因为具有诸多优点，当今世界几乎所有的汽车巨头都加入到了燃料电池汽车的技术竞赛之中，在技术上也取得了很多进展。

2. 混合动力电动汽车(HEV)

(1) 混合动力电动汽车定义。混合动力电动汽车是指在汽车上安装有两个以上的动力源，包括电动机驱动，且符合道路交通安全法规的汽车。图 11-16 为混合动力的丰田普瑞斯(Prius)汽车。

图 11-16　丰田普瑞斯(Prius)混合动力车

车载动力源可以有多种形式：蓄电池、燃料电池、太阳能电池、内燃机车的发电机组等，当前，混合动力电动汽车一般是指内燃机发电机，再配合使用蓄电池的电动汽车。

(2) 混合动力电动汽车优点。

① 采用混合动力后，可按平均需用的功率来确定内燃机的最大功率，此时发动机处于油耗低、污染少的最优工况下工作，当然可以充分提高汽车的经济性，有效降低排放污染。当发动机需要大功率工作而内燃机的功率不足时，则由电池来补充动力；当汽车的负荷小时，发动机富余的功率可以给电池充电。由于内燃机可持续工作，电池又可以不断得到充电，故其行程和普通汽车一样。

② 因为有了电池，可以十分方便地回收制动、下坡以及怠速时的能量，使得汽车的能量浪费降到了最低。

③ 在繁华的闹市区行车时，可以临时关停内燃机，由电池单独驱动，使汽车实现“零”排放。

④ 有了内燃机，可以十分方便地解决耗能大的空调、取暖、除霜等纯电动汽车遇到的难题。

⑤ 可以利用现有的加油站加油，不必再投资建设新的能源补充基地。

⑥ 由于可以随时让内燃机投入工作，因而可以让电池保持在良好的工作状态，不会发生过充、过放，延长其使用寿命，降低成本。

(3) 混合动力驱动汽车的缺点。

① 汽车上装备了两套动力系统，再加上两套动力的管理控制系统，结构复杂，技术难度较大，故障率较高，维修难度大。

② 整车售价偏高。

(4) 混合动力电动汽车工作方式。目前，混合动力电动汽车有三种基本的工作方式：串联式、并联式和串并联(或称混联)式。

(5) 混合动力电动汽车的发展演变。自20世纪70年代末第一辆HEV研制成功以来，以日本、美国为首的汽车发达国家已开发出多种HEV，有的已经投放市场。

丰田公司生产的普瑞斯混合动力电动汽车，短短几年销量就超过了数十万辆，被认为是最成功的HEV之一。2003年4月，丰田在纽约国际车展上推出了采用THS Ⅱ(Toyota Hybrid System Ⅱ)系统的新一代普瑞斯，将高电压线路——发动机、电动机和电池之间的电压从原来的274V提高至500V，极大地减少了能量在传递过程中的损失，优化了燃油经济性，从而使HEV的发展又向前迈进了很大一步。

本田公司是世界上第二大商用HEV生产公司，其生产的Insight混合动力电动汽车在全世界的总销量排名第二，被认为是当今技术水平最高的HEV之一。

通用汽车公司在1998年底特律北美国际汽车展上推出了EVI型混合动力电动汽车，证明了自己在这个领域不落后。2003年，通用测试了一种适用于四轮驱动混合动力汽车的全新动力总成布置方式，并在2004年夏天推出一款混合动力汽车投入美国西雅图的城市公交车队运行。

福特汽车公司开发出福特P2000型5座并联式混合动力电动汽车，于2000年投放市场。福克斯FCV燃料电池混合动力汽车，可乘坐4人，续驶里程260~320km，最高车速128km/h。

2003年10月，戴姆勒-奔驰公司开发出新的油电混合行驶系统，该行驶系统与只配有汽油发动机的行驶系统相比，可减少约20%的耗油量。

宝马公司的745hL型汽车使用汽油机和氢燃料电池，最高时速可达215km/h。

欧洲其他汽车厂商不甘落后，纷纷紧随其后研发HEV。法国雷诺公司推出Vert和Hymme两种型号的混合动力电动汽车，并进行了10000km的试运行；沃尔沃FL6货车改制成混合动力电动汽车；德国也小批量生产了Duo并联式混合动力电动汽车，并在斯图加特和威赛尔市将数10辆混合动力大客车投入运营。英国交通部与法国标致-雪铁龙公司、英国的零部件供应商Ricardoplc和Qineti QLtd合作，开发出一种柴油—电力混合动力车，二氧化碳排放量约89.5g/km，成为当前世界上最洁净的碳燃料汽车。

(6) 混合动力电动汽车的发展趋势。除了继续提高蓄电池、发动机和混合驱动集成系统的综合性能外，减重、降低成本也是其主要工作内容，特别是将燃料电池用于混合驱动系统，是HEV的主要发展趋势之一。

目前，发展HEV的关键意义在于为未来的氢动力车构筑基础模块，混合动力与氢动力并不矛盾，而是前后衔接的两个发展阶段。据预测，在未来10年过渡期内，HEV将占整个汽车市场的20%左右。

3. 太阳能电动汽车

用太阳能作为汽车能源的主要方式，既能减少汽车污染物的排放，又能减少常规能源的消耗，而且太阳能来源充足。但在大规模推广使用太阳能方面，却面临着最大的技术问题：太阳能的采集技术还有待提高。

近年来，国际上举办的各种太阳能电动车比赛风靡全球，使得这方面的技术有了实质性的提高。图 11-17 所示是戴姆勒-奔驰公司生产的一款太阳能汽车。

马自达公司曾经在车展上展出过一款名为先驱的概念车，该车配备了内置染料增感型太阳能电池的玻璃车顶，并且运用了高端技术，使太阳光能转换成电能的转化率达到 6%～7%，基本上可以满足该车的动力需要，但在成本上，这款车也还不适合量产。

图 11-17　奔驰太阳能汽车

11.2.3　智能汽车

顾名思义，智能汽车就是指汽车自己具有一定程度的自我操控性，能够把原来由人支配的动作简化为由车载计算机系统来控制，提高了驾乘人员的安全性和舒适性，满足了人们实现无人驾驶的愿望。

智能汽车的设计涉及 GPS 系统、智能驾驶系统、防碰撞系统、智能交通系统（ITS）、智能“黑匣子”、智能轮胎、智能玻璃、智能安全气囊等相关系统。

1. GPS 系统

三维导航是全球定位系统 GPS 的首要功能，飞机、轮船、地面车辆以及步行者都可以利用 GPS 导航器进行导航。汽车导航系统是在 GPS 系统基础上发展起来的一门新型技术（图11-18）。

汽车导航系统由 GPS 导航、自律导航、微处理机、车速传感器、陀螺传感器、CD-ROM 驱动器和 LCD 显示器等组成。GPS 导航系统与电子地图、无线电通信网络、计算机车辆管理信息系统相结合，可以实现车辆跟踪和交通管理等许多功能。

图 11-18　汽车导航仪

（1）车辆跟踪。利用 GPS 和电子地图可以实时显示出车辆所在的位置，并可任意放大、缩小、还原和换图；可以随目标移动，使目标始终保持在屏幕上；还可实现多窗口、多车辆、多屏幕同时跟踪。利用该功能可以对重要车辆和货物进行跟踪运输。

（2）提供出行路线规划和导航。

（3）信息查询。为用户提供主要目标，如旅游景点、宾馆、医院等数据库，用户能够

在电子地图上显示其位置。同时，可以对区域内的任意目标所在的位置进行查询。

（4）话务指挥。指挥中心可以监测区域内车辆的运行状况，对被监控车辆进行合理调度。指挥中心也可随时与被跟踪的目标车辆进行通话，实行即时管理。

（5）紧急援助。经过 GPS 定位和监控管理系统可以对遇有险情或发生事故的车辆进行紧急援助。通过监控台上的电子地图显示出求助信息和报警目标，规划出最优援助方案，并以报警声光提醒值班人员进行应急处理。

2. 车辆智能驾驶系统

智能驾驶控制系统(Intelligent-Drive System,简称 IDrive)，是一种全新的、简单、安全和方便的未来驾驶概念，属于自动化信息化驾驶系统的范畴，某些高级轿车和概念车上配备了这项新技术。如宝马最新 7 系列。

在宝马新7 系上装备的智能驾驶控制系统，可以提供大约700 个控制功能，可以分以下三类。

第一类，与驾驶密切相关的各种操作(包括换档)。这些操作控制按钮被合理分布在转向盘的周围，转向盘的设计在很大程度上参考了 F1 赛车的转向盘，通过转向盘上的按钮可以实现手动档或自动档的驾驶，并可完成两者的转换，当然传统的变速杆已经消失了。

第二类，另外一些经常使用的基本功能被保持在仪表板上。通过传统的开关和按钮来操作，包括车载电话、空调常规控制、音响系统常规控制等。

第三类，其余功能。通信、远程网络服务及一些重要而非常用的舒适功能设置于一个高度集成的中央控制中心。

其中第二、三类功能特征可以根据顾客的需要进行调整，从而达到个性化的要求，并且通过一个安装在中央支架并可任意操纵的控制器来启动(该控制器连接到一个控制显示器上)。系统的外显装置是一个位于传统轿车变速杆位置的旋钮控制器和仪表板中部的一个 LCD 显示屏。旋钮的作用类似于电脑鼠标，通过推拉、旋转和下按等动作，可以控制显示屏上的多级菜单，对 8 个主菜单下的数百个功能进行选控。

智能驾驶控制系统 IDrive 的使用节约了设置传统控制装置的大量空间，使设计人员可以充分发挥他们的才智，进行车内的设计，使之更加符合人体工程学的原理，使驾驶员的操纵更加便捷，同时仪表板更加简洁。

3. 车辆防碰撞系统

汽车防撞系统是防止汽车发生碰撞的一种智能装置。

该系统能够自动发现可能与汽车发生碰撞的车辆、行人或其他障碍物，及时发出警报或同时采取制动或规避等措施，以避免碰撞事故的发生。汽车自动防撞系统是智能轿车的一各重要组成部分。

汽车防撞系统的组成。汽车防撞系统包括三个部分：

① 信号采集系统：采用雷达、激光、声纳等技术，自动检测出本车的速度、前车的速度以及两车之间的距离。

② 数据处理系统：车载计算机对两车距离以及两车的瞬时相对速度进行处理后，判断出两车的安全距离。如果两车车距小于安全距离，数据处理系统就会发出减速指令。

③ 执行机构。负责实施由数据处理系统发出来的指令，发出警报，同时提醒驾驶员制动，如果驾驶员没有执行减速制动的指令，则执行机构将采取措施，如关闭车窗、调整座椅位置、锁死转向盘、自动制动等。

4. 智能交通系统(ITS)

(1) 智能交通系统定义。智能交通系统将先进的信息技术、数据通信传输技术、电子传感技术、电子控制技术以及计算机处理技术等有效地集成运用于整个交通运输管理体系，从而建立起来的一种在大范围内、全方位发挥作用，并且实时、准确、高效的综合运输和管理系统。

(2) 智能交通系统应用范围。智能交通系统的应用范围包括：机场、车站客流疏导系统，城市交通智能调度系统，高速公路智能调度系统，运营车辆调度管理系统，机动车自动控制系统等。

(3) 智能交通系统的作用。智能交通系统通过调度人、车、路的和谐通行以及密切配合来提高交通运输的效率，缓解交通阻塞，提高路网通过能力，减少交通事故，降低能源消耗，减轻环境污染。

目前，智能交通系统在世界上应用最为广泛的地区是日本，如日本的VICS系统已经相当完善和成熟。在美国、欧洲等地区也得到了普遍的应用。在中国的北京、上海等大城市，也已开始广泛使用这一系统。

5. 汽车“黑匣子”

汽车“黑匣子”(类似于飞机上的黑匣子)又叫汽车智能记录仪，是用以记录汽车的行驶状况的一种电子装置。这种装置可以准确记录汽车发生事故之前十分钟的各种数据，对于分析和处理交通事故具有重要的意义。

这种装置由记录器、显示器、数据采集处理卡、软件系统及传感器组成。其中，记录器可用磁带记录汽车行驶的各种状态，如前进、倒车、加速、减速、转弯、上坡、滑行等。当发生事故或电源被切断后，所记录的数据仍然能够保留。

为了能够安全回收，汽车黑匣子具备耐火、耐压、耐撞击、耐腐蚀，防水、防潮的能力。

6. 智能轮胎

汽车智能轮胎的功能是在汽车正常行驶时，当轮胎温度过高或气压太低时，及时向驾驶员发出警报，以防止发生交通事故；或使轮胎在不同的行驶条件下保持最佳的运行状况，以提高安全行驶的系数。

智能轮胎一般都是通过在外胎内嵌入特殊的带有计算机芯片的传感器而获得智能功能的。传感器由车内的收发器控制，收发器利用无线电天线将无线电信号发射至传感器芯片，传感器芯片再将承载着温度和压力数据的电子信号发射至车内的收发器，收发器接收到该信号后便可取得温度和压力等数据，若出现异常情况能及时报警。

更为先进的智能轮胎还能感知光滑的冰面，探测出结冰路面后使轮胎自动变软，增大轮胎与结冰路面的附着力；在探测出路面潮湿后，甚至还能自动改变轮胎的花纹，以防打滑。

7. 智能玻璃

智能型的汽车玻璃有许多种：包括防光防雨玻璃、电热融雪玻璃、影像显示玻璃、防碎裂安全玻璃、调光玻璃以及光电遮阳顶篷玻璃等。

防光防雨玻璃采用新材料及新表面处理方法制造，雨水落到玻璃上会很快流走且不会留下水珠，无需刮水器刮水。玻璃内表面反射性低，仪表板及其他饰物不会反射到风窗玻璃上，驾驶员视线不会受到干扰。

具有影像显示功能的玻璃，是在风窗玻璃上的某一部分涂上透明反射膜，在膜片上可根据需要显示从投影仪传来的仪表板上的图像和数据，便于驾驶员观察。驾驶员在行车时无需

低头察看仪表。影像显示智能玻璃如果与红外线影像显示系统配合，可使驾驶员在雾天看清前方 2km 左右的物体。

使用了光电遮阳顶篷玻璃，则可在轿车行驶或停车时，能自动吸收、积聚、利用太阳能来驱动车内的风扇，还可对车上的蓄电池进行连续的补充充电。

8. 智能安全气囊

汽车智能安全气囊是在普通安全气囊的基础上增加了某些传感器，并通过改进安全气囊的电子控制单元程序来实现的。

汽车智能安全气囊系统中所增加的乘员质量传感器能感知座位上的乘员是大人还是儿童；红外线传感器能探测出座椅上是人还是物体；超声波传感器能探明乘员的存在和位置等。

安全气囊电子控制单元能根据乘员的身高、体重、所处位置、是否系安全带以及汽车碰撞速度及碰撞程度等，及时调整气囊的膨胀时机、膨胀方向、膨胀速度及膨胀程度，以便对乘员提供最合理和最有效的保护。

11.3 未来汽车技术发展的十大趋势

研究发现，未来汽车技术发展的总体趋势依然是围绕着“安全、环保、节能”展开的，具体的技术趋势如下：

第一，乘用车柴油机化的比例将越来越高。随着柴油机技术的不断发展，特别是小型、高速、直喷式柴油机技术的日趋完善，使其较汽油机来说使用更为经济、排放更低。因此，装用柴油机的车型将越来越受人们的欢迎。据预测，到 2020 年，世界乘用车市场柴油机化的比例将超过 50%。

第二，电动汽车将进入实用阶段。随着低价格、高能量和长寿命新型电池的研究发展，以及人们对环保的强烈呼声，电动汽车将越来越多地在各大城市取代石油能源的汽车成为一种新型的代步工具。

实际上，今天汽车的能源由石油占据绝对优势的局面已经被打破，尽管石油能源汽车在未来三四十年内仍会保持领先，但由于燃气汽车、醇类汽车以及电动汽车的迅速发展，石油能源汽车很快将走下坡路。据预计，到 21 世纪中叶其下降速度将急剧增快。就整个 21 世纪而言，呈现在人们面前的将是汽油汽车、柴油汽车、燃气汽车、醇类汽车、电动汽车、氢气汽车以及其他多种能源汽车并存的多级模式。21 世纪中叶之后，上升势头最猛的非电动汽车莫属。到 21 世纪末，汽油汽车和柴油汽车可能已经或即将退出历史舞台，燃气汽车也成了强弩之末，电动汽车势必稳取汽车世界的霸主宝座。

第三，汽车安全标准将会更加严格。为保证汽车行驶的安全，今天被选装或正在研发的许多安全装置，如 ABS、EBS、智能气囊（含侧面，图 11-19）、三点自动上肩式安全带、防侧撞杆等均将逐渐成为汽车上的标准装备。

第四，汽车排放控制标准将会更加严格。如美国 2007 年开始执行的 EPA2007 排放标准要求将 EPA2004 中规定的微粒物（PM）减少 90%，氮氧化合物（NOx）减少 95%。同时，对柴油品质也将做出明确的规定：石油公司必须将柴油含硫量按目前标准减少 97%，仅占百万分之十五。

第五，降低油耗将成为各大汽车制造厂商制胜市场的法宝。随着国际燃油价格的不断攀升，低使用成本的低油耗车型肯定会成为市场上的抢手货。预计在采取各种技术措施后，未来轿车的油耗能从目前 6.0L/100km 的水平降到 3.0～4.0L/100km 的水平。

第六，使用更多替代钢、铁的轻质材料制造汽车，以降低车辆的自重。铝合金、镁合金、工程塑料及碳素纤维等轻质材料在汽车制造上的应用将越来越多。

第七，各种电子、电控、智能装置将越来越多地被应用于汽车之上。如电子防盗门锁、电控可变技术、智能驾驶等，无所不有。

第八，前轮驱动汽车的比例将不断增加，发动机横置技术将进一步发展。因为这两种技术将使汽车的经济性大大改善。

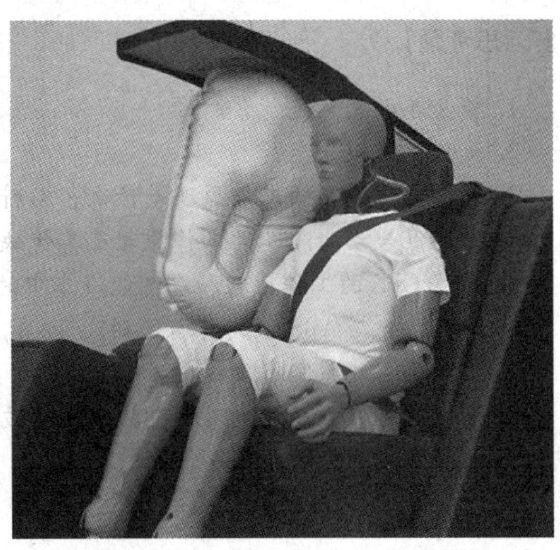

图 11-19　模拟实验的侧气囊爆开

第九，通信、网络技术在汽车尤其在商用车上的应用将越来越普遍。如在美国生产的现代货车上，已开始全面应用 GPS 技术，实现卫星监控和导航技术。在新型重型货车上，驾驶室安装有键盘和显示器，装置一个称为全线通(OmniTRACS)的移动通信和跟踪网络系统，它是由美国高通公司研制开发的一套车辆跟踪和调度管理系统，将 GPS、GIS、通信、计算机、物流技术融为一体，不仅为交通运输业提供卫星定位、双向通信、网上发布(车、货)动态信息，使货主能通过因特网方便地查询托运货物的动态情况，还能够与企业现有的调度、财务和仓储等系统集成，实现物流管理的一体化和全面自动化。

第十，重型货车向高吨位发展。在 20 世纪 50 年代，重型载货车的最大功率约为 150kW(近 200hp)，到 20 世纪 90 年代末已提高到最大功率约为 440kW(近 600hp)，在 40 年内提高了 3 倍。据预测，在未来 50 年内，重卡的最大功率将达到 735kW(1000hp)，汽车总质量将达到 100t。图 11-20 为五十铃概念重型货车。

图 11-20　五十铃概念重型货车

【复习思考题】

1. 概念车的定义是什么？
2. 如何欣赏概念车？
3. 燃料电池汽车的工作原理是什么？燃料电池汽车有何优缺点？
4. 简述混合动力汽车的工作原理及其优缺点。
5. 简述 GPS 的工作原理和在智能汽车中的作用。
6. ESP 系统与 ABS 系统有何区别？
7. 汽车的智能系统有哪些？
8. 车辆防碰撞系统是主动安全技术还是被动安全技术？
9. 未来汽车的发展趋势是什么？

【实践训练】

1. 通过对世界十大绿色概念车的解读，你感悟到未来汽车的发展方向是什么？
2. 汽车安全技术的发展给我们带来哪些启迪？
3. 怎样才能促进代用燃料汽车的发展？
4. 智能交通系统有什么应用实例？对我国道路交通有何启迪？
5. 通过对本章内容的学习，试比较氢燃料汽车、生物燃料汽车、天然气汽车、液化石油气汽车、太阳能汽车的主要特点。

	主要特点	优点	缺点
氢燃料汽车			
生物燃料汽车			
天然气汽车			
液化石油气汽车			
太阳能汽车			

参 考 文 献

[1] 李景芝，张祖斌．汽车的故事[M]．济南：山东科学技术出版社，1999.

[2] 帅石金．汽车文化[M]．北京：清华大学出版社，2006.

[3] 林平．汽车神话[M]．北京：电子工业出版社，2006.

[4] 林平．汽车史话[M]．北京：电子工业出版社，2005.

[5] 林平．汽车趣话[M]．北京：电子工业出版社，2005.

[6] 张发明．汽车品牌与文化[M]．北京：机械工业出版社，2008.

[7] 钱宇彬，胡宁．现代汽车安全技术[M]．上海：上海交通大学出版社，2006.

[8] 刘飞虹．趣说汽车[M]．北京：北京理工大学出版社，1999.

[9] 方念，吴远．汽车一百年文化[M]．呼和浩特：内蒙古人民出版社，2004.

[10] 夏怀成．汽车概论[M]．北京：电子工业出版社，2008.

[11] 蔡凤田，谢素华，等．汽车节能与环保实用技术[M]．北京：人民交通出版社，1999.

[12] 中国汽车工程学会．世界汽车技术发展跟踪研究[M]．北京：北京理工大学出版社，2006.

[13] 韦森．文化与制序[M]．上海：上海人民出版社，2003.

[14] 庞朴．文化与未来[M]．上海：三联书店，1991.